WORD 2003 POUR LES NULS

WORD 2003 POUR LES NULS

Dan Gookin

Word 2003 Pour les Nuls
Publié par
Wiley Publishing, Inc.
909 Third Avenue
New york, NY 10022.

Collection dirigée par Jean-Pierre Cano
Edition : Pierre Chauvot
Traduction : Philip Escartin
Couverture : Antoine Paolucci
Production : Emmanuelle Clément

Edition française publiée en accord avec Wiley Publishing, Inc.
© 2003 par Éditions First Interactive
27, rue Cassette
75006 Paris - France
Tél. 01 45 49 60 00
Fax 01 45 49 60 01
E-mail : firstinfo@efirst.com
Web : www.efirst.com
ISBN : 2-84427-455-2
Dépôt légal : 4e trimestre 2003
Imprimé en France

Sommaire

Introduction

Bienvenue dans *Word 2003 pour les Nuls*, où vous allez découvrir les folies du dernier et du plus grand traitement de texte de Microsoft pour 2003 et au-delà !

Word est un programme de grande taille, avec une histoire impressionnante. Il fait bien plus que traiter simplement du texte. Avez-vous besoin de tout savoir de ce qu'il fait ? Non ! Il n'est pas nécessaire de tout savoir de Word pour s'en servir. Il y a une meilleure question : *voulez-vous* tout savoir sur Word ? Sans doute pas. Vous ne voudrez pas connaître toutes les options des commandes, ni toutes les fioritures typographiques, ni même toutes ces fonctions spéciales dont vous connaissez l'existence mais qui vous font peur. Tout ce que vous voulez, c'est la réponse à une question simple. Une fois que vous l'avez, vous pouvez fermer le livre l'esprit tranquille et vous mettre au travail. Si c'est bien ce que vous voulez, vous avez trouvé le livre qu'il vous faut.

Ce livre est fait pour informer et pour amuser, et il a un sérieux problème avec le sérieux. Dans le fond, je n'ai pas l'intention de vous apprendre à aimer Word. Attendez-vous plutôt à rencontrer des informations pratiques et utiles (dans une forme compréhensible) sur la manière d'accomplir une tâche avec Word. Je suppose que vous prenez votre travail au sérieux, mais vous n'avez certainement pas besoin de prendre Word trop au sérieux.

À propos de ce livre

Je ne vous demande pas de lire ce livre de la première à la dernière page. Ce n'est pas un roman, et ça vaut mieux parce que s'il l'était je tuerais tout le monde à la fin et ce serait sinistre. Ce livre est plutôt une référence. Chaque chapitre traite d'une tâche ou d'un thème particulier de Word, et vous y trouverez des sections autosuffisantes, chacune d'elles expliquant comment accomplir une tâche particulière ou obtenir un résultat. Vous pouvez ainsi rencontrer des sections comme :

- Enregistrer votre travail.
- Couper et coller un bloc.
- Aller rapidement où vous voulez.
- Aligner des paragraphes.
- Construire rapidement un tableau.
- Ouvrir un document à réparer.
- Utiliser un modèle de document.

Il n'y a pas de clés à retenir, pas de codes secrets, pas de tours de passe-passe, pas de dioramas. Chaque section donne les explications nécessaires sur un sujet, comme si c'était la première chose que vous lisiez dans le livre. Je ne présuppose rien, et tout ce qui peut faire l'objet d'une référence croisée est indiqué. Les indications techniques sont signalées par une icône dans la marge, ce qui vous permet d'éviter de les lire si elles ne vous intéressent pas. Le principe est que rien ne vous oblige à tout apprendre. Ce livre est fait pour vous permettre de trouver facilement ce qui vous intéresse, comprendre comment ça marche et vous remettre au travail.

Comment utiliser ce livre

Ce livre a pour but de vous aider quand vous ne savez pas quoi faire dans Word 2003. Je pense que c'est une chose qui arrive à tout le monde beaucoup trop souvent. Par exemple, si vous appuyez sur Ctrl+F9, Word affiche **{ }** dans votre texte. Je n'ai aucune idée de ce que ça signifie et je ne veux pas le savoir. Ce que je sais, c'est que je peux appuyer sur Ctrl+Z pour le faire disparaître. C'est le genre de connaissances utiles que vous allez trouver dans ce livre.

Pour accomplir quelque chose dans Word, on utilise la souris et les menus, c'est-à-dire ce qu'on est en droit d'attendre sous Windows, bien que des *combinaisons de touches*, ou *raccourcis clavier* (plusieurs touches à presser ensemble ou l'une après l'autre), soient parfois nécessaires. Vous trouverez dans ce livre des raccourcis clavier et des commandes de menu.

Voici un raccourci clavier :

Ctrl+Maj+P

Il signifie que vous devez presser et maintenir enfoncées en même temps les touches Ctrl et Maj, appuyer sur la touche P, puis relâcher les trois.

Les commandes de menu sont indiquées de cette façon :

Fichier/Ouvrir

Cette commande signifie que vous devez ouvrir le menu Fichier (avec la souris ou avec le clavier), puis sélectionner la commande Ouvrir. Les lettres que vous voyez soulignées dans les menus sont les "touches d'activation" utilisées par Windows. Vous pouvez utiliser la combinaison de touches Alt+F pour accéder au F de Fichier, puis appuyer sur O (la touche Alt étant maintenue enfoncée) pour accéder au O de Ouvrir.

Notez que sous Windows vous aurez peut-être à appuyer d'abord sur la touche Alt (seule) pour activer les touches de commande des menus, pour utiliser ensuite celles-ci pour accéder aux commandes des menus et des boîtes de dialogue.

Si je décris un message ou un autre élément que vous voyez à l'écran, il pourra ressembler à ceci :

```
Le lecteur sélectionné n'est pas en service.
```

Si pour utiliser votre ordinateur vous avez besoin d'une aide supplémentaire ou d'une bonne référence générale, je me permets de vous conseiller mon livre, *le PC pour les Nuls*, publié par les Éditions First Interactive. Il contient de nombreuses informations utiles en plus de ce que vous trouverez dans ce livre.

Ce que vous n'avez pas forcément besoin de lire

Ce livre est truffé de sections techniques spéciales, encadrées et tramées. Elles contiennent des informations techniques aussi ennuyeuses qu'interminables, des descriptions de méthodes avancées ou de commandes alternatives qu'il n'est vraiment pas indispensable de connaître, bien qu'elles soient parfois utiles. La lecture de tout ce qui est indiqué de cette manière n'est pas indispensable.

Hypothèses gratuites

Voici les hypothèses que je fais à votre sujet : vous utilisez un ordinateur, et il fonctionne sous Windows 2000 ou Windows XP (Edition Familiale ou Professionnelle). Pour ce dont nous parlons dans ce livre, il n'y a guère de différences entre ces deux versions.

Votre traitement de texte est Word 2003 de Microsoft. Dans ce livre, je l'appelle simplement "Word". Vous l'avez peut-être obtenu en achetant votre ordinateur, mais vous pouvez aussi l'avoir acheté séparément ou comme un élément de la suite de programmes Office de Microsoft. Peu importe, c'est toujours le même programme, c'est-à-dire Word.

Je ne suppose pas que vous avez installé Office. Ce livre ne parle pas de l'utilisation d'Office ou de toute autre application d'Office.

Enfin, cet ouvrage suppose que vous utilisez Word en désactivant la fonction du système de menu personnalisé. Pour en être certain, suivez cette procédure :

1. **Cliquez sur Outils/Personnaliser.**

   Vous ouvrez la boîte de dialogue Personnalisation.

2. **Affichez le contenu de l'onglet Options.**

3. **Cochez la case Toujours afficher les menus dans leur intégralité.**

4. **Validez par un clic sur OK.**

Désormais, tous les menus de Word afficheront la totalité de leurs commandes, et pas seulement celles que vous utilisez régulièrement.

Comment ce livre est organisé

Ce livre contient sept parties principales, chacune d'elles étant divisée en plusieurs chapitres. Les chapitres eux-mêmes sont divisés en sections modulaires, plus petites. Vous pouvez ouvrir le livre à n'importe quelle section, et la lire sans nécessairement connaître ce qui a déjà été traité dans le reste du livre. Vous pouvez commencer où vous voulez.

Voici un bref résumé de ce que vous allez trouver dans chaque partie :

Première partie : Bonjour à tous !

Ce chapitre traite des fonctions basiques d'un traitement de texte. De la saisie de texte à l'enregistrement des documents en passant par la recherche, le remplacement, la vérification orthographique, le travail avec des blocs ou encore l'impression.

Deuxième partie : Que Word mette en forme le texte !

Cette partie étudie les fonctions de mise en forme d'un caractère, d'un mot, d'un paragraphe et de tout un document.

Troisième partie : Faire briller votre document

Au-delà de la mise en forme, vous pouvez ajouter toutes sortes de choses à votre document pour en améliorer la présentation. Cette partie du livre est un pot-pourri d'améliorations et de fioritures ésotériques que vous pouvez ajouter à votre texte : bordures, ombres, tableaux, figures, colonnes, notes de bas de page et autres.

Quatrième partie : Le monde du bizarre et de l'étrange

Cette partie présente divers sujets d'ordre général, et d'autres que certains pourraient considérer comme un peu trop bizarroïdes pour figurer dans un livre pour "débutant" sur Word.

Cinquième partie : Faire sa cuisine dans Word

Cette partie montre le potentiel de Word au travers de projets spécifiques étudiés pas à pas.

Sixième partie : Les dix commandements

Que diriez-vous des "Dix commandements de Word" ? Ou alors "Dix trucs vraiment bizarres", ou encore "Dix choses à retenir". Cette partie est une mine d'informations utiles.

Ce qui n'est pas là

Ce livre ne pouvait pas être plus gros. Son auteur, en revanche, peut grossir dans des proportions énormes ! Pour les maîtriser l'un et l'autre, j'ai créé un site Web d'accompagnement. Il traite des questions qui peuvent se poser une fois le livre imprimé. Il ne contient rien qui soit "manquant" dans le livre. Vous avez entre les mains tout ce dont vous avez besoin. Le site Web ne sert qu'à maintenir les informations à jour et à vous en donner d'autres une fois le livre publié.

Si vous avez accès à Internet, vous pouvez visiter le site Web de ce livre, à :

`http://www.wambooli.com/help/Word/`

Les icônes utilisées dans ce livre

Cette icône signale des conseils ou des raccourcis utiles.

Cette icône est là pour vous rappeler de faire quelque chose.

Cette icône est là pour vous rappeler de ne pas faire quelque chose.

Cette icône signale une information ou un commentaire excessivement technique sur le sujet en cours. Il n'est pas indispensable de la lire, mais elle peut parfaire votre réputation si vous la répétez dans des cocktails.

Où aller maintenant ?

Commencez à lire ! Examinez le sommaire et trouvez quelque chose qui vous intéresse, ou alors cherchez un sujet dans l'index.

Si vous ne connaissez pas encore Word, commencez par le Chapitre 1.

Si vous connaissez déjà Word, vous pouvez consulter la cinquième partie pour y trouver l'inspiration.

Un problème avec Word ? Consultez le Chapitre 29 !

Lisez ! Écrivez ! Parlez ! Produisez !

Au fait, je suis disponible sur Internet (`dgookin@wambooli.com`) pour répondre aux questions que vous pourriez avoir sur ce livre ou sur Word 2003. Bien que je ne puisse pas répondre à toutes les questions (vous pouvez vous adresser au support technique de Microsoft pour beaucoup d'entre elles), je pourrai peut-être proposer des suggestions.

Première partie

Bonjour à tous !

"Je comprends que ton ordinateur gère 256 couleurs, mais est-ce bien raisonnable de les utiliser sur une seule page ?"

Dans cette partie...

L'homme des cavernes poursuivait un rêve. Créer un ordinateur suffisamment puissant pour qu'un programme de traitement de texte puisse lui permettre d'exprimer sa pensée. Malheureusement, à l'aube de l'humanité, il n'y avait guère que des silex pour s'exprimer ! Donc, patiemment, notre ancêtre commença à graver des images sur les murs des cavernes.

Et puis, les civilisations évoluèrent. Les Egyptiens nous donnèrent le papier, les Phéniciens l'alphabet et Gutenberg l'imprimerie. Des centaines d'années plus tard, la machine à écrire permit d'écrire aussi vite que la pensée, avec des caractères compréhensibles de tous.

Aujourd'hui, le traitement de texte est tellement entré dans les mœurs que nos enfants ont oublié les Egyptiens et Gutenberg. Les mots naissent magiquement, s'effacent, se déplacent, se remplacent, s'enregistrent et s'impriment en toute simplicité.

Chapitre 1

Vue panoramique

Dans ce chapitre :

- Lancer Word.
- Lire l'écran de Word.
- Obtenir de l'aide.
- Utiliser le clavier.
- Quitter Word (ou pas).

Écrire avec un ordinateur n'est plus aussi difficile qu'autrefois. En fait, c'est la machine à écrire qui est la plus exigeante aujourd'hui. Un ordinateur ? Il y en a partout. Si vous écrivez quoi que ce soit, il y a bien des chances que ce soit avec un ordinateur et en utilisant un traitement de texte. Et il est aussi bien probable que cet ordinateur soit un PC, avec une version ou une autre de Windows et de Word pour vous permettre de traiter votre texte.

Ce chapitre est une introduction à Word. Je vais entrebâiller la porte pour vous permettre de jeter un coup d'œil et de voir où vous mettez les pieds. Il n'y a rien d'effrayant ni de dangereux. En tout cas, rien de très dangereux. Peut-être simplement des choses qui ne vous sont pas familières. Ce chapitre a pour but de vous les rendre telles.

La bonne, la meilleure et la pire manière de commencer avec Word

Si vous avez déjà utilisé Word, vous avez peut-être remarqué qu'il y a généralement plus d'une manière de réaliser une opération quelconque. J'ai ainsi recensé vingt-trois manières différentes de copier un fichier sous Windows Me.

Vous avez également le choix entre plusieurs solutions pour lancer un programme.

Il y a probablement une bonne dizaine de manières différentes de lancer Word. Au lieu de les décrire toutes, je vais commencer par vous montrer les meilleures et les plus évidentes, puis celles que je préfère, et enfin rassembler le reste dans la catégorie des "pires", que vous pourrez lire à vos risques et périls.

Dans tous les cas, il faut commencer par quelques étapes préliminaires :

1. **Assurez-vous que votre ordinateur est en marche et prêt à fonctionner.**

   Si ce n'est pas le cas, vous vous en apercevrez très vite, mais ça ne peut pas faire de mal de vérifier.

2. **Préparez-vous physiquement.**

   Asseyez-vous confortablement, respirez profondément, et faites craquer vos articulations. Vos doigts sont-ils prêts à danser sur le clavier ? Alors, c'est bon.

3. **Préparez-vous mentalement.**

   Fermez les yeux, relaxez-vous, expirez. Imaginez-vous dans une eau bleue et calme. Souvenez-vous que c'est vous qui commandez. Concentrez-vous sur cette pensée : *C'est moi qui commande...*

Si vous avez besoin d'aide pour faire démarrer votre ordinateur, reportez-vous à mon livre *Le PC pour les Nuls 9e édition* (Éditions First Interactive) pour y trouver des instructions pratiques et rapides.

Une manière satisfaisante et fiable de lancer Word

Il est abondamment prouvé que la manière la plus fiable de lancer Word est d'utiliser le bon vieux bouton Démarrer de Windows. Suivez ces étapes :

1. **Faites apparaître le menu Démarrer.**

   Pour faire apparaître ce menu, cliquez sur le bouton Démarrer. Vous le trouverez à l'extrémité gauche de la barre des tâches, si elle est placée en bas ou en haut de l'écran ; en haut de la barre des tâches, si elle est placée sur un côté de l'écran.

2. **Sélectionnez Tous les programmes/Microsoft Office/Microsoft Word 2003.**

   Regardez la Figure 1.1. Sachez que l'intitulé du programme peut changer en fonction de l'installation et des systèmes d'exploitation.

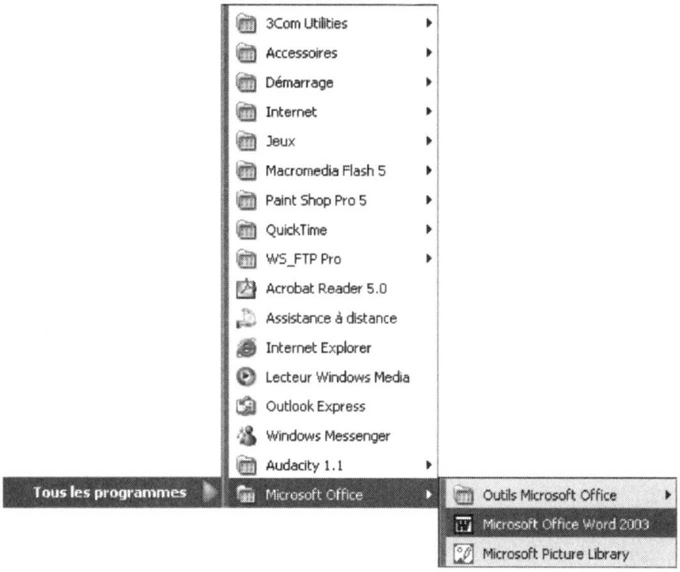

Figure 1.1 Trouver Word dans le menu Tous les programmes.

Contemplez avec admiration votre ordinateur pendant qu'il répond à votre demande. Avant longtemps, Word apparaît sur l'écran. Il a l'air d'un parent éloigné arrivant en retard à un dîner de famille avec une bouteille de champagne à bon marché pour se faire pardonner.

Pour le moment, ne vous inquiétez pas de l'aspect de Word. Je parlerai de ce que vous pouvez voir dans la section "Word à l'écran", plus loin dans ce chapitre.

La meilleure manière de lancer Word

Ma manière préférée de lancer Word consiste à utiliser une icône de raccourci placée sur le bureau, ou à cliquer sur un bouton dans la palette de lancement rapide. L'une et l'autre méthodes sont plus directes que d'utiliser le menu Démarrer, et la palette de lancement rapide est la plus pratique, car il suffit d'un simple clic sur le bouton pour lancer Word.

NOTE TECHNIQUE

Exécution automatique de Word à chaque démarrage de Windows

Votre ordinateur peut être configuré pour lancer Word automatiquement chaque fois que vous le mettez en marche. Avec la souris, glissez-déplacez l'icône de Word dans le dossier Démarrage du menu Tous les programmes.

Si vous lâchez malencontreusement le bouton de la souris, appuyez sur Ctrl+Z pour annuler l'opération, et recommencez la manipulation.

Que vous mettiez une icône de raccourci vers Word sur le bureau ou dans la palette de lancement rapide, la première étape est la même : créer l'icône du raccourci. Comme cette opération peut être un peu technique, suivez avec soin ces étapes :

1. **Trouvez l'élément de menu Microsoft Word.**

   Ne lancez pas Word maintenant ! Placez simplement la souris sur l'élément du menu, comme le montre la Figure 1.1.

2. **Cliquez du bouton droit de la souris sur l'élément de menu Microsoft Word.**

   Un sous-menu apparaît.

3. **Cliquez sur Envoyer vers/Bureau (créer un raccourci).**

   Et voilà ! Un raccourci de Word est maintenant sur le bureau.

4. **Cliquez sur le bureau avec la souris.**

   Le *bureau* est le fond de l'écran quand vous utilisez Windows. Un clic sur le bureau fait disparaître le menu Démarrer.

5. **Localisez l'icône du raccourci.**

   Elle représente un gros W bleu avec comme légende Microsoft Office Word 2003.

Vous pouvez maintenant utiliser cette icône pour lancer Word sans avoir à passer par le menu Démarrer.

Si vous préférez avoir Word dans la palette de lancement rapide, faites glisser l'icône de raccourci du bureau pour la déposer dans la palette : utilisez la souris pour faire glisser l'icône de Word jusqu'à la palette de lancement rapide, puis relâchez le bouton de la souris pour y déposer l'icône, comme le montre la Figure 1.2 (il vous faudra peut-être redimensionner la palette de lancement rapide pour que l'icône de Word soit visible). Vous n'êtes plus maintenant qu'à un clic de votre traitement de texte.

Figure 1.2 Mettre Word dans la palette de lancement rapide.

Démarrer Word en ouvrant un document

Tout document Word est un fichier stocké sur le disque dur de votre ordinateur. Comme tout fichier, il est identifié par une icône. Chaque fois que vous double-cliquez sur cette icône, le document correspondant s'ouvre directement dans Word. Voici comment procéder :

1. **Double-cliquez sur le dossier Mes documents.**

   Le dossier Mes documents est l'emplacement de stockage par défaut de vos fichiers Word.

2. **Localisez un document Word.**

   Il s'identifie par l'icône d'une feuille cornée sur laquelle est imprimé un *W* bleu.

3. **Double-cliquez sur l'icône du document Word.**

   Cette action démarre Word dans lequel s'affiche le document. Au travail !

Vous pouvez afficher tous les documents sur lesquels vous avez récemment travaillé. Il suffit de cliquer sur Démarrer/Mes documents récents. Ensuite, cliquez sur le document Word à ouvrir.

Certains documents portent l'extension `.doc`. Elle permet d'identifier la nature d'un fichier. L'affichage de l'extension est facultatif. Tout dépend de votre configuration de Windows.

Word a l'écran

Juste après avoir lancé Word, je préfère agrandir la fenêtre pour lui faire occuper tout l'écran.

Pour faire occuper tout l'écran à la fenêtre de Word, cliquez sur le bouton Agrandir dans le coin supérieur droit de la fenêtre (c'est celui du milieu). Si la fenêtre a déjà la taille maximale, ce bouton contient deux carrés superposés. Dans ce cas, il est inutile de cliquer sur quoi que ce soit.

Maintenant que vous pouvez voir Word occuper tout l'écran, lisez ce qui suit et reportez-vous à la Figure 1.3 pour y repérer les éléments les plus intéressants.

Gadgets et ainsi de suite

Écrire est la tâche principale de Word, bien que ce ne soit pas au sens d'Alexandre Dumas. Il s'agit de "traiter" du texte. Voilà pourquoi la majeure partie de la fenêtre de Word sert à afficher du texte (voyez la Figure 1.3).

Autour de la zone d'affichage du texte, vous pouvez voir toutes sortes de boutons, listes déroulantes et menus, dont certains seraient plus intéressants s'ils étaient comestibles. Un des avantages est qu'avec Word vous avez la possibilité de personnaliser tout cela (mieux vaut savoir de quoi il s'agit avant d'envisager de changer quelque chose) :

- **La barre de titre**, dans laquelle apparaît `Document 1 - Microsoft Word` jusqu'à ce que vous ayez enregistré votre document sur le disque.
- **La barre de menus**, qui contient tous les menus de Word.
- **Les barres d'outils Standard et Mise en forme**, qui apparaissent côte à côte dans la Figure 1.3, et que vous pouvez disposer à votre guise.
- **La règle**, qui permet de définir les marges et les tabulations.

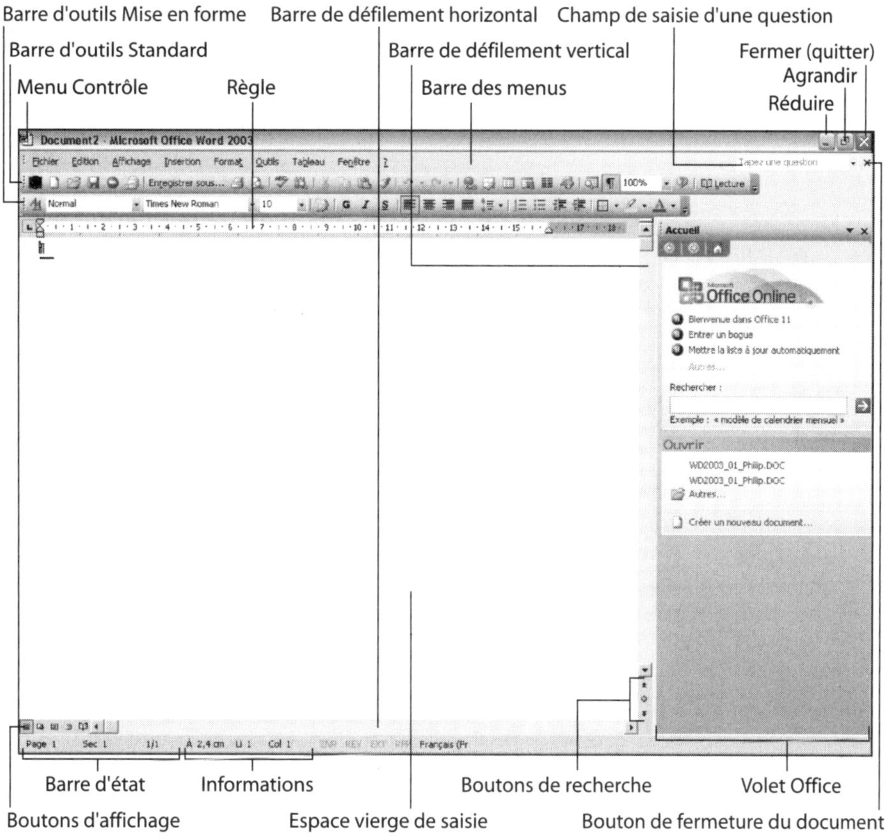

Figure 1.3 Que Word soit !

- **Le volet Office**, qui affiche la liste des commandes pouvant s'appliquer à ce que vous êtes en train de faire dans Word.

Au-dessous de la zone d'affichage du texte, figurent deux éléments :

- **Les boutons d'affichage**, situés à gauche de la barre de défilement horizontal, permettent de contrôler l'affichage de votre document.
- **La barre d'état** affiche des indications diverses sur votre document, dont certaines sont intéressantes.

Les fonctions et l'importance de ces divers boutons, barres et menus sont décrites plus loin dans ce livre. Pour le moment, il vous suffit de connaître le nom de chaque chose pour ne pas risquer d'être perdu par la suite.

- La plupart des éléments de Word sont personnalisables pour que le programme réponde exactement à vos besoins.

- La majorité des utilisateurs ne change malheureusement pas les options.

- La barre d'état contient des petites niches rectangulaires dans lesquelles sont affichées diverses informations parfois mystérieuses. Ce livre va vous expliquer quand ces informations peuvent vous être utiles.

- La Figure 1.3 montre l'interface en mode Normal.

- Pour afficher les barres d'outils Mise en forme et Standard l'une en dessous de l'autre, cliquez sur la flèche de l'une des deux barres. Dans le menu local, sélectionnez Afficher les boutons sur deux lignes.

- Absent des précédentes versions de Word, nous trouvons maintenant le Compagnon Office (un trombone animé). Tel qu'il sort de sa boîte, Word 10 n'affiche pas automatiquement le Compagnon Office. N'ayez crainte, je vous dirai comment le faire venir dans la section "Le Compagnon Office", plus loin dans ce chapitre.

- Le volet Office peut être ouvert et fermé. Sélectionnez Affichage/Volet Office.

- La barre des tâches de Windows, en bas de l'écran, fait partie de Windows lui-même et non de Word. Toutefois, si vous ouvrez des documents dans Word, un bouton apparaît pour chacun d'eux dans la barre des tâches de Windows.

- Avez-vous remarqué le pointeur de la souris dans la Figure 1.3 ? C'est le *pointeur d'insertion*, en forme de I. C'est la forme que prend le pointeur de la souris quand il est dans la zone d'affichage du texte dans la fenêtre de Word. Il indique le point où commencera l'insertion du texte si vous cliquez avec la souris.

- Tout ce qui est situé après le point d'insertion (à droite ou au-dessous) fait partie de la fonction cliquer-et-saisir de Word. Nous parlerons de cette fonction au Chapitre 18, dans la section qui traite de la mise en forme automatique.

- Vous pouvez utiliser la souris pour tester les fonctions des différents boutons.

- Si vous ne voyez pas les barres d'outils Standard ou Mise en forme ou la règle, ou si vous voulez changer *immédiatement* la présentation de la fenêtre de Word, rendez-vous directement au Chapitre 28.

La page blanche sur laquelle vous écrivez

Une fois que Word est lancé, vous êtes en face de la version électronique de la page blanche, celle-là même qui a causé de terribles angoisses à d'innombrables générations d'écrivains.

Pour écrire dans Word, le point de départ est le curseur d'insertion clignotant. C'est ce I clignotant dans votre texte qui montre à quel endroit apparaîtra à l'écran ce que vous allez taper avec le clavier.

Dans la barre de menus, sélectionnez Affichage/Normal.

En mode Normal, une plus grande partie de la fenêtre est consacrée à l'affichage du texte. Toutefois, dans cet affichage, un trait horizontal apparaît au-dessous du curseur clignotant. C'est l'*indicateur de fin de document.* Tout votre texte apparaît au-dessus.

Dans la barre de menus, sélectionnez Affichage/Page.

En mode Page, l'indicateur de fin de document disparaît. Contrairement au mode Normal, le but est ici de montrer la présentation des mots sur la page. Personnellement, je préfère saisir le texte en mode Normal, puis passer en mode Page pour la mise en forme des modifications.

- Nous parlerons de la saisie au Chapitre 2.
- Tous les signes bizarres que vous pouvez voir sur l'écran (par exemple le signe ¶) sont les symboles secrets de Word. Le Chapitre 2 vous dira pourquoi il peut être utile de les afficher et comment les masquer s'ils vous ennuient.
- Le *curseur* montre l'endroit exact où sera affiché le texte que vous allez saisir. On l'appelle aussi *point d'insertion* parce que le curseur de forme traditionnelle est plutôt un tiret de soulignement qui apparaît au-dessous des caractères. Dans la suite, je parlerai indifféremment de *point d'insertion*, de *curseur d'insertion*, ou tout simplement de *curseur.* Les caractères que vous saisissez apparaissent immédiatement à gauche de l'endroit où clignote le curseur, qui se déplace d'un cran vers la droite pour chaque caractère saisi.

Word comble vos désirs

Il y a de nombreux moyens d'obtenir de l'aide dans Word, dont la plupart sont décrits au Chapitre 2. Pour le moment, vous disposerez sur l'écran de deux endroits à partir desquels vous pouvez obtenir de l'aide.

Tout d'abord, à l'extrémité droite de la barre de menus, il y a un champ intitulé "Tapez une question", comme le montre la Figure 1.4. Saisissez-y une question, et appuyez sur la touche Entrée pour afficher une liste de réponses possibles.

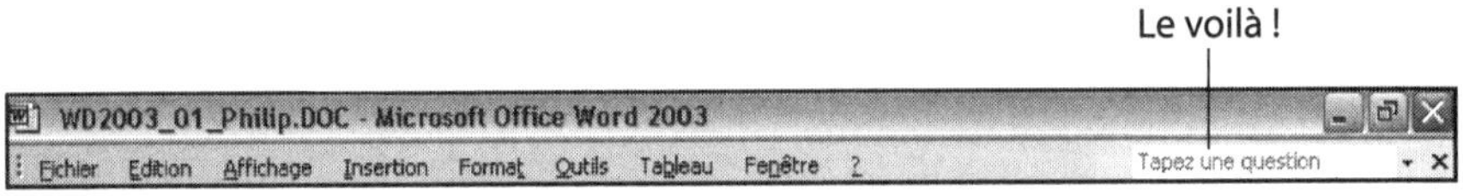

Figure 1.4 Le champ Taper une question.

Plus intéressant, vous disposez aussi du Compagnon Office.

Si le Compagnon Office n'est pas visible à l'écran, sélectionnez dans la barre de menus ?/Afficher le Compagnon Office. Apparaît alors un personnage qui gagne à être connu, normalement un trombone animé avec de grands yeux, mais que vous pouvez remplacer par un autre "compagnon" si ça vous chante (je vous dirai comment au Chapitre 2). Le Compagnon Office en forme de trombone, officiellement connu sous le nom de Trombine, est tel qu'il apparaît Figure 1.5.

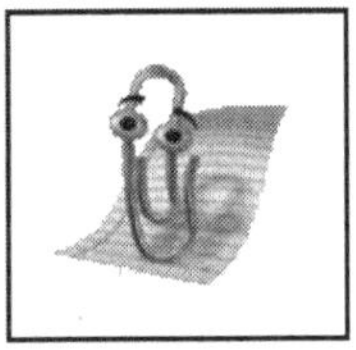

Figure 1.5 Le trombone.

Le Compagnon Office est là pour vous aider. La plupart du temps, toutefois, il se contente de rester là pendant que vous tapez ou méditez sur ce que vous allez écrire.

Voici mes suggestions sur le Compagnon Office :

- Vous pouvez utiliser la souris pour déplacer le Compagnon Office sur l'écran. J'ai l'habitude de mettre le mien dans le coin inférieur droit de l'écran, où il ne me gêne pas et où je ne le gêne pas.
- Cliquez du bouton droit sur le Compagnon Office pour faire apparaître la liste des options qu'il vous propose. Ma préférée est Animer, qui lui fait faire quelque chose d'intéressant.
- Vous avez le choix entre plusieurs personnages : cliquez du bouton droit sur le Compagnon Office, puis sélectionnez Choisir un Compagnon dans le menu qui apparaît. Mon préféré est le chien (Toufou), mais j'aime bien aussi Bille de clown.
- Si vous détestez le Compagnon Office, cliquez dessus du bouton droit, et sélectionnez Masquer. Après tout, il y a déjà pas mal de choses sur l'écran.
- Quand vous passez de Word à une autre application, le Compagnon Office est masqué automatiquement.
- L'utilisation du Compagnon Office pour obtenir de l'aide est traitée au Chapitre 2.

Un coup d'œil à votre clavier

Le plus court chemin pour aller de votre cerveau à un document Word consiste à descendre le long de votre bras et d'atteindre vos doigts posés sur un clavier. Il vous aide alors à saisir du texte, à le modifier, et à utiliser différentes commandes qui améliorent votre productivité.

La Figure 1.6 montre le clavier type d'un PC, tel qu'il est utilisé au début du troisième millénaire.

Remarquez que le clavier est divisé en zones distinctes, chacune ayant une fonction particulière. Dans Word, vous pouvez utiliser chaque touche de ces différents groupes, soit seule, soit en combinaison avec d'autres touches :

- **Les touches de fonction :** Ces touches, de F1 à F12, sont situées dans la rangée supérieure du clavier. Elles peuvent être utilisées seules ou en combinaison avec les touches Ctrl, Alt et Maj.
- **Les touches de machine à écrire :** Ce sont les touches alphanumériques standard que l'on trouve sur toutes les machines à écrire. De A à Z et de 0 à 9, plus les symboles et autres caractères exotiques.

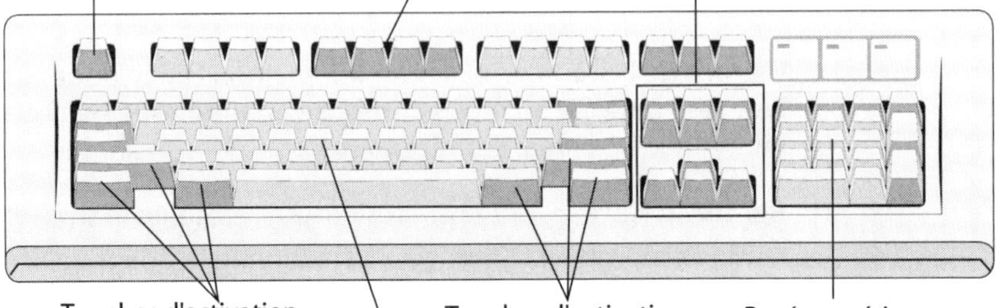

Figure 1.6 Les célèbres atouts du clavier du PC.

- **Les touches de curseur :** Ces touches permettent de déplacer le curseur en forme de I sur l'écran. On trouve également les touches Début, Fin, PgPr (Page précédente), PgSv (Page suivante), Insertion et Suppression, sans oublier les touches plus et moins du pavé numérique.

- **La touche Verrouillage numérique :** Cette touche fait basculer dans les deux sens les touches du pavé numérique, entre les chiffres et le contrôle du curseur (c'est l'un ou l'autre, mais pas les deux). La double personnalité de chaque touche est évidente, puisqu'on y voit apparaître un chiffre et un symbole. Le voyant lumineux associé à la touche Verrouillage numérique indique que le pavé numérique est actif (il permet de saisir des chiffres). Si le voyant n'est pas allumé, ce sont les touches de contrôle du curseur qui sont actives.

- **Les touches d'activation :** Ces touches ne font rien de spécial par elles-mêmes. Les touches Maj, Ctrl et Alt s'utilisent en combinaison avec d'autres touches.

Voici quelques touches à remarquer :

- **Entrée :** Indiquée par le mot Entrée et parfois identifiée par une flèche coudée pointant vers la gauche (¿), cette touche permet d'ajouter un paragraphe dans votre texte.

- **Echap :** La touche "échappe" n'exécute pas vraiment une action dans Word. Toutefois, lorsqu'une boîte de dialogue apparaît, il suffit d'appuyer sur cette touche pour la fermer sans exécuter la moindre commande. Cela revient à cliquer sur le bouton Annuler de ladite boîte.

- **Barre d'espace :** C'est la seule touche sur laquelle n'apparaît aucun symbole. Elle permet d'insérer des espaces dans le texte.
- **Tab :** Insère un caractère de tabulation, qui aligne le texte auquel il s'applique sur le repère de tabulation suivant. C'est une touche de mise en forme intéressante et d'usage parfois délicat (mais très bien décrite au Chapitre 13).
- **Retour arrière :** C'est votre touche de retour en arrière et d'effacement. Très pratique.
- **Suppression :** Souvent nommée Suppr, elle efface le caractère qui se trouve juste après le curseur, et ne fait donc pas revenir en arrière celui-ci. Nous en dirons plus à son sujet au Chapitre 4.

Presser les touches

Quand je dis "appuyez sur la touche Entrée", regardez votre clavier, regardez la touche Entrée droit dans les yeux, appuyez dessus, puis relâchez-la. Physiquement, c'est un effort très raisonnable, et comme beaucoup de claviers font entendre un clic quand vous appuyez sur une touche, vous aurez l'impression de taper sur une vieille machine à écrire, et vous pourrez vous prendre pour un auteur de romans policiers du bon vieux temps.

Appuyer sur une combinaison de touches

En dehors de la saisie de texte ordinaire, vous pouvez avoir besoin de différentes combinaisons de touches pour demander à Word d'exécuter certaines commandes. Par exemple :

Ctrl+P

Prononcez "Contrôle P". C'est ce que vous obtenez en maintenant enfoncée la touche Ctrl tout en appuyant sur la touche P. On peut faire plus compliqué avec, par exemple :

Ctrl+Maj+F12

Autrement dit, "Contrôle Maj F12". Ces deux raccourcis clavier font apparaître la boîte de dialogue Impression (qui ne nous intéresse pas pour le moment). Ce qu'il faut retenir, c'est que pour obtenir ces combinaisons de touches, vous devez, respectivement : appuyer sur la touche Ctrl et la maintenir enfoncée tout en appuyant sur la touche P, puis relâcher les deux ; appuyer sur les touches Ctrl et Maj et les maintenir enfoncées tout en appuyant sur la touche F12, puis relâcher les trois.

TRUC

Il faut toujours maintenir enfoncée la première touche (ou les premières) tout en appuyant sur la dernière, puis les relâcher toutes.

- C'est la même méthode que pour obtenir un F majuscule en appuyant sur la combinaison de touches Maj+F. Toutes sortes de combinaisons sont ainsi possibles avec les touches Ctrl et Alt.
- Oui, il est vraiment utile de se familiariser avec ces combinaisons de touches.
- Il n'est pas nécessaire d'appuyer fort. Si vous avez un problème avec un raccourci clavier, appuyer plus fort ne mènera pas l'ordinateur à se dire : "Morbleu ! Il y va fort. Il doit vouloir dire quelque chose." Il suffit d'appuyer, tout simplement.
- N'OUBLIEZ PAS — N'oubliez pas de relâcher les touches : avec Ctrl+P, par exemple, maintenez enfoncée la touche Ctrl, appuyez sur P, puis relâchez les deux. Si vous hésitez sur celle qu'il faut relâcher en premier, commencez par la seconde, puis relâchez la touche d'activation (Maj, Ctrl ou Alt).
- Si vous ouvrez accidentellement la boîte de dialogue Imprimer, cliquez sur le bouton Annuler. Vous pouvez aussi appuyer sur la touche Echap du clavier. Pour en savoir plus sur l'annulation de l'impression, reportez-vous au Chapitre 9.

Quitter Word quand vous avez terminé

L'un des aspects importants du savoir-vivre est de savoir à quel moment prendre congé. Il est même parfois préférable de ne pas se montrer. Mais Word se fiche complètement du savoir-vivre. Une fois que vous avez écrit ce que vous aviez à écrire, le moment est venu de quitter Word :

1. **Sélectionnez Fichier/Quitter dans la barre de menus.**

   C'est la manière standard de quitter tout programme Windows.

2. **Enregistrez tout fichier encore ouvert, si Word vous propose de le faire.**

   Avant de se fermer, Word vous prévient toujours : si vous avez un fichier ouvert non enregistré depuis les dernières modifications, il vous propose de l'enregistrer. Vous voyez apparaître un avertissement sur l'écran. Si le Compagnon Office est visible, il explique cet avertissement dans une bulle de type bande dessinée, comme le montre la Figure 1.7.

Figure 1.7
Il ne lui manque que la parole.

Pour enregistrer votre fichier, cliquez sur Oui. Si vous ne l'avez pas déjà fait, il vous sera demandé de lui donner un nom (le Chapitre 2 vous dit comment faire).

Si vous ne voulez pas conserver ce que vous venez de taper, cliquez sur Non.

Si vous changez d'avis, vous pouvez cliquer sur Annuler pour "quitter" la commande Quitter, et retourner dans Word.

Si vous choisissez de quitter, Word disparaît de l'écran, et vous revenez au bureau de Windows, dans lequel vous pouvez toujours vous occuper avec l'un des jeux de Windows.

N'arrêtez pas votre ordinateur ou ne le faites pas redémarrer pour quitter Word ! Vous pourriez endommager des fichiers sur le disque dur de votre ordinateur. Les ordinateurs sont des créatures délicates. Inutile d'en rajouter en faisant des choses qui les égarent.

Comment quitter ce que vous faites sans quitter Word ?

La commande Fichier/Quitter ferme tous les documents Word ouverts. Pour fermer un document spécifique, affichez-le puis cliquez sur Fichier/Fermer.

La commande Fichier/Fermer ferme le document actuellement sous vos yeux. L'espace blanc disparaît de la fenêtre de Word sans fermer le programme.

- Pourquoi fermer un document ? Parce que vous avez fini d'y travailler ! Peut-être voulez-vous travailler sur quelque chose d'autre ou quitter Word après l'avoir fermé ? Le choix vous appartient, et j'en parlerai au chapitre suivant.

- Il n'est pas nécessaire de quitter Word si vous voulez seulement commencer à travailler sur un nouveau document.

- En fait, il n'est pas nécessaire de fermer un document. Il m'arrive souvent de travailler plusieurs jours de suite sur un document et de le laisser ouvert pendant tout ce temps (sans éteindre mon PC, bien sûr). Ça ne lui fait aucun mal (ce qui est important, c'est que je l'enregistre sur le disque).

- Si vous essayez de fermer un document avant qu'il ait été enregistré, Word affiche une boîte de dialogue d'avertissement. Pour enregistrer votre document, cliquez sur le bouton Oui. Si vous changez d'avis et décidez de continuer à travailler sur votre document, cliquez sur le bouton Annuler pour y revenir.

- Si vous avez plusieurs documents ouverts en même temps dans Word, la fermeture de l'un d'eux fait apparaître à l'écran celui qui se trouvait derrière lui.

Créer un nouveau document

Après avoir fermé un document, vous pouvez en commencer un nouveau. Il suffit de cliquer sur Fichier/Nouveau. Instantanément, le volet Nouveau document apparaît sur le côté droit de l'interface de Word.

- Vous pouvez également commencer un nouveau document par un clic sur l'icône de la barre d'outils Standard représentée ci-contre.

- Vous pouvez aussi ouvrir un document existant. Cliquez sur Fichier/Ouvrir.

- Il n'est pas nécessaire de quitter Word quand vous désirez créer un nouveau document.

Chapitre 2

Comment la plupart des gens utilisent Word

Dans ce chapitre :

- Créer un nouveau document dans Word.
- Conseils de saisie.
- Mise en forme.
- Obtenir de l'aide.
- Enregistrer votre document sur le disque.
- Imprimer.
- Fermer votre document.

Les utilisateurs de Word n'en utilisent qu'une infime partie. Sans chercher davantage ou sans lire un ouvrage comme celui-ci, ils passent à côté de fonctions puissantes.

Ce chapitre va vous donner les connaissances de base qui permettent d'utiliser Word au quotidien. En fait, si ce livre n'était qu'une brochure, il se réduirait à ce chapitre (le reste contient une abondance de détails et des informations très utiles, et tout ce qui peut en justifier le prix de vente).

Vue d'ensemble (pour l'impatient)

En bref, voici comment se passe le traitement de texte dans Word :

1. **Ouvrir un nouveau document dans Word.**
2. **Saisir le texte.**
3. **Mettre en forme.**
4. **Enregistrer.**
5. **Afficher l'aperçu.**
6. **Imprimer.**
7. **Fermer.**

D'une manière ou d'une autre, tout le monde suit ces étapes. Un bon utilisateur de Word répète les étapes 2, 3 et 4, éventuellement dans des ordres différents (la majeure partie du temps est consacrée à la saisie, et c'est souvent à la fin du processus que l'on passe à la mise en forme, bien que beaucoup de gens y procèdent au fur et à mesure de la frappe).

Je suppose que l'étape 2 peut aussi être "dicter" si vous utilisez un logiciel de dictée.

Si vous voulez travailler sur un document que vous avez déjà enregistré, remplacez l'étape 1 par "Ouvrir un document stocké sur le disque" (pour en savoir plus sur la commande Ouvrir, reportez-vous au Chapitre 8).

Les étapes 5 et 6 ne sont nécessaires qu'une fois que vous avez terminé, et si vous avez l'intention d'imprimer votre travail (le Chapitre 9 parle de l'aperçu et de l'impression).

Le reste de ce chapitre développe ces différentes étapes.

Ouvrir un nouveau document

Au démarrage, Word vous présente un document vierge dans lequel vous pouvez commencer à saisir du texte. L'étape suivante est donc, logiquement, de commencer à taper. Ou bien, dans une autre logique, vous pouvez essayer de dicter. Si vous êtes débutant, je vous conseille pour le moment de vous contenter de taper, jusqu'à ce que vous soyez familiarisé avec Word.

Si vous avez besoin de créer un nouveau document alors que vous êtes déjà en train de travailler sur un document dans Word, procédez comme suit :

1. **Cliquez sur Fichier/Nouveau.**

   Le volet Nouveau document s'ouvre sur le bord droit de l'interface. Seule l'option Document vierge de la section Créer vous intéresse.

2. **Cliquez sur Document vierge.**

   Le volet se ferme et vous pouvez saisir votre texte.

Si vous êtes vraiment pressé pour créer un nouveau document, vous pouvez aussi cliquer sur l'icône Nouveau dans la barre d'outils.

- Pour en savoir plus sur le travail sur plusieurs documents dans Word, reportez-vous au Chapitre 10.
- Une autre manière de commencer à travailler consiste à ouvrir un document stocké sur le disque (voyez le Chapitre 8 pour en savoir plus à ce sujet). Une fois le document ouvert, il apparaît dans une fenêtre, comme n'importe quel autre.

Taper sur le clavier

Oubliez tous les gadgets et les trucs amusants. La majeure partie du temps que vous allez passer dans Word va être consacrée à taper.

Popopoc, popopoc, popopoc.

Allez-y, tapez ! Laissez vos doigts danser sur les touches ! Tout ce que vous tapez apparaît sur l'écran, caractère par caractère, même si ça consiste à dire du mal de votre ordinateur (votre PC s'en fiche, mais n'en concluez pas que Word manque de sensibilité).

Le texte que vous tapez vient s'insérer juste avant le curseur clignotant. Vous pouvez par exemple taper ceci :

```
L'agriculture est le plus vieux métier du monde.
```

Pour modifier cette phrase, placez le curseur juste après "le". Tapez un espace, puis le texte suivant :

```
second
```

Le nouveau texte est inséré au fur et à mesure que vous le tapez, et tout ce qui se trouve après lui est décalé en conséquence vers la droite (et éventuellement sur la ligne suivante) pour faire de la place.

Nous obtenons donc la nouvelle phrase :

```
L'agriculture est le second plus vieux métier du monde.
```

- Chaque touche de caractère de votre clavier sur laquelle vous appuyez produit le caractère correspondant sur l'écran. C'est le cas pour toutes les touches de lettres, chiffres et symboles. Les autres touches, qui ont parfois une couleur différente sur le clavier, font des choses étranges et merveilleuses que ce livre tente d'expliquer au prix d'efforts considérables.

N'OUBLIEZ PAS

- Si vous êtes un ancien utilisateur de machine à écrire, vous approchez probablement la quarantaine. Vous n'êtes pas jeune ! Plus sérieusement, n'utilisez pas les touches L ou I pour obtenir le chiffre 1 ni la touche O (la lettre O) pour obtenir le chiffre 0 dans un traitement de texte. Ce n'est pas le même caractère. Utilisez la touche du chiffre **1** et celle du chiffre **0** pour obtenir effectivement les chiffres voulus.
- N'ayez pas peur d'utiliser votre clavier ! Word affiche toujours des avertissements avant qu'il se passe quelque chose de vraiment sérieux. Et une fonction Annulation permet de rappeler ce que vous avez effacé accidentellement. Voyez le Chapitre 4 à ce sujet.
- La touche Maj permet d'obtenir les lettres majuscules, comme sur une machine à écrire.

TRUC

- La touche Verr Maj (Verrouillage Majuscules) a la même fonction que sur une machine à écrire. Après avoir appuyé sur cette touche, le voyant Verr Maj s'allume (il est parfois libellé Caps Lock, même sur un clavier français), et tout ce que vous tapez est en MAJUSCULES.
- Désolé pour toutes les références aux machines à écrire.
- À l'extrémité droite du clavier, les touches des chiffres font partie du pavé numérique. Pour les utiliser, il faut appuyer sur la touche Verr mum pour que le voyant correspondant soit allumé. Si ce voyant est éteint, ces touches servent au contrôle du curseur (les flèches).
- Le plus vieux métier du monde est presque certainement l'élevage.

Quand appuyer sur la touche Entrée ?

N'appuyez sur la touche Entrée que quand vous avez atteint la fin d'un paragraphe.

TRUC

"Faut-il apprendre à taper ?"

Il n'est absolument pas nécessaire d'apprendre à taper à la machine pour utiliser un traitement de texte, mais si vous le faites, vous en tirerez un avantage. Il existe des logiciels qui permettent d'apprendre et je vous conseille de vous en procurer un.

Savoir taper à la machine rend l'apprentissage de Word beaucoup plus agréable.

En fait, c'est un peu trop simple. Je vais vous en dire un peu plus :

Contrairement à la saisie totale d'un texte sur une machine à écrire, un programme de traitement de texte concerne les mots et les paragraphes. Il est essentiel d'indiquer à Word la fin d'un paragraphe. Et la ligne de texte ? Pas de problème ! Word la crée automatiquement quand il arrive en fin de ligne. En d'autres termes, saisissez au kilomètre, car Word créera autant de ligne qu'en nécessite votre texte. En revanche, appuyez sur la touche Entrée pour créer un nouveau paragraphe.

À titre d'exemple, tapez le texte suivant (tapez-le d'un bout à l'autre, sans jamais appuyer sur la touche Entrée) :

```
Dans le but de trouver les meilleurs virtuoses du clavier de la
galaxie, la Fédération vient d'embaucher l'instructeur de première
classe Maxime Kornhieser. Dans ses recherches à travers la galaxie,
M. Kornhieser a presque trouvé les candidats parfaits : avec leurs
douze doubles doigts à chaque main, les Doublezons de Plantax 9
sont capables de taper à une vitesse vertigineuse. Hélas, ils sont
dépourvus de toute colonne vertébrale, et M. Kornhieser les a
disqualifiés pour position non réglementaire.
```

Avez-vous remarqué comment le texte *passe à la ligne suivante* ? Ce qui dépasse la fin d'une ligne passe automatiquement à la ligne suivante. Pas de "ding !", et pas la peine d'appuyer sur Entrée à la fin de chaque ligne. N'appuyez sur Entrée qu'à la fin d'un paragraphe.

- Cette fonction s'appelle *retour à la ligne automatique*.

- Pour marquer la fin d'un paragraphe, certains appuient deux fois sur la touche Entrée, et certains seulement une fois. Si vous voulez un espace plus grand entre les paragraphes, il est préférable d'utiliser les commandes de mise en forme de paragraphe de Word, que je décris au Chapitre 12.

- Les commandes de mise en forme de paragraphe permettent aussi d'obtenir un double interligne dans un paragraphe. Si c'est ce que vous voulez, n'utilisez pas pour cela la touche Entrée ! Pour en savoir plus à ce sujet, voyez le Chapitre 12.

- Si vous voulez mettre en retrait le paragraphe suivant, appuyez sur la touche Tab après avoir appuyé sur la touche Entrée.

- Si vous appuyez sur la touche Entrée au milieu d'un paragraphe déjà existant, Word crée un nouveau paragraphe. Le texte placé avant le curseur constitue un paragraphe, de même le texte placé après.

- Vous pouvez supprimer le caractère de fin de paragraphe (produit par la touche Entrée) en utilisant la touche Suppr ou la touche Retour arrière. La suppression de ce caractère réunit ces deux paragraphes en un seul.

Le saut de ligne

On peut aussi introduire ce qui a l'air d'une fin de paragraphe mais ne l'est pas vraiment, en utilisant la combinaison Maj+Entrée qui produit un *saut de ligne*. Ce caractère permet de terminer une ligne et d'en commencer une nouvelle sans créer un nouveau paragraphe. Tapez la ligne suivante :

```
Tartarin de Tarascon
```

Puis, appuyez sur Maj+Entrée. Le curseur passe à la ligne suivante. Continuez à taper :

```
Ce rôle ne peut être joué que par un acteur d'exception. Il doit
être grand dans certaines scènes et petit dans d'autres, parfois
gros et parfois maigre, capable de rire ou de pleurer à la demande,
et doit être composé de 75 % de séduction, 30 % d'enthousiasme, et
10 % de répulsion.
```

Maintenant, appuyez sur la touche Entrée pour terminer le paragraphe.

Tout ce texte constitue un seul et même paragraphe, bien que `Tartarin de Tarascon` apparaisse sur une ligne distincte. Voilà ce qu'est un saut de ligne. On s'en sert principalement dans les tableaux, mais vous le trouverez peut-être utile si vous créez des formulaires, des pages Web ou d'autres documents dans lesquels cette mise en forme peut être nécessaire.

- Vous aurez sans doute beaucoup moins souvent besoin de sauts de ligne que de sauts de paragraphe.
- Pour en savoir plus sur les tableaux, voyez le Chapitre 20.

Quand appuyer sur la barre d'espace ?

La *barre d'espace* sert à insérer des espaces entre les mots ou les phrases. Sanselleletexteseraitdifficileàlire.

Dans Word, comme pour tout ce que l'on tape avec un ordinateur, on ne met qu'un espace entre deux phrases.

La seule chose que je déteste avec la barre d'espace est que beaucoup trop de gens s'en servent pour essayer d'aligner des colonnes ou pour mettre du texte en retrait. C'est justement ce qu'il ne faut pas faire et, comme vous allez le voir, le résultat sur le papier est franchement moche.

Au lieu d'utiliser la barre d'espace pour mettre du texte en retrait ou pour aligner du texte, utilisez la touche Tab. La touche Tab est le meilleur moyen d'organiser les informations sur l'écran. Contrairement à la barre d'espace, la touche Tab place le texte exactement à la position voulue, ce qui fait que, lorsque vous imprimez, tout est parfaitement aligné (pour en savoir plus sur la touche Tab, reportez-vous au Chapitre 13).

- Pour insérer des espaces entre les mots et les phrases, utilisez la barre d'espace.
- Il est inutile de mettre plus d'un espace entre deux phrases. Chaque fois que vous pensez avoir besoin de plus d'un espace, par exemple pour disposer du texte dans des colonnes ou pour aligner du texte, utilisez plutôt la touche Tab (voyez le Chapitre 13).
- J'ai entendu dire que les gens qui enseignent l'art de taper à la machine disent à leurs élèves de mettre deux espaces entre chaque phrase. N'y pensez pas. La machine à écrire n'est plus de ce monde.
- Les Romains ne mettaient pas d'espaces entre les mots sur leurs monuments parce que le syndicat des graveurs sur pierre ne savait pas comment s'y prendre pour les facturer.

Choses à remarquer pendant que vous tapez

Il se passe beaucoup de choses intéressantes pendant que vous saisissez du texte, dont certaines peuvent vous intriguer, d'autres vous agacer, et d'autres encore vous consterner.

La barre d'état

La première chose à remarquer pendant que vous tapez est la barre d'état au bas de la fenêtre. Elle contient différentes informations sur votre document et sur ce que vous y tapez. La Figure 2.1 en donne la description, bien que les seuls éléments auxquels je me réfère soient le numéro de page (celle dans laquelle vous vous trouvez) et le nombre total de pages du document (le nombre qui apparaît après la barre de fraction dans le troisième élément de la Figure 2.1).

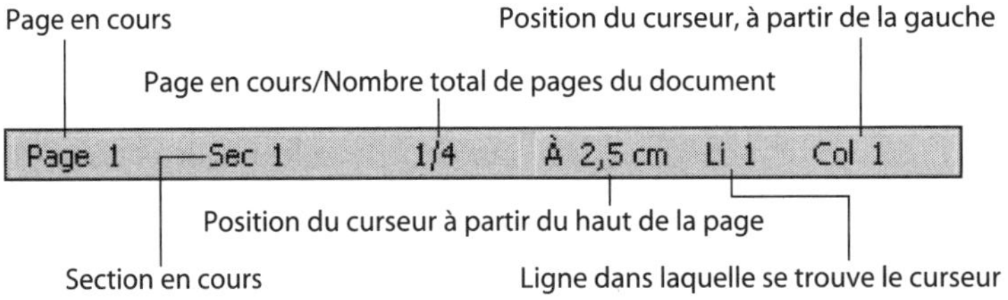

Figure 2.1 Les secrets de la barre d'état.

La vie secrète des pages

Word aime bien vous montrer où se termine une page et où commence la suivante. C'est une chose utile à connaître, car la majeure partie de ce que l'on crée avec un traitement de texte se retrouve sur une feuille de papier (mais peut-être deux alors que vous n'en vouliez qu'une). Vous pouvez toujours regarder la barre d'état (voyez la Figure 2.1) pour savoir combien de pages vous avez au total ou dans quelle page vous vous trouvez. Mais Word offre aussi pour cela des méthodes visuelles.

Pour vous permettre de savoir où commence la page suivante, Word vous offre deux indices visuels selon l'*affichage* en cours.

Si vous sélectionnez Affichage/Page (qui montre la présentation véritable de la page), les contours des pages apparaissent à l'écran. La Figure 2.2 montre la séparation entre deux pages dans ce mode. Les pages sont blanches, et l'espace qui les sépare est gris.

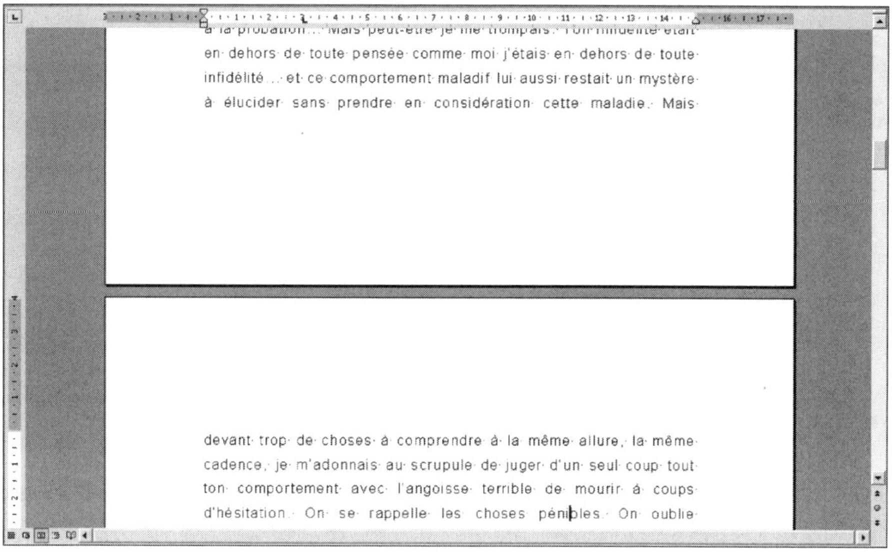

Figure 2.2 La séparation entre deux pages en mode Page.

Si vous sélectionnez Affichage/Normal, ce qui est la manière dont j'utilise Word, chaque saut de page apparaît comme une colonne de fourmis traversant l'écran. *Ne leur faites pas de mal !*

Voilà comment se présente un saut de page en mode Normal. Le texte que vous voyez au-dessus des fourmis (les points) est dans la page précédente, et le texte que vous voyez au-dessous est dans la page suivante.

- On ne peut pas supprimer un saut de page automatique. Vous pouvez changer l'endroit où il se produit dans votre texte, mais si le texte est trop long pour la page, Word place automatiquement la suite sur la page suivante.

- Un saut de page manuel est indiqué par une ligne de points beaucoup plus serrés (presque une ligne continue), avec les mots `Saut de page` apparaissant au milieu. Nous parlerons du saut de page manuel au Chapitre 14.

Des points entre les mots !

Il n'y a pas de quoi vous alarmer si vous voyez apparaître à l'écran des points ou autres symboles chaque fois que vous appuyez sur la barre d'espace ou sur la touche Entrée, comme ceci :

```
Ceci•peut•être•très•agaçant.
```

TRUC

Aller sur la dernière page vierge de votre document

Les utilisateurs de Word rencontrent souvent le même problème : Que faire lorsque le document se termine par une page vierge ? La supprimer ! Il suffit d'appuyer sur Ctrl+Entrée pour placer le point d'insertion tout en bas du document. Ensuite, appuyez avec précaution sur la touche Retour arrière jusqu'à ce que la page vierge disparaisse.

Ce qui se produit est simplement que Word affiche les caractères *non imprimables*. Word utilise différents symboles pour représenter les choses que vous ne voyez pas en temps normal : les espaces, les tabulations et la touche Entrée.

À quoi ça sert ? En affichant les caractères non imprimables, vous pouvez facilement identifier des choses qui perturbent votre mise en forme, mais qui seraient difficiles à voir autrement. Par exemple, deux taquets de tabulation sur une même ligne peuvent désorganiser votre texte. La seule manière de savoir qu'il y a deux tabulations sur une ligne est d'afficher les caractères non imprimables.

- Pour masquer les caractères non imprimables, appuyez sur la combinaison de touches Ctrl+Maj+8 (pour les faire réapparaître, appuyez à nouveau sur la même combinaison de touches). Utilisez le 8 du clavier principal et non celui du pavé numérique.
- ¶ Vous pouvez aussi cliquer sur le bouton Afficher/Masquer dans la barre d'outils Standard pour afficher ou masquer les caractères non imprimables.
- Ces symboles apparaissent à l'écran mais pas dans le document imprimé.

Soulignements et ondulations

Il est facile comme bonjour de souligner du texte dans Word. Le Chapitre 11 vous dit tout à ce sujet. Il arrive aussi que Word souligne lui-même certaines choses, en rouge, en vert ou en violet, avec des ondulations ou des pointillés. Ces soulignements servent à vous avertir de certaines choses sur le texte concerné.

Les fautes d'orthographe sont signalées par un soulignement ondulé en rouge, quand la vérification d'orthographe au cours de la frappe est en action.

Les fautes de grammaire sont signalées par un soulignement ondulé en vert. Ces indications sont parfois intempestives.

En règle générale, ne vous préoccupez pas de ces soulignements en cours de saisie, puisque vous exécuterez une vérification orthographique et grammaticale de tout le texte une fois le document terminé.

- Pour en savoir plus sur la correction des fautes d'orthographe et de grammaire dans Word (et pour désactiver les soulignements ondulés), reportez-vous au Chapitre 7.
- Au Chapitre 34, nous en dirons plus sur cette fonction, y compris la manière de la désactiver.

Surveillez le Compagnon Office

Au fur et à mesure que vous tapez, le Compagnon Office fait différentes choses intéressantes, que vous pourrez trouver amusantes. En fait, si vous restez trop longtemps sans rien faire, vous verrez que le Compagnon Office se manifeste. C'est le signe qu'il est temps d'arrêter de bayer aux corneilles et de se remettre au travail !

Zut ! Je me suis trompé !

Si vous avez fait une erreur, appuyez sur la touche Retour arrière pour l'effacer. Cette touche, qui se trouve au-dessus de la touche Entrée sur votre clavier, est généralement identifiée par une flèche horizontale pointant vers la gauche.

Maintenir enfoncée la touche Retour arrière vous met en mode d'effacement rapide (les caractères qui se trouvent à gauche du curseur sont effacés l'un après l'autre) jusqu'à ce que vous relâchiez la touche Retour arrière.

La touche Suppr avale aussi les caractères, mais ceux qui se trouvent à *droite* du curseur clignotant.

Pour les erreurs plus importantes, Word dispose d'une commande d'annulation. Sa fonction n'est pas d'effacer du texte, mais d'annuler la dernière commande, ce qui permet de faire revenir du texte accidentellement effacé. Pour en savoir plus sur la commande Annuler, reportez-vous au Chapitre 4.

Mettre en forme votre document

La mise en forme est ce qui donne une présentation professionnelle à votre document. Il y a différentes choses que l'on peut mettre en forme dans un document :

- Les caractères.
- Les paragraphes.
- Les tabulations.
- Tout le document.
- Les pages.
- Les colonnes.
- Les en-têtes et les pieds de page.

Votre premier travail de traitement de texte est la saisie du texte. À partir de là, vous pouvez y revenir pour le mettre en forme, ajuster les marges ou changer le style du texte. Tout cela est décrit dans la deuxième partie.

- Word peut mettre en forme votre document pour vous. Je vous dirai comment au Chapitre 18.
- La plupart des gens mettent en forme le texte au fur et à mesure de la saisie en usant de l'italique, du gras, du souligné... Vous pouvez vous aussi mettre en forme les paragraphes au fur et à mesure de la frappe, bien que certaines mises en forme soient plus faciles à appliquer *après* avoir achevé la saisie du texte (je donne des exemples de ces deux manières de faire dans la deuxième partie).
- Word vous permet aussi de mettre en forme votre document en y ajoutant des illustrations, des traits, des tableaux, des colonnes ou d'autres éléments qui peuvent en améliorer considérablement la présentation. Nous en parlerons dans la troisième et dans la cinquième partie.

Obtenir de l'aide

Vous pouvez obtenir de l'aide sur pratiquement tous les sujets en appuyant sur la touche F1. Vous accédez au volet Microsoft Word Aide. Vous pouvez saisir une phrase ou une question dans le champ Rechercher, ou cliquez sur le lien Table des matières. Vous accédez alors à un gigantesque manuel d'utilisation de Word, dont le contenu confus et touffu risque de ne pas être d'une très grande utilité.

Vous pouvez également vous aventurer sur le site Microsoft.com et rechercher aide, assistance et formation en ligne. Toutefois, comme vous avez ce livre entre les mains, je ne vois pas de meilleur endroit pour y trouver les informations qui vous manquent.

Vous obtiendrez aussi de l'aide de la part du Compagnon Office (s'il est visible).

Figure 2.3 Le Compagnon Office est toujours prêt à rendre service.

Enregistrez votre travail !

Un ordinateur est bête. Il a mauvaise mémoire et il perd toutes sortes de choses. Pour que votre ordinateur se souvienne de ce que vous avez fait, vous devez lui demander de l'enregistrer. Tout ce que vous créez dans Word doit être enregistré sur le disque et stocké en tant que document.

Pour enregistrer un document sur le disque, utilisez la commande Fichier/ Enregistrer (Alt+F, S). Vous pouvez aussi cliquer sur le bouton Enregistrer (qui représente une disquette) dans la barre d'outils Standard.

Si c'est la première fois que vous enregistrez votre document, la boîte de dialogue Enregistrer sous apparaît, comme le montre la Figure 2.4.

Dans le champ Nom, saisissez un nom pour votre document. Si vous avez fait une faute de frappe, utilisez la touche Retour arrière pour la corriger.

Cliquez sur le bouton Enregistrer pour enregistrer votre document.

- Le Chapitre 8 vous donne des informations plus détaillées pour enregistrer votre document.

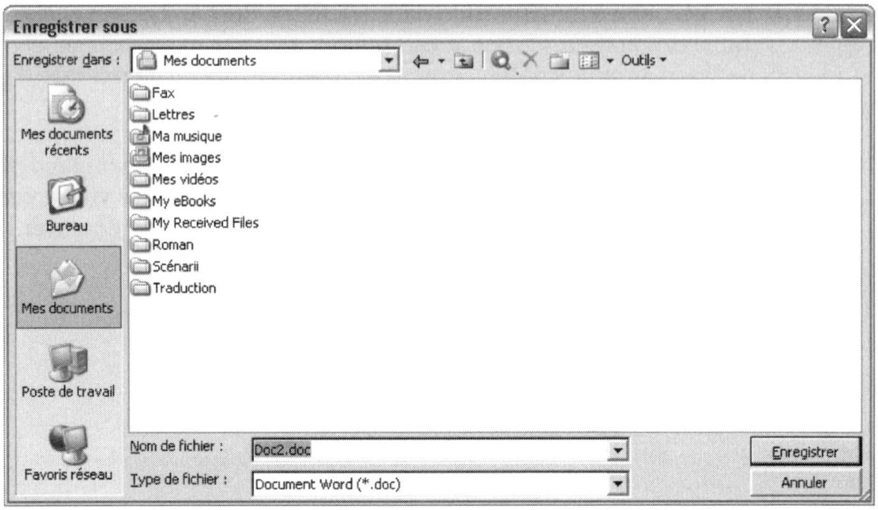

Figure 2.4 La boîte de dialogue Enregistrer sous.

- Le nom de fichier vous permettra d'identifier votre fichier par la suite, lorsque vous voudrez le modifier ou l'imprimer à nouveau. Il est important de choisir un nom descriptif, qui permette de bien identifier le fichier voulu.

- Une fois un fichier déjà enregistré, la manière la plus rapide de l'enregistrer à nouveau consiste à utiliser le clavier. La séquence de touches correspondant à la commande Enregistrer est Ctrl+S. Tout en maintenant enfoncée la touche Ctrl, appuyez sur la touche S (vous pouvez aussi utiliser Maj+F12).

- Lorsque vous enregistrez un document, surveillez la barre d'état : elle affiche temporairement un message vous signalant que Word est en train d'enregistrer votre document.

- Vous pouvez lui donner n'importe quel nom. Toutefois, le Compagnon Office indique les mots interdits. Cliquez sur OK et recommencez.

- Une fois le document enregistré sur le disque, son nom est affiché dans la barre de titre de la fenêtre de Word. La présence de ce nom dans la barre de titre indique que le fichier a été enregistré sur le disque.

- Si vous n'êtes pas en forme, vous pouvez donner à votre fichier le nom d'un fichier déjà stocké sur le disque. Ce n'est pas un bon choix, car le nouveau fichier remplace alors le précédent, en le faisant disparaître du disque. Par exemple, si vous décidez d'enregistrer votre nouvelle lettre en utilisant le nom Lettre, et qu'il y a déjà sur le disque un fichier nommé Lettre, le nouveau fichier prend la place du précédent en l'effaçant. Comme il n'y a pas moyen de récupérer le fichier effacé, il vaut mieux utiliser un autre nom pour le nouveau. Une boîte de dialogue vous prévient en proposant trois possibilités : Remplacer le fichier existant ; Enregistrer les modifications sous un autre nom ; Fusionner les modifications dans le fichier existant.

Coucher sur le papier (imprimer)

Les grands écrivains ne se préoccupaient pas de l'impression. Rabelais n'a jamais eu besoin d'enregistrer son document ni d'utiliser l'aperçu avant impression. Alexandre Dumas a écrit *Les Trois Mousquetaires* à la main. Il ne l'a pas imprimé lui-même.

L'impression est le résultat de votre travail de traitement de texte. Hercule a dû accomplir de nombreux exploits, et le vôtre sera d'imprimer votre document. Vous verrez, tout est beaucoup plus beau sur le papier. Presque professionnel.

Commencez par afficher l'aperçu avant impression

Pour voir à quoi votre document va ressembler sans gaspiller une quantité de papier, utilisez la commande Aperçu avant impression. Sélectionnez Fichier/ Aperçu avant impression, ou cliquez sur le bouton Aperçu avant impression dans la barre d'outils.

La Figure 2.5 montre le mode Aperçu avant impression. Votre document est affiché exactement comme il sera imprimé, y compris les images, les en-têtes et les pieds de page, ou les autres éléments qui peuvent ne pas être affichés correctement dans les autres modes.

Parfait. La présentation est bonne. Cliquez sur le bouton Fermer pour revenir au mode Normal ou au mode Page.

Le moment d'imprimer

Pour imprimer votre document dans Word – la totalité du document que vous voyez à l'écran – procédez ainsi :

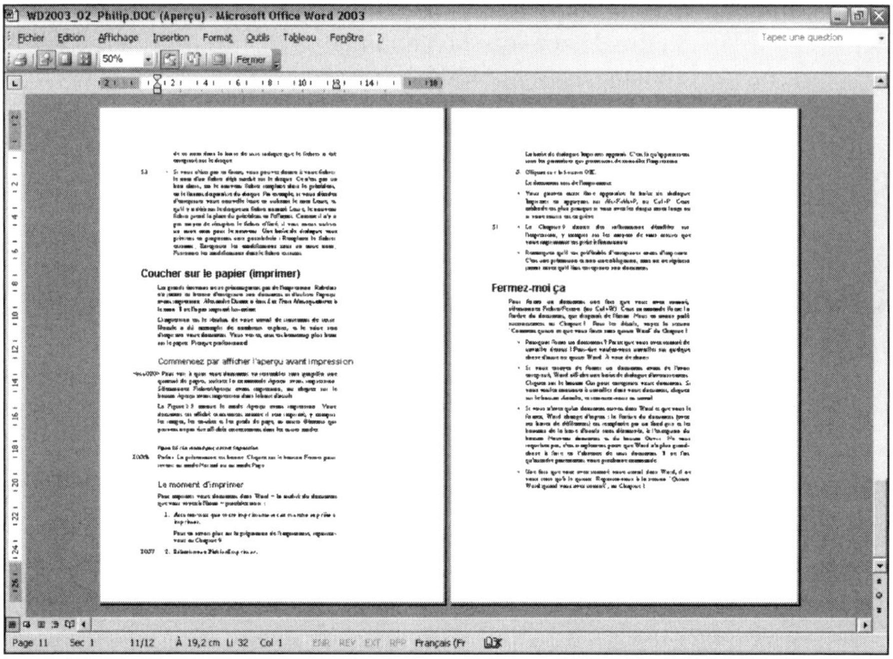

Figure 2.5 Le mode Aperçu avant impression.

1. **Assurez-vous que votre imprimante est en marche et prête à imprimer.**

   Pour en savoir plus sur la préparation de l'imprimante, reportez-vous au Chapitre 9.

2. **Sélectionnez Fichier/Imprimer.**

   La boîte de dialogue Imprimer s'affiche. C'est là qu'apparaissent tous les paramètres qui permettent de contrôler l'impression.

3. **Cliquez sur le bouton OK.**

   Le document sort de l'imprimante.

   Vous pouvez aussi faire apparaître la boîte de dialogue Imprimer en appuyant sur Alt+F-Alt+P ou Ctrl+P. Cette méthode est plus pratique si vous avez les doigts assez longs ou si votre souris est en grève.

Remarquez qu'il est préférable d'enregistrer avant d'imprimer. C'est une précaution et non une obligation, mais on ne répétera jamais assez qu'il faut enregistrer son document.

Fermez-moi ça !

Pour fermer un document une fois que vous avez terminé, sélectionnez Fichier/Fermer (ou Ctrl+W). Cette commande ferme la fenêtre du document, qui disparaît de l'écran. Nous en avons parlé succinctement au Chapitre 1. Pour les détails, voyez la section "Comment quitter ce que vous faites sans quitter Word" du Chapitre 1.

- Pourquoi fermer un document ? Parce que vous avez terminé de travailler dessus ! Peut-être voulez-vous travailler sur quelque chose d'autre ou quitter Word. À vous de choisir.

- Si vous essayez de fermer un document avant de l'avoir enregistré, Word affiche une boîte de dialogue d'avertissement. Cliquez sur le bouton Oui pour enregistrer votre document. Si vous voulez continuer à travailler dans votre document, cliquez sur le bouton Annuler et remettez-vous au travail.

- Si vous n'avez qu'un document ouvert dans Word et que vous le fermez, Word change d'aspect : la fenêtre du document (avec ses barres de défilement) est remplacée par un fond gris et les boutons de la barre d'outils sont désactivés, à l'exception du bouton Nouveau document et du bouton Ouvrir. Ne vous inquiétez pas, c'est simplement parce que Word n'a plus grand-chose à faire en l'absence de tout document. Il ne fait qu'attendre patiemment votre prochaine commande.

- Une fois que vous avez terminé votre travail dans Word, il ne vous reste plus qu'à quitter. Sinon, vous pouvez créer un nouveau document comme expliqué plus haut dans ce chapitre.

Chapitre 3

Les mouvements de base

Dans ce chapitre :

- Déplacer le curseur d'insertion.
- Utiliser les combinaisons de touches pour se déplacer vers le haut, vers le bas, vers le début et vers la fin du fichier.
- Utiliser la commande Atteindre.
- Utiliser des signets.
- Utiliser les boutons secrets des barres de défilement.

Écrire signifie *réécrire*, ce qui veut dire que bien des fois vous ne ferez que relire votre document. S'il vous faut une métaphore, imaginez une machine à écrire dans laquelle ne serait insérée qu'une seule très longue feuille de papier. Pour relire votre document, il vous faudrait tourner le rouleau en arrière jusqu'à l'endroit précis où commence le texte qui vous intéresse. Ça n'a rien d'enthousiasmant.

Heureusement, Word dispose de quelques commandes de base des mouvements du curseur qui vous permettent de le faire défiler, de le relire ou de le modifier, beaucoup plus facilement qu'en faisant tourner un rouleau. Voilà de l'action, du mouvement et du sport !

Se déplacer dans un document

Quand vous écrivez sur une feuille de papier, il est difficile de vous perdre. Et au bon vieux temps des machines à écrire, ce sur quoi on écrivait ne pouvait avoir que la taille d'une feuille de papier. Mais avec Word, vos documents peuvent devenir véritablement énormes. Malheureusement, ce n'est qu'une petite partie d'un énorme document qui apparaît sur l'écran. Pour aller d'un endroit à un autre, il ne suffit pas d'appuyer sur une touche du curseur. Il vous faut en savoir un peu plus sur les touches de navigation et autres commandes spéciales de Word que vous pouvez utiliser pour vous déplacer efficacement dans un grand document.

Savoir naviguer (les commandes de base du curseur)

La manière la plus courante de vous déplacer dans votre document consiste à utiliser les touches du curseur (celles qui portent une flèche), que l'on appelle aussi *touches de contrôle du curseur* parce qu'elles permettent de contrôler les déplacements du curseur sur l'écran. Ces touches peuvent être utilisées seules ou en combinaison avec d'autres pour déplacer le curseur très rapidement dans votre document.

Si vous utilisez les touches du curseur du pavé numérique, assurez-vous que le voyant Verr num (ou Num Lock) soit éteint. S'il est allumé, appuyez sur la touche Verr num pour l'éteindre. Faute de cette précaution, vous verrez apparaître des chiffres dans votre texte au lieu de voir se déplacer le curseur, co444mme ceci.

Les quatre touches de base déplacent le curseur vers le haut, vers le bas, vers la droite et vers la gauche :

Touche	Effet
↑	Déplace le curseur d'une ligne vers le haut
↓	Déplace le curseur d'une ligne vers le bas
→	Déplace le curseur d'un caractère vers la droite
←	Déplace le curseur d'un caractère vers la gauche

Si vous maintenez enfoncée la touche Ctrl en appuyant sur une touche du curseur, vous passez en mode accéléré. Le curseur survitaminé bondit à une vitesse foudroyante dans les quatre directions :

Appuyez sur	Vous obtenez
Ctrl+↑	Place le curseur au début du paragraphe précédent
Ctrl+↓	Place le curseur au début du paragraphe suivant

Appuyez sur	Vous obtenez
Ctrl+←	Place le curseur au début du mot précédent (juste avant la première lettre)
Ctrl+→	Place le curseur au début du mot suivant (juste avant la première lettre)

Pour utiliser la touche Ctrl avec les touches du curseur, faites la même chose que pour obtenir une lettre majuscule en utilisant la touche Maj : appuyez sur la touche Ctrl et, tout en la maintenant enfoncée, appuyez sur la touche de curseur voulue, puis relâchez les deux touches.

- Vous ne pouvez pas déplacer le curseur au-delà des limites de votre document : vous ne pouvez pas faire défiler "plus haut" que la première ligne ou "plus bas" que la dernière ligne d'un document, pas plus que vous ne pouvez placer le curseur dans l'espace qui sépare deux pages en cliquant dedans avec la souris.

- Si vous voulez, vous pouvez demander à Word de vous prévenir par un *bip* quand le curseur atteint les limites du document : sélectionnez Outils/Options dans la barre de menus, cliquez sur l'onglet Général dans la boîte de dialogue Options, et cochez la case Retour sonore. Cliquez sur OK et Word vous fera entendre son merveilleux *bip* chaque fois que vous rencontrerez les limites du document en déplaçant le curseur.

- Le déplacement du curseur n'efface aucun caractère. Ce sont les touches Retour arrière et Suppression qui effacent les caractères (entre autres choses dont nous parlons au Chapitre 4).

Faire bondir le curseur comme un kangourou

Vos doigts n'ont pas tous la même longueur. Regardez-les bien. Ceux qui sont plus courts le sont probablement parce que vous n'appuyez pas correctement sur les touches de curseur de votre clavier. Il existe de meilleurs moyens de se déplacer rapidement dans un document.

Au lieu de taper sur votre clavier comme un pivert, essayez d'utiliser certaines des combinaisons de touches présentées dans les sections suivantes pour faire voler le curseur d'un bout à l'autre de votre document.

Sauter d'une page à l'autre

En langage "clavier", PgSv signifie Page suivante et PgPr Page précédente. Un clavier standard de 102 touches dispose de deux moyens d'y accéder : les touches PgSv et PgPr du pavé numérique, et les touches PgSv et PgPr de la zone du curseur (à gauche du pavé numérique).

Certains imaginent que la touche PgSv déplace le document vers le haut de la page suivante et la touche PgPr vers le haut de la page précédente. Eh bien non ! Ces touches vous permettent de vous déplacer dans le document de l'équivalent d'un *écran* (et non d'une page) vers le bas ou vers le haut, d'où leur appellation (Page précédente et Page suivante).

PgPr	La touche PgPr déplace le curseur vers le haut d'un écran (la hauteur du texte affiché dans la fenêtre). Si vous êtes en haut de votre document, cette touche place le curseur tout en haut de l'*écran*.
PgSv	La touche PgSv déplace le curseur d'un écran vers le bas du document. Si vous êtes en bas du document, elle place le curseur tout en bas de l'*écran*.

Si vous voulez seulement placer le curseur en haut ou en bas de l'écran (le texte affiché dans la fenêtre du document), utilisez ces combinaisons de touches :

Ctrl+Alt+PgPr	Place le curseur en haut de la portion de texte affichée dans la fenêtre.
Ctrl+Alt+PgSv	Place le curseur en bas de la portion de texte affichée dans la fenêtre.

Personnellement, je n'ai jamais utilisé ces touches, car je trouve qu'il est plus facile de cliquer avec la souris à l'endroit où je veux placer le curseur.

Ces deux dernières combinaisons de touches ne sont pas si faciles à expliquer. Quand elles sont utilisées en combinaison avec la touche Ctrl, les touches PgSv et PgPr permettent de naviguer dans votre document en fonction des paramètres choisis pour les boutons secrets des barres de défilement. Tout cela sera décrit plus loin dans ce chapitre.

Ne cherchez pas de logique dans l'industrie informatique.

Le début et la fin

Il arrive que l'on ait simplement besoin d'aller directement au début ou à la fin d'une ligne de texte ou de tout un document. Voici les touches qui permettent de le faire :

Touche(s)	Effet
Fin	Envoie le curseur à la fin de la ligne de texte dans laquelle il se trouve.
Début	Envoie le curseur au début de la ligne de texte dans laquelle il se trouve.
Ctrl+Fin	Envoie le curseur tout à fait à la fin de votre document (juste après le dernier caractère).
Ctrl+Début	Envoie le curseur tout à fait au début de votre document (juste avant le premier caractère).

On peut facilement appuyer par erreur sur Ctrl+Fin. Si cela vous arrive, vous vous retrouvez directement à la fin de votre document. Pour revenir à la position antérieure du curseur, appuyez sur Maj+F5. Voyez aussi la section "Revenir en arrière", plus loin dans ce chapitre.

Utiliser la souris pour vous déplacer

La souris offre un moyen rapide et facile de déplacer le curseur : pour commencer, identifiez le nouvel endroit où vous voulez placer le curseur sur l'écran, puis placez le pointeur de la souris à l'endroit voulu, et cliquez. Le curseur se place instantanément à l'endroit désigné. C'est ce qu'on appelle *pointer-cliquer.*

Vous pouvez aussi utiliser la souris pour manipuler la barre de défilement vertical (sur le bord droit de la fenêtre du document). La barre de défilement fait partie des outils standard de Windows, et elle fonctionne dans Word comme dans toute application Windows. Le seul avantage que vous avez ici est que, lorsque vous faites glisser le bouton de l'ascenseur avec la souris, vous voyez apparaître une bulle d'aide qui vous indique le numéro de la page de votre document à laquelle correspond la position de l'ascenseur, comme le montre la Figure 3.1. En faisant glisser le bouton de l'ascenseur, vous pouvez même voir apparaître dans la bulle le premier titre de paragraphe de la page correspondante (si celui-ci est dans l'un des styles de titres de Word).

Figure 3.1 Une information précieuse : le numéro de page.

Enfin, si votre PC est équipé d'une souris "à molette", comme la souris IntelliMouse de Microsoft, vous pouvez faire défiler votre document en utilisant la molette :

- Pour faire défiler votre document vers le haut ou vers le bas, faites tourner la molette vers le haut ou vers le bas. La vitesse de défilement (le nombre de lignes par pas de la molette) peut être définie dans le Panneau de configuration de Windows en double-cliquant sur l'icône Souris.
- Utilisée comme un bouton, la molette de votre souris vous donne un supercontrôle du défilement de votre document : si vous cliquez avec la molette comme avec un bouton (il est inutile de la maintenir enfoncée), vous pouvez régler la vitesse de défilement en déplaçant votre souris plus ou moins vers le haut, vers le bas, vers la gauche ou vers la droite par rapport à l'endroit où vous avez cliqué.
- Pour mettre fin à cet effet, cliquez en un endroit quelconque avec le bouton gauche de la souris.

J'adore jouer avec la souris !

ATTENTION !

- Soyez prudent lorsque vous utilisez la barre de défilement vertical pour vous déplacer dans votre document. Le défilement ne déplace pas le curseur, qui reste au même endroit dans le document (et non sur l'écran). Pour placer le curseur à un nouvel endroit, vous devez *cliquer* à l'endroit voulu avec la souris. Par exemple, si vous faites défiler de la page 3 à la page 5, mais que le curseur est resté dans la page 3, le texte que vous taperez à ce moment-là ne sera pas inséré dans la page 5, mais bien dans la page 3, là où se trouve le curseur (et l'affichage y reviendra d'ailleurs automatiquement).
- Avant de taper du texte, faites attention à ce que le curseur soit bien à l'endroit voulu. Si nécessaire, cliquez avec la souris pour l'y placer.

Aller où vous voulez avec la commande Atteindre

Petit quiz !

Supposons que vous êtes sur la page 1 et désirez aller à la page 14. Comment y parvenir rapidement ?

A) Utiliser le curseur de la barre de défilement vertical.

B) Appuyer 14 000 fois sur la touche ?.

C) Appuyer plus ou moins 28 fois sur la touche PgSv.

D) Utiliser la commande Atteindre.

Réponse D, "Utiliser la commande Atteindre"... C'est votre dernier mot ? C'est mon dernier mot, Jean-Pierre...

La commande Atteindre permet d'accéder directement à l'endroit du document que vous voulez. Cet endroit peut être défini de toutes sortes de manières, entre autres par un numéro de page ou de ligne.

Pour utiliser la commande Atteindre, sélectionnez Édition/Atteindre (ou appuyez sur Alt, E, G) : l'onglet Atteindre de la boîte de dialogue Rechercher et remplacer apparaît (Figure 3.2).

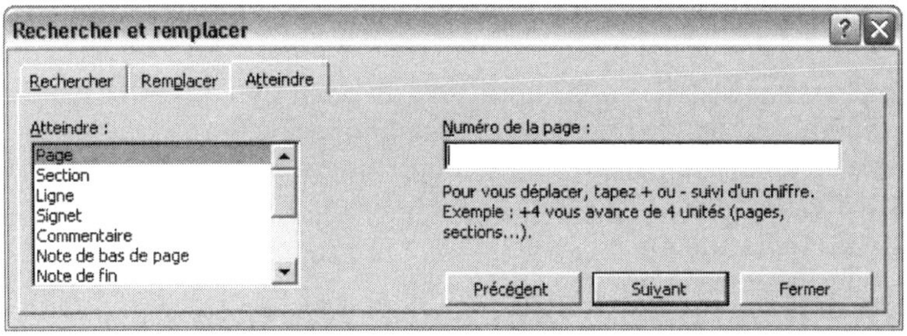

Figure 3.2 Dans la boîte de dialogue Atteindre, dites à Word où vous voulez aller.

Vous pouvez accéder ainsi à de nombreux endroits, comme le montrent les nombreuses rubriques de la liste Atteindre que vous voyez Figure 3.2. Dans la plupart des cas, toutefois, c'est une page, définie par son numéro, que vous voudrez atteindre.

Dans le champ Numéro de la page, saisissez le numéro de la page que vous voulez atteindre.

Par exemple, si vous tapez **14** dans le champ et appuyez sur Entrée, vous arrivez à la page 14.

- Pour faire apparaître directement la boîte de dialogue Atteindre (en fait, l'onglet Atteindre dans la boîte de dialogue Rechercher et remplacer), vous pouvez aussi appuyer sur la touche F5.
- Le raccourci clavier Ctrl+G donne le même résultat (et il est plus pratique que F5).
- Si vous double-cliquez sur le numéro de la page dans la barre d'état, la boîte de dialogue Atteindre apparaît.
- Pour faire un usage plus précis de la commande Atteindre, reportez-vous à la section "Ne cornez pas votre écran ! Utilisez la commande Signet", plus loin dans ce chapitre.

Revenir en arrière

En principe, une fois qu'on est engagé, on ne peut pas revenir en arrière. *En principe*, c'est-à-dire à moins de faire campagne pour une élection ou d'utiliser Word. Si vous vous retrouvez par erreur à un endroit où vous ne vouliez pas aller, appuyez sur Maj+F5 : Word vous ramène aussitôt d'où vous venez.

Le raccourci clavier Maj+F5 ne fonctionne que dans Word. N'essayez pas de l'utiliser ailleurs.

TRUC

Appuyer sur Maj+F5 vous fait revenir au point où vous étiez juste avant la dernière commande que vous avez appliquée. Appuyer encore une fois sur cette même combinaison vous fait revenir encore une étape en arrière, et ainsi de suite. Ce raccourci clavier peut être répété trois fois.

Ne cornez pas votre écran ! Utilisez la commande Signet

Il m'arrive souvent de travailler sur plusieurs parties d'un document à la fois. Vous faites peut-être la même chose. Ou alors, en relisant ce que vous avez écrit, vous avez besoin de vous souvenir de revenir à certains endroits précis.

Quelle qu'en soit la raison, il est souvent nécessaire de marquer des endroits dans un document. Comme il serait difficile et de toute façon inutile de corner un coin de l'écran, il faut trouver une autre solution.

Mesdames et Messieurs, je vous présente la commande Signet !

Définir un signet

Pour marquer un endroit dans un document, vous pouvez définir un signet. Suivez ces étapes :

1. **Placez le curseur à l'endroit où vous voulez placer le signet.**
2. **Sélectionnez Insertion/Signets (si vous avez trois mains, vous pouvez essayer Ctrl+Maj+F5).**

   La boîte de dialogue Signet apparaît, comme le montre la Figure 3.3.

Figure 3.3 La boîte de dialogue Signet.

3. **Saisissez un nom pour le signet.**

   Attention ! Ce nom doit vous permettre de vous souvenir à quel endroit correspond le signet dans votre document. Choisissez-le donc soigneusement en conséquence.

Au fait, le nom d'un signet ne doit pas contenir d'espaces. Vous pouvez, si vous le voulez, le faire commencer par une majuscule, comme le montre la Figure 3.3.

4. **Appuyez sur Entrée ou cliquez sur le bouton Ajouter.**

Accéder à un signet dans un document

Pour revenir à un signet, utilisez la commande Atteindre dont nous avons parlé dans la section "Aller où vous voulez avec la commande Atteindre", plus haut dans ce chapitre. Les étapes ci-dessous vous évitent de tourner les pages et de perdre le fil de votre pensée :

1. **Appuyez sur la touche F5.**

   La boîte de dialogue Rechercher et remplacer apparaît sur l'écran.

2. **Dans la liste Atteindre, sélectionnez Signets.**

   C'est le quatrième élément de la liste à partir du haut.

   Le champ Numéro de la page devient Nom du signet. Le premier nom de signet de la liste des signets de votre document apparaît dans ce champ.

   Si ce n'est pas le signet que vous voulez voir apparaître dans le champ, cliquez sur la flèche pointant vers le bas pour faire s'afficher l'ensemble de la liste et sélectionnez le signet voulu.

3. **Cliquez sur le bouton Atteindre.**

   Vous êtes arrivé.

4. **Cliquez sur le bouton Fermer pour fermer la boîte de dialogue Rechercher et remplacer et recommencez à travailler dans votre document.**

Naviguer avec les boutons secrets de la barre de défilement vertical

En bas de la barre de défilement vertical, vous pouvez voir trois boutons. Ce sont les boutons de navigation qui vous permettent de naviguer dans votre document en faisant des bonds plus ou moins considérables.

Le premier bouton à partir du haut est le bouton Précédent/Atteindre.

Le bouton du bas est le bouton Suivant/Atteindre.

Le bouton du milieu est le bouton Sélectionner l'objet parcouru, qui vous permet de définir ce que signifient Précédent et Suivant pour les deux autres boutons.

Lorsque vous cliquez sur le bouton du milieu, une palette apparaît (Figure 3.4.) Quand vous placez le pointeur de la souris sur l'un quelconque des éléments de cette palette, la description de la fonction correspondante s'affiche dans la partie supérieure de la palette.

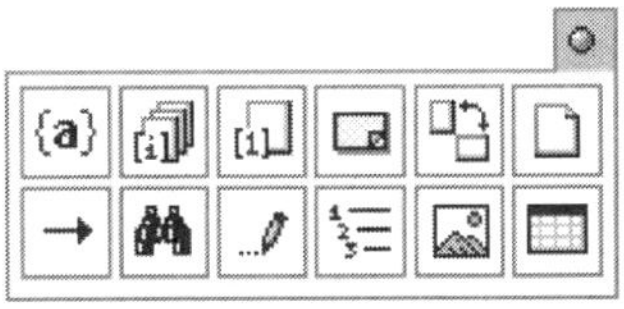

Figure 3.4 Comment voulez-vous naviguer ?

- Choisissez un élément dans la palette pour comprendre le fonctionnement des boutons.
- Le raccourci Ctrl+PgPr est lié au bouton Page précédente.
- Le raccourci Ctrl+PgSv est lié au bouton Page suivante.

Le fonctionnement des boutons de défilement

Le bouton Parcourir par page (ou Ctrl+PgUp, Ctrl Pgdn) passe d'une page à l'autre du document.

Si vous choisissez une autre option que Page, les boutons Parcourir changent de couleur. Ainsi, lorsque les boutons sont noirs, vous savez que vous effectuez une navigation par page. S'ils sont bleus, les boutons parcourent le document en utilisant une autre option.

L'option de recherche par modifications permet d'utiliser les boutons Parcourir pour passer directement aux trois dernières modifications apportées à votre document.

Utiliser les boutons avec la commande Rechercher

Les boutons Parcourir sont également liés à la commande Rechercher. Lorsque vous choisissez cette commande, le fait de cliquer sur les boutons Parcourir vous place sur le dernier élément objet de votre recherche.

Par exemple, vous utiliserez la commande Rechercher pour localiser des parties du texte. Ensuite, vous pourrez solliciter le bouton Rechercher de la palette Parcourir (Figure 3.4) et utiliser les boutons Parcourir pour poursuivre votre recherche sans ouvrir la boîte de dialogue Rechercher. Pratique !

Chapitre 4

Modifications de base

Dans ce chapitre :

- Utiliser le mode Insertion et le mode Remplacement.
- Effacer du texte avec les touches Retour arrière et Suppression.
- Effacer des lignes, des phrases et des paragraphes.
- Annuler vos erreurs.
- Utiliser la commande Répéter (annuler Annuler).

Modifier le texte : voilà un programme intéressant ! Au premier abord, c'est beau et c'est facile, mais la vérité est beaucoup moins rose. Modifier, ça commence par détruire.

Modifier, c'est couper, écraser, supprimer. C'est éliminer le texte en excès, mal écrit ou maladroit, qui n'a pas sa place sur la page imprimée, et le remplacer éventuellement par ce qui convient. Voilà de quoi il s'agit dans ce chapitre.

Le traitement de texte, c'est bien plus que taper sur le clavier et promener le curseur un peu partout dans le document. C'est jouer avec le texte. Supprimer, défaire, puis retaper. Ce sont les tâches de base que vous allez trouver dans le texte qui suit (que j'ai tapé et retapé de nombreuses fois).

Insérer ou remplacer, il faut choisir

Je parie que vous ne saviez pas que Word était par défaut en mode Insertion. Ça veut dire que tout ce que vous tapez est inséré juste avant le curseur clignotant. Le texte qui se trouve au-delà de celui-ci est repoussé vers la droite et vers le bas au fur et à mesure que vous tapez. Voilà ce qu'est le mode Insertion.

Le mauvais jumeau du mode Insertion est le mode Remplacement (ou Refrappe). Dans ce dernier, tout ce que vous tapez remplace le texte existant à droite du curseur.

Pour passer en mode Remplacement, appuyez sur la touche Insertion de votre clavier. Vous pouvez utiliser celle du pavé numérique (le voyant Verrouillage numérique étant éteint) ou celle de la zone des touches du curseur.

Lorsque vous êtes en mode Remplacement, les lettres RFP sont affichées en noir dans la barre d'état au lieu d'être estompées comme elles le sont en mode Insertion. Pour passer du mode Insertion au mode Remplacement, vous pouvez aussi double-cliquer sur ces trois lettres dans la barre d'état.

Honnêtement, il n'y a aucune raison de saisir en mode Remplacement. Le mode Insertion convient parfaitement. Vous pouvez utiliser les différentes commandes présentées dans ce chapitre pour effacer du texte à votre guise.

- En mode Remplacement, le texte que vous tapez écrase celui qui est déjà à l'écran à droite du curseur. Si vous voyez la chose se produire alors que vous ne l'aviez pas demandée, double-cliquez sur RFP dans la barre d'état pour l'arrêter, puis utilisez le raccourci clavier Ctrl+Z (Annuler) pour faire réapparaître le texte accidentellement effacé.

- Ainsi, la réponse au titre de cette section est le mode Insertion

Effacer du texte

J'ai connu un écrivain qui était terriblement angoissé à l'idée d'*effacer* quoi que ce soit. Plutôt que d'effacer un paragraphe qu'il voulait enlever ou modifier, il le copiait en tant que bloc et le plaçait à la fin du document "pour le mettre en lieu sûr". Si jamais il devient aussi célèbre que Cervantes, ses fonds de tiroirs donneront du grain à moudre à d'innombrables universitaires pour les siècles des siècles. Il y en a qui ont de la chance.

C'est triste, mais c'est la vérité, effacer du texte fait partie du processus de rédaction. Toute personne qui écrit doit tôt ou tard supprimer du texte. En fait, j'ai l'habitude de dire que, dans la plupart des cas, on peut supprimer le premier paragraphe de son premier jet.

- On raconte (mais c'est une légende stupide) qu'Isaac Asimov ne faisait jamais plus d'un premier jet pour tout ce qu'il écrivait. Même si c'est vrai, ça ne veut pas dire qu'il ne modifiait jamais rien, mais tout simplement qu'il était beaucoup plus doué pour écrire que la plupart des gens que je connais (cette fois, c'est vrai).

- Le déplacement des blocs est décrit au Chapitre 6.

Vos touches d'effacement de base : Retour arrière et Suppression

Pour effacer du texte caractère par caractère, vous pouvez utiliser deux touches de votre clavier :

- **La touche Retour arrière :** Elle efface le caractère situé juste à gauche du curseur.
- **La touche Suppression :** Elle efface le caractère situé à droite du curseur.

```
Le réfrigérateur d'Ann|ie était rempli d'échantillons.
```

Dans l'exemple ci-dessus, le curseur "clignote" (je veux dire qu'il clignoterait s'il était sur un écran) entre le *n* et le *i* d'*Annie*. En appuyant sur la touche Retour arrière, vous effacez le *n*. En appuyant sur la touche Suppression, vous effacez le *i*.

- Après l'effacement d'un caractère, tout le texte qui se trouve à droite ou au-dessous de celui-ci se déplace d'un cran pour remplir l'espace laissé libre.
- Si vous êtes en mode Remplacement, la touche Retour arrière produit le même effet qu'en mode Insertion, et tire vers la gauche le texte qui se trouve à droite du curseur.
- La touche Retour arrière ne fonctionne pas comme sur une machine à écrire. La différence est que, dans Word, non seulement le curseur revient en arrière, mais il *efface* les caractères sur lesquels il passe (dans Word, l'équivalent de la touche Retour arrière d'une machine à écrire est la touche de déplacement vers la gauche du curseur).

- Il existe dans Word des types de texte spéciaux qui ne peuvent être facilement effacés en utilisant la touche Retour arrière ou la touche Suppression. C'est le cas par exemple d'un champ inséré par Word comme la date du jour. Lorsque vous essayez de l'effacer, un texte de ce type apparaît sur fond gris. C'est de cette façon que Word vous rappelle que ce texte est d'un type spécial. Pour l'effacer, il faut appuyer encore une fois sur la touche Retour arrière ou Suppression.
- Pour effacer un certain nombre de caractères à la suite, vous pouvez maintenir enfoncée la touche Retour arrière ou Suppression. Relâchez la touche dès que vous avez effacé tout ce que vous voulez.

Effacer un mot

Pour effacer un mot complet, Word dispose de deux commandes :

- Ctrl+Retour arrière efface le mot qui se trouve juste avant le curseur (à sa gauche).
- Ctrl+Suppression efface le mot qui se trouve juste après le curseur (à sa droite).

Pour effacer un mot en utilisant Ctrl+Retour arrière, placez le curseur juste après la dernière lettre de ce mot. Appuyez sur Ctrl+Retour arrière : le mot disparaît. Le curseur se trouve alors juste après le dernier caractère du mot précédent ou au début de la ligne (si vous avez effacé le premier mot d'un paragraphe).

Pour effacer un mot en utilisant Ctrl+Suppression, placez le curseur juste avant la première lettre de ce mot. Appuyez sur Ctrl+Suppression : le mot disparaît. Le curseur se trouve alors juste avant le premier caractère du mot suivant ou à la fin de la ligne (si vous avez effacé le dernier mot d'un paragraphe).

Malheureusement, si vous avez placé le curseur au milieu d'un mot, ces deux commandes n'effacent qu'à partir de la position du curseur jusqu'au début ou à la fin du mot. Je vous conseille donc la méthode suivante :

TRUC

Pour effacer un mot, tout un mot, rien que ce mot, commencez par placer dessus le pointeur de la souris et double-cliquez. Cette action sélectionne le mot complet, qui apparaît en surbrillance à l'écran. Appuyez alors sur la touche Suppression ou sur la touche Retour arrière pour effacer le mot.

Après avoir effacé du texte, Word repositionne ce qui se trouvait après pour remplir l'espace laissé libre par les caractères effacés.

Aucune gomme à papier n'est plus efficace et plus rapide que Ctrl+Suppression ou Ctrl+Retour arrière.

Effacer des lignes, des phrases et des paragraphes

Dans Word, il y a une différence entre une ligne de texte, une phrase et un paragraphe. Ne perdez pas de vue ces définitions :

- Une **ligne de texte** n'est rien d'autre qu'une ligne sur la page (ce n'est pas une entité grammaticale). L'indicateur Li de la barre d'état vous indique le numéro de la ligne de texte où se trouve le curseur à partir du haut de la page. Par exemple, à l'instant où je vous parle, Word me dit que le curseur se trouve dans la ligne 10 de la page que je suis en train d'écrire.
- Une **phrase** est une phrase au sens grammatical du terme. Elle commence par une majuscule et se termine par un point, un point d'interrogation ou un point d'exclamation. Je suppose que vous avez appris ça à l'école.
- Un **paragraphe** est une portion de texte commençant juste après un retour chariot et se terminant par un retour chariot. Un paragraphe peut donc être composé d'une simple ligne, d'une phrase ou de plusieurs phrases.

Quelle importance ? Tout cela sera utile à savoir quand vous voudrez effacer différentes portions de texte. Il y a des procédés différents pour effacer des lignes, des phrases ou des paragraphes.

Effacer une ligne de texte

Word ne dispose pas d'une commande directe pour effacer une ligne de texte à partir du clavier. Mais, avec la souris, il suffit d'un clic et d'une pression sur une touche. Suivez ces étapes :

1. **Placez le pointeur de la souris dans la marge gauche de votre document.**

   Le pointeur prend la forme d'une flèche pointant vers le haut et vers la droite.

2. **Placez le pointeur devant la ligne de texte que vous voulez supprimer.**

3. **Cliquez sur le bouton gauche de la souris.**

   La ligne de texte est sélectionnée et apparaît en surbrillance.

4. **Appuyez sur la touche Suppression ou sur la touche Retour arrière pour supprimer la ligne sélectionnée.**

Lorsque le pointeur a la forme d'une flèche orientée vers le haut et vers la droite, vous pouvez le faire glisser verticalement dans la marge tout en maintenant enfoncé le bouton gauche de la souris pour sélectionner autant de lignes de texte consécutives que vous le voulez. Toutes ces lignes peuvent alors être supprimées en appuyant sur la touche Suppression ou la touche Retour arrière.

Voyez aussi le Chapitre 6 dans lequel je parle de la sélection et de la suppression de blocs de texte.

Effacer une phrase

Effacer une phrase est un jeu d'enfant. Naturellement, vous pouvez appuyer une fois sur la touche Suppression pour chaque caractère de la phrase. Mais, comme c'est toujours le cas avec un ordinateur, il y a un moyen plus simple et plus pratique :

1. **Placez le curseur au milieu de la phrase à supprimer.**

   Cliquez.

2. **Appuyez touche Ctrl et cliquez sur le bouton de la souris.**

   La phrase est sélectionnée

3. **Appuyez sur la touche Suppression.**

   La phrase disparaît.

Effacer un paragraphe

La méthode la plus rapide pour effacer un paragraphe :

1. **Placez le pointeur de la souris sur le paragraphe.**
2. **Cliquez trois fois sur le bouton de la souris.**
3. **Appuyez sur la touche Suppression.**

Effacer des blocs de texte

Word dispose donc de commandes très pratiques pour effacer des caractères, des mots et des lignes. Pour effacer autre chose, vous devez en faire un bloc de texte, puis effacer ce bloc.

Pour savoir comment marquer un bloc de texte, reportez-vous au Chapitre 6. Une fois le bloc marqué, appuyez sur la touche Suppression pour l'effacer.

Annuler vos erreurs

Il ne faut jamais avoir peur de faire quelque chose dans Word. Jamais ! Pourquoi ? Parce que Word dispose d'une commande Annulation. Celle-ci se souvient de tout ce que vous venez de faire, d'ajouter ou de supprimer, et peut facilement défaire vos erreurs. De plus, il y a aussi une commande Répéter, qui est essentiellement l'annulation de la dernière annulation.

La magie de la commande Annuler

Si vous venez d'effacer accidentellement du texte, faites l'une des opérations ci-dessous pour le faire réapparaître :

- Appuyez sur Ctrl+Z.
- Sélectionnez Édition/Annuler dans la barre de menus.
- Cliquez sur le bouton Annuler dans la barre d'outils.

Voici les trois manières d'utiliser la commande Annuler :

- Contrairement à d'autres logiciels, la répétition de la commande Annuler ne produit pas l'annulation de la dernière annulation. Par exemple, appuyer sur Ctrl+Z peut faire revenir le texte que vous venez d'effacer, mais si vous appuyez à nouveau sur Ctrl+Z, le texte qui vient de réapparaître n'est pas à nouveau effacé.
- La commande Annuler du menu Édition précise ce qui sera annulé selon la dernière action effectuée : Annuler Frappe, Annuler Gras, etc.
- TRUC : Si vous cliquez sur la flèche pointant vers le bas à côté du bouton Annuler de la barre d'outils, vous voyez apparaître la liste des dernières actions que vous avez effectuées dans Word. Vous pouvez y sélectionner l'action que vous voulez où l'ensemble de la liste (en faisant glisser la souris sur la liste) pour annuler d'un geste ce que vous voulez.
- Dans certains cas, la commande Annuler ne fonctionne pas. Word vous en avertit par un message explicite. Par exemple, il affiche "Mémoire insuffisante pour annuler cette opération, continuer ?". A vous de juger !
- La commande Annuler ne fonctionne que s'il y a quelque chose à annuler. Par exemple, on ne peut pas annuler une sauvegarde sur disque.

- Pour annuler une annulation, sélectionnez Rétablir. Voyez ci-après la section "Voudriez-vous répéter, s'il vous plaît.

Voudriez-vous répéter, s'il vous plaît

Si vous annulez quelque chose pour vous apercevoir que ce n'était pas ce que vous vouliez faire, vous devez utiliser la commande Répéter pour remettre les choses d'aplomb. Pour faire revenir du texte que vous venez de faire disparaître en utilisant accidentellement la commande Annuler, effectuez l'une des opérations suivantes :

- Appuyez sur Ctrl+Y.
- Sélectionnez Édition/Répéter dans la barre de menus.
- Cliquez sur le bouton Répéter dans la barre d'outils (s'il est disponible).

Comment ça marche ? Eh bien, imaginez qu'après un bon déjeuner vous reveniez au bureau pour une vigoureuse séance de frappe au clavier. Hélas ! vous vous mettez bien vite à somnoler, et votre tête tombe sur le clavier avec un bruit sourd, produisant des résultats aléatoires. Puis, vous vous réveillez. Après vous être assuré que personne ne vous a vu dans cette posture peu avantageuse, vous prenez la décision mûrement réfléchie d'annuler la frappe produite par la chute de votre tête, autrement dit : Ctrl+Z, Ctrl+Z, Ctrl+Z...

Mais, diantre ! Vous avez appuyé sur Ctrl+Z une ou plusieurs fois de trop. Dans ce cas, il ne vous reste plus qu'à sélectionner Édition/Répéter (ou à appuyer sur Ctrl+Y) pour faire revenir ce que vous venez de faire disparaître par mégarde.

Et s'il n'y a rien à rétablir (parce que vous ne venez pas d'annuler quelque chose) ? Alors la commande Rétablir devient la commande Répéter, dont nous parlons dans la section "Tirer parti de la commande Répéter", au Chapitre 10.

- Honnêtement, personne n'utilise beaucoup la commande Rétablir. Si vous le faites, vous verrez qu'elle peut être très frustrante, parce qu'elle a tendance à rétablir des choses que vous avez vraiment voulu annuler (c'est ce que vous découvrirez s'il vous arrive de l'utiliser plusieurs fois de suite).
- Consultez le Chapitre 10 pour découvrir d'autres vertus de la commande Répéter.

- Le bouton Rétablir de la barre d'outils peut ne pas être visible. Je vous suggère fortement de réorganiser vos barres d'outils, ce dont je parlerai au Chapitre 28.

- Comme la commande Annuler, la commande Rétablir a son bouton dans la barre d'outils Standard. À côté de celui-ci, vous pouvez voir une flèche pointant vers le bas sur laquelle vous pouvez cliquer pour faire apparaître la liste des dernières commandes que vous avez annulées.

Chapitre 5

Rechercher ceci et remplacer par cela

Dans ce chapitre :

- Rechercher du texte dans votre document.
- Utiliser les différentes options de la commande Rechercher.
- Rechercher du texte vers le haut ou vers le bas.
- Rechercher des caractères spéciaux.
- Rechercher des codes de mise en forme.
- Utiliser la commande Remplacer.

La vie ne serait-elle pas merveilleuse si l'on pouvait instantanément retrouver tout ce que l'on perd... ses clés de voiture ou encore cette jeune fille prénommée Karine aux dernières rencontres interjeunes de France, ou mieux : sa jeunesse ! Seulement, tout n'est pas aussi simple à retrouver que les éléments textuels de Word...

Word retrouve bien plus vite les choses que Harry Potter ne résout ses énigmes. Mieux, grâce à ses commandes Rechercher et Remplacer, Word peut modifier le cours de l'histoire (enfin, seulement celle que vous écrivez). Ce chapitre explique tout en détail.

Le voilà donc, ce texte...

Word peut localiser rapidement toute portion de texte où qu'elle soit dans votre document, du discours le plus grandiloquent au plus petit caractère. La commande utilisée à cette fin s'appelle Rechercher. Elle se trouve dans le menu

Édition. Pour trouver du texte dans votre document en utilisant la commande Rechercher, suivez ces étapes :

1. **Définissez le texte que vous voulez rechercher.**

   Par exemple, *plomb.*

2. **Dans la barre de menus, sélectionnez Édition/Rechercher.**

   La boîte de dialogue Rechercher et remplacer apparaît, comme le montre la Figure 5.1. Remarquez que cette boîte de dialogue est également utilisée pour remplacer du texte et accéder à la commande Atteindre, comme le montrent les onglets que vous pouvez voir. Comme vous voulez rechercher du texte, c'est l'onglet Rechercher qui est au premier plan.

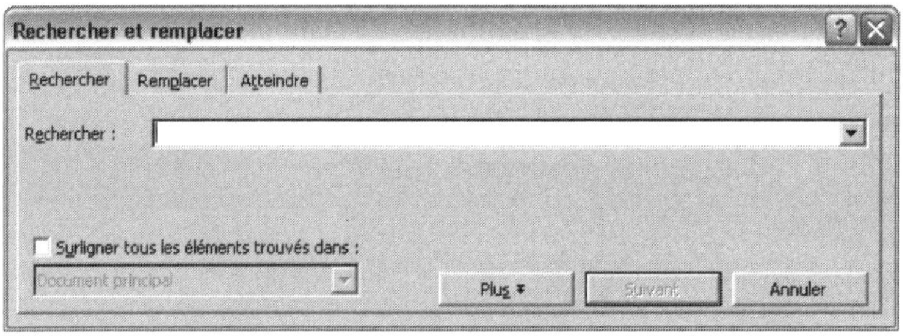

Figure 5.1 La boîte de dialogue Rechercher et remplacer.

3. **Saisissez le texte à rechercher.**

   Saisissez ce texte dans le champ Rechercher. Par exemple : **plomb**. Tapez-le exactement sous la forme voulue.

   TRUC : Si vous n'êtes pas sûr des majuscules et des minuscules dans le document, utilisez des minuscules.

4. **Pour commencer la recherche, cliquez sur le bouton Suivant.**

   Vous pouvez aussi appuyer simplement sur Entrée.

Si Word trouve du texte correspondant à votre demande, celui-ci apparaît en surbrillance à l'écran. La boîte de dialogue Rechercher et remplacer reste affichée à l'écran aussi longtemps que vous ne cliquez pas sur le bouton Annuler ou que vous n'appuyez pas sur la touche Échap (elle reste ouverte afin que vous puissiez continuer à rechercher du texte si vous le souhaitez).

- Le raccourci clavier de la commande Rechercher est Ctrl+F (F pour Find qui est le nom anglais de la commande Rechercher).
- Saisissez exactement le texte que vous voulez trouver. Il peut s'agir d'un mot ou de plusieurs, comme d'une phrase complète (en règle générale, ne mettez pas de point à la fin, à moins que celui-ci ne fasse vraiment partie de ce que vous cherchez).
- Si Word ne trouve pas dans le document le texte que vous avez tapé, le Compagnon Office vous en informe et vous demande éventuellement si vous voulez continuer la recherche à partir du début du document. Cliquez sur Oui ou sur Non. Si vous avez masqué le Compagnon Office, le message est affiché dans une boîte de dialogue ordinaire.
- Si le texte n'a pas été trouvé mais que vous êtes certain qu'il existe bien dans le document, essayez encore, mais en commençant par vérifier soigneusement l'orthographe de ce que vous avez tapé.
- Si vous travaillez sur plusieurs documents à la fois, sachez que Word ne recherche le texte demandé que dans le document en cours (celui qui est affiché à l'écran). Pour rechercher dans un autre document, commencez par cliquer sur le bouton de celui-ci dans la barre des tâches de Windows pour l'afficher, et essayez à nouveau.
- Pour en savoir plus sur la recherche de texte dans plusieurs documents, reportez-vous au Chapitre 27.
- Pour trouver la prochaine occurrence du texte dans le document, cliquez à nouveau sur le bouton Suivant.
- Vous pouvez aussi utiliser les boutons Précédent et Suivant de la barre de défilement vertical pour trouver la prochaine occurrence du texte que vous avez recherché, même si la boîte de dialogue Rechercher et remplacer n'est plus affichée à l'écran. Par exemple, si vous avez recherché *Amélie*, un clic sur le bouton Suivant trouvera la prochaine occurrence de ce mot dans votre document à partir de la position du curseur.
- Vous pouvez aussi utiliser pour cela les raccourcis clavier Ctrl+PgPr et Ctrl+PgSv.
- Lorsque vous utilisez la boîte de dialogue Rechercher et remplacer (et même après l'avoir fermée), le Compagnon Office peut avoir une ampoule électrique au-dessus de la tête. Si vous cliquez sur cette ampoule, le Compagnon Office vous donne des informations supplémentaires sur la commande Rechercher, dont la majeure partie est résumée dans les paragraphes qui précèdent.

Rechercher à nouveau

Word se souvient du dernier fragment de texte que vous avez recherché. Celui-ci apparaît en surbrillance dans la boîte de dialogue Rechercher et remplacer à la prochaine ouverture de celle-ci. C'est pratique si vous voulez rechercher à nouveau le même fragment de texte (vous pouvez aussi le modifier plus ou moins pour en rechercher une variante).

À l'extrémité droite du champ Rechercher, vous pouvez voir une flèche pointant vers le bas (Figure 5.2). Cliquer sur cette flèche fait apparaître une liste déroulante qui contient tous les fragments de texte que vous avez déjà recherchés. Pour rechercher à nouveau l'un de ces fragments, il vous suffit de le sélectionner dans cette liste, et de cliquer sur le bouton Suivant.

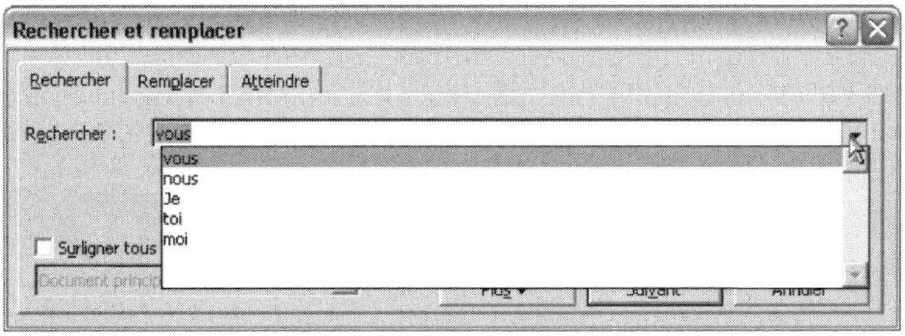

Figure 5.2 Nouvelle recherche d'anciens éléments déjà recherchés.

Rechercher avec plus de précision

Les options de base de la boîte de dialogue Rechercher et remplacer (voyez la Figure 5.1) conviennent très bien pour rechercher de petits fragments de texte. Mais il peut arriver que vous vouliez quelque chose de plus précis, ou quelque chose que vous ne pouvez pas taper directement avec le clavier (comme un caractère de fin de paragraphe). Ou alors, vous voulez la forme exacte de *Pourtant*, au lieu de n'importe quelle occurrence de *pourtant*. Dans ces différents cas, vous aurez besoin de la forme plus complète de la boîte de dialogue Rechercher et remplacer.

Pour faire apparaître les options supplémentaires de la boîte de dialogue Rechercher et remplacer, commencez par la faire apparaître en appuyant sur Ctrl+F, puis cliquez sur le bouton Plus. La boîte de dialogue s'agrandit vers le bas, faisant apparaître un certain nombre d'options et de boutons supplémentaires, comme le montre la Figure 5.3.

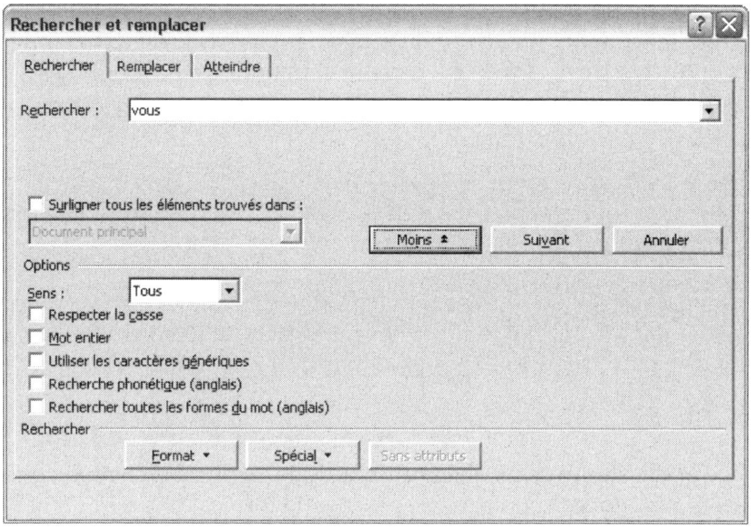

Figure 5.3 La boîte de dialogue Rechercher et remplacer, avec ses options supplémentaires.

Les sections suivantes vont vous dire ce qui peut vous intéresser dans ces options supplémentaires.

Chercher exactement un fragment de texte

Il y a une différence entre *Sylvestre* et *sylvestre*. Le premier est un prénom, le second un adjectif. Pour trouver l'un et pas l'autre en utilisant la commande Rechercher, cochez la case Respecter la casse dans la zone Options de la boîte de dialogue. Ainsi, si vous avez tapé *Sylvestre* dans le champ Rechercher, cette recherche ne trouvera que les occurrences du mot *Sylvestre* commençant par une majuscule, le reste du mot étant en minuscules.

Rechercher un mot entier

L'option Mot entier permet de rechercher des mots comme *droit* ou *sur*, en évitant de vous arrêter inutilement sur des mots comme *endroit* ou *surprise*.

Rechercher du texte dont vous ne savez pas tout (avec des caractères génériques)

Voici une bonne astuce : utiliser des caractères spéciaux nommés "caractères génériques" pour trouver des mots dont vous ne connaissez qu'une partie, ou des groupes de mots dans diverses variantes portant sur certains caractères. Comme cette astuce est très technique, concentrez-vous attentivement sur ce qui suit.

Les deux caractères génériques de base sont ? et * : le premier représente une lettre quelconque, le second un groupe quelconque de lettres. Ainsi, supposons que vous ayez tapé ceci dans le champ Rechercher :

```
?ur
```

Si vous avez sélectionné l'option Utiliser les caractères génériques, Word va rechercher tout mot de trois lettres commençant par une lettre quelconque et se terminant par *ur : sur, mur, dur* ou *pur*, par exemple.

Comme l'astérisque représente un groupe de caractères quelconque, le texte suivant dans le champ Rechercher permettra de trouver tous les mots commençant par *a* et se terminant par *n* (il y en a beaucoup) :

```
a*n
```

Vous pouvez utiliser tous les caractères génériques que vous voulez pour rechercher du texte dans toutes sortes de formes, bizarres et intéressantes. Par exemple :

```
essa[iy"e
```

Cette syntaxe permet de trouver les deux formes *essaie* et *essaye* du verbe *essayer* s'il vous arrive de les utiliser tour à tour sans y prendre garde.

Word permet d'utiliser bien d'autres combinaisons de caractères génériques, bien que * et ? soient les plus couramment utilisés, et qu'ils devraient vous suffire dans la plupart des cas. Pour connaître les autres caractères génériques disponibles, cliquez sur le Compagnon Office, et tapez "caractères génériques" dans le champ réservé à la question. Sélectionnez ensuite ce qui se rapporte à la recherche de texte dans ce que vous proposera le Compagnon Office et vous finirez par trouver la liste des caractères génériques disponibles.

Rechercher du texte par sa phonétique

L'option Recherche phonétique, qui n'est disponible qu'en anglais au moment où j'écris, permet de rechercher des mots homophones, c'est-à-dire des mots qui se prononcent de la même manière que ce que vous avez tapé dans le champ Rechercher. Dans l'immédiat, elle ne pourra vous être utile que pour des textes en anglais.

Rechercher toutes les formes d'un mot

Vous venez de changer d'avis sur le personnage de votre roman : il ne marche pas, il vole. À l'heure actuelle, comme la précédente, cette fonction n'est disponible qu'en anglais, mais on ne sait jamais. Imaginez-vous donc ayant à rectifier tous les passages de votre roman où votre héros marche pour le faire voler, comme Superman. Vous pourriez rechercher toutes les formes du verbe *marcher : marche, marchait, marchant,* et ainsi de suite, après avoir tapé **marcher** dans le champ Rechercher. En anglais, ça marche.

Rechercher vers le haut, vers le bas ou les deux

Janus était, pour les Romains, le dieu des commencements et des fins. Il était doté de deux visages regardant dans deux directions opposées, ce qui est très pratique pour regarder un match de tennis ou pour retrouver vos clés quand vous ne savez plus ce que vous en avez fait. La commande Rechercher est comme Janus car elle recherche toutes les occurrences d'un élément dans tout le texte, sauf si vous lui indiquez d'effectuer une recherche dans une direction spécifique. Pour cela, cliquez sur le bouton Plus, puis déroulez la liste Sens. Vous accédez aux options suivantes :

- **Tous.** Avec cette option, la recherche s'effectue dans tout le document quelle que soit la position du point d'insertion.
- **Vers le bas.** La recherche part de la position du point d'insertion et s'arrête dès que la fin du document est atteinte.
- **Vers le haut.** La recherche part de la position du point d'insertion et s'arrête dès que le début du document est atteint.

Dès qu'il arrive à la fin de votre document, Word (ou le Compagnon Office) vous demande si vous voulez continuer la recherche à partir du début. Comme c'est généralement le cas, vous cliquez sur Oui. La recherche s'arrête quand elle est revenue au point d'où elle était partie, c'est-à-dire à l'emplacement du curseur.

Rechercher des caractères que vous ne pouvez pas taper

Il y a des caractères que l'on ne peut pas taper avec le clavier dans le champ Rechercher. Ce sont des caractères spéciaux, non imprimables. C'est le cas par exemple du Tab. Essayez d'appuyer sur la touche Tab après avoir cliqué dans le champ Rechercher : il ne se passe rien. Pour rechercher un caractère de tabulation, ainsi que quelques autres, il faut l'indiquer à la fonction Rechercher au moyen d'un code spécial.

Pour insérer le code correspondant à l'un de ces caractères spéciaux, cliquez sur le bouton Plus pour faire apparaître le volet des options supplémentaires de la boîte de dialogue Rechercher et remplacer, puis cliquez sur le bouton Spécial (Figure 5.3). La liste des caractères spéciaux apparaît. Ce sont ceux que Word peut rechercher dans votre document, mais que vous ne pouvez pas taper dans le champ Rechercher avec le clavier (Figure 5.4).

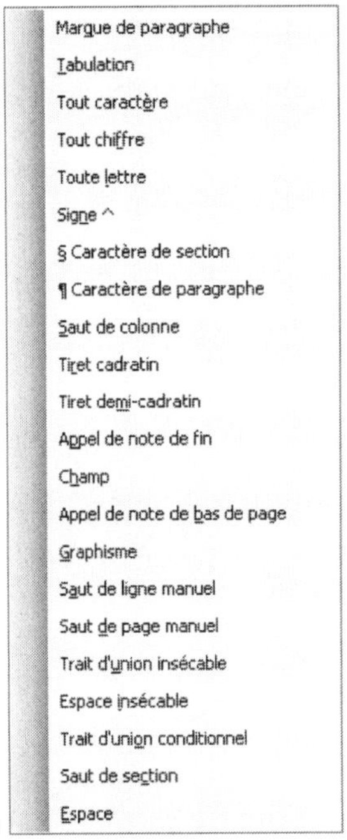

Figure 5.4 Rechercher des caractères que vous ne pouvez pas taper.

Dans la liste des caractères spéciaux, cliquez sur celui que vous voulez. Le code correspondant au caractère sélectionné (par exemple ^t pour Tab) apparaît dans le champ Rechercher.

Voici quelques-uns des caractères spéciaux les plus utiles que vous trouverez dans la liste du bouton Spécial de la boîte de dialogue Rechercher et remplacer :

- **Tout caractère, Tout chiffre** et **Toute lettre :** Permettent de représenter à peu près n'importe quoi. Ce sont des caractères génériques qui permettent de trouver toutes sortes de choses.

- **Signe ^ :** Permet de rechercher le symbole (^), autrement dit l'accent circonflexe quand il n'est pas sur une lettre, qui est un caractère spécial. Si vous tapez le signe ^ lui-même dans le champ Rechercher, il sera interprété par Word comme indiquant un autre caractère spécial.
- **Marque de paragraphe (¶) :** Permet de rechercher dans votre document le caractère qui indique la fin de chaque paragraphe.
- **Tabulation :** Permet de rechercher le caractère Tab.
- **Espace :** Il ne s'agit pas nécessairement d'un espace obtenu en appuyant sur la barre d'espace du clavier, mais de tout caractère se traduisant par un espace blanc sur l'écran (par exemple, un Tab).

Vous pouvez combiner ces caractères spéciaux entre eux et avec tous ceux que vous voulez. Si vous voulez trouver un Tab suivi par le mot *Chasseur*, utilisez le bouton Spécial pour insérer le code du Tab (^t), puis tapez **Chasseur** dans le champ Rechercher en utilisant le clavier. Vous verrez donc :

```
^tChasseur
```

Vous voyez aussi que si vous avez en tête le code du caractère spécial que vous voulez, vous n'avez pas besoin de passer par la liste du bouton Spécial. Vous pouvez utiliser le clavier pour saisir le code dans le champ Rechercher. C'est ce que je fais tout le temps. Comme je sais que ^p est le code correspondant à la touche Entrée (le caractère de fin de paragraphe), je n'ai pas besoin de cliquer sur le bouton Plus et sur le bouton Spécial. Au cas où vous voudriez faire de même, voici la liste des codes des caractères spéciaux les plus utilisés :

Marque de paragraphe	^p
Tab	^t
Tout caractère	^?
Tout chiffre	^#
Toute lettre	^$
Signe ^	^^
Saut de ligne manuel	^l
Saut de page manuel	^m
Espace	^w

TRUC

Si vous recherchez le caractère spécial ¶, sélectionnez Caractère de paragraphe, car l'option Marque de paragraphe renvoie à toutes les marques de paragraphe créées quand vous appuyez sur touche Entrée.

Rechercher une mise en forme

Ce que la commande Rechercher peut faire de plus impressionnant pour vous, c'est de rechercher des codes de mise en forme dans votre document. Par exemple, si vous ne recherchez que les instances du mot *baratin* qui sont en gras, Word peut le faire pour vous.

Pour rechercher une mise en forme dans un document, utilisez la zone des options supplémentaires de la boîte de dialogue Rechercher et remplacer (voyez la Figure 5.3). Cliquez sur le bouton Format pour faire apparaître la liste des options de mise en forme que vous pouvez rechercher, comme le montre la Figure 5.5.

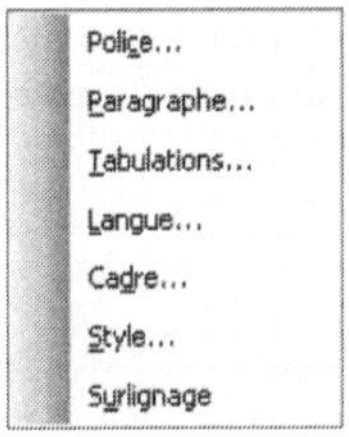

Figure 5.5 Diverses mises en forme que vous pouvez rechercher.

La sélection de chacun des éléments de cette liste affiche la boîte de dialogue de mise en forme correspondante de Word. Dans cette boîte de dialogue, vous pouvez sélectionner les attributs de mise en forme que vous voulez rechercher. Vous allez donc utiliser la boîte de dialogue Polices pour spécifier des mises en forme de caractères, et la boîte de dialogue Style pour rechercher une mise en forme de texte définie par un style, par exemple (encore une fois, il est utile de savoir comment Word utilise tous ces paramètres pour mettre en forme votre texte).

Imaginez que vous vouliez trouver le mot *baratin* en gras dans votre document. Suivez ces étapes :

1. **Faites apparaître la boîte de dialogue Rechercher et remplacer.**

   Appuyer sur Ctrl+F est la seule manière sensée de procéder.

   Éventuellement, supprimez tout texte précédemment recherché qui apparaîtrait déjà dans le champ Rechercher.

2. **Dans le champ Rechercher, saisissez par exemple le mot** `lit`**.**

Vous souhaitez trouver les occurrences de ce mot écrites en gras. Vous devez préciser cette information à Word.

3. **Cliquez sur le bouton Plus pour afficher la partie inférieure de la boîte de dialogue Rechercher et remplacer.**

4. **Si le bouton Sans attributs est actif, cliquez dessus.**

   Ce bouton permet d'annuler tous les formats d'une recherche antérieure.

5. **Cliquez sur le bouton Format.**

6. **Dans la liste, sélectionnez Police.**

   La boîte de dialogue Police apparaît. Vous y contrôlez les divers aspects de la police des caractères d'un document.

7. **Dans la liste Style de police, sélectionnez Gras.**

8. **Cliquez sur OK.**

   La boîte de dialogue Police se ferme, et vous revenez dans la boîte de dialogue Rechercher et remplacer.

   Vous constatez que sous le champ Rechercher est indiqué `Mise en forme : Police : Gras`.

9. **Cliquez sur le bouton Suivant.**

   Word trouve la prochaine occurrence du texte spécifié, avec la mise en forme spécifiée, quelle qu'elle soit.

Pour ne chercher que le format, c'est-à-dire sans mot particulier, ne remplissez pas le champ Rechercher. Cela permet d'effectuer une recherche sur un texte spécifique auquel sont appliqués des styles particuliers.

- Vous pouvez utiliser cette technique pour rechercher des occurrences particulières d'une police, par exemple Courier ou Times New Roman, en la sélectionnant dans la liste Police de la boîte de dialogue Rechercher la police.

- Vous pouvez rechercher une taille de police particulière (par exemple 24 points) en la sélectionnant dans la liste Taille.

- Les autres options de la liste Format sont un peu plus obscures, mais si vous devenez un habitué de Word, sachez qu'elles vous offrent des possibilités supplémentaires de recherche de mise en forme.
- La recherche fondée sur les formats impose une connaissance sur la manière dont Word formate du texte, les caractères et les documents. Consultez la deuxième partie de ce livre pour vous familiariser avec les formats.
- Word mémorise vos options de mise en forme ! Pour effectuer une recherche en excluant toute mise en forme, cliquez sur le bouton Sans attributs.

Rechercher et remplacer

En elle-même, la commande Rechercher est vraiment pratique, mais sa véritable puissance réside dans sa capacité non seulement de rechercher du texte, mais aussi de remplacer ce texte par autre chose. C'est l'une des fonctions de traitement de texte qui ont peu à peu fait disparaître les machines à écrire.

Si vous maîtrisez la commande Rechercher, il ne vous manque plus grand-chose pour maîtriser aussi la commande Remplacer. En fait, la seule difficulté que vous pourrez rencontrer en chemin, c'est que le raccourci clavier n'est pas le même.

Ce n'est pas Ctrl+R (celui-ci sert à aligner sur la droite le texte d'un paragraphe). Microsoft a sans doute pensé qu'il y aurait bien plus de gens pour vouloir désespérément aligner du texte sur la droite que pour vouloir rechercher et remplacer du texte.

N'essayez pas de deviner, vous perdriez votre temps. Le raccourci clavier de la commande Remplacer est... Ctrl+H !

Imaginons maintenant que vous vouliez remplacer le mot *cochon* par le mot *porc*. Ils ont le même sens, mais selon le contexte on peut préférer utiliser l'un plutôt que l'autre.

1. **Cliquez sur Édition/Remplacer ou, si vous vous souvenez du raccourci clavier, appuyez sur Ctrl+H.**

   La boîte de dialogue Rechercher et remplacer apparaît, comme le montre la Figure 5.6. Elle s'ouvre sur l'onglet Remplacer.

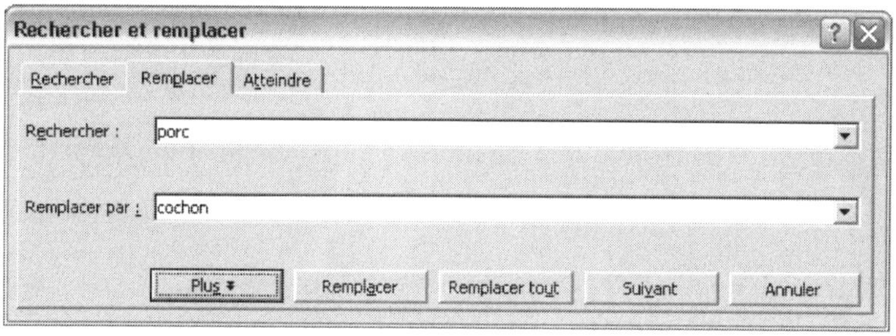

Figure 5.6 L'onglet Remplacer de la boîte de dialogue Rechercher et remplacer.

Si votre boîte de dialogue Rechercher et remplacer s'ouvre avec le volet des options supplémentaires, vous pouvez cliquer sur le bouton Moins pour le faire disparaître et donner à la boîte de dialogue la présentation de la Figure 5.6 (pour en savoir plus sur ces options supplémentaires, reportez-vous à la section "Rechercher avec plus de précision", plus haut dans ce chapitre).

2. **Dans le champ Rechercher, saisissez le texte à rechercher.**

   C'est le texte que vous voulez remplacer par autre chose.

   Après avoir tapé le texte voulu, appuyez sur Tab.

3. **Dans le champ Remplacer par, tapez le texte que vous voulez substituer au texte recherché.**

4. **Demandez-vous si vous voulez avoir la possibilité de changer d'avis avant de remplacer chaque occurrence du texte recherché.**

   Si oui, cliquez sur le bouton Suivant (ce choix est en général une bonne précaution). Dans le cas contraire, vous pouvez cliquer sur le bouton Remplacer tout. Toutes les occurrences du texte recherché seront alors remplacées automatiquement, ce qui ne vous laisse aucune possibilité de décider pour chacune d'entre elles.

5. **Si vous choisissez de cliquer sur Suivant, Word s'arrête à chaque occurrence du texte recherché.**

   Comme avec la commande Rechercher, le texte trouvé est mis en surbrillance à l'écran. À chaque fois, vous pouvez cliquer sur le bouton Remplacer pour remplacer l'occurrence du texte trouvé, ou sur le bouton Suivant pour laisser inchangé le texte trouvé et passer à l'occurrence suivante du texte recherché. Si vous voulez fermer la boîte de dialogue Rechercher et remplacer avant d'avoir parcouru tout le document, cliquez sur le bouton Annuler ou appuyez sur la touche Échap.

- Il peut arriver que Word trouve votre texte, par exemple *mer*, dans un autre mot comme *arrimer*. Pour éviter cela, cliquez sur le bouton Plus et cochez la case Mots entiers.

Quand Word ne trouve rien de plus à remplacer, le chien vous dit :

```
Vérification terminée pour le document. 9 remplacements effectués.
```

Bien sûr, le nombre de remplacements dépend de ce que vous avez recherché.

- Attention ! N'oubliez pas de taper quelque chose dans le champ Remplacer par. Si ce champ reste vide, la commande Remplacer ne se transforme pas pour autant en commande Rechercher. Au contraire, Word suppose que vous voulez remplacer par *rien* le texte recherché, autrement dit le supprimer. Comme c'est plutôt dangereux, soyez prudent lorsque vous utilisez la commande Remplacer, et utilisez dans la mesure du possible le bouton Suivant plutôt que le bouton Remplacer tout.

- Je vous conseille d'utiliser le bouton Suivant le plus souvent possible. Ce n'est que lorsque vous êtes absolument certain de ne courir aucun risque (ce qui est assez rare d'après mon expérience) que vous pouvez utiliser le bouton Remplacer tout.

- Si vous faites une bêtise avec votre opération de remplacement, la commande Annuler restaure votre document dans son état antérieur.

- Le raccourci Ctrl+H ne correspond à rien qui permette de s'en souvenir directement, mais un perspicace lecteur nommé Robin R. m'a fait remarquer que le H se trouve juste après les lettres F et G sur le clavier. Nous avons donc Ctrl+F pour Rechercher (Find) ; Ctrl+G pour Atteindre (Go To) ; et Ctrl+H pour Remplacer, parce que H est juste après F et G sur le clavier... Très astucieux.

Chercher et remplacer une mise en forme

Vous pouvez aussi rechercher et remplacer une mise en forme. Par exemple, remplacer tous les soulignements de votre document par des italiques. Pour cela, cliquez dans le champ Rechercher, puis sur le bouton Format pour définir la mise en forme à rechercher, comme nous l'avons décrit plus haut dans ce chapitre. Puis, cliquez dans le champ Remplacer par, et procédez de la même manière pour définir la mise en forme que vous voulez substituer à la précédente. Comme cette opération est un aspect "avancé" de l'utilisation de Word, prenez la précaution d'enregistrer votre document avant de vous jeter à l'eau.

Chapitre 6

Travailler avec des blocs de texte

Dans ce chapitre :

- Utiliser la touche Maj pour sélectionner du texte en tant que bloc.
- Sélectionner du texte avec la souris.
- Sélectionner du texte avec la touche F8.
- Désélectionner un bloc de texte.
- Copier et déplacer des blocs de texte
- Utiliser le volet Presse-Papiers.
- Mettre en forme, rechercher, imprimer et supprimer un bloc de texte.

Comment pourrait-on écrire sans *blocs* ? Je ne parle pas de blocs de papier, ni du vertige de la page blanche, ni de la crampe de l'écrivain. Je parle de *blocs de texte*.

Pour Word, un *bloc* est une portion de texte. Word vous permet de définir en tant que bloc une portion de texte – mots, phrases, paragraphes ou tout le document – pour faire avec toutes sortes de choses amusantes et intéressantes. Voilà de quoi nous allons parler dans ce chapitre : comment jouer avec des blocs.

Sélectionner des blocs de texte

Un écrivain très connu m'a un jour conseillé de tout taper en triple interligne sur du papier très épais, et de toujours avoir sous la main des ciseaux et de la colle pour tout recomposer. En définitive, disait-il, couper et coller valent mieux que tout retaper. Son conseil était peut-être judicieux en 1978, mais aujourd'hui il est devenu absurde.

Word vous permet de faire toutes sortes de choses avec des blocs de texte. Et vous n'avez pas à vous préoccuper de triple interligne, de taper sur du papier très épais, et encore moins de vous ruiner en colle à papier. Il vous faut plutôt savoir comment sélectionner un bloc, et, comme d'habitude, Word vous offre de nombreux moyens de le faire. Je vais en décrire quelques-uns, plus ou moins appropriés selon la taille du bloc.

La touche Maj pour de petits blocs de texte

Pour sélectionner rapidement une petite quantité de texte (un mot, une ligne ou un paragraphe), vous pouvez utiliser la touche Maj en combinaison avec l'une quelconque des touches de curseur (les touches de contrôle du curseur). C'est la technique la plus indiquée pour sélectionner une petite portion de texte, entièrement visible à l'écran. Laissez-vous guider par le Tableau 6.1.

Tableau 6.1 : Marquer un petit bloc.

Pour...	Appuyez sur...
Marquer caractère par caractère vers la droite du curseur	Maj+→
Marquer caractère par caractère vers la gauche du curseur	Maj+←
Marquer le texte compris entre le curseur et la fin de la ligne	Maj+Fin
Marquer le texte compris entre le curseur et le début de la ligne	Maj+Début
Marquer le texte compris entre le curseur et la même position du curseur dans la ligne du dessus	Maj+↑
Marquer le texte compris entre le curseur et la même position du curseur dans la ligne du dessous	Maj+↓

Quelques remarques sur l'utilisation de la touche Maj pour sélectionner du texte :

- Vous pouvez utiliser les deux touches Maj de votre clavier.
- Si la touche Maj est pratique pour de petites portions de texte, il y a de meilleures méthodes pour les blocs de plus d'une ou deux lignes.

- Pour en savoir plus sur les touches de contrôle du curseur, reportez-vous au Chapitre 3.
- Personnellement, j'utilise la touche Maj du côté gauche du clavier avec les touches de curseur qui sont du côté droit. Si vous vous entraînez un peu, vous verrez que vous pouvez aller très vite pour sélectionner du texte de cette façon.
- Notez que si vous utilisez la touche Maj pour sélectionner du texte jusqu'à la fin d'un paragraphe, le caractère Retour chariot (qui marque la fin du paragraphe) est également sélectionné. Cela signifie que si vous supprimez le bloc ou si vous en changez la mise en forme, la mise en forme du paragraphe suivant pourra en être également modifiée. Pour éviter cela, appuyez sur Maj+? pour revenir en arrière d'un caractère, c'est-à-dire pour désélectionner le caractère de fin de paragraphe.

Marquer un bloc avec la souris

Mickey est peut-être venu au monde pour gouverner un empire, mais votre souris est venue au monde pour sélectionner du texte. Plus sérieusement, en dehors de ses capacités graphiques, la souris est une virtuose de la sélection de texte.

Faire glisser pour sélectionner

Pour sélectionner un bloc de texte avec votre souris, suivez ces étapes :

1. **Placez le pointeur à l'endroit où vous voulez faire commencer la sélection.**
2. **Tout en maintenant enfoncé le bouton gauche de la souris, faites glisser le pointeur sur votre texte.**

   Au fur et à mesure que vous faites glisser le pointeur, le texte est mis en surbrillance (sélectionné), comme le montre la Figure 6.1. Faites glisser le pointeur du début à la fin du bloc de texte que vous voulez sélectionner.
3. **Quand le pointeur est à la fin du bloc à sélectionner, relâchez le bouton de la souris.**

La souris vous permet de sélectionner un bloc de texte de taille quelconque. Je vous conseille toutefois de ne vous en servir que pour des blocs assez petits pour être affichés en un seul morceau à l'écran. Si vous essayez de sélectionner

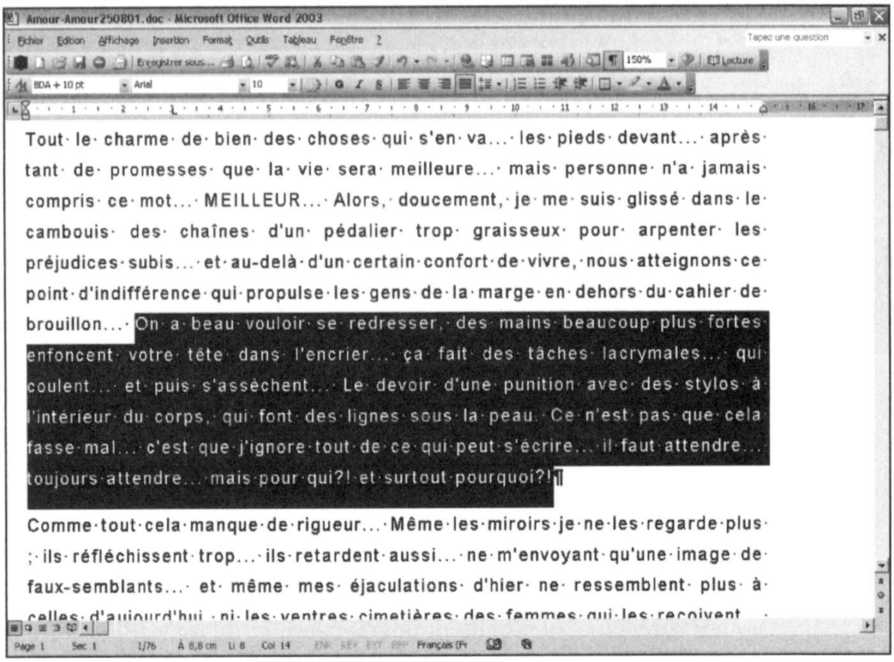

Figure 6.1 Un bloc de texte est sélectionné.

du texte au-delà de ce que vous voyez à l'écran, il vous faudra faire défiler pour arriver au bout, ce qui peut être très malcommode. La souris fait défiler le texte vers le haut et vers le bas assez vite, et ce dont vous avez besoin peut se retrouver hors de vue en un clin d'œil.

Techniques de sélection rapide par clic

Le Tableau 6.2 vous dit comment tirer le meilleur parti de votre robot-rongeur pour sélectionner tel ou tel type de bloc de texte.

Sélectionner un bloc par Maj+clic

TRUC

La technique la plus définitive que j'utilise pour sélectionner un bloc de texte de taille quelconque est ce que j'appelle le "zyeuter-cliquer" :

1. **Commencez par placer le pointeur au début du bloc de texte à sélectionner.**

2. **Faites défiler votre document en utilisant la barre de défilement.**

Tableau 6.2 : Sélection de texte par clic.

Pour	Faites comme ceci
Sélectionner un mot	Placez le pointeur sur le mot et double-cliquez.
Sélectionner une ligne	Placez le pointeur dans la marge gauche, devant la ligne à sélectionner. Le pointeur prend la forme d'une flèche pointant vers le haut et vers la droite. Cliquez pour sélectionner la ligne, ou faites glisser en maintenant enfoncé le bouton gauche de la souris pour sélectionner plusieurs lignes.
Sélectionner une phrase	Placez le pointeur sur la phrase, et faites Ctrl+clic (maintenez enfoncée la touche Ctrl et cliquez). La phrase est sélectionnée.
Sélectionner un paragraphe	Placez le pointeur sur le paragraphe et faites un triple clic.

Utilisez bien la barre de défilement et non les touches de contrôle du curseur. Si vous utilisiez celles-ci, le curseur serait déplacé par la même occasion, et ce n'est pas ce que nous voulons.

3. **Pour marquer la fin du bloc, maintenez enfoncée la touche Maj et cliquez avec la souris à l'endroit précis où se termine le bloc à sélectionner.**

   Le bloc de texte compris entre la position initiale du curseur et l'endroit où vous avez cliqué en maintenant enfoncée la touche Maj est sélectionné.

Cette méthode convient pour sélectionner un bloc de texte de taille quelconque, en particulier lorsque vous avez besoin de faire défiler le document pour trouver la fin de ce bloc.

Sélectionner un bloc en utilisant la merveilleuse touche F8

Je me demande quel genre de personnage a bien pu avoir l'idée saugrenue d'assigner la touche F8 à la sélection de texte. Probablement la même bande d'énergumènes de Microsoft, ivre de stocks-options, qui inventa jadis l'utilisa-

NOTE TECHNIQUE

Souhaitez-vous sélectionner le texte lettre par lettre ou mot par mot ?

Lorsque vous sélectionnez du texte à l'aide de la souris, vous observez que le petit rongeur tend à sélectionner un mot à la fois. Peut-être avez-vous besoin de sélectionner des caractères plutôt que des mots ? Voici comment procéder :

1. **Cliquez sur Outils/Options.**
2. **Cliquez sur l'onglet Edition.**
3. **Désactivez l'option Lors d'une sélection, sélectionner automatiquement le mot entier.**
4. **Cliquez sur OK.**

tion de la touche F12. Vous souvenez-vous de F12 ? C'est la touche affectée à la commande Enregistrer sous, d'où il résulte avec la plus grande logique que la touche F8 doit être affectée à la sélection de texte. Ne cherchez pas plus loin.

Quoi qu'il en soit, si vous trouvez dans votre cerveau assez de place pour vous souvenir de la touche F8, vous pouvez en faire bon usage. F8 sélectionne du texte par blocs de différents types, ce qu'aucune autre commande ne permet d'obtenir. Ce qui suit n'est qu'un modeste échantillon de ce qu'elle peut faire.

Sélectionner un mot. Appuyer deux fois de suite sur la touche F8 sélectionne le mot dans lequel se trouve le curseur. Pour être franc, si de toute façon il vous faut commencer par y mettre le curseur, vous pouvez tout aussi bien double-cliquer sur le mot pour le sélectionner.

Sélectionner une phrase. Pour sélectionner la phrase dans laquelle se trouve le curseur, appuyez trois fois de suite sur F8.

Sélectionner un paragraphe. Placez le curseur dans le paragraphe, et appuyez quatre fois de suite sur F8 pour le sélectionner en entier.

Sélectionner tout le document. Appuyer cinq fois de suite sur F8 sélectionne tout le document, mais il y a pour cela une meilleure méthode, que je vous indiquerai dans la section "Sélectionner tout le document", plus loin dans ce chapitre.

Mais au fait, qu'est-ce qui se passe si on n'appuie qu'une fois sur la touche F8 ? Continuez à lire, et vous allez très bientôt connaître ce terrible secret.

Poser une ancre avec la touche F8

La touche F8 a pour effet de faire passer Word dans le mode très pratique (mais qui peut être agaçant) de sélection étendue. Ce faisant, elle "pose une ancre" à l'endroit où se trouve le curseur à ce moment. Cette ancre constitue une extrémité du bloc de texte que vous pouvez maintenant sélectionner en utilisant les touches de contrôle du curseur. Toutefois – et c'est très important –, aussi longtemps que vous êtes en mode de sélection étendue, vous ne pouvez utiliser Word que pour la sélection de ce bloc de texte, et rien d'autre.

Ne vous laissez pas décourager par cette restriction ! Bien sûr, vous pouvez vous laisser surprendre à ce jeu de temps en temps, mais l'utilisation du mode de sélection étendue par la touche F8 est le meilleur moyen de sélectionner un bloc de texte qui s'étend sur plus d'un écran.

Pour utiliser le mode de sélection étendue, suivez ces étapes :

1. **Placez le curseur au début du bloc de texte à sélectionner.**

2. **Appuyez sur la touche F8.**

   Une ancre est posée à l'emplacement du curseur, marquant une extrémité du bloc.

   ATTENTION !

   Avez-vous remarqué les trois lettres EXT qui apparaissent dans la barre d'état ? Elles vous indiquent que vous êtes maintenant dans le mode de sélection étendue (Extended), et que les touches de votre clavier servent maintenant à sélectionner du texte, et non à écrire. Vous êtes prévenu.

3. **Sélectionnez le bloc de texte.**

   Vous pouvez utiliser pour cela les touches de contrôle du curseur ou l'une quelconque des touches de navigation dont nous avons parlé au Chapitre 3.

   TRUC

   Si vous appuyez sur la touche d'une lettre en mode de sélection étendue, Word décale la sélection du bloc de texte vers le bas du document, jusqu'à cette lettre incluse. (Ce qui a pour effet de sélectionner ou de désélectionner du texte, selon que vous avez déjà sélectionné du texte vers le haut ou vers le bas du document à partir de l'ancre. Si cela vous paraît obscur, essayez et vous comprendrez.) Ça marche aussi avec la touche Retour chariot et la touche Tab, et, pour couronner le tout, ça distingue les majuscules et les minuscules. C'est superbe et ça peut rendre des services immenses.

Comme d'habitude, le texte sélectionné apparaît en surbrillance à l'écran, dans ce cas à partir de l'endroit où vous avez appuyé sur F8 pour placer une ancre (voyez la Figure 6.1). Dans les couleurs par défaut, le texte sélectionné apparaît donc en blanc sur fond noir.

4. **Une fois le bloc sélectionné, vous pouvez en faire ce que vous voulez.**

5. **Faites ce que vous voulez avec le bloc de texte sélectionné.**

Voilà où commence le dur labeur. Une fois que vous avez sélectionné un bloc, vous *devez* lui appliquer une commande. Jetez un coup d'œil à la barre d'état : l'indication EXT y apparaît encore. Vous êtes *encore* en train de sélectionner votre bloc ! À moins de le copier, de le couper, de le coller, d'en vérifier l'orthographe, ou autre, vous êtes toujours en mode de sélection de bloc.

TRUC

Pour sortir du mode de sélection étendue, appuyez sur la touche Échap. Vous pouvez aussi double-cliquer sur EXT dans la barre d'état (ce qui vous oblige à faire attention à EXT et vous évite de vous laisser surprendre en mode de sélection étendue par inadvertance).

- Si vous voulez vraiment vous amuser, vous pouvez utiliser la souris avec la touche F8. Placez le curseur à l'une des extrémités du bloc que vous voulez sélectionner, et appuyez sur F8. Placez ensuite le pointeur à l'autre extrémité du bloc, et cliquez avec le bouton gauche de la souris. Tout ce qui se trouve entre ces deux points est sélectionné.

- Quel que soit le nombre de fois que vous appuyez sur F8, sachez qu'une ancre est chaque fois posée. Si vous appuyez dessus deux ou trois fois de suite (voyez la section précédente), F8 sélectionne un bloc de texte, mais vous êtes toujours en mode de sélection étendue. Pour sortir de ce mode, faites quelque chose avec le bloc ou appuyez sur la touche Échap.

- Prenez l'habitude d'utiliser les commandes du clavier pour sélectionner le bloc de texte, et, croyez-moi, vous serez beaucoup plus heureux.

Sélectionner plusieurs portions de texte

Il est possible, bien que cela ne soit pas réellement pratique, de sélectionner plusieurs portions de texte en tant que bloc. Par exemple, vous pouvez sélectionner en tant que bloc un groupe de noms dans un document, même s'ils ne sont pas tous au même endroit. La Figure 6.2 montre cette fonction en action.

Figure 6.2 Sélectionner plusieurs portions de texte.

Pour·sélectionner·plusieurs·portions·de·texte·dans·un·même·document,· il·vous·faut·deux·outils°:·votre·souris·et·la·touche·Ctrl·de·votre·clavier.· Suivez·ces·étapes°:¶

Pour sélectionner plusieurs portions de texte dans un même document, il vous faut deux outils : votre souris et la touche Ctrl de votre clavier. Suivez ces étapes :

1. **Sélectionnez un premier bloc de texte.**

   Utilisez la méthode de sélection que vous voulez parmi celles que nous avons décrites plus haut dans ce chapitre.

2. **Appuyez sur la touche Ctrl et maintenez-la enfoncée.**

   S'il y a plus d'une touche Ctrl sur votre clavier, vous pouvez utiliser celle que vous voulez.

3. **Utilisez la souris pour sélectionner un deuxième bloc de texte.**

   Répétez cette dernière opération pour sélectionner autant de blocs de texte que vous voulez.

Remarquez que chaque portion de texte est distincte des autres. Chacune d'elles est identifiée par une zone en surbrillance dans le texte. Le secret est de maintenir enfoncée la touche Ctrl pendant que vous utilisez la souris pour sélectionner le fragment suivant.

L'ensemble des portions de texte que vous sélectionnez de cette façon est considéré par Word comme un seul et même bloc. Il est simplement distribué en plusieurs fragments dans votre document. Si vous lui appliquez la commande Couper, toutes ces portions disparaissent des différents endroits où elles se trouvent. Si vous collez à nouveau dans le document ce que vous venez de couper, chacune des portions constituant le bloc est collée en tant que paragraphe.

Certaines commandes dévolues aux blocs de texte ne fonctionnent pas quand le texte est sélectionné de cette manière.

Sélectionner tout le document

Pour sélectionner tout votre document, sélectionnez Édition/Sélectionner tout. Le raccourci clavier correspondant est Ctrl+A.

Dans Word, vous pouvez aussi utiliser l'obscur raccourci Ctrl+5 (le 5 du pavé numérique), ou appuyer cinq fois de suite sur la touche F8.

Franchement, le mieux est d'appuyer sur Ctrl+A.

Désélectionner un bloc

Maintenant que vous avez un bloc sélectionné, qu'est-ce que vous allez en faire ? Et comment allez-vous désélectionner votre bloc pour pouvoir recommencer à taper quelque chose ?

Voici quelques moyens pratiques de désélectionner votre bloc :

- **Appuyer sur la touche ?.** Cette action désélectionne le bloc et ramène le curseur au début de celui-ci, ou au début de votre document si vous l'aviez sélectionné en entier. Cette technique fonctionne pour ce que vous avez sélectionné avec la souris ou avec la touche Maj.

- **Cliquer avec la souris.** Cette action désélectionne le bloc et place le curseur à l'endroit où vous avez cliqué. Cette technique fonctionne pour ce que vous avez sélectionné avec la souris ou avec la touche Maj.

- **Appuyer sur la touche Échap, puis sur la touche ?.** Cette méthode est à utiliser lorsque vous êtes encore en mode de sélection étendue, pour en sortir (vous vous souvenez ? la touche F8 ou le bouton EXT dans la barre d'état).

- **N'oubliez pas la commande Maj+F5 !** Non seulement ce raccourci clavier désélectionne le bloc (que vous l'ayez sélectionné avec la souris, la touche Maj ou la touche F8), mais il vous ramène aussi au point où vous étiez avant d'effectuer la sélection. Très joli.

Copier un bloc

Une fois un bloc sélectionné, vous pouvez le copier pour le coller en n'importe quel autre endroit de votre document. Le bloc original n'est pas altéré par cette opération. Suivez ces étapes :

1. **Sélectionnez le bloc.**

   La première partie de ce chapitre contient des instructions détaillées pour accomplir cette tâche.

2. **Sélectionnez Édition/Copier.**

Word place dans le Presse-Papiers une copie du bloc sélectionné (c'est une zone de stockage pour le texte et les images que vous copiez ou coupez). Pour achever cette opération, il vous reste à coller le bloc, ce que nous allons décrire dans la section "Coller un bloc", plus loin dans ce chapitre.

- Dans Word (et plus généralement dans Windows), le raccourci clavier de la commande Copier est Ctrl+C.

- Pour copier un bloc de texte sélectionné, vous pouvez aussi cliquer sur le bouton Copier de la barre d'outils.
- Si vous appuyez accidentellement deux fois sur Ctrl+C pour copier un bloc, le volet Presse-Papiers apparaît. Nous en dirons plus à son sujet dans la section "Copier plusieurs blocs", plus loin dans ce chapitre.
- Pour en savoir plus sur le Presse-Papiers, reportez-vous également à la section "Copier plusieurs blocs".

Déplacer un bloc

Pour déplacer un bloc de texte, il faut le couper et le coller. Cette terminologie est celle de Microsoft, pas la mienne. Traditionnellement, un traitement de texte déplace des blocs de texte. Couper et coller, c'est ce que font les enfants à l'école. Mais je m'égare.

Le déplacement d'un bloc de texte est une opération identique à la copie d'un bloc de texte, à ceci près que l'on utilise la commande Ctrl+X (ou Édition/Coller) au lieu de Ctrl+C, et que le bloc de texte disparaît (en fait, il est placé dans le Presse-Papiers). À partir de là, vous pouvez coller ce bloc de texte où vous voulez dans votre document.

Ne soyez pas alarmé en voyant disparaître le bloc. Souvenez-vous : il s'agit d'une opération de déplacement. Le bloc original est placé ailleurs (ce que nous allons expliquer dans la section suivante).

- Pour déplacer un bloc de texte, vous pouvez utiliser l'outil Couper de la barre d'outils.
- Vous trouverez toutes les informations nécessaires sur la sélection des blocs dans les deux premières sections de ce chapitre.
- La commande Annuler (Ctrl+Z) permet d'annuler le déplacement d'un bloc.
- Après avoir coupé et collé un bloc, vous pouvez le coller à nouveau dans votre document. Nous allons en parler dans la section suivante.

Coller un bloc

Une fois que vous avez coupé ou copié un bloc de texte, il vous reste à le coller. Il est sans importance que le bloc ait été copié ou coupé, la procédure est la même dans les deux cas. Suivez ces étapes :

1. **Placez le curseur à l'endroit où vous voulez insérer le bloc.**

   Il n'est pas nécessaire qu'il y ait un espace blanc disponible. Word va insérer le bloc à l'endroit du curseur comme si vous l'aviez tapé vous-même.

2. **Sélectionnez Édition/Coller.**

   Le bloc est inséré à l'endroit que vous avez indiqué.

Lorsque vous collez du texte dans Word, l'icône Options de collage (voir ci-contre) apparaît à la fin du texte que vous venez de coller. Elle vous permet de sélectionner la mise en forme que vous voulez appliquer au texte collé, car sa mise en forme initiale ne correspond pas forcément à ce que vous voulez faire.

L'utilisation de l'icône Options de collage n'est en rien obligatoire. En fait, il vous suffit de continuer à utiliser Word comme si de rien n'était pour qu'elle disparaisse instantanément. Mais si vous voulez modifier la mise en forme du texte collé, suivez ces étapes :

1. **Placez la souris sur l'icône Options de collage.**

   Une flèche pointant vers le bas apparaît à droite de l'icône.

2. **Cliquez sur la flèche pointant vers le bas.**

   Un menu apparaît dans lequel vous pouvez sélectionner différentes options de mise en forme (Figure 6.3).

Figure 6.3 Les options de mise en forme du texte collé.

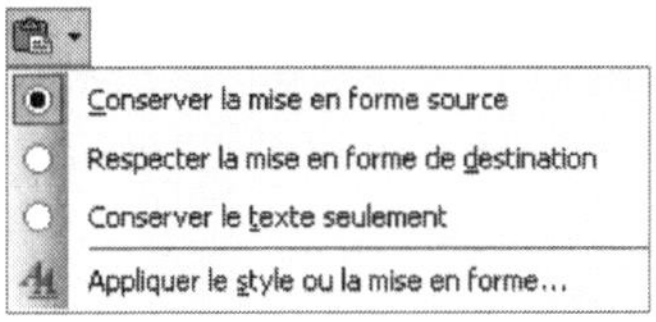

Voici un bref résumé des options disponibles :

Conserver la mise en forme source	Ne fait rien car la mise en forme vous convient.
Respecter la mise en forme de destination	Applique au bloc la mise en forme du texte dans lequel il a été collé.
Conserver le texte seulement	Ne colle que le texte, en éliminant les mises en forme particulières qu'il pouvait contenir.
Appliquer le style ou la mise en forme	Fait apparaître le volet Styles et mise en forme, qui vous permet de sélectionner la mise en forme que vous voulez appliquer au texte collé.

Sélectionnez l'option qui correspond à ce que vous voulez faire. Je vous recommande plutôt la première ou la deuxième. La dernière vous ouvre toutes grandes les portes du moche et du bizarroïde.

- Vous pouvez aussi utiliser le raccourci Ctrl+V pour coller un bloc de texte.

- Vous pouvez aussi cliquer sur le bouton Coller de la barre d'outils pour coller un bloc de texte que vous avez copié ou coupé.
- En général, l'icône Options de collage ne disparaît pas avant que vous commenciez à taper du texte ou à utiliser une commande de modification de texte.
- Si l'icône Options de collage vous agace, vous pouvez désactiver cette fonction : sélectionnez Outils/Options et cliquez sur l'onglet Édition.

Ôtez la coche de la case Afficher les boutons d'options de collage (en cliquant dedans), puis cliquez sur OK.

- Après avoir copié un bloc, vous pouvez le coller plusieurs fois dans votre document. Chaque fois qu'un bloc de texte (ou un élément quelconque) est coupé ou copié, Word le place dans le Presse-Papiers, où il reste même quand vous le collez ailleurs. Tant que rien ne vient l'effacer du Presse-Papiers, vous pouvez donc le coller autant de fois que vous le voulez. Il vous suffit d'appuyer sur Ctrl+V qui est le raccourci de la commande Coller.

- Vous pouvez tout aussi bien coller votre bloc dans un autre document Word sur lequel vous travaillez en même temps, ou même dans une autre application (c'est une caractéristique de Windows, qui est décrite dans toutes sortes de livres sur Windows).

Copier ou déplacer un bloc avec la souris

Si vous voulez déplacer un bloc sur une courte distance, vous pouvez utiliser la souris pour une opération glisser-déplacer ou glisser-copier. Cette fonction est très pratique, mais il vaut mieux ne l'utiliser que pour déplacer ou copier entre deux emplacements assez proches pour être simultanément visibles à l'écran. Dans le cas contraire, si vous essayez de faire défiler votre document avec la souris, vous vous exposez à de cruelles contrariétés.

Pour déplacer avec la souris n'importe quel bloc de texte sélectionné, placez le pointeur dessus, appuyez sur le bouton gauche de la souris et maintenez-le enfoncé, déplacez le pointeur jusqu'à l'endroit où vous voulez placer le bloc, puis relâchez le bouton de la souris. Vous venez d'effectuer une opération glisser-déplacer.

Copier un bloc avec la souris fonctionne de la même manière que pour le déplacer, avec pour seule différence qu'il faut maintenir enfoncée la touche Ctrl tout en faisant glisser. Un signe + apparaît alors à côté du pointeur (voir ci-contre). Il indique que le bloc sera copié et non déplacé.

- L'icône Options de collage apparaît une fois que vous avez "déposé" le bloc de texte. Pour en savoir plus sur cette icône, reportez-vous à la section précédente.

- Lorsque vous faites glisser un bloc de texte avec la souris, celui-ci n'est pas collé dans le Presse-Papiers. Vous ne pouvez pas utiliser la commande Coller (Ctrl+V) pour le coller à nouveau.

Mieux que coller : le collage spécial !

Lorsque Word colle du texte dans votre document, il le fait en conservant les mises en forme particulières qu'il contient. L'icône Options de collage vous permet de faire un autre choix de mise en forme pour le texte collé. Vous pouvez également indiquer à Word comment coller votre texte avant de le faire, en utilisant la commande Édition/ Collage spécial.

La commande Collage spécial peut ne pas être directement visible dans le menu Édition. Pour la faire apparaître, cliquez sur la flèche pointant vers le bas au bas du menu Édition. Cette action affiche le menu complet, avec bien plus d'options que vous n'en utiliserez probablement jamais. Parmi elles, Collage spécial.

Si vous sélectionnez Collage spécial, la boîte de dialogue Collage spécial apparaît, contenant une liste d'options pour coller le texte préalablement copié ou coupé : Document Microsoft Word Objet ; Texte mis en forme ; Texte sans mise en forme ; Image ; etc. Chacune de ces options indique à Word la manière de coller l'élément concerné. Pour savoir ce que fait chacune d'elles, cliquez dessus dans la liste et lisez la description qui apparaît dans la zone Résultats de la boîte de dialogue.

Par exemple, lorsque je veux coller du texte provenant d'une page Web, mais sans la mise en forme HTML qui l'accompagne, j'utilise la commande Collage spécial, avec l'option Texte sans mise en forme. Puis je clique sur OK, et le texte est collé dans Word en tant que texte, sans le charabia HTML.

Au fait, cette boîte de dialogue permet aussi de coller des éléments avec liaison vers une autre application Office comme une feuille de calcul Excel ou une base de données Access. Pour coller un élément avec une liaison, il faut sélectionner Document Microsoft Word Objet dans la liste.

- Si vous maintenez enfoncées *à la fois* la touche Maj et la touche Ctrl en faisant glisser un bloc de texte, vous créez une *copie liée* de celui-ci à l'endroit où vous le déposez. Lorsque vous relâchez le bouton de la souris, le bloc copié apparaît dans le document sous une forme un peu étrange :

  ```
  {LINK Word.Document.1 "Document2" "OLE_LINK2" \a \r}
  ```

  Cette fonction avancée de Word établit un lien entre le bloc copié et l'original, de sorte que toute modification apportée à ce dernier se répercute dans l'autre. Comme la manière dont se présente cette fonction ne paie pas de mine, vous allez peut-être préférer l'éviter. Mieux vaut la mettre de côté en attendant le livre sur les fonctions avancées de Word que je n'ai pas encore écrit.

Copier et déplacer avec la touche F2

Voici une autre méthode pour déplacer ou copier un bloc de texte :

1. **Sélectionnez un bloc de texte.**
2. **Appuyez sur la touche F2.**

   La barre d'état affiche le message "Déplacer vers où ?".

3. **Placez le point d'insertion à l'endroit où vous souhaitez coller le texte.**

   Utilisez les touches directionnelles ou la souris.

4. **Appuyez sur Entrée.**

   Le bloc est déplacé.

Pour effectuer une copie, appuyez sur Maj+F2 à l'étape 2.

TRUC

Si avant d'effectuer l'étape 4, vous sélectionnez un bloc de texte avec la souris, le bloc collé le remplacera.

Copier plusieurs blocs

L'une des fonctions les plus sympathiques de Word, qui fait défaut dans de nombreuses applications Windows, est la possibilité de stocker plusieurs éléments copiés ou collés dans le Presse-Papiers. Vous pouvez ainsi couper ou copier différentes choses à la suite, puis choisir parmi les objets stockés dans le Presse-Papiers celui que vous voulez coller à tel ou tel endroit. Je peux vraiment dire que cette fonction est la bienvenue, mais elle nécessite quelques explications.

Le Presse-Papiers peut contenir des blocs de texte de n'importe quelle taille, mais il ne peut normalement en accueillir qu'un à la fois.

Un coup d'œil au Presse-Papiers

Vous pouvez à tout moment voir ce que contient le Presse-Papiers spécial de Word. Voici comment :

1. **Si le volet Office n'est pas visible, affichez-le.**

   Il occupe la partie droite de la fenêtre du document. Pour le faire apparaître, sélectionnez Affichage/Volet Office.

2. **Affichez le volet Presse-Papiers.**

   Cliquez sur la flèche pointant vers le bas dans le coin supérieur droit du volet Office, et sélectionnez Presse-Papiers dans le menu qui s'affiche. Le volet Presse-Papiers apparaît, comme le montre la Figure 6.4.

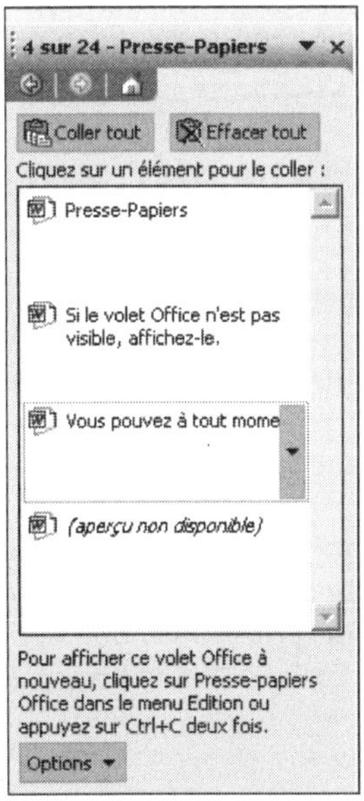

Figure 6.4 Le volet Presse-Papiers.

La liste du volet Presse-Papiers est celle des différents éléments que vous avez copiés ou coupés non seulement dans Word, mais dans n'importe quelle autre application.

Nous parlerons dans la section suivante de la manière de coller des éléments du Presse-Papiers.

- Le Presse-Papiers de Word peut contenir jusqu'à 24 éléments. Si vous copiez ou collez un élément alors qu'il y en a déjà 24 dans le Presse-Papiers, le plus ancien de ces éléments est éliminé pour laisser la place au nouveau. C'est la logique "premier entré, premier sorti". Le nombre d'éléments stockés dans le Presse-Papiers est affiché en haut du volet Presse-Papiers.
- Ce Presse-Papiers spécial est également utilisé par d'autres applications d'Office (Excel et PowerPoint, par exemple).
- Une fois que vous n'avez plus besoin du Presse-Papiers, vous pouvez fermer le volet Office. Cliquez sur le X dans le coin supérieur droit de celui-ci.

Coller à partir du Presse-Papiers

Pour coller un bloc de texte stocké dans le Presse-Papiers, cliquez dessus dans le volet Presse-Papiers. Il est aussitôt inséré à l'endroit où se trouve le curseur dans votre document.

Pour coller d'un coup tous les éléments contenus dans le Presse-Papiers, cliquez sur le bouton Coller tout.

TRUC

Le Presse-Papiers spécial de Word vous permet de choisir facilement ce que vous voulez coller à tel ou tel endroit. Placez le curseur à un endroit où vous voulez insérer un des éléments du Presse-Papiers, et cliquez simplement sur l'élément voulu dans le volet Presse-Papiers. Faites de même à chaque endroit où vous voulez insérer quelque chose. On peut faire ça toute la journée.

Chaque fois que vous collez quelque chose, l'icône Options de collage apparaît à la fin du texte que vous venez de coller. Pour savoir ce que vous pouvez en faire, reportez-vous à la section "Coller un bloc", plus haut dans ce chapitre.

Vider le Presse-Papiers

Le volet Presse-Papiers vous donne la possibilité de vider le Presse-Papiers de tout son contenu. Pour en supprimer un élément particulier, placez le pointeur dessus et cliquez sur la flèche pointant vers le bas qui apparaît (Figure 6.4). Sélectionnez Supprimer dans le menu local, et l'élément disparaît de la liste.

Pour faire disparaître d'un coup tous les éléments stockés dans le Presse-Papiers, cliquez sur le bouton Effacer tout en haut du volet Presse-Papiers. C'est ce que je fais quand je veux collecter plusieurs éléments pour les coller ensuite tous ensemble. Par exemple, je commence par cliquer sur Effacer tout, puis vais copier individuellement tous les éléments souhaités. Je place ensuite le curseur à l'endroit où je veux coller le tout, et clique enfin sur le bouton Coller tout. Et le tour est joué !

Notez que vous ne pouvez pas annuler une opération de suppression de quoi que ce soit dans le Presse-Papiers. Soyez prudent.

Autres choses que vous pouvez faire avec vos blocs

Il y a des *blocs-notes*, des *blocs-moteurs*, le *bloc* et des *blocs de texte*. Pour ce qui est des autres, je n'y connais rien, mais pour ce qui est des blocs de texte, je peux vous dire que si vous en avez un, vous pouvez en faire toutes sortes de choses. La commande que vous allez lui appliquer n'affecte que le texte du bloc concerné.

En dehors des commandes Copier, Couper et Coller, vous pouvez effectuer les opérations suivantes avec un bloc de texte dans Word :

- Mettre en forme le bloc (voyez la deuxième partie).
- Utiliser la commande Remplacer pour rechercher et remplacer uniquement dans ce bloc de texte (voyez le Chapitre 5).
- Imprimer le bloc (voyez le Chapitre 9).
- Effacer le bloc avec la touche Retour arrière ou la touche Suppr.

Chapitre 7

Soignez votre orthographe et votre grammaire !

Dans ce chapitre :

- Comprendre la vérification d'orthographe au cours de la frappe.
- Laisser Word corriger automatiquement l'orthographe.
- Laisser Word taper pour vous avec la fonction Texte automatique.
- Corriger vos gaffes grammaticales.
- Trouver des synonymes.
- Utiliser le thesaurus.
- Jouer avec les traductions en langues étrangères.
- Compter les mots.

Avoir une bonne orthographe est un talent, pas un acquis – Mark Twain

Inutile d'expliquer longuement pourquoi : l'orthographe du français n'est pas une mince affaire, même si on ne fait pas de zèle. Règles, exceptions, traits d'union déconcertants, doubles consonnes contradictoires avec la prononciation, sans parler des mots d'origine étrangère à la transcription incertaine. Presque à chaque pas que vous faites, vous avez un piège devant vous.

Tout le monde devrait l'admettre : on ne peut pas tout réduire à des règles. Il nous reste donc trois solutions : 1) Oublier tout ça et revenir au latin comme langue véhiculaire mondiale (mais nous aurions le même problème avec le latin). 2) Parler mais ne jamais écrire (mais il faudrait redevenir hommes des bois). 3) Utiliser la fonction de vérification d'orthographe et de grammaire de Word.

Cachez cette coquille que je ne saurais voir !

C'est bien connu, voilà quelques années que les traitements de texte sont capables de vous signaler les mots mal orthographiés ou simplement suspects. Même votre programme de courrier électronique sait le faire (si ce n'est pas le cas, c'est que vous ne l'avez pas mis à jour depuis un bon moment).

Les ordinateurs d'aujourd'hui sont si puissants qu'ils peuvent identifier une faute d'orthographe ou de grammaire à l'instant même où vous la tapez. Parfois, elle est corrigée automatiquement. Si ce n'est pas le cas, elle est dotée d'un soulignement ondulé, en rouge pour une faute d'orthographe et en vert pour une faute de grammaire. Ne vous laissez pas vexer par cette intrusion. Lisez plutôt attentivement les sections suivantes pour apprendre à vous servir de cette fonction.

N'OUBLIEZ PAS

Le vérificateur d'orthographe de Word vous fait savoir instantanément s'il reconnaît ou non un mot, mais il ne vous dit pas si ce mot est correctement utilisé. Ce n'est pas parce qu'un document ne contient pas de mots mal orthographiés qu'il ne contient pas de fautes.

Activer ou désactiver la vérification d'orthographe

Pour que Word vérifie automatiquement l'orthographe au cours de la frappe, sélectionnez Outils/Options dans la barre de menus, puis cliquez sur l'onglet Grammaire et orthographe (Figure 7.1).

L'option Vérifier l'orthographe au cours de la frappe est la première de la liste. Si la case correspondante est cochée, c'est que la vérification automatique de l'orthographe est activée.

Si vous n'aimez pas la vérification automatique, vous pouvez ôter la coche de cette case pour la désactiver. Word ne vous importunera plus avec le soulignement ondulé, mais vous pourrez toujours vérifier l'orthographe de votre document à tout moment, en utilisant la commande Outils/Grammaire et orthographe.

Cliquez sur OK pour enregistrer vos modifications et fermer la boîte de dialogue Options.

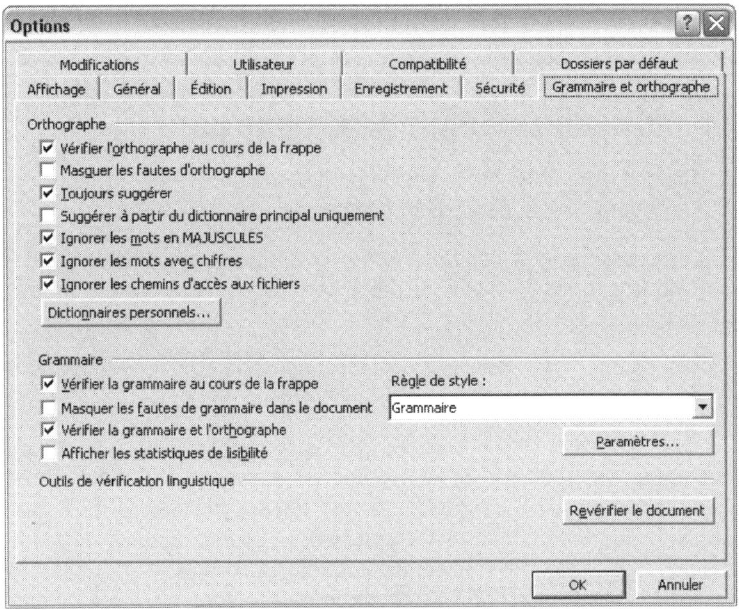

Figure 7.1 Les options de vérification de la grammaire et de l'orthographe.

La vérification automatique d'orthographe en action

Au fur et à mesure que vous tapez, Word vérifie tout automatiquement. Dès que vous faites une faute, Word vous le dit. Aussitôt que vous appuyez sur la barre d'espace ou que vous tapez un signe de ponctuation quelconque, Word examine le mot que vous venez de taper et le souligne pour indiquer la faute. Une faute d'orthographe est signalée par un soulignement ondulé en rouge, comme le montre la Figure 7.2.

Mon conseil : continuez à saisir le texte. Ne vous laissez pas perturber par les ondulations rouges. Il est plus important de penser à ce que vous écrivez que de corriger instantanément les inévitables fautes de frappe (d'ailleurs, dans la section suivante, je vais vous montrer une astuce pour corriger automatiquement les fautes les plus courantes).

Une fois que vous avez l'esprit disponible, vous pouvez revenir en arrière et corriger vos fautes. Je fais ça en général tous les deux ou trois paragraphes.

1. **Cherchez un mot mal orthographié.**

   Ils sont reconnaissables au soulignement rouge ondulé.

La vérification automatique ne marche pas !

Dans certains cas, il semble que la vérification automatique de l'orthographe ne marche pas. Si cela vous arrive, essayez ces solutions :

Commencez par vérifier que l'option Vérifier l'orthographe au cours de la frappe est activée. Voyez la section "Activer ou désactiver la vérification d'orthographe", plus haut dans ce chapitre.

Toujours dans l'onglet Grammaire et orthographe de la boîte de dialogue Options, si l'option Masquer les fautes d'orthographe est activée, désactivez-la en cliquant sur la case pour en ôter la coche, puis cliquez sur OK.

Enfin, votre document peut être associé à une langue sans vérification. Pour résoudre ce problème, sélectionnez tout votre document en appuyant sur Ctrl+A. Sélectionnez Outils/Langue/Langue (si nécessaire, cliquez sur la flèche pointant vers le bas au bas du menu pour faire apparaître l'option Langue). Dans la boîte de dialogue Langue, sélectionnez Français (Français), puis cliquez sur OK. Cela devrait réactiver la vérification d'orthographe au cours de la frappe.

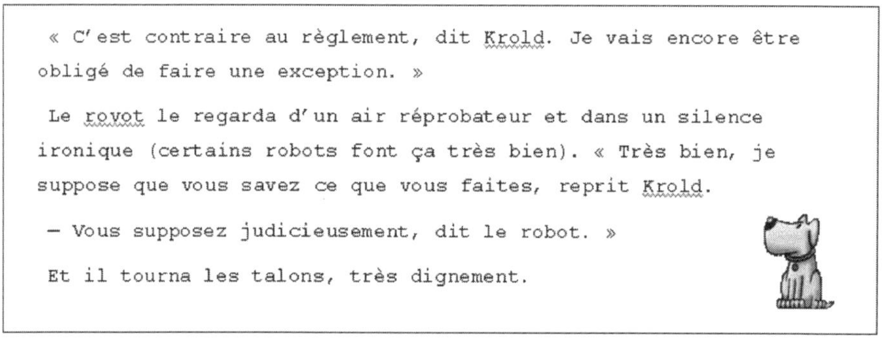

« C'est contraire au règlement, dit Krold. Je vais encore être obligé de faire une exception. »

Le rovot le regarda d'un air réprobateur et dans un silence ironique (certains robots font ça très bien). « Très bien, je suppose que vous savez ce que vous faites, reprit Krold.

– Vous supposez judicieusement, dit le robot. »

Et il tourna les talons, très dignement.

Figure 7.2 Les mots "rovot" et "Krold" sont indiqués comme des fautes d'orthographe.

2. **Cliquez du bouton droit sur le mot mal orthographié.**

   Un menu déroulant apparaît, semblable à celui de la Figure 7.3.

3. **Choisissez dans la liste le mot que vous vouliez écrire.**

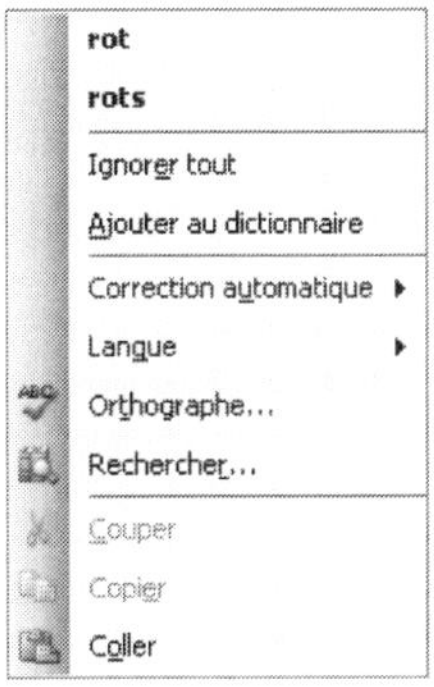

Figure 7.3 Sélectionnez dans la liste le mot correct.

Dans la Figure 7.3, c'est le mot *rot*. Cliquez dessus : il remplace automatiquement dans votre document le mot erroné.

Si le mot que vous aviez voulu taper n'est pas dans la liste, ne soyez pas excessivement surpris. Word ne connaît pas tous les mots de la création. Il vous faudra peut-être utiliser un dictionnaire plus complet pour vérifier votre mot, ou faire une nouvelle tentative avec une autre orthographe pour vous voir proposer d'autres corrections possibles.

Si le mot est correctement orthographié mais inconnu de Word et que vous ne voulez pas qu'il soit indiqué comme une faute tout le long du document, sélectionnez Ignorer tout dans le menu de correction. Par exemple, si je veux vraiment parler de *doublezons*, je peux demander à Word d'ignorer ce mot, trop peu académique pour figurer dans les dictionnaires.

Une méthode rapide pour vérifier l'orthographe

Pour exécuter rapidement une vérification orthographique, double-cliquez sur l'icône du livre ouvert située au centre de la barre d'état de Word. Le vérificateur affiche immédiatement l'erreur orthographique et grammaticale qui suit le point d'insertion. Il ouvre pour cela la boîte de dialogue de la Figure 7.3.

Que faire quand le vérificateur se trompe ?

Le vérificateur orthographique ne doit pas être pris au mot. (Ah ! Quel humour !) En d'autres termes, il peut se tromper. En effet, le programme ne repère que les mots qui sont stockés dans son dictionnaire. Par conséquent, si vous écrivez un mot particulier, non inscrit dans le dictionnaire de Word, le programme le considère comme mal orthographié. Vous cliquez dessus avec le bouton droit de la souris et, dans la boîte de dialogue du vérificateur, vous constatez la présence de deux options :

Ignorer tout. Ignore un mot absent du dictionnaire dans le document en cours, et seulement dans celui-ci. Si vous voulez que le mot ne soit jamais considéré comme une faute dans aucun document, sélectionnez Ajouter au dictionnaire dans le menu de correction.

Ajouter au dictionnaire. Cette commande ajoute au dictionnaire les mots qui n'y sont pas stockés. A partir de cet ajout, le programme connaît le mot. Il ne le considère plus comme mal orthographié, voire inconnu.

- La commande Ignorer tout n'est active que pour le document en cours d'écriture ou de modification. Si vous désirez conserver en mémoire un mot pour tous vos documents passés, présents et futurs, choisissez la commande Ajouter au dictionnaire.

- Si le mot semble correctement orthographié mais est quand même souligné en rouge, c'est peut-être qu'il est répété, car les mots répétés sont indiqués de la même manière que les fautes d'orthographe. Vous pouvez supprimer l'un des deux ou l'ignorer si ce n'est pas une faute.

Les joies de la correction automatique

La vérité est qu'il est impossible de faire certaines fautes d'orthographe dans Word. En principe, il ne faut jamais écrire *jamias*. Essayez ! Word corrige automatiquement cette faute de frappe aussitôt que vous appuyez sur la barre d'espace ou que vous tapez un signe de ponctuation. C'est tout simplement parce que *jamias* fait partie de la liste des corrections automatiques de Word, qui suppose que lorsque vous tapez *jamias* vous voulez en fait saisir *jamais*. De même pour de nombreuses autres fautes de frappe plus ou moins courantes comme *acalmie* pour *accalmie* ou *lse* pour *les*. C'est l'une des joies de la correction automatique : il est difficile de faire des fautes d'orthographe courantes en tapant dans Word.

Une autre joie de la correction automatique est que vous pouvez ajouter vos propres corrections automatiques à la liste standard de Word. Par exemple, s'il vous arrive souvent de taper *ecxuse* au lieu d'*excuse*, vous pouvez demander à Word de le remplacer automatiquement pour vous. Les sections suivantes vont vous dire comment.

NOTE TECHNIQUE

Retirer des mots du dictionnaire

Avec le temps, vous finirez par ajouter pas mal de mot au dictionnaire. Ce sont des mots dont vous savez qu'ils sont correctement orthographiés mais qui ne figurent pas dans le dictionnaire de Word. C'est le cas pour beaucoup de noms propres : de personnes, de villes, de rues, etc. Word place les mots ajoutés dans ce qu'il appelle un "dictionnaire personnel".

Un "dictionnaire personnel" est une chose avec laquelle on ne fait pas n'importe quoi, raison pour laquelle j'ai mis une icône d'indication technique devant le titre de cet encadré. Je reçois de temps à autre des mails de lecteurs qui voudraient désespérément retirer du dictionnaire un mot ajouté par erreur. Si cela vous arrive, il vous faut accéder au dictionnaire personnel pour en supprimer le mot. Voici comment faire :

1. **Dans la barre de menus, sélectionnez Outils/Options.**
2. **Dans la boîte de dialogue Options, cliquez sur l'onglet Grammaire et orthographe.**
3. **Cliquez sur le bouton Dictionnaires personnels.**

   La boîte de dialogue Dictionnaires personnels apparaît, contenant la liste de tous vos dictionnaires personnels. Selon toute vraisemblance, vous n'en avez qu'un : CUSTOM.DIC.

4. **Sélectionnez le fichier CUSTOM.DIC, et cliquez sur le bouton Modifier.**

Une boîte de dialogue apparaît, contenant la liste des mots que vous avez ajoutés à votre dictionnaire personnel. Pour supprimer un mot, sélectionnez-le et cliquez sur le bouton Supprimer.

Cette boîte de dialogue vous permet aussi d'ajouter un mot au dictionnaire, en le saisissant dans le champ Mot et en cliquant sur le bouton Ajouter.

Une fois que vous avez terminé, cliquez sur le bouton OK dans les différentes boîtes de dialogue pour les fermer, jusqu'à ce que vous soyez revenu dans Word.

Activer la correction automatique

La fonction de correction automatique ne fonctionne que si vous l'activez. Pour le vérifier, suivez cette procédure :

1. **Cliquez sur Outils/Options de correction automatique.**

   La boîte de dialogue Correction automatique apparaît (Figure 7.4).

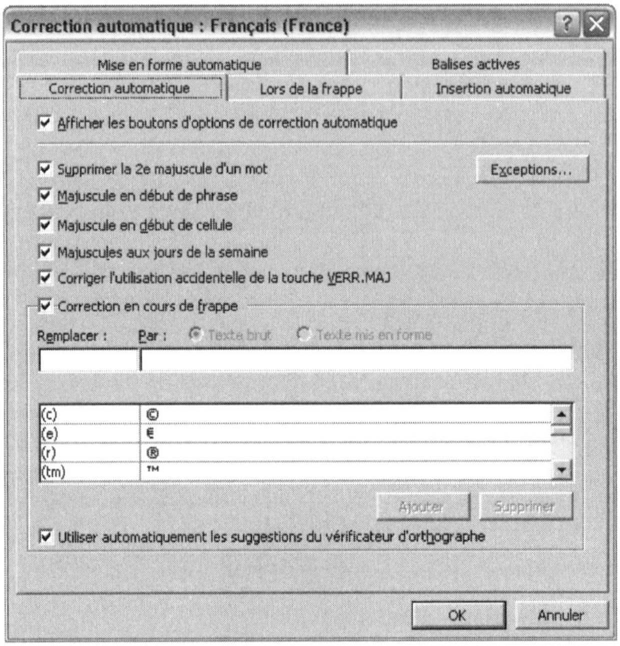

Figure 7.4 La boîte de dialogue Correction automatique.

2. **Cochez l'option Correction en cours de frappe.**

   Elle active la correction automatique. Si vous décochez cette option, la correction en cours de frappe est désactivée.

3. **Cliquez sur OK.**

La fonction de Correction automatique est prête à fonctionner.

Utiliser la correction automatique

La *correction automatique*, comme son nom l'indique, est automatique. La seule chose à faire pour la rendre efficace consiste à ajouter la correction automatique de certains mots ou à saisir des abréviations qui constitueront des mots complets quand vous appuierez sur la barre d'espace.

Nous faisons tous des fautes récurrentes. Pour qu'elles se corrigent toutes seules, il suffit de les ajouter à la liste des corrections automatiques de Word. Pour cela, cliquez sur le mot mal orthographié avec le bouton droit de la souris. Dans le menu local, cliquez sur Correction automatique (Figure 7.5), et sélectionnez l'orthographe correcte. Désormais, chaque fois que vous ferez la même faute à ce mot, Word la corrigera automatiquement.

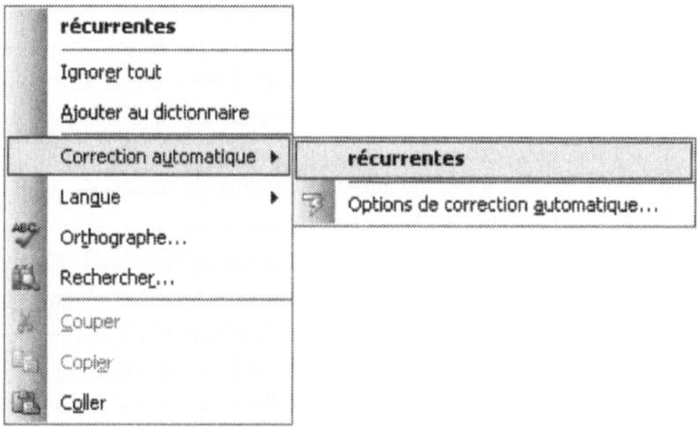

Figure 7.5 Ajouter un mot à la Correction automatique.

Ajoutez de préférence les mots commençant par une minuscule. Ainsi, Word saura corriger automatiquement ces mots même quand ils commencent par une majuscule.

Annuler une correction automatique

Si Word fait une correction automatique dont vous ne voulez pas, vous pouvez l'annuler. En général, il suffit d'appuyer sur Ctrl+Z (le raccourci de la commande Annuler) juste après le remplacement automatique. Dans certains cas, vous pouvez aussi appuyer sur la touche Retour arrière pour obtenir le même résultat.

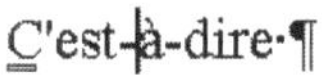

Lorsque vous placez le curseur dans un mot corrigé automatiquement, vous voyez apparaître au-dessous un petit rectangle bleu. Placez le pointeur sur ce rectangle, et vous verrez apparaître l'icône Options de correction automatique. Si vous cliquez sur la flèche pointant vers le bas qui accompagne cette icône, un menu vous propose différentes options (Figure 7.6), car Word se demande pourquoi vous voulez modifier la correction automatique.

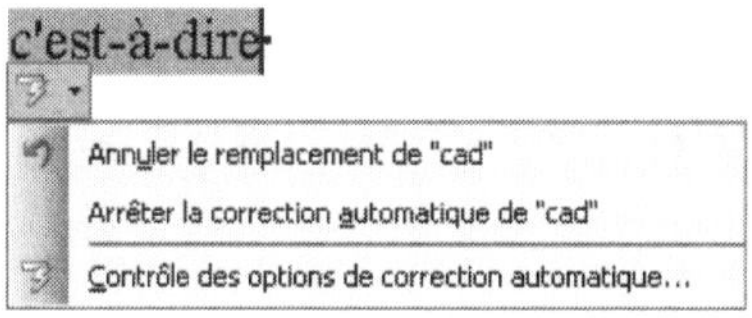

Figure 7.6 Modifier une correction automatique.

Vous pouvez annuler le remplacement automatique en sélectionnant la première option du menu, Annuler le remplacement de “mot“.

La sélection de la deuxième option du menu supprime le mot de la liste des corrections automatiques.

La dernière option du menu affiche la boîte de dialogue Correction automatique, dont nous allons parler plus loin dans ce chapitre.

Pour faire disparaître le menu Options de correction automatique, cliquez en un endroit quelconque de votre document ou appuyez sur la touche Échap.

Autres astuces de correction automatique

Essayez de saisir la ligne suivante :

```
Copyright (C) 2001 Loufoqmatique SA.
```

Lorsque vous tapez (C), Word le remplace automatiquement par le symbole de copyright ©. C'est encore la correction automatique en action.

Voici un autre exemple :

```
Regardez la tête qu'elle fait sur cette photo -->
```

Les caractères –> sont remplacés par une flèche pointant vers la droite.

Et puis, il y a les fameux "smileys" :

```
Je suis désolé pour le chat. :-)
```

Voyez comment le :-) est remplacé par ☺. Le ton du message en est tout de suite allégé.

Si la modification ne vous plaît pas, appuyez sur Ctrl+Z pour l'annuler, ou utilisez la touche Retour arrière pour empêcher la modification lorsque vous saisissez de nouveau le mot.

Et la fonction Insertion automatique ?

Word a dans son sac un autre tour qui fonctionne un peu comme la correction automatique : l'*insertion automatique*. À la différence de la correction automatique, qui remplace ce que vous avez tapé de travers, la fonction Insertion automatique termine pour vous les mots que vous avez commencé à taper.

Par exemple, essayez de taper la ligne suivante dans Word :

```
Nous verrons cela en septembre.
```

Lorsque vous arrivez au *t* de *septembre*, une bulle de texte apparaît au-dessus du curseur, contenant "septembre". C'est la fonction Insertion automatique en action. Appuyez sur la touche Entrée, et Word complète le mot pour vous.

Word possède un certain nombre de formules prédéfinies auxquelles vous pouvez ajouter les vôtres, exactement comme pour la correction automatique.

Vérifier les paramètres de correction automatique et d'insertion automatique

Que ce soit par simple curiosité ou pour ajouter ou supprimer des mots, vous pouvez consulter les vocabulaires des fonctions Correction automatique et Insertion automatique. Pour cela, il vous faut faire apparaître la boîte de dialogue Correction automatique. Dans la barre de menus, sélectionnez Outils/ Options de correction automatique (si Options de correction automatique n'apparaît pas dans le menu, cliquez sur la flèche pointant vers le bas au bas du menu). Si nécessaire, cliquez sur l'onglet Correction automatique pour le faire passer au premier plan, comme le montre la Figure 7.4.

Vous pouvez demander à la fonction Correction automatique de corriger automatiquement pour vous les fautes de frappe les plus courantes en utilisant les options de la partie supérieure de cet onglet : supprimer la deuxième majuscule d'un mot (pour ceux qui tapent vite) ; mettre une majuscule en début de phrase ; mettre une majuscule aux jours de la semaine ; ou encore corriger l'utilisation accidentelle de la touche Verrouillage majuscule.

La dernière option de la boîte de dialogue, Correction en cours de frappe, permet d'activer ou de désactiver la correction automatique à partir de la liste qui apparaît au-dessous. Prenez soin d'activer cette option si vous voulez ces corrections.

Les sections suivantes supposent que la boîte de dialogue Correction automatique est ouverte.

Ajouter manuellement une entrée de correction automatique

Dans l'onglet Correction automatique de la boîte de dialogue Correction automatique, vous pouvez créer manuellement vos propres entrées de correction automatique en utilisant les champs Remplacer et Par.

- Le champ Remplacer doit recevoir le mot à remplacer.
- Le champ Par doit recevoir le mot correct qui doit remplacer le précédent.

- Pour ajouter votre nouvelle entrée à la liste, cliquez sur le bouton Ajouter.
- Une fois que vous avez terminé, cliquez sur le bouton OK pour fermer la boîte de dialogue Correction automatique.

Rien ne vous oblige à aimer la correction automatique. Si vous tapez en regardant le clavier plutôt que l'écran, vous pouvez très bien avoir des surprises agaçantes en relisant ce que vous venez d'écrire.

Supprimer des entrées de correction automatique indésirables

Pour supprimer une correction automatique, commencez par la localiser dans la liste. Par exemple, *lse* est automatiquement corrigé par *les*, mais si vous travaillez sur un projet nommé LSE, vous allez sans doute préférer qu'il ne soit pas corrigé automatiquement chaque fois que vous le saisissez.

Après avoir trouvé l'entrée concernée dans la liste, cliquez dessus pour la sélectionner, puis cliquez sur le bouton Supprimer. Elle n'existe plus.

Une fois que vous avez supprimé tout ce que vous vouliez, cliquez sur OK pour fermer la boîte de dialogue Correction automatique.

Ajouter une entrée d'insertion automatique

Pour ajouter une nouvelle entrée d'insertion automatique (vous vous souvenez, c'est ce que Word achève de taper à votre place), cliquez sur l'onglet Insertion automatique dans la boîte de dialogue Correction automatique pour le faire passer au premier plan, comme le montre la Figure 7.7.

Comme la fonction Insertion automatique ne remplace pas un mot par un autre, mais complète ce que vous tapez, saisissez simplement le texte que vous voulez faire compléter automatiquement dans le champ Tapez les insertions automatiques ici. Par exemple :

```
Clotaire Durand -75, rue Labat 75018 - Paris
```

Puis cliquez sur le bouton Ajouter pour l'ajouter à la liste. Maintenant, chaque fois que vous taperez *Clot* dans un document, la bulle de suggestion apparaîtra, et il vous suffira d'appuyer sur Entrée pour insérer ce texte.

Cliquez sur OK pour fermer la boîte de dialogue Correction automatique.

- La méthode la plus rapide pour ouvrir la boîte de dialogue Insertion automatique est de cliquer sur Insertion/Insertion automatique/Insertion automatique.

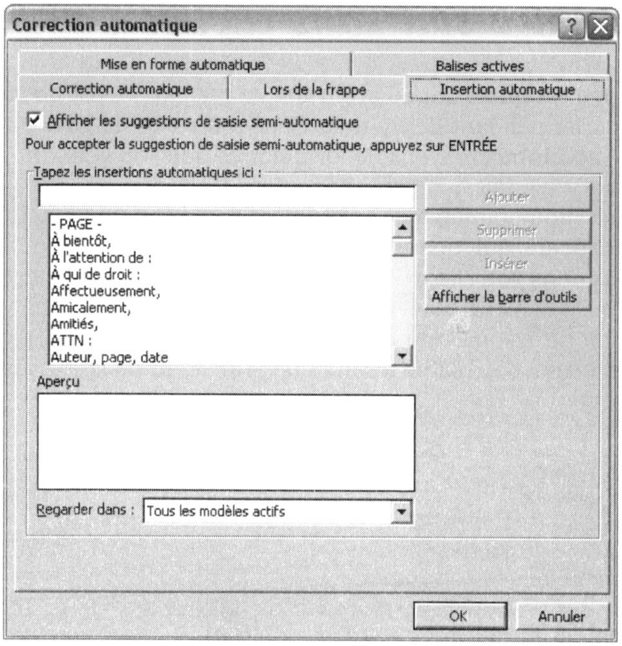

Figure 7.7 L'onglet Insertion automatique.

- Tout texte sélectionné dans votre document apparaît dans la boîte de dialogue Correction automatique/Insertion automatique. Il suffit d'afficher ces boîtes de dialogue pour ajouter le mot ou le texte sélectionné aux entrées existantes de ces deux fonctions.

- Pour ne pas ajouter une entrée d'insertion automatique, veillez à ne pas sélectionner de texte.

- Les entrées d'insertion automatique sont classées par leur style de texte. Ainsi, pour placer une entrée dans une catégorie spécifique (ou un menu), appliquez-lui le style adéquat. Le nom du style sera celui de la catégorie.

Supprimer une entrée d'insertion automatique

C'est un jeu d'enfant : ouvrez la boîte de dialogue Correction automatique, cliquez sur l'onglet Insertion automatique, sélectionnez dans la liste l'élément que vous voulez supprimer, et cliquez sur le bouton Supprimer.

Une fois le nettoyage terminé, cliquez sur OK pour fermer la boîte de dialogue Correction automatique.

Que ma grammaire soit sans taches !

Si l'orthographe est quelque peu arbitraire, la grammaire est un mythe. Je pourrais en parler pendant des heures. Dans toutes les langues du monde, il y a toujours de nombreux moyens de formuler ce que l'on veut dire.

Quelle que soit mon opinion à ce sujet, Word dispose d'une fonction de vérification grammaticale, qui identifie par un soulignement vert ondulé ce qui lui paraît douteux dans votre texte. C'est le signe que vous avez offensé la sensibilité grammaticale de Word. La Figure 7.8 en montre un exemple. Si vous cliquez du bouton droit de la souris sur du texte souligné de cette manière, vous voyez apparaître un menu, semblable à celui du vérificateur d'orthographe.

Figure 7.8 Moi Word, toi faute de grammaire.

Ce menu peut vous proposer une ou plusieurs corrections, comme celui de la Figure 7.8, ou vous dire simplement que votre phrase est trop longue et ne vous faire que d'assez médiocres propositions, ou même aucune. Si une correction proposée vous convient, cliquez dessus, et Word remplace la phrase dans votre document. Dans le cas contraire (s'il y a vraiment une faute), il ne vous reste qu'à trouver vous-même une correction satisfaisante.

N'OUBLIEZ PAS

- Si vous sélectionnez Grammaire dans le menu, une fenêtre apparaît, reprenant l'explication qui figure en haut du menu et offrant quelques options de correction, pendant que le Compagnon Office vous propose aimablement des explications supplémentaires.

- Le vérificateur grammatical semble parfois détecter des fautes qui n'en sont pas. Ne concluez pas trop vite et examinez soigneusement votre phrase. La faute n'est pas forcément dans le mot souligné. Mais il est vrai que le vérificateur grammatical détecte parfois des fautes qui n'en sont pas.

- Si vous n'aimez pas la vérification grammaticale automatique, vous pouvez la désactiver. Sélectionnez Outils/Options dans la barre de menus, et cliquez sur l'onglet Grammaire et orthographe. Dans la zone Grammaire de la boîte de dialogue, ôtez la coche de la case Vérifier la grammaire au cours de la frappe (en cliquant dedans), puis cliquez sur OK pour fermer la boîte de dialogue Options.

Le dictionnaire des synonymes

Si vous voulez donner un peu de punch à votre prose, vous pouvez vous servir du dictionnaire des synonymes pour vous entraîner. Traditionnellement, un dictionnaire des synonymes n'est que le deuxième outil de l'écrivain, après le dictionnaire. Il permet de chercher un mot d'usage courant, comme *grand*, et de faire un choix parmi d'autres mots de sens voisin, par exemple *vaste* ou *immense*, ou même *gigantesque*. En plus de ses fonctions de vérification de grammaire et d'orthographe, Word dispose d'un dictionnaire des synonymes pour vous permettre de trouver le mot juste.

Un synonyme tout de suite

Des *synonymes* sont des mots qui ont le même sens ou un sens voisin, comme *grand* et *gigantesque* ou *petit* et *minuscule*. Comme il y en a énormément, Word en connaît énormément. Pour trouver les synonymes d'un mot de votre document, cliquez dessus du bouton droit. Dans le menu qui apparaît, sélectionnez Synonymes pour faire apparaître la liste des synonymes (Figure 7.9).

Le sous-menu Synonymes affiche une liste de huit synonymes pour *grand* (Figure 7.9). Parfois, la liste comporte aussi quelques antonymes (un *antonyme* est un mot qui signifie le contraire). Si vous sélectionnez un synonyme dans cette liste, celui-ci remplace le mot sur lequel vous avez cliqué dans votre document.

Tous les mots n'ont pas de synonymes. Lorsque c'est le cas, le sous-menu Synonymes affiche `(Pas de suggestions)`.

Traduisez-moi ça !

Word est aussi capable de traduire des mots dans une autre langue. Bien qu'en théorie on puisse traduire un groupe de mots, il vaut mieux se contenter d'un mot à la fois. Si le cœur vous en dit, vous pouvez mélanger le français, l'anglais et d'autres langues.

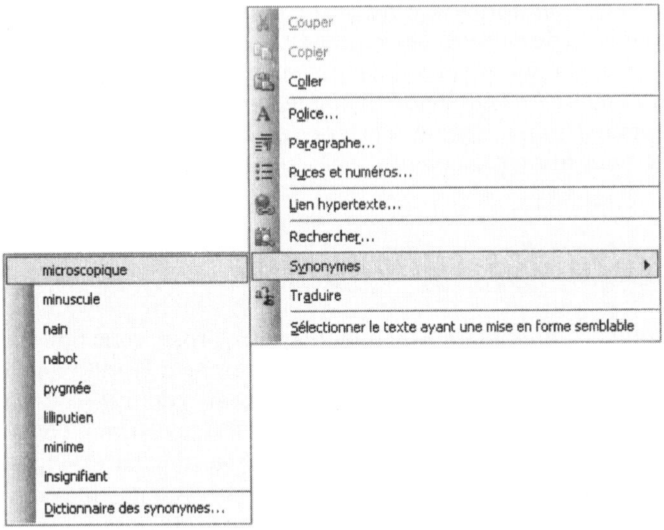

Figure 7.9 Les synonymes de *minuscule*.

NOTE TECHNIQUE

Le dictionnaire des synonymes officiel

Le moyen le plus traditionnel d'accéder au dictionnaire des synonymes de Word est la boîte de dialogue Dictionnaire des synonymes. À la différence du sous-menu Synonymes (voyez la section précédente), cette boîte de dialogue permet d'explorer tous les mots que vous voulez, pas seulement de trouver les synonymes de l'un d'entre eux. Vous y accédez via Outils/Langage/Dictionnaire des synonymes. Il est également possible de cliquer sur un mot avec le bouton droit de la souris, et de sélectionner Synonymes dans le menu contextuel.

Pour traduire un mot du français à l'anglais, suivez ces étapes :

1. **Cliquez du bouton droit sur le mot à traduire.**

   Le mot ne doit pas contenir de faute d'orthographe. Sinon, commencez par le corriger.

2. **Dans le menu qui apparaît, sélectionnez Traduire.**

Le volet Traduction s'affiche dans la fenêtre du document, comme le montre la Figure 7.10. La traduction apparaît dans la zone Résultats de ce volet. Si elle n'est pas affichée automatiquement, cliquez sur le bouton OK, au-dessus. Notez que Word vous demandera peut-être de commencer par installer cette fonction, ce pourquoi vous aurez besoin du CD-ROM de Word ou d'Office.

Figure 7.10 Le volet Traduction.

Comme le montre la Figure 7.10, quelques propositions sont listées.

- Il est préférable de n'utiliser cette fonction que pour un mot à la fois. Bien qu'il soit apparemment possible de lui demander de traduire une phrase entière, en pratique c'est trop pour Word.
- Dans ma copie de Word, la traduction à partir du français n'est disponible que vers l'anglais et l'arabe. Je suppose qu'il y en aura d'autres dans le produit qui sera bientôt commercialisé.

Les statistiques du document

À défaut de le gagner à la sueur de leur front, les écrivains gagnent leur pain au nombre de mots produits. Si vous avez la chance de gagner votre vie avec ce que vous écrivez, vous savez ce que signifie "faire compter les mots". Le rédacteur en chef d'un magazine vous demande un article de tant de mots : "J'ai besoin de 350 mots pour expliquer combien c'est amusant d'acheter son premier ordinateur." C'est ce que l'un d'entre eux m'a dit un jour. Et un auteur de romans est toujours préoccupé du nombre de mots (ou de feuillets, ce qui revient au même) qu'il produit : "Mon prochain livre fait 350 000 mots, combien fait le tien ?" Ne vous étonnez de rien : ils utilisent la fonction Statistiques de Word.

Pour savoir combien de mots contient votre document, sélectionnez la commande Outils/Statistiques. Elle affiche un certain nombre d'informations statistiques sur votre document (nombre de pages, de caractères, de mots, etc.), comme le montre la Figure 7.11.

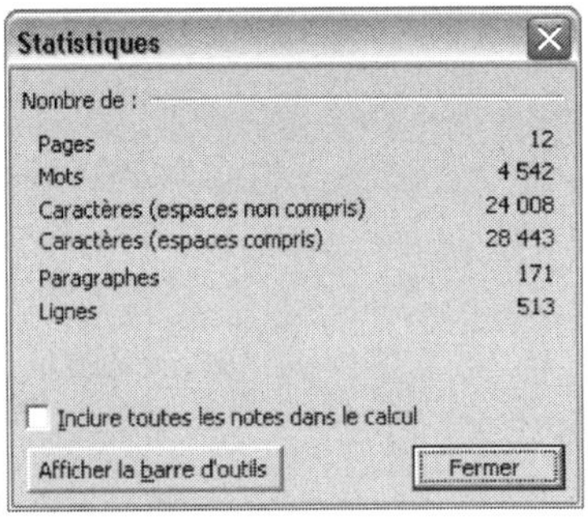

Figure 7.11 Les statistiques d'un document.

La fonction Statistiques est très bien, mais Word dispose d'un moyen plus interactif de vous communiquer ces informations : la *barre d'outils Statistiques*. Cliquez sur le bouton Afficher la barre d'outils dans la boîte de dialogue Statistiques (Figure 7.11), ou sélectionnez Affichage/Barres d'outils/Statistiques dans la barre de menus. Cette action fait apparaître la barre d'outils Statistiques en tant que palette flottante, comme le montre la Figure 7.12.

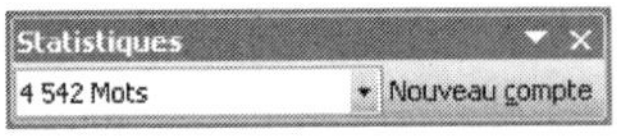

Figure 7.12 Statistiques instantanées.

La palette flottante Statistiques reste affichée au-dessus de votre document pendant que vous tapez. Pour connaître le nombre de mots de votre document à un instant donné, cliquez sur le bouton Nouveau compte. Vous pouvez aussi sélectionner une autre information statistique (le nombre de caractères, de paragraphes ou autres) en cliquant sur la flèche pointant vers le bas dans le champ qui indique le nombre de mots.

Pour faire disparaître la palette flottante Statistiques, cliquez sur le X dans son coin supérieur droit.

Chapitre 8

Opérations de base sur un document

Dans ce chapitre :

- Enregistrer votre document sur le disque.
- Utiliser un nom de fichier satisfaisant.
- Enregistrer un document sous un nouveau nom.
- Ouvrir un document enregistré sur le disque.
- Ouvrir un document dans un autre.

Dès que vous avez commencé à taper du texte, vous devez enregistrer votre document. Là, sur le disque, votre document devient un *fichier*, c'est-à-dire un enregistrement permanent que vous pouvez ouvrir à nouveau pour le modifier, l'imprimer ou tout simplement le relire. Dès qu'un document est enregistré sur le disque, si insignifiant soit-il, il y est en sécurité. Et n'ayez pas peur qu'il prenne trop de place. Un fichier de traitement de texte Word ne prend que très peu de place sur un disque dur. Vous pouvez en avoir autant que vous voulez.

Ce chapitre va vous montrer comment enregistrer un document sur votre disque et comment ouvrir un document que vous avez créé et déjà enregistré sur le disque. Je vais même vous dire comment ouvrir un document *dans* un autre.

- Ce que vous enregistrez sur le disque est un *document* ; soit tout ce que vous avez créé dans Word : texte, mise en forme, et ainsi de suite. On peut aussi parler de *fichier*. C'est la même chose.

- A la différence des fichiers graphiques, audio et vidéo, le texte ne consomme pas beaucoup d'espace disque. Stockez-en autant que vous le souhaitez !
- Par rapport à d'autres types de documents, un document de traitement de texte ne prend que très peu de place sur un disque. Chaque chapitre de ce livre fait entre cinq et vingt pages, et les fichiers correspondants occupent en moyenne 42 Ko, à comparer aux 100 Ko ou plus d'un simple fichier graphique.

Premier enregistrement d'un document

Ne croyez pas qu'il faille attendre d'avoir terminé un document pour l'enregistrer sur le disque. En fait, le mieux est de l'enregistrer aussitôt que vous le créez. N'attendez pas : c'est la sécurité.

Pour enregistrer sur le disque un document qui ne l'a pas encore été, suivez ces étapes :

1. **Cliquez sur le bouton Enregistrer dans la barre d'outils (voir ci-contre).**

   La boîte de dialogue Enregistrer sous apparaît (Figure 8.1).

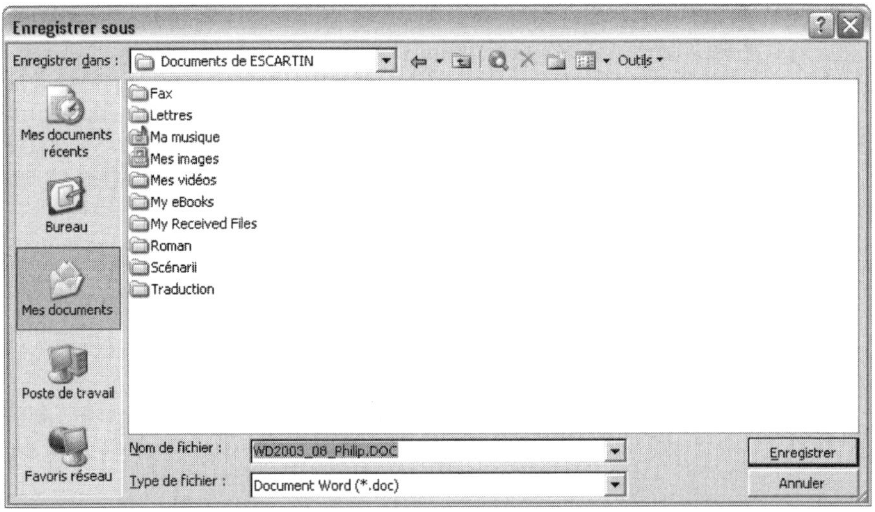

Figure 8.1 La boîte de dialogue Enregistrer sous.

Si elle ne s'affiche pas, c'est que votre document a déjà été enregistré. Cette fois, vous n'avez fait que l'enregistrer à nouveau. C'est très bien.

2. **Dans le champ Nom de fichier, saisissez un nom pour votre document.**

   Word utilise automatiquement les premiers mots de votre document comme nom de fichier par défaut. Si ce nom vous convient, vous pouvez passer directement à l'étape 3.

   Si vous voulez donner à votre document un autre nom que le nom par défaut, saisissez-le dans le champ Nom du fichier. Vous pouvez utiliser des lettres, des chiffres et divers symboles. Bien qu'un nom de fichier puisse être très long, je vous conseille de vous en tenir à un nom relativement court, simple et descriptif.

3. **Cliquez sur le bouton Enregistrer.**

   Si tout se passe normalement, après quelques secondes, le fichier est enregistré et son nom apparaît dans la barre de titre de la fenêtre de Word.

Si un problème se produit, vous verrez probablement s'afficher l'un des deux messages d'erreur suivants :

```
Le fichier [nom du fichier" existe déjà.
```

Cette boîte de dialogue vous propose trois solutions. Sélectionnez la deuxième, Enregistrer les modifications sous un autre nom, puis tapez un autre nom dans le champ Nom du fichier de la boîte de dialogue Enregistrer sous (si vous choisissez l'une des deux autres options, vous risquez d'écraser un fichier sur le disque et vous ne pourrez pas le récupérer).

L'autre message qui peut apparaître se présente ainsi :

```
Impossible d'accéder au dossier [chemin d'accès au fichier". Il est
peut-être situé à un emplacement non disponible, protégé par mot de
passe, ou le nom de fichier contient les caractères /ou \.
```

Ne vous inquiétez pas, c'est simplement que vous avez utilisé un caractère non autorisé dans le nom du fichier. Pour éviter cela, contentez-vous des lettres, des chiffres et des espaces. Au-delà, vous risquez fort de transgresser un interdit de Windows. Pour en savoir plus à ce sujet, consultez l'encadré "Compliqué mais important : à propos des noms de fichiers". Cliquez sur OK dans la boîte de dialogue (ou dans la bulle du Compagnon Office) et essayez avec un autre nom de fichier.

- En dehors du bouton Enregistrer de la barre d'outils, vous pouvez aussi sélectionner Fichier/Enregistrer, ou appuyer sur Ctrl+S, ou encore utiliser le très curieux raccourci clavier Maj+F12.
- Enregistrez toujours votre document le plus tôt possible, dès que vous avez tapé ne serait-ce que quelques lignes de texte, ou même avant d'avoir commencé à taper.
- Il est également nécessaire d'organiser vos fichiers en les plaçant dans des dossiers créés pour eux sur le disque. Consultez le Chapitre 27 pour plus d'informations.
- Bien que Word soit capable de traiter des documents de grande taille (en fait, il n'y a pas de limite de taille), les documents plus courts sont plus faciles à manier pour y travailler longtemps. Si vous écrivez un livre ou un document qui contient de nombreuses parties, faites un document pour chaque partie et enregistrez-le.

Compliqué mais important : à propos des noms de fichiers

Les noms que vous donnez à vos fichiers doivent respecter les règles, bienveillantes mais strictes, de Windows. Cette tâche n'a rien de bien difficile. Les contraintes ne sont pas aussi horribles qu'aux temps révolus de DOS, mais elles n'en sont guère loin :

- Un nom de fichier peut faire jusqu'à 245 caractères. En dépit de cette liberté, choisissez plutôt des noms de fichiers courts et descriptifs.
- Un nom de fichier peut comporter des lettres, des chiffres et des espaces, et doit commencer par une lettre ou par un chiffre.
- Un nom de fichier peut contenir des points, des virgules et des tirets.
- Un nom de fichier ne doit contenir aucun des caractères suivants : \ / : • ? " < > |
- Vous n'avez pas besoin de taper vous-même l'extension de trois lettres (.doc) à la fin des noms des fichiers Word (contrairement à certaines vieilles versions de Word, mais c'était il y a très longtemps).

Enregistrer un document qui a déjà été enregistré

Ce n'est pas parce que vous avez déjà enregistré votre document sur le disque que vous n'aurez plus jamais à le faire. Au fur et à mesure que vous le modifiez, il faut l'enregistrer régulièrement, afin que vos modifications ne risquent pas d'être perdues. Ça ne doit pas pour autant devenir une obsession. En ce qui me concerne, j'enregistre mon document chaque fois que j'ai écrit quelques pages de texte, ou alors si le téléphone sonne, ou si je me lève pour me dégourdir les jambes, ou pour aller boire un café, ou autre nécessité.

Pour enregistrer un document qui a déjà été enregistré (ce que nous avons décrit dans la section précédente), appuyez sur Ctrl+S ou cliquez sur le bouton Enregistrer dans la barre d'outils. Pendant un court instant, la barre d'état prend une allure différente, montrant que le document est en cours d'enregistrement. Le Compagnon Office peut même se livrer à quelques pitreries pendant quelques secondes, pour bien vous montrer qu'il se passe quelque chose en réponse à votre commande.

Enregistrer un document sous un nouveau nom

Avec un traitement de texte, il n'y a pas véritablement de "brouillon". En fait, dans une certaine mesure, chaque fois que vous imprimez votre document vous imprimez un brouillon, ou plutôt quelque chose d'intermédiaire entre un brouillon initial et l'état final de votre document. Mais la notion de *brouillon* n'est pas nécessaire, car c'est le même document que vous continuez à enregistrer sur le disque au fur et à mesure des modifications que vous lui apportez.

Si vous voulez quand même enregistrer un brouillon, ou une variante de votre document sous un nom différent pour la distinguer du document principal, sélectionnez Fichier/Enregistrer sous. Cette action affiche la boîte de dialogue Enregistrer sous (Figure 8.1), dans laquelle vous pouvez taper un nouveau nom pour le fichier, par exemple **Invasion galaxie, brouillon 2**.

Pour enregistrer un fichier sous un nouveau nom, vous devez passer par la barre de menus et sélectionner Fichier/Enregistrer sous. Si vous utilisez la commande habituelle Enregistrer (Fichier/Enregistrer, le bouton Enregistrer de la barre d'outils, ou le raccourci Ctrl+S), vous ne faites qu'enregistrer à nouveau votre document sur le disque (c'est-à-dire intégrer au fichier existant les modifications que vous venez de lui apporter), et non créer un nouveau fichier.

Récupération automatique (si vous oubliez d'enregistrer)

Enregistrez votre document. Enregistrez-le souvent. Je passe mon temps à appuyer sur Ctrl+S ou à cliquer sur le bouton Enregistrer dans la barre d'outils. La justification est ici la prudence : il faut se prémunir du risque de perdre tout ce que l'on vient de taper s'il arrive quelque chose à l'ordinateur (je peux vous dire que ça m'est déjà arrivé).

Pour plus de sûreté, et pour vous garantir que vous disposez toujours d'un exemplaire enregistré de votre travail, Word met à votre disposition une fonction de récupération automatique.

Cette fonction, si elle est activée, enregistre automatiquement les informations sur votre document toutes les *x* minutes (en fait, le temps que vous spécifiez). Ainsi, s'il se produit une panne de secteur ou quelque autre incident et que vous n'avez pas pensé à appuyer sur Ctrl+S, vous pouvez quand même récupérer tout ou partie de votre document. C'est une fonction précieuse que tout le monde devrait utiliser.

Pour activer la récupération automatique, suivez ces étapes :

1. **Sélectionnez Outils/Options.**
2. **Cliquez sur l'onglet Enregistrement.**
3. **Cochez la case Enregistrer les infos de récupération automatique (en cliquant dedans).**
4. **Dans le champ que contient cette option, saisissez le délai entre deux enregistrements automatiques.**

   Par exemple, si vous saisissez 10 dans ce champ, Word fait une sauvegarde automatique de vos documents toutes les dix minutes. Si l'alimentation électrique est instable là où vous vous trouvez, spécifiez un délai plus court : 5, 3, 2 ou même 1 minute (plus ce délai est court, plus Word vous interrompra souvent dans votre travail pour faire la sauvegarde).

5. **Cliquez sur OK.**

Même si vous avez activé la fonction de récupération automatique, ne devenez pas négligent ! Conservez l'habitude d'enregistrer régulièrement votre document en appuyant sur Ctrl+S ou en cliquant sur le bouton Enregistrer dans la barre d'outils.

L'enregistrement automatique fonctionne sans que vous ayez besoin d'y penser. Mais imaginez qu'il se passe quelque chose. Par exemple : dans sa course folle, un sanglier distrait déracine un poteau électrique à côté de chez vous. Voilà votre village sans électricité. Vous n'avez pas pensé à enregistrer votre travail. Le malheur est sur vous. Espérez que l'enregistrement automatique l'a fait à votre place.

Finalement, tout est rétabli (y compris le sanglier) et l'électricité revient. Lorsque vous lancez Word, vous voyez apparaître le volet Récupération de document (Figure 8.2). Il affiche la liste des fichiers automatiquement enregistrés par Word. Par exemple, le document `WD2003_08_Philip [Original"` qui apparaît dans la Figure 8.2 a été enregistré par vous sur le disque, mais l'enregistrement automatique qui en a été fait par Word est plus récent et contient donc le travail que vous avez pu faire dans l'intervalle, et qui autrement aurait été perdu.

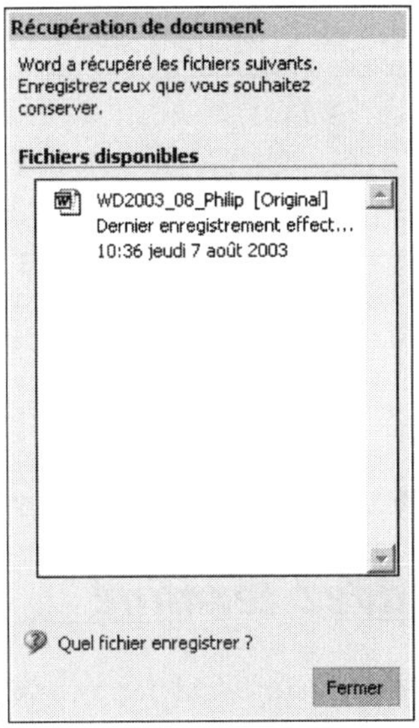

Figure 8.2 La fonction Récupération automatique en action.

Sélectionnez le document que vous voulez récupérer (cliquez simplement dessus dans la liste). Il s'ouvre dans Word. Examinez-le immédiatement, à la recherche du texte que vous avez tapé juste avant la panne. Il est possible que certaines choses n'aient pas été enregistrées, auquel cas vous ne pourrez pas les récupérer, mais il y a des chances qu'elles soient assez fraîches dans votre mémoire pour que vous puissiez les reconstruire.

Cliquez sur le bouton Fermer du volet Récupération de document pour le fermer.

ATTENTION !

Autres options d'enregistrement

Vous avez peut-être remarqué quelques options intéressantes dans le volet Enregistrement de la boîte de dialogue Options. Il faut ici résister à la tentation. Ignorez les options séduisantes comme Autoriser les enregistrements rapides. Celle-ci, tout particulièrement, peut poser des problèmes parce qu'elle ne fait qu'ajouter au fichier les dernières modifications apportées au document au lieu de l'enregistrer à nouveau en entier. Il est vrai que ça marche, mais avec le temps ça peut poser des problèmes, surtout si le document devient très gros.

L'option Toujours créer une copie de sauvegarde est intéressante. Chaque fois que vous enregistrez un document, elle a pour effet de l'enregistrer en deux versions : son dernier état et l'enregistrement précédent. C'est très bien, mais ce n'est qu'un héritage de versions antérieures de Word qui ne disposaient pas encore de sa puissante commande d'annulation. En outre, ces sauvegardes consomment de l'espace disque.

Les autres options d'enregistrement ne doivent être activées que si vous en avez vraiment besoin ou si vous en avez l'obligation dans un but précis. D'une façon générale, ces options ne nécessitent pas de réglage particulier. Le seul paramètre avec lequel on puisse jouer est le délai d'enregistrement automatique dont nous avons parlé un peu plus haut.

Enregistrer quand vous avez terminé

Votre travail s'achève. Vos doigts sont crispés sur le clavier, vos yeux sont fatigués, vous avez bien gagné un peu de repos. Avant d'aller vous détendre, vous avez deux possibilités :

- **Sélectionner Fichier/Fermer.** Cette méthode ferme le document sur lequel vous travaillez, sans pour autant quitter Word. Cela vous permet de rester là, de créer un nouveau document ou d'ouvrir un document existant, ou encore de jouer avec le Compagnon Office si le cœur vous en dit.

- **Sélectionner Fichier/Quitter.** Cette méthode ferme Word et vous permet de revenir à Windows où les plaisirs les plus fous vous attendent.

Quelle que soit la manière dont vous fermez le document sur lequel vous étiez en train de travailler, Word peut vous demander si vous voulez l'enregistrer. Cliquez sur Oui. Le document est enregistré sur le disque avant d'être fermé.

Si le document a reçu des modifications depuis la dernière fois que vous l'avez enregistré, vous voyez apparaître la boîte de dialogue Enregistrer sous (voyez la Figure 8.1), au cas où vous voudriez enregistrer le fichier sous un autre nom.

Le principe est qu'avant de fermer un document qui a subi des modifications depuis le dernier enregistrement, Word vous demande toujours si vous voulez l'enregistrer.

Si vous sélectionnez Fichier/Fermer ou Fichier/Quitter et que Word ne vous demande pas si vous voulez enregistrer le document, c'est que ce dernier n'a subi aucune modification depuis le dernier enregistrement et qu'il n'y a donc rien à enregistrer. Tout va bien.

- Le raccourci clavier de la commande Fichier/Fermer est Ctrl+W.
- Pour quitter Word (Fichier/Quitter), le raccourci clavier est Alt+F4.
- Il n'y a aucune raison de quitter Word et de le relancer pour commencer à travailler dans un nouveau fichier ou dans un fichier existant.

- Prenez soin de toujours quitter Word correctement. N'éteignez pas votre PC ou ne le faites pas redémarrer alors que Word ou Windows est toujours à l'écran. N'éteignez votre PC que lorsque Windows vous dit que vous pouvez le faire en toute sécurité. Faute de cette précaution, votre ordinateur deviendra plus lent, et Windows pourra se planter plus souvent.

Ouvrir un document existant sur le disque

Pour ouvrir un document enregistré sur le disque, on utilise la commande Ouvrir. Celle-ci ouvre le document dans une fenêtre qui vous permet de travailler avec toutes les commandes de Word.

Suivez ces étapes :

1. **Dans la barre de menus, sélectionnez Fichier/Ouvrir.**

La boîte de dialogue Ouvrir apparaît, comme le montre la Figure 8.3.

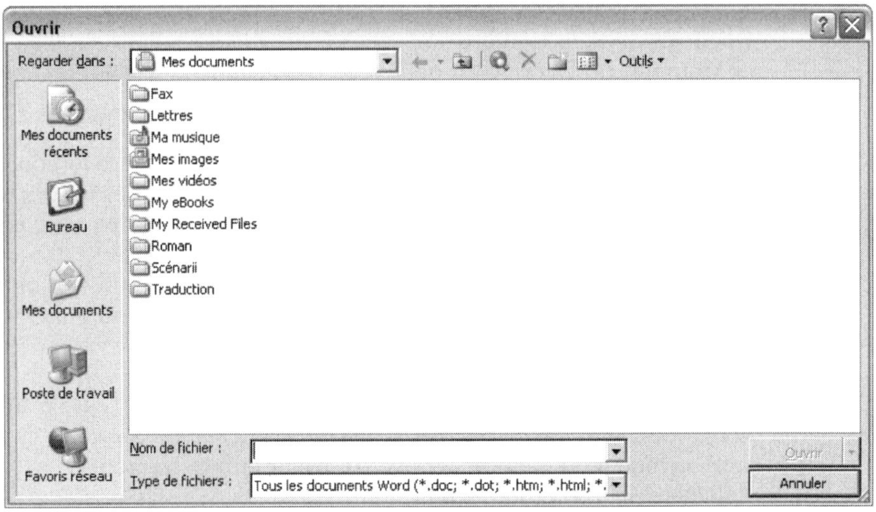

Figure 8.3
La boîte de dialogue Ouvrir.

Le raccourci clavier de la commande Ouvrir est Ctrl+O. Vous pouvez aussi utiliser le bouton Ouvrir (voir ci-contre) dans la barre d'outils.

2. **Cliquez sur le nom du document.**

   La boîte de dialogue Ouvrir affiche une liste de documents déjà enregistrés sur le disque, comme le montre la Figure 8.3. Vous devez y trouver celui que vous voulez ouvrir.

   Si vous avez créé un dossier pour y classer vos documents, il vous faudra peut-être naviguer jusqu'à lui pour y accéder.

   Une fois que vous avez trouvé votre fichier, cliquez sur son nom pour le sélectionner.

3. **Cliquez sur le bouton Ouvrir.**

   Word ouvre le fichier dans une fenêtre de document, dans laquelle vous pouvez le modifier, le lire, l'imprimer ou même méditer à son sujet.

- Ouvrir un document ne l'efface pas du disque dur.

- Ouvrir un document est l'une des premières choses que vous avez à faire en commençant une journée de travail avec Word.

- Il peut arriver que Word vous dise qu'il ne peut pas ouvrir un document parce qu'un certain outil de conversion n'est pas disponible. Dans ce cas, cliquez sur Oui dans la boîte de dialogue d'avertissement pour installer cet outil (il vous faudra sans doute pour cela le CD-ROM de Word ou d'Office).
- Si vous n'arrivez pas à trouver votre document, reportez-vous au Chapitre 27.

- Evitez d'ouvrir un fichier depuis une disquette ou un disque amovible. En effet, bien des problèmes peuvent surgir si vous enlevez ce support. Word ne saura plus où trouver le document. Prenez toujours l'habitude de transférer un document d'un support amovible sur votre disque dur. Ensuite, ouvrez dans Word la copie effectuée sur votre disque dur.

Une manière pratique d'ouvrir un fichier récent

Word se souvient des derniers fichiers sur lesquels vous avez travaillé. Il en affiche même la liste dans le menu Fichier. Comme il y a de bonnes chances que celui que vous voulez ouvrir soit l'un d'entre eux, le sélectionner dans le menu Fichier est un moyen pratique de l'ouvrir rapidement.

Vous pouvez définir le nombre de fichiers récents dont Word affiche la liste dans le menu Fichier. Pour cela, sélectionnez Outils/Options, et cliquez sur l'onglet Général. À droite de l'option Derniers fichiers utilisés, vous voyez un champ contenant un nombre (4 est la valeur par défaut). Vous pouvez redéfinir cette valeur à votre guise pour augmenter ou réduire le nombre des fichiers récents apparaissant dans le menu Fichier. Une fois la modification effectuée, cliquez sur OK pour fermer la boîte de dialogue.

Utiliser la liste déroulante Type de fichiers

La boîte de dialogue Ouvrir affiche deux sortes d'éléments : des fichiers et des dossiers. Les types de fichiers qui apparaissent sont définis par la liste déroulante Type de fichiers. Dans la Figure 8.3, j'ai sélectionné Tous les fichiers, aussi la boîte de dialogue Ouvrir affiche-t-elle tous les fichiers du dossier Mes documents.

Pour n'afficher que les fichiers d'un type particulier, sélectionnez ce type dans la liste. Par exemple, pour ne voir que les documents Word du dossier sélectionné, sélectionnez `Documents Word` dans la liste.

Si vous voulez ne voir que des documents WordPerfect, sélectionnez dans la liste l'un des types de fichiers WordPerfect.

En résumé : si vous ne voyez pas un fichier dont vous savez qu'il est pourtant bien là, vérifiez que le type de fichier sélectionné dans la liste correspond bien au fichier que vous voulez voir (pour en savoir plus sur l'utilisation de fichiers d'autres types que Word, reportez-vous au Chapitre 27).

Ouvrir un document dans un autre

En ouvrant un document, Word le place dans sa propre fenêtre. Chaque fenêtre de document a même son propre bouton dans la barre des tâches, ce qui vous permet de passer d'un document Word à un autre en cliquant sur le bouton correspondant. Ce qui est toutefois moins évident, c'est que Word peut aussi ouvrir un document à l'intérieur d'un autre.

Imaginez que vous êtes en train d'écrire un rapport et que vous avez besoin de combiner plusieurs documents créés par d'autres personnes pour en faire un seul document complet. Ou alors, vous avez un texte d'usage général que vous avez enregistré sur le disque, et que vous avez besoin d'insérer dans d'autres documents. Naturellement, vous pouvez ouvrir ces différents documents, puis copier celui que vous voulez insérer pour le coller dans le document de destination. Mais Word a une meilleure méthode.

Pour insérer le contenu d'un document dans un autre, suivez ces étapes :

1. **Placez le curseur à l'endroit où vous voulez insérer le document.**

   Cette étape fonctionne de la même manière que pour coller à l'emplacement du curseur un bloc précédemment copié. Le texte inséré va apparaître à l'endroit où vous voyez clignoter le curseur.

2. **Cliquez sur Insertion/Fichier.**

3. **Dans la boîte de dialogue Insérer un fichier, trouvez le fichier que vous voulez insérer, et cliquez dessus pour le sélectionner.**

   Cette boîte de dialogue fonctionne exactement de la même manière que la boîte de dialogue Ouvrir.

4. **Cliquez sur le bouton Insérer pour insérer dans le document ouvert le fichier sélectionné.**

   Le fichier est inséré dans le document.

Contrairement à ce qui se passe lorsque vous collez un bloc, il n'y a pas d'icône Options de collage, et la mise en forme reste ce qu'elle était dans le document initial. Pour en savoir plus sur la modification de la mise en forme du document inséré, reportez-vous à la deuxième partie de ce livre.

Si vous changez d'avis, vous pouvez annuler l'insertion du document. Sélectionnez Édition/Annuler ou appuyez sur Ctrl+Z.

Chapitre 9

Mettre les choses sur le papier

Dans ce chapitre :

- Que l'imprimante soit prête à imprimer !
- Voir l'aperçu avant impression.
- Imprimer seulement certaines parties d'un document.
- Imprimer plusieurs documents.
- Imprimer un document en plusieurs exemplaires.
- Annuler la commande Imprimer.

Ce chapitre concerne l'étape finale à laquelle vous viendrez après avoir créé votre chef-d'œuvre. Ne vous emballez pas, il ne s'agit pas encore de publier ! Avant d'envoyer votre manuscrit à un éditeur, est-ce qu'il ne vous reste pas encore quelque chose à faire ?

Ah, oui ! Imprimer. Ça a l'air facile. Il suffit d'appuyer sur un bouton, l'imprimante imprime, et tout est pour le mieux dans le meilleur des mondes possibles. Cependant, quelques problèmes peuvent survenir, que ce chapitre aide à résoudre. Les imprimantes sont des créatures délicates, à traiter avec les plus grands égards.

Préparer l'imprimante (commencez par là !)

Avant d'imprimer, vous devez vous assurer que votre imprimante est prête à imprimer. Vérifiez les quelques points suivants :

1. **Assurez-vous que votre imprimante est branchée sur le secteur et correctement connectée à votre ordinateur.**

   L'imprimante est reliée à l'ordinateur par un câble. Celui-ci doit être correctement connecté aux deux extrémités (il n'est nécessaire de le vérifier que si vous rencontrez des problèmes d'impression).

2. **Assurez-vous que votre imprimante dispose de suffisamment de toner ou d'encre, ou d'un ruban en bon état.**

   Une imprimante laser doit contenir une cartouche de toner. Si l'imprimante dispose d'un indicateur de quantité et que celui-ci signale qu'il ne reste plus assez de toner, changez la cartouche.

   La plupart des imprimantes à jet d'encre vous préviennent lorsqu'il ne reste plus assez d'encre. Si ce n'est pas le cas, les images paraissent plus claires et les caractères peuvent être incomplets. Remplacez alors la cartouche.

3. **Vérifiez que l'imprimante contient du papier.**

   L'alimentation en papier peut se faire par l'arrière, par un bac à papier, ou manuellement une feuille à la fois. Quel que soit le mode d'alimentation de votre imprimante, assurez-vous qu'elle dispose de ce dont elle a besoin avant de lancer l'impression.

4. **Avant que vous puissiez imprimer quoi que ce soit, votre imprimante doit être *en ligne* ou *sélectionnée*.**

   Voici qui est curieux : certaines imprimantes peuvent être en marche, mais pas prêtes à imprimer. L'imprimante est sous tension et allumée, mais à moins qu'elle ne soit en ligne ou sélectionnée, elle ignore l'ordinateur. Pour qu'elle consente à l'écouter, vous devez appuyer sur un bouton qui s'appelle généralement Online, Select ou quelque chose de semblable.

- Si vous accédez à une imprimante par un réseau (j'en tremble), quelqu'un doit être chargé de la faire fonctionner. Elle doit être correctement configurée et prête à imprimer. Si ce n'est pas le cas, il est pratique d'avoir sous la main celui auprès duquel vous pouvez vous plaindre.

TRUC

- Comme la manière dont Word affiche et imprime votre document dépend de l'imprimante que vous utilisez, assurez-vous que vous avez sélectionné la bonne imprimante avant de vous lancer dans la mise en forme.

Voir l'aperçu avant impression

Word vous montre sur l'écran la présentation exacte de votre document. Si vous affichez l'aperçu avant impression (Fichier/Aperçu avant impression), vous voyez votre document à l'écran exactement comme il sera imprimé : en-têtes, pieds de page, images, sauts de page, etc. Même de cette façon, ce n'est pas toujours assez précis. Certains préfèrent toujours imprimer une première fois à titre d'essai, rien que pour voir si le résultat leur convient, indifférents à l'énorme gaspillage de papier, donc d'arbres, qui en résulte.

Pour afficher l'aperçu avant impression de votre document, sélectionnez Fichier/Aperçu avant impression, ou cliquez sur le bouton Aperçu avant impression dans la barre d'outils. Votre document apparaît dans une présentation un peu différente, comme le montre la Figure 9.1.

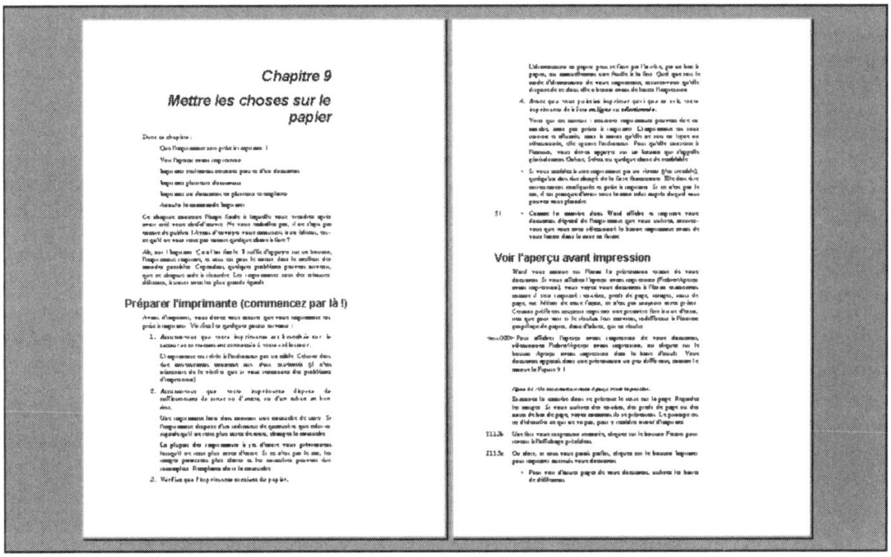

Figure 9.1 Un document en mode Aperçu avant impression.

Examinez la manière dont se présente le texte sur la page. Regardez les marges. Si vous utilisez des en-têtes, des pieds de page ou des notes de bas de page, voyez comment ils se présentent. Le principe est ici d'identifier ce qui ne va pas, pour y remédier *avant* d'imprimer.

Une fois votre inspection terminée, cliquez sur le bouton Fermer pour revenir à l'affichage précédent.

Ou alors, si tout vous paraît parfait, cliquez sur le bouton Imprimer pour imprimer aussitôt votre document.

- Pour voir d'autres pages de votre document, utilisez les barres de défilement.
- Si vous avez une souris à molette, comme la souris IntelliMouse de Microsoft, tournez la molette pour faire défiler votre document vers le haut ou vers le bas.
- Si vous n'avez pas de molette, vous pouvez utiliser les touches PgPr est PgSv pour examiner les différentes pages de votre document.
- Pour agrandir votre document sur l'écran, cliquez dessus avec la souris. Pour revenir à la taille précédente, cliquez à nouveau. Si ça ne marche pas, cliquez sur le bouton Loupe dans la barre d'outils, et essayez à nouveau.

Imprimer tout un document

L'auteur d'une peinture rupestre n'avait pas droit à plusieurs brouillons. Nous autres, hommes et femmes du XXIe siècle, disposons du luxe d'écrire, de réécrire et de mettre en forme autant de fois que nous le voulons sur l'écran. Une fois que vous êtes prêt à peindre sur la pierre (à imprimer), suivez ces étapes :

1. **Assurez-vous que l'imprimante est en ligne et prête à imprimer.**

   Voyez la première section de ce chapitre, "Préparer l'imprimante (commencez par là !)".

2. **Enregistrez votre document.**

   Vous êtes peut-être surpris. Il est toujours préférable d'enregistrer votre document avant d'imprimer. Cliquez simplement sur le bouton Enregistrer dans la barre d'outils, et si vous avez besoin d'une aide supplémentaire, reportez-vous au Chapitre 8 pour en savoir plus sur l'enregistrement des documents.

3. **Imprimez votre document.**

   La manière la plus rapide de procéder est de cliquer sur le bouton Imprimer de la barre d'outils. L'impression de votre document commence aussitôt. C'est facile et rapide, mais vous ne pouvez changer aucun paramètre.

Si vous sélectionnez Fichier/Imprimer ou si vous appuyez sur Ctrl+P plutôt que de cliquer sur le bouton Imprimer de la barre d'outils, la boîte de dialogue Imprimer apparaît (Figure 9.2). Il vous faut alors cliquer sur OK ou appuyer sur Entrée pour imprimer votre document.

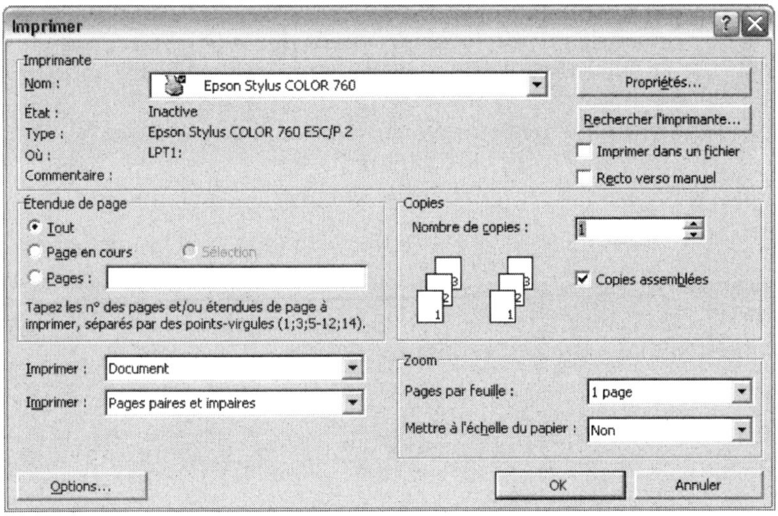

Figure 9.2 La boîte de dialogue Imprimer.

L'impression peut prendre un peu de temps, et même pas mal de temps. Heureusement, Word vous permet de continuer à travailler pendant qu'il imprime *en arrière-plan*. Pour vous assurer que Word imprime effectivement dans ce mode, reportez-vous à l'encadré "Travailler tout en imprimant".

- Si rien ne s'imprime, ne répétez pas la commande Imprimer ! Il n'y a sans doute aucun problème. L'ordinateur est probablement encore en train de préparer l'impression ou d'envoyer (de télécharger) du texte vers l'imprimante. Si vous ne voyez pas apparaître un message d'erreur, il est vraisemblable que l'impression ne tardera pas à commencer.

- Pour chaque commande Imprimer que vous lancez, l'ordinateur imprime un exemplaire de votre document. Si l'imprimante est seulement un peu lente et que vous cliquez dix fois de suite par impatience sur le bouton Imprimer, vous allez obtenir l'impression de dix exemplaires de votre document (voyez la section "Annuler une commande d'impression", plus loin dans ce chapitre).

- Si vous avez une imprimante à alimentation manuelle, c'est elle qui va vous demander du papier. Elle vous dit : "*Bip !* Donne-moi du papier !" Vous devez alors lui présenter du papier, d'un geste techniquement correct, autant de fois que nécessaire, jusqu'à ce que votre document soit entièrement imprimé.
- Si votre ordinateur est connecté à plusieurs imprimantes ou si vous pouvez accéder à plusieurs imprimantes par un réseau, choisissez celle que vous allez utiliser en la sélectionnant dans la liste déroulante Nom de la boîte de dialogue Imprimer. C'est aussi de cette façon que l'on utilise de nombreux programmes de fax : on sélectionne le modem fax dans la liste, et le document est faxé au lieu d'être imprimé.
- En plus d'enregistrer votre document, vous pouvez le corriger avant de l'imprimer. Voyez le Chapitre 7.

Travailler tout en imprimant

Word est capable d'imprimer pendant que vous faites autre chose avec votre ordinateur. Si ce mode d'impression en arrière-plan n'est pas activé, vous pouvez être obligé d'attendre très longtemps pendant que votre document s'imprime. Pour vous assurer que ce mode est bien activé, cliquez sur le bouton Options dans la boîte de dialogue Imprimer (ou appuyez sur Ctrl+P, puis sur Alt+O). Une boîte de dialogue spéciale apparaît.

Dans la partie supérieure de cette boîte, vous voyez la zone Option d'impression. La première option de la colonne de droite est Imprimer en arrière-plan, dont la case doit être cochée. Si ce n'est pas le cas, cliquez dans cette case ou appuyez sur Alt+I pour la cocher. Cliquez sur le bouton OK pour fermer cette boîte de dialogue, puis sur le bouton Fermer pour fermer la boîte de dialogue Imprimer. Vous êtes maintenant sûr que le mode d'impression en arrière-plan est activé.

Imprimer des morceaux petits et gros

Rien ne vous oblige à imprimer la totalité de votre document chaque fois que vous voulez en imprimer une partie. Word vous permet d'imprimer une page, une plage de pages ou un bloc de texte sélectionné. Tout cela se définit dans la zone curieusement nommée "Plusieurs pages" de la boîte de dialogue Imprimer (à gauche, à mi-hauteur).

Les sections suivantes supposent que votre imprimante est allumée et prête à imprimer.

Imprimer une page spécifiée

Pour imprimer seulement une page de votre document, suivez ces étapes :

1. **Placez le curseur à un endroit quelconque dans la page que vous voulez imprimer.**

   Vérifiez le numéro de page dans le coin inférieur gauche de la fenêtre du document (dans la barre d'état) pour vous assurer que vous êtes bien dans la page que vous voulez.

   Vous pouvez utiliser la commande Atteindre (la touche F5) pour accéder rapidement à une page de votre document. Voyez le Chapitre 3.

2. **Sélectionnez Fichier/Imprimer ou appuyez sur Ctrl+P.**

3. **Dans la zone Plusieurs pages de la boîte de dialogue Imprimer, sélectionnez Page en cours.**

4. **Cliquez sur OK.**

   La boîte de dialogue Imprimer se ferme, et la page est imprimée (il peut falloir un peu de temps à Word pour en venir à bout).

Que vous imprimiez une seule page ou plusieurs, celles-ci sont imprimées avec toutes les mises en forme que vous leur avez données. Par exemple, si votre document comporte des en-têtes, des pieds de page et l'insertion du numéro de page, tout cela apparaît sur la page que vous imprimez.

Il est très pratique de n'imprimer qu'une seule page de cette façon, si vous (ou l'imprimante) avez raté une page dans un document et n'avez besoin que de réimprimer cette dernière.

Imprimer une plage de pages

Word vous permet d'imprimer une seule page, une plage de pages, ou même une liste quelconque de pages de votre document, sans qu'elles aient besoin de se suivre. Pour imprimer une plage ou un groupe de pages, suivez ces étapes :

1. **Sélectionnez Fichier/Imprimer.**

2. **Dans la zone Plusieurs pages de la boîte de dialogue Imprimer, cliquez sur le bouton Pages.**

3. **Dans le champ qui suit, tapez les numéros et les plages de numéros de pages à imprimer.**

   Pour imprimer les pages 3 à 5, tapez **3-5**.

   Pour imprimer les pages 1 à 7, tapez **1-7**.

   Pour imprimer les pages 2 et 6, tapez **2;6**.

4. **Cliquez sur OK.**

   Les pages que vous avez spécifiées – et seulement celles-ci – sont imprimées.

Les plages de pages vous permettent de faire des choses très précises. Par exemple, pour imprimer la page 3, les pages 5 à 9, les pages 15 à 17 et la page 19, saisissez **3;5-9;15-17;19** dans le champ Pages.

Imprimer en ordre inverse

Imprimer les pages dans l'ordre où elles se présentent, c'est-à-dire de la première à la dernière, vous oblige à les réorganiser. En effet, la première page se retrouve tout en bas de la pile des pages imprimées. Pour éviter ce travail fastidieux, procédez comme suit :

1. **Cliquez sur Fichier/Imprimer.**

2. **Cliquez sur le bouton Options de la boîte de dialogue Imprimer.**

3. **Cochez l'option Ordre inverse.**

4. **Cliquez sur OK.**

5. **Cliquez de nouveau sur OK pour imprimer le document.**

   L'impression se fait de la dernière à la première page.

Imprimer un bloc

Après avoir sélectionné un bloc de texte à l'écran, vous pouvez demander à Word d'imprimer ce bloc et lui seul. Voici comment :

1. **Sélectionnez le bloc de texte à imprimer.**

   Pour tout savoir sur la sélection d'un bloc de texte, reportez-vous au Chapitre 6.

2. **Sélectionnez Fichier/Imprimer.**

3. **Dans la zone Plusieurs pages de la boîte de dialogue Imprimer, cliquez sur Sélection.**

   L'option Sélection n'est disponible que quand un bloc de texte est sélectionné. Vous pouvez cliquer sur le bouton correspondant ou appuyer sur Alt+S. Vous indiquez ainsi à Word que vous ne voulez imprimer que le bloc de texte sélectionné.

4. **Cliquez sur le bouton OK.**

   Après quelques instants (parfois un peu longs), le résultat sort de votre imprimante. Le bloc sélectionné est imprimé à la même position sur la page, accompagné du même en-tête et du même pied de page que si vous aviez imprimé tout le document.

Imprimer plusieurs documents

Vous pensez peut-être que le meilleur moyen d'imprimer plusieurs documents à la fois est de les ouvrir l'un après l'autre pour lancer la commande Imprimer dans chacun d'eux.

Pour imprimer plusieurs fichiers à la fois, suivez ces étapes :

1. **Assurez-vous que l'imprimante est en marche, sélectionnée, et prête à imprimer.**

2. **Sélectionnez Fichier/Ouvrir.**

Ou utilisez l'une des nombreuses autres manières d'afficher la boîte de dialogue Ouvrir, comme cela est décrit au Chapitre 8.

3. **Sélectionnez les documents à imprimer.**

   Pour sélectionner plusieurs documents, cliquez successivement sur chacun d'eux, tout en maintenant enfoncée la touche Ctrl.

4. **Cliquez sur le bouton Outils, en haut à droite de la boîte de dialogue Ouvrir.**

   Une liste de commandes apparaît.

5. **Dans ce menu, sélectionnez Imprimer.**

   Word imprime tous les documents que vous avez sélectionnés.

Lorsque vous imprimez un groupe de documents de cette manière, ils sont tous imprimés entièrement. Aucune boîte de dialogue Imprimer ni aucun avertissement ne vous demande si l'imprimante a suffisamment de papier ou si vous êtes vraiment prêt à cette opération.

Imprimer plusieurs exemplaires d'un document

Chaque année, je concocte une lettre de Noël et je l'envoie à des dizaines de parents et amis. Plutôt que de me ruiner en photocopies, j'utilise ma propre imprimante en demandant à Word d'imprimer les quelques dizaines d'exemplaires dont j'ai besoin. Ce procédé est à la portée de tout le monde, pour peu que vous ayez suffisamment de papier, et que vous sachiez quoi faire dans la boîte de dialogue Imprimer.

Pour imprimer plusieurs exemplaires d'un document, suivez ces étapes :

1. **Préparez tout ce qu'il faut.**

   Assurez-vous que votre document est parfait (utilisez pour cela l'aperçu avant impression dont nous avons parlé plus haut dans ce chapitre) et que vous disposez du papier *ad hoc.*

2. **Sélectionnez Fichier/Imprimer.**

3. **Dans le champ Nombre de copies, saisissez le nombre d'exemplaires voulus.**

La zone Copies de la boîte de dialogue Imprimer est dans la partie droite, à mi-hauteur (voyez la Figure 9.2). Si vous voulez trois exemplaires d'un mémo, tapez **3** dans le champ Nombre de copies. Vous pouvez aussi utiliser les flèches à l'extrémité droite du champ.

4. **Cliquez sur OK pour imprimer les exemplaires demandés.**

Dans des circonstances normales, Word imprime chaque exemplaire du document l'un après l'autre. C'est ce que l'on appelle des *copies assemblées*. Toutefois, si vous imprimez sept exemplaires d'un document et que vous voulez que Word imprime sept "page 1", puis sept "page 2", et ainsi de suite, ôtez la coche de la case Copies assemblées en cliquant dedans (normalement, cette case est cochée).

Annuler une commande d'impression

Comme tôt ou tard vous aurez probablement besoin d'annuler rapidement une commande d'impression, voici comment procéder :

1. **Double-cliquez sur l'icône de l'imprimante à côté de l'horloge dans la barre des tâches.**

   La fenêtre de l'imprimante s'ouvre (Figure 9.3) et affiche la liste des documents de la file d'attente d'impression.

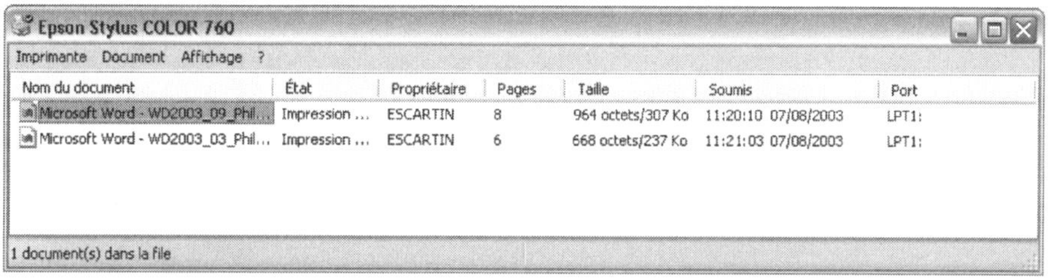

Figure 9.3 Documents dans la file d'attente d'impression.

2. **Dans la liste de la file d'attente, cliquez sur le nom du document dont vous voulez annuler l'impression.**

3. **Dans la fenêtre de l'imprimante, sélectionnez Documents/Annuler.**

4. **Cliquez sur Oui pour terminer le travail d'impression.**

   (Dans certaines versions de Windows, il peut s'agir de la commande OK.)

5. **Fermez la fenêtre de l'imprimante une fois que vous avez terminé.**

   Cliquez sur Imprimante/Fermer.

Notez que si l'impression est déjà en cours, elle ne sera peut-être pas immédiatement interrompue. L'imprimante dispose de sa propre mémoire (RAM) où peuvent être stockées plusieurs pages de votre document qui continueront à s'imprimer, même après que vous aurez demandé à l'imprimante de s'arrêter.

- Si vous utilisez une imprimante réseau, vous ne pourrez peut-être pas annuler l'impression du document.
- Vous pouvez annuler plusieurs travaux d'impression. Il suffit de répéter les étapes 2 à 4 pour chaque travail d'impression affiché dans la fenêtre.
- Pour annuler tous les travaux d'impression en cours, cliquez sur Imprimante/Annuler tous les documents.

- L'annulation d'une impression est l'acte d'une personne désespérée. Pour faciliter votre existence, Word décourage l'annulation en multipliant les avertissements. Plutôt que d'être obligé d'annuler, vérifiez bien tous vos paramètres dans la boîte de dialogue Imprimer.

Chapitre 10

Les astuces d'un gourou de Word

Dans ce chapitre :

- Utiliser les astuces du Compagnon Office.
- Commencer là où vous avez terminé la veille.
- Utiliser la commande Répéter.
- Voir un aperçu d'un document dans la boîte de dialogue Ouvrir.
- Compter les occurrences d'un mot.
- Travailler avec plusieurs documents ouverts.
- Afficher un document dans deux fenêtres à la fois.
- Fractionner l'écran.

Voilà à peu près douze ans que Word est mon traitement de texte principal. Je ne suis pas forcément un expert pour autant, mais au moins je suis un utilisateur assez expérimenté pour avoir stocké un certain nombre d'astuces au fil des années. Et comme je suis un type sympa, je vais vous révéler tous mes petits secrets.

Le Compagnon Office a eu une idée !

Voici une bonne raison d'activer le Compagnon Office : l'*ampoule électrique* ! Lorsque vous effectuez certaines tâches courantes dans Word, une ampoule électrique (comme celle que vous voyez dans la marge) apparaît à côté de la tête du Compagnon Office, ce qui est sa manière de vous dire qu'il a une suggestion à vous faire qui pourrait vous faciliter la tâche.

Pour prendre connaissance de cette suggestion, cliquez sur l'ampoule électrique. Une bulle apparaît, affichant les informations correspondantes, comme le montre la Figure 10.1. Après en avoir pris connaissance, cliquez sur OK.

Figure 10.1 Le Compagnon Office vous fait part de ses lumineuses suggestions.

TRUC

- Pour faire apparaître le Compagnon Office, sélectionnez ?/Afficher le Compagnon Office dans la barre de menus.
- Pour activer les astuces, cliquez sur le Compagnon Office avec le bouton droit de la souris. Dans le menu contextuel, cliquez sur Options. Cochez les types de conseils que vous désirez afficher. Validez par un clic sur OK.

Commencer là où vous avez terminé la veille

Dès les premières heures du jour, vous ouvrez votre document, et puis... quoi ? Vous faites défiler, vous relisez, vous modifiez, jusqu'au moment où vous avez l'impression que vous êtes arrivé à l'endroit où vous avez terminé la veille. En s'y prenant comme ça, on peut perdre tout le temps qu'on veut.

Hélas ! le raccourci Maj+F5 (la commande Atteindre) ne se souvient pas de l'endroit où vous étiez la dernière fois lorsque vous ouvrez un document (si vous voulez vous servir de ce raccourci d'un jour à l'autre, ne fermez pas votre document). Moi, j'utilise l'astuce qui consiste à insérer "&&" à l'endroit où je veux revenir le lendemain. Par exemple :

```
La nouvelle base bénéficiait d'un Manuel d'opérations remarquable,
fruit du brainstorming des spécialistes de la gestion des bases
martiennes, d'un raffinement si élaboré qu'il avait aussitôt été
rebaptisé "Manuel de sabotage? par le personnel de la base &&
```

Dans cet exemple, && marque l'endroit où je me suis arrêté de travailler. Pour le retrouver après avoir ouvert à nouveau le document, j'appuie sur Ctrl+F pour afficher la boîte de dialogue Rechercher et remplacer et rechercher le caractère &. Puis je ferme la boîte de dialogue, et je me mets au travail.

Rien ne vous oblige à utiliser &&. Vous pouvez choisir les symboles que vous voulez. Faites simplement attention à choisir un groupe de caractères qui ne risquent pas de se trouver ailleurs dans le texte, et ne les oubliez pas.

Tirer parti de la commande Répéter

Lorsque la commande Rétablir (Ctrl+Y) n'a rien à rétablir, elle devient la commande Répéter, qui peut vraiment faire gagner du temps. Si vous exécutez une commande de Word ou si vous appuyez sur une touche du curseur ou de caractère et que vous appuyez ensuite sur Ctrl+Y, la commande, le caractère ou le déplacement du curseur est répété.

Par exemple, tapez les quelques lignes suivantes dans Word :

```
Ces quelques lignes
vont se répéter
toutes seules.
```

Appuyez maintenant sur Ctrl+Y. Word répète ce que vous avez tapé en dernier (si c'est sur la touche Retour arrière que vous avez appuyé en dernier, Ctrl+Y ne répète qu'à partir de ce point).

Vous pouvez aussi passer par la barre de menus en sélectionnant Édition/Répéter, ou appuyer sur la touche F4.

TRUC

- Autre truc qui peut servir : saisissez un certain nombre de caractères de soulignement pour faire un trait horizontal continu sur l'écran, puis appuyez sur Entrée. Appuyez un certain nombre de fois sur Ctrl+Y, et la page est bientôt remplie de traits horizontaux à intervalles réguliers. Vous pouvez créer votre propre papier à lignes.

- La fonction de répétition est également utilisable pour rappliquer une mise en forme sur un bloc de texte. Ctrl+Y et F4 représentent un gain de temps appréciable.

Voir l'aperçu d'un document avant de l'ouvrir

Vous pouvez très bien avoir donné le nom le plus utilement descriptif à un fichier et l'avoir oublié dix jours plus tard. Ou alors, si vous travaillez sur un livre, vous pouvez avoir besoin de vérifier si le nom que vous croyez avoir donné au Chapitre 8 est bien celui du Chapitre 8. Naturellement, vous pouvez vous dire qu'il vous suffit pour cela d'ouvrir le document pour jeter un coup d'œil.

Mais il y a un meilleur moyen. Vous pouvez utiliser la boîte de dialogue Ouvrir pour avoir un aperçu d'un document quelconque avant de l'ouvrir. C'est plus pratique et cela fait gagner du temps. Voici comment procéder :

1. **Sélectionnez Fichier/Ouvrir.**

   Ou cliquez sur le bouton Ouvrir dans la barre d'outils, ou appuyez sur Ctrl+O. La boîte de dialogue Ouvrir apparaît.

2. **Cliquez sur la flèche pointant vers le bas dans le bouton Affichages de la boîte de dialogue Ouvrir.**

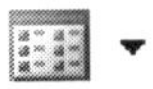

   Le bouton Affichages est situé dans le coin supérieur droit de la boîte de dialogue. Cliquez dessus pour afficher un menu local.

3. **Dans ce menu, sélectionnez Aperçu.**

   La boîte de dialogue Ouvrir se divise en deux volets. Lorsque vous sélectionnez un fichier dans le volet de gauche, l'aperçu correspondant apparaît dans le volet de droite, comme le montre la Figure 10.2.

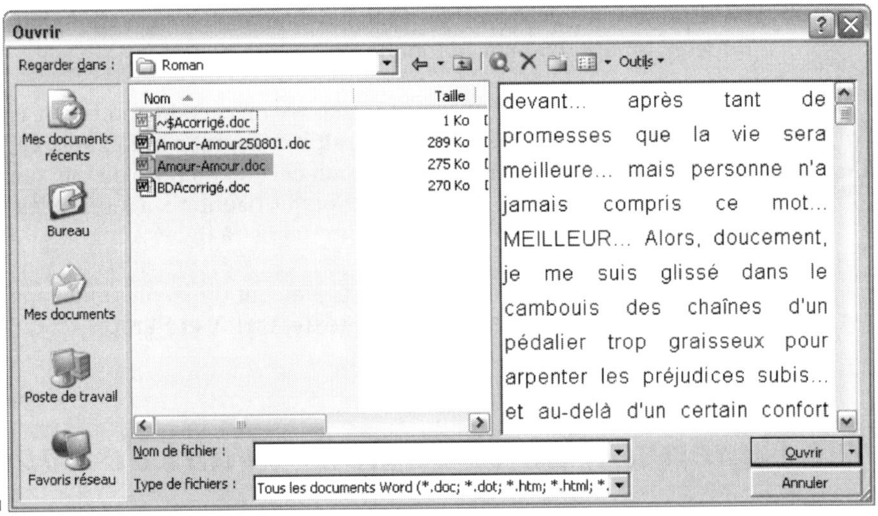

Figure 10.2 Voir l'aperçu d'un document avant de l'ouvrir.

Dans le volet d'aperçu, vous pouvez faire défiler le document vers le bas pour en voir davantage.

Sélectionnez un autre fichier pour en afficher l'aperçu.

4. **Pour ouvrir le fichier sélectionné, cliquez sur le bouton Ouvrir. Si vous n'aviez besoin que de voir l'aperçu, cliquez sur le bouton Annuler.**

La boîte de dialogue Ouvrir reste en mode Aperçu jusqu'à ce que vous ayez sélectionné un autre mode dans le menu du bouton Affichages (normalement, Word utilise le mode Détails).

- Si vous sélectionnez Tous les fichiers dans le champ Type de fichiers, le volet d'aperçu permet d'afficher l'aperçu de fichiers de différents types : fichiers graphiques, documents de texte, et même des documents Excel.

- Lorsque vous demandez à Word d'afficher l'aperçu de certains types de documents, il peut commencer par afficher une boîte de dialogue de conversion de fichier. Si vous voulez ouvrir le fichier, cliquez sur OK ; sinon (si vous ne voulez voir que l'aperçu), cliquez sur Annuler.

- Si vous essayez d'afficher l'aperçu d'une page Web (d'un document HTML) que vous avez enregistrée sur le disque, Windows peut essayer de se connecter à Internet pour mettre à jour cette page (au cas où la chose vous arriverait).
- Si le fichier est d'un type mystérieux que Word ne peut pas afficher, vous obtenez le message Aperçu non disponible.
- Pour en savoir plus sur l'ouverture des documents, reportez-vous au Chapitre 8.

Compter les occurrences d'un mot avec la boîte de dialogue Rechercher et remplacer

L'une des qualités de la commande Remplacer est qu'elle vous dit, une fois qu'elle a terminé, combien de mots elle a trouvé et remplacé. Vous pouvez détourner l'utilisation de cette commande pour savoir combien de fois un mot apparaît dans votre document.

Imaginez que vous ayez le défaut (en connaissance de cause) d'utiliser beaucoup trop souvent le mot *effectivement*.

Pour savoir combien de fois vous avez utilisé le mot *effectivement* (ou n'importe quel autre), appuyez sur Ctrl+H pour ouvrir la boîte de dialogue Rechercher et remplacer, et tapez ce mot dans le champ Rechercher *et* dans le champ Remplacer par. Saisissez bien le même mot dans les deux champs. Cliquez sur le bouton Remplacer tout, et Word compte le nombre d'apparitions de ce mot dans votre document.

Avec cette astuce, rien n'est remplacé, car vous avez recherché un mot pour le remplacer par le même (et, croyez-le ou non, le Compagnon Office n'y perd pas son latin).

Pour les maniaques des documents multiples

Word vous permet de travailler sur autant de documents à la fois que vous le voulez. Chaque fois que vous ouvrez un nouveau document ou que vous sélectionnez Fichier/Nouveau pour créer un nouveau document, Word ouvre une nouvelle fenêtre de document.

À chaque fenêtre de document est associé un bouton dans la barre des tâches. Pour passer d'un document à un autre, cliquez sur le bouton correspondant dans la barre des tâches.

- Le raccourci clavier Alt+Tab permet de passer rapidement d'une fenêtre de document à une autre.

- On peut aussi passer d'un document à un autre en utilisant le menu Fenêtre. Hélas ! celui-ci ne propose que les neuf premiers documents que vous avez ouverts (mais c'est déjà pas mal). Si vous en avez ouvert plus de neuf, une option Suite des fenêtres apparaît en bas du menu, permettant d'afficher la liste complète des documents que vous avez ouverts dans Word.

- Ce qui se passe dans un document est indépendant de ce qui se passe dans les autres. Vous pouvez imprimer, vérifier l'orthographe, mettre en forme..., ce que vous faites ne concerne que le document dans lequel vous travaillez.

- Vous pouvez copier un bloc d'un document pour le copier dans un autre. Sélectionnez le bloc dans le premier document, copiez-le (appuyez sur Ctrl+C), ouvrez le second document et collez le bloc (Ctrl+V). Pour en savoir plus sur les blocs, reportez-vous au Chapitre 6.

Fermer vos documents

Lorsque vous avez plusieurs documents ouverts à la fois, vous pouvez fermer chacun d'entre eux en cliquant sur le bouton X (Fermer) dans le coin supérieur droit de la fenêtre. Attention toutefois, lorsque vous arrivez au dernier document ouvert, de ne pas cliquer sur ce bouton, à moins que vous ne vouliez quitter Word en même temps que fermer le document.

Voir plus d'un document à la fois

Vous pouvez utiliser la commande Fenêtre/Réorganiser tout pour réorganiser vos documents sur l'écran (si nécessaire, cliquez sur la flèche pointant vers le bas au bas du menu pour faire apparaître l'option Réorganiser tout). Cette commande réorganise les documents sur l'écran de manière que tous soient visibles à la fois.

Bien sûr, c'est avec deux documents que la commande Réorganiser tout est le plus pratique. Avec trois documents à la fois ou plus pour se partager l'écran, les fenêtres sont si étroites qu'on ne peut plus y faire grand-chose.

- Bien que vous puissiez voir plusieurs documents en même temps, vous ne pouvez travailler que sur un seul à la fois. Celui dans lequel vous travaillez est celui dont la barre de titre est en surbrillance. C'est celui qui est "au-dessus".

- Après avoir réorganisé les fenêtres, vous pouvez les déplacer et les redimensionner en utilisant la souris.

- Si vous cliquez sur le bouton Agrandir d'une fenêtre, celle-ci reprend sa taille précédente, le plus souvent en plein écran.

Travailler sur un document dans deux fenêtres

Word permet d'afficher un document dans deux fenêtres à la fois. Deux parties différentes, ou plus, d'un document peuvent être affichées en même temps dans une fenêtre.

Pour ouvrir une seconde fenêtre de votre document, cliquez sur Fenêtres/Nouvelle fenêtre. La seconde fenêtre de votre document apparaît, avec pour elle un bouton dans la barre des tâches.

Bien que deux fenêtres soient ouvertes, vous travaillez toujours sur un seul et même document. Les modifications que vous effectuez dans l'une des fenêtres sont instantanément répercutées dans l'autre (si vous voulez faire une copie de votre document, utilisez Windows pour copier le fichier).

✕ Une fois que vous avez terminé ce que vous aviez à faire dans la seconde fenêtre, cliquez sur le bouton X dans le coin supérieur droit de celle-ci pour la fermer. La seconde fenêtre se ferme sans fermer votre document, puisque la première fenêtre est restée ouverte.

- Cette fonction est utile pour couper et coller du texte et des images entre des endroits éloignés d'un même document, surtout s'il est très long.
- La barre de titre vous dit de quelle fenêtre il s'agit en affichant son numéro après le nom du fichier. Par exemple, `Mes mémoires : 1` dans la première fenêtre et `Mes mémoires : 2` dans la seconde.
- Pour afficher simultanément deux parties différentes d'un même document, on peut aussi utiliser la bonne vieille méthode du fractionnement de la fenêtre. C'est ce que nous allons voir dans la section suivante.

Utiliser le fractionnement de la fenêtre

Fractionner une fenêtre permet d'afficher simultanément deux parties d'un document dans une même fenêtre. Pas besoin ici d'ouvrir une fenêtre supplémentaire. Lorsque j'utilise Word, je préfère que l'écran soit aussi peu encombré que possible par des choses inutiles. Aussi, quand je veux afficher simultanément deux parties différentes d'un même document, je fractionne la fenêtre. Vous pouvez en faire autant. Voici comment :

1. **Placez le pointeur sur le petit rectangle gris situé juste au-dessus de la flèche pointant vers le haut dans la barre de défilement vertical (dans la partie supérieure du bord droit de votre document).**

   Si vous ne voyez pas de quoi je parle, regardez la Figure 10.3.

   Lorsque le pointeur est placé sur ce rectangle, il prend la forme d'un double trait horizontal avec une flèche pointant vers le bas et une flèche pointant vers le haut.

2. **Tout en maintenant enfoncé le bouton gauche de la souris, faites glisser le pointeur vers le bas.**

Figure 10.3 Le petit rectangle gris qui sert à fractionner une fenêtre.

Une ligne horizontale apparaît, suivant le mouvement du pointeur et divisant en deux parties la fenêtre du document. Elle indique l'endroit où la fenêtre sera divisée.

3. **Relâchez le bouton de la souris.**

Votre fenêtre ressemble à la Figure 10.4.

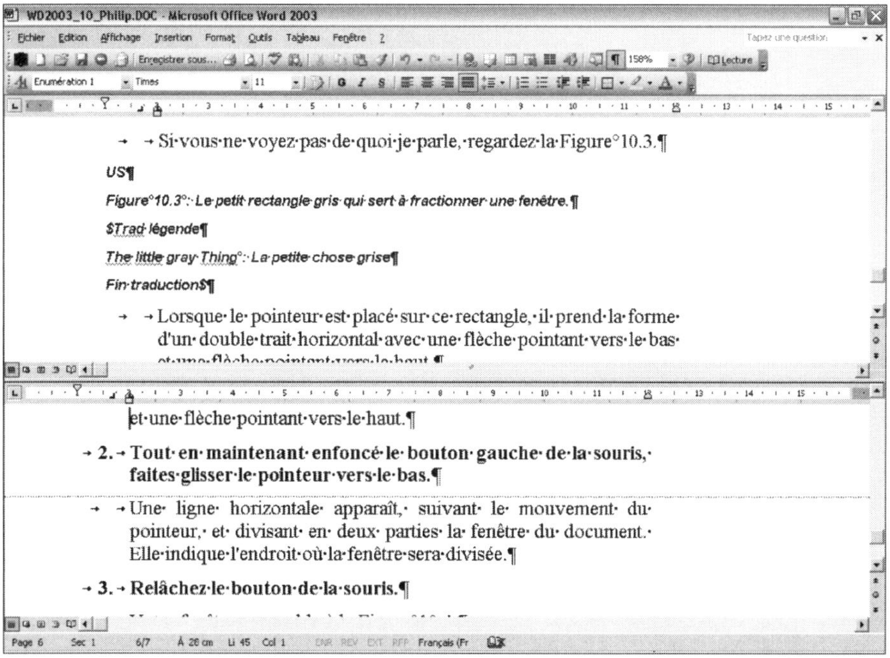

Figure 10.4 Fractionner un document.

- Chacune des deux parties du document fractionné peut être manipulée séparément. Vous pouvez la faire défiler vers le haut ou vers le bas. Quoi que vous fassiez, c'est toujours le même document que vous voyez dans les deux parties de la fenêtre fractionnée, et les modifications que vous effectuez dans l'une des deux sont instantanément répercutées dans l'autre.

- Cette fonction est utile pour couper et coller du texte ou des images entre deux parties d'un même document.

TRUC

- La manière la plus rapide de fractionner une fenêtre est de double-cliquer sur le petit rectangle gris. C'est aussi la manière la plus rapide de supprimer le fractionnement.
- Vous pouvez aussi sélectionner Fenêtres/Fractionner pour fractionner une fenêtre, et Fenêtres/Annuler le fractionnement pour faire disparaître le fractionnement.

Deuxième partie

Que Word mette en forme le texte !

"Ces kidnappeurs sont très organisés, lieutenant. Regardez cette demande de rançon, l'utilisation de graphiques en 4 couleurs pour encadrer la photo des victimes. Et les polices ! Ils ont créé environ 35 caractères inédits..."

Dans cette partie...

La *mise en forme* est l'art de rendre votre document plus attractif. C'est le deuxième versant du traitement de texte, juste après la rédaction, et auquel on passe souvent beaucoup plus de temps. Après tout, on est doué pour écrire ou on ne l'est pas. Si vous ne l'êtes pas, Word peut embellir pour vous le texte le plus ordinaire (ce qui était mal écrit le sera toujours, mais avec une belle présentation). Et puis, laissez-moi vous dire : rien ne vous rend plus fier de vous qu'un document avec une belle mise en forme.

Cette partie du livre vous explique comment mettre en forme votre document. Vous pouvez mettre en forme du texte, des caractères, des paragraphes, des phrases et des documents complets. Je vous parlerai aussi des styles et des modèles, et vous livrerai quelques astuces de mise en forme automatique pour satisfaire les désirs des documents les plus exigeants.

Chapitre 11

Mettre en forme texte, caractères et polices

Dans ce chapitre :

- Changer la police.
- Mettre en forme le texte avec le **gras**, l'*italique* et le souligncement.
- Utiliser des attributs de texte.
- Changer la taille du texte.
- Mettre du texte en indice et en exposant.
- Supprimer une mise en forme.
- Utiliser la boîte de dialogue Police.
- Mettre en majuscules ou en minuscules.

Un *caractère* est le plus petit élément que l'on puisse mettre en forme dans un document. Ce peut être une lettre, un chiffre ou un symbole.

Un caractère peut être mis en gras ou en italique. Vous pouvez le souligner, en changer la taille, la police ou la couleur, voire même l'animer si vous faites une page Web. Word vous offre un grand contrôle sur la présentation de votre texte. Ce chapitre va vous en donner tous les détails.

Comment mettre en forme votre texte

Vous avez deux manières de changer la mise en forme de votre texte :

- Sélectionner une commande de mise en forme, puis taper le texte. Tout le texte que vous tapez apparaît avec la mise en forme préalablement sélectionnée.

- Saisir le texte, puis sélectionner le bloc et lui appliquer la mise en forme voulue. Cette technique est plus indiquée lorsque vous êtes concentré sur une idée. Vous pouvez mettre en forme votre texte après l'avoir saisi.

Vous pouvez utiliser ces deux méthodes pour composer votre texte dans votre document. Il est parfois plus pratique de choisir une commande de mise en forme et de taper le texte dans ce format. Dans d'autres circonstances, vous préférerez relire votre document pour y sélectionner les différents éléments auxquels vous voulez appliquer différentes mises en forme.

Pour en savoir plus sur la sélection de blocs de texte, reportez-vous au Chapitre 6.

Changer la police

L'un des côtés amusants de Word est sa capacité d'utiliser un grand nombre de polices différentes. Bien sûr, vous pouvez mettre du texte en gras ou en italique, le souligner, en changer la taille, etc., mais la possibilité de choisir la police au gré de votre fantaisie porte votre liberté d'expression à un tout autre niveau.

Pour choisir une police, suivez ces étapes :

1. **Ouvrez la liste déroulante Police.**

   Cliquez sur la flèche pointant vers le bas du champ Police, pour faire apparaître une liste semblable à celle de la Figure 11.1.

Figure 11.1 La liste déroulante Police.

2. **Faites défiler la liste jusqu'à la police que vous voulez.**

   Les polices apparaissent par leur nom, elles sont triées par ordre alphabétique, et chaque nom est affiché dans le style de la police correspondante (Figure 11.1).

3. **Cliquez sur une police pour la sélectionner.**

Tout ce que vous tapez après avoir sélectionné une nouvelle police apparaît à l'écran dans cette police, et sera imprimé de même. Si vous sélectionnez un bloc de texte avant de choisir une police, il prend la police que vous sélectionnez.

- Le champ Police indique la police que vous êtes en train d'utiliser, c'est-à-dire là où se trouve le curseur dans votre document. Normalement, c'est Times New Roman qui est la police par défaut de Word. Si vous en sélectionnez une autre, c'est son nom qui apparaît alors dans le champ Police.
- Si vous connaissez le nom de la police que vous voulez utiliser, vous pouvez gagner du temps en tapant celui-ci dans le champ Police dans la barre d'outils. Dans certains cas, il suffit de taper les premières lettres de ce nom pour que Word complète automatiquement le reste. Par exemple, vous pouvez taper **co** pour sélectionner la police Courier New.
- Les polices font partie de Windows, et non de Word. Elles sont installées dans le dossier Polices, directement accessible par son raccourci dans le Panneau de configuration (ça n'a rien de difficile). Il existe des milliers de polices disponibles pour Windows, qui fonctionnent dans toutes les applications Windows.

Mise en forme élémentaire des caractères

Une fois que vous avez choisi une police, les mises en forme les plus élémentaires que vous pouvez appliquer à votre texte sont **Gras**, *Italique* et <u>Souligné</u>. Elles sont rendues particulièrement faciles à utiliser par des boutons dans la barre d'outils et des raccourcis clavier.

Pour mettre du texte en **gras**, appuyez sur Ctrl+B ou utilisez le bouton Gras de la barre d'outils.

Utilisez le **gras** pour le texte que vous voulez faire ressortir sur la page (par exemple pour les titres et les légendes) ou pour mettre en évidence ce qui a une importance particulière.

TRUC

Réutiliser rapidement une police

La liste Police peut devenir longue, proportionnellement au nombre de polices que vous avez installées dans Windows. Heureusement, Word se souvient des quelques dernières polices que vous avez récemment sélectionnées dans la liste Police. Elles apparaissent tout en haut de la liste, comme le montre la figure ci-après. Si vous voulez réutiliser dans un document une police que vous y avez déjà utilisée, allez directement en haut de la liste pour y sélectionner celle que vous voulez.

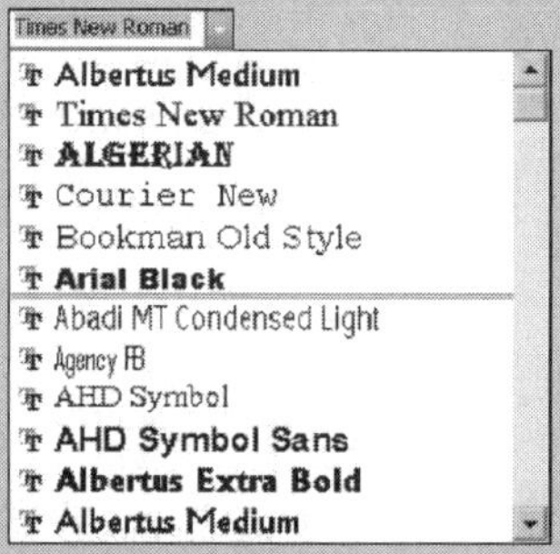

Par exemple, cette figure montre que les polices Garamond, Courier New et Times New Roman ont été récemment sélectionnées. Comme elles apparaissent maintenant en haut de la liste, il est facile de les sélectionner à nouveau.

I Pour mettre du texte en *italique*, appuyez sur Ctrl+I ou utilisez le bouton Italique de la barre d'outils.

L'*italique* est un autre moyen de mettre du texte en évidence, aujourd'hui préféré au soulignement. L'italique est léger, il a quelque chose de poétique et il dégage une impression de liberté.

S Pour souligner du texte, appuyez sur Ctrl+U ou utilisez le bouton Souligné de la barre d'outils.

Le texte souligné est un héritage de l'époque des machines à écrire. Dans la plupart des cas, le soulignement peut être avantageusement remplacé par l'italique. On dira ce qu'on voudra, *Crime et Châtiment* c'est mieux que <u>Crime et Châtiment</u>.

- Une mise en forme de caractères n'affecte que le texte sélectionné ou celui que vous tapez.

- Pour désactiver un attribut de texte, utilisez à nouveau la même commande. Par exemple, pour taper quelque chose en italique, appuyez sur Ctrl+I. Pour revenir au texte normal, appuyez à nouveau sur Ctrl+I.

- Vous pouvez combiner différentes mises en forme de caractères. Le texte peut être à la fois en gras et souligné, ou en gras et en italique. Vous pouvez avoir à sélectionner plusieurs commandes de mise en forme de caractères avant de taper votre texte, par exemple Ctrl+B, Ctrl+I et Ctrl+U si vous voulez du texte à la fois en gras, en italique et en souligné. Pour revenir à du texte normal, il vous faudra sélectionner à nouveau toutes ces commandes.

- Pour appliquer à un seul mot une mise en forme de texte, placez le curseur dans ce mot et sélectionnez la commande de mise en forme correspondante. Par exemple, si vous placez le curseur dans le mot *incrédule* et appuyez sur Ctrl+I (ou si vous cliquez sur le bouton Italique dans la barre d'outils), le mot est mis en italique.

- Les outils Gras, Italique et Souligné de la barre d'outils peuvent vous montrer les attributs de mise en forme qui sont appliqués à votre texte. Par exemple, lorsque le curseur se trouve dans un mot en gras, le bouton G (Gras) de la barre d'outils apparaît en creux.

Exemple : mettre du texte en italique

Pour mettre du texte en italique, suivez ces étapes :

1. **Appuyez sur Ctrl+I.**

   Vous êtes en mode Italique (vous pouvez aussi cliquer sur le bouton Italique dans la barre d'outils).

2. **Saisissez autant de texte que vous voulez.**

   Contemplez votre texte apparaissant en italique sur l'écran.

3. **Une fois que vous avez terminé, appuyez sur Ctrl+I.**

   Le mode Italique est désactivé (vous pouvez aussi cliquer à nouveau sur le bouton Italique dans la barre d'outils).

L'ennuyeuse différence entre une police grasse et du texte en gras

Il y a des polices grasses et il y a du texte en gras. Par exemple, ce que vous lisez en ce moment est en police Arial, que vous pouvez mettre en gras en appuyant sur Ctrl+B, et ceci est en Arial Black, qui est une police grasse. Quelle est la différence ?

La différence entre une police grasse et la commande Gras est qu'une police grasse est conçue pour être en gras. Elle se présente mieux à l'écran que lorsqu'elle est imprimée. Quand vous utilisez la commande Gras pour mettre du texte en gras, vous demandez à Windows de redessiner la police correspondante, pour la rendre plus grasse. Bien que cette méthode fonctionne, le résultat n'est pas aussi satisfaisant que ce que l'on obtient avec une police grasse.

Naturellement, il est plus facile d'utiliser la commande Gras que de changer de police au milieu d'un paragraphe. Mais, si vous le pouvez, utilisez plutôt une police grasse pour des titres, des en-têtes, des légendes ou des passages de texte de longueur significative. La commande Gras convient pour mettre un mot en gras au milieu d'une phrase, mais une police grasse a toujours un meilleur aspect.

- Ce serait la même chose avec n'importe quelle commande de mise en forme de texte (ou bouton de la barre d'outils) : Ctrl+B pour Gras ou Ctrl+U pour Souligné.
- Si le texte que vous voulez mettre en italique est déjà à l'écran, vous devez le sélectionner avant d'appuyer sur Ctrl+I ou de cliquer sur le bouton.

Tour d'horizon des attributs de texte

Le gras, l'italique et le soulignement sont les mises en forme les plus courantes que l'on puisse appliquer à un caractère. Word dispose toutefois d'un jeu d'attributs bien plus vaste que vous pouvez appliquer à votre texte. Le Tableau 11.1 montre un bon nombre d'entre eux.

L'application de l'un des formats montrés Tableau 11.1 est un jeu d'enfant. Suivez simplement les instructions de la section précédente, "Exemple : mettre

Tableau 11.1 : Commandes et exemples de mise en forme.

Raccourci clavier	Mise en forme
Ctrl+Maj+A	MAJUSCULES
Ctrl+B	**Gras**
Ctrl+Alt+U	Soulignement double
Ctrl+Maj+U	Texte masqué (il ne s'affiche pas)
Ctrl+I	*Italique*
Ctrl+Maj+K	PETITES MAJUSCULES
Ctrl+U	Soulignement continu
Alt+Maj+U	Soulignement par mot
Ctrl+=	indice
Ctrl+Maj+=	exposant

du texte en italique", en remplaçant simplement le raccourci clavier par celui indiqué dans le tableau.

- Accordez une attention particulière au soulignement par mot et au soulignement continu. Il y a des gens qui apprécient l'un et détestent l'autre. Si vous préférez ne souligner que les mots, souvenez-vous d'utiliser Alt+Maj+U au lieu de Ctrl+U.

- Le texte masqué, à quoi ça sert ? C'est à vous, l'auteur, que c'est utile, pour mettre dans le texte certaines indications qui ne sont destinées qu'à vous-même et qui n'apparaîtront pas dans le document imprimé. Pour rechercher du texte masqué, vous devez utiliser la commande Rechercher (dont nous avons parlé au Chapitre 5) en spécifiant l'attribut Texte masqué. Il faut pour cela cliquer sur le bouton Format, sélectionner Police, puis cocher la case Texte masqué.

- Après avoir masqué du texte, il est judicieux de l'afficher de nouveau. Il suffit de décocher l'option Masqué de la boîte de dialogue Police.

Grandes lettres, petites lettres : la taille du texte

Les attributs (gras, italique, soulignement, et ainsi de suite) ne représentent que la moitié des mises en forme de caractères disponibles. L'autre moitié concerne la taille du texte. En utilisant ces mises en forme, vous pouvez rendre votre texte minuscule aussi bien qu'énorme, comme ça vous chante.

Avant d'entrer dans le vif du sujet, vous devez connaître l'unité de mesure typographique officielle pour la taille du texte : c'est le *point*. C'est l'unité qu'utilise Word. Un point vaut 1/72 pouce, soit 0,3528 mm, sachant qu'un pouce vaut 25,4 mm.

- Plus la taille exprimée en points est grande, plus le texte est grand.
- Le texte d'usage courant a généralement une taille de 10 à 12 points.
- Les titres ont généralement une taille de 14 à 24 points.
- La majeure partie des polices peuvent recevoir une taille allant de 1 à 1 638 points. Les caractères de taille inférieure à 6 points sont généralement trop petits pour qu'une personne d'acuité visuelle normale puisse les lire.
- Une taille de 72 points correspond à des caractères de un pouce de haut (25,4 mm).
- L'auteur de ce livre mesure 5 112 points.

Spécifier la taille de votre texte

La taille du texte se définit dans le champ Taille de la police, dans la barre d'outils (juste à côté du champ Police). Cliquez sur la flèche pointant vers le bas dans ce champ : une liste de tailles apparaît, comme le montre la Figure 11.2.

La taille choisie s'applique à tout bloc sélectionné à l'écran. Si rien n'est sélectionné, elle s'applique à partir de la position du curseur, et ce que vous tapez apparaît dans la taille correspondante.

Voici certaines choses à retenir sur le choix de la taille des polices :

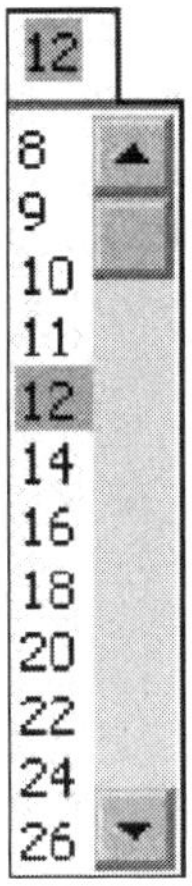

Figure 11.2 Sélectionnez une taille de police dans cette liste.

- Le raccourci clavier qui permet d'accéder au champ Taille de police est Ctrl+Maj+E.
- Vous pouvez saisir une taille spécifique dans ce champ. C'est le seul moyen d'utiliser des polices d'une taille de 10.5, 11.5, etc.
- Un plus grand nombre de points donne un texte plus grand.

Rendre le texte plus grand ou plus petit

Quelques raccourcis permettent d'agrandir ou de réduire instantanément un bloc de texte sélectionné. Les deux plus utilisés sont :

Ctrl+Maj+<	Réduit d'un point la taille du texte.
Ctrl+Alt+Maj+<	Augmente d'un point la taille du texte.

Il faut dire que ces deux raccourcis sont l'adaptation quelque peu bancale des raccourcis conçus pour le clavier américain, avec lequel ils sont logiques, faciles à retenir et faciles à utiliser. Ce n'est pas vraiment le cas avec le clavier français, mais si le cœur vous en dit, vous pouvez toujours essayer.

Ces commandes affectent le bloc de texte sélectionné à l'écran. Si rien n'est sélectionné, elles s'appliquent à partir de la position du curseur, donc pour ce que vous allez taper à partir de là.

Mettre du texte en indice ou en exposant

Le texte en *exposant* est placé plus haut que la base de la ligne (par exemple, le 10 dans 2^{10}). Le texte en indice est placé plus bas que la base de la ligne (par exemple, le 2 dans H_2O). Voici les deux raccourcis que vous pouvez utiliser :

Ctrl+Maj+=	Met le texte en exposant.
Ctrl+=	Met le texte en indice.

"=" est la touche du signe égal de votre clavier.

Si vous avez souvent besoin de mettre du texte en indice ou en exposant, vous pouvez utiliser ces commandes au fil de la frappe. Dans des circonstances normales, je vous recommande toutefois de commencer par taper votre texte, puis de sélectionner le texte à mettre en indice ou en exposant pour lui appliquer la commande correspondante. La raison en est que le texte mis en forme de cette façon est plus petit et difficile à relire et à modifier. Mieux vaut appliquer la mise en forme après avoir relu et vérifié.

Annuler un ensemble de mises en forme

Il pourra vous arriver d'alourdir votre texte avec tant de commandes de mise en forme que l'annulation de toutes ces commandes l'une après l'autre serait un exercice remarquablement fastidieux. Plutôt que d'effacer votre texte et de tout recommencer, vous pouvez utiliser une commande d'annulation de mises en forme simple et globale. Cette commande s'appelle Police par défaut, et son raccourci clavier est Ctrl+Barre d'espace.

Ainsi, si une mise en forme vous paraît trop lourde, sélectionnez le texte correspondant et appuyez sur Ctrl+Barre d'espace. Toute la mise en forme disparaît d'un coup, et le texte se retrouve dans le style de paragraphe qui lui est appliqué.

- Il y a pour cette commande un autre raccourci clavier facile à retenir : Ctrl+Maj+Z. Vous vous souvenez sans doute que Ctrl+Z est le raccourci de la commande Annuler. Il ne reste qu'à se souvenir d'ajouter la touche Maj pour annuler toutes les mises en forme du texte sélectionné.

NOTE TECHNIQUE

- D'un point de vue technique, la commande Ctrl+Barre d'espace restaure la mise en forme du *style de paragraphe* dans lequel se trouve le texte sélectionné. Ainsi, si le style correspondant est en Times New Roman 12 points, le texte sélectionné sera mis à nouveau dans cette police et dans cette taille lorsque vous appuierez sur Ctrl+Barre d'espace. Pour en savoir plus sur les styles de Word, reportez-vous au Chapitre 16.

Utiliser la boîte de dialogue Police

Il y a dans Word un endroit où toutes vos mises en forme sont tenues à jour de façon claire et nette. C'est la boîte de dialogue Police (Figure 11.3).

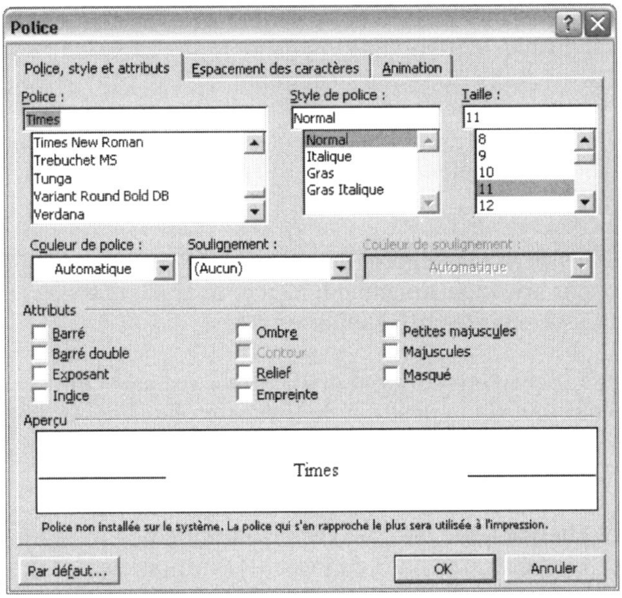

Figure 11.3 La belle organisation de la boîte de dialogue Police.

Pour la faire apparaître, sélectionnez Format/Police dans la barre de menus. Le raccourci clavier est Ctrl+D.

Sachez-le, cette boîte de dialogue n'est pas faite pour les timides. On peut y faire toutes sortes de choses excitantes et exotiques, dont la majeure partie peut être réalisée autrement, comme vous le montre ce chapitre. Mais lorsque vous voulez tout faire en même temps, c'est l'endroit où aller. Vous pouvez y modifier en même temps la police, la taille, les attributs de texte – tout ce que vous voulez.

Veuillez noter la très jolie fenêtre d'aperçu en bas de la boîte de dialogue. Elle vous permet de visualiser l'effet sur votre texte de ce que vous sélectionnez.

L'un de mes passe-temps est de sélectionner successivement toutes les polices de la liste pour voir dans la fenêtre d'aperçu à quoi elles ressemblent dans la taille sélectionnée.

Ce que vous sélectionnez dans la boîte de dialogue Police s'applique à tout bloc de texte sélectionné à l'écran ou à partir de la position du curseur, dès que vous cliquez sur OK.

Une fois défini ce que vous vouliez, cliquez sur OK. Si vous ne faisiez que jeter un coup d'œil, cliquez sur Annuler.

- Le plus gros avantage de la boîte de dialogue Police est la fenêtre d'aperçu qu'elle contient. Elle vous montre exactement l'effet sur votre texte des attributs que vous sélectionnez.
- Notez que l'attribut de soulignement est à sélectionner dans la liste déroulante Soulignement. Word peut appliquer différents types de soulignement.
- Essayez les attributs Relief et Empreinte ! Mais, par égard pour tous ceux qui devront lire votre document, n'en abusez pas. Gardez les effets un peu fantaisie pour les titres et les en-têtes.
- L'onglet Espacement contient des options avancées qui permettent de modifier la taille et la position du texte sur une ligne. Ces options peuvent être les bienvenues pour un texte particulier, comme un titre, mais, là aussi, n'en abusez pas.
- L'onglet Effet de texte offre un certain nombre de jouets intéressants à essayer, bien que la plupart de ces effets n'apparaissent que dans une page Web (à moins que vous n'ayez l'intention de faire marcher des fourmis sur une feuille de papier).

Changer la police par défaut

Je déteste le mot *défaut*, mais l'industrie informatique ne m'écoute jamais. Ainsi, Word utilise la police Times New Roman 12 points par défaut.

Si vous préférez une autre police par défaut, voici comment l'indiquer à Word :

1. **Cliquez sur Format/Police.**
2. **Choisissez la police (et ses attributs) à utiliser par défaut.**

   Par exemple, sélectionnez la police Verdana d'une taille de 14 points.

3. **Cliquez sur le bouton Par défaut.**

   Le Compagnon Office demande confirmation de cette prise de décision.

4. **Cliquez sur Oui.**

Votre nouvelle police par défaut apparaîtra dans le prochain nouveau document que vous créerez dans Word.

Une autre manière de voir la boîte de dialogue Police

Vous pouvez accéder à la boîte de dialogue Police via la boîte de dialogue Rechercher. Dans cette dernière, cliquez sur le bouton Plus (voir le Chapitre 5), puis sur le bouton Format et enfin sur l'option Police. A partir de là, vous pouvez effectuer une recherche de mise en forme spécifique dans vos documents.

Par exemple, vous rechercherez tout texte écrit en exposant en choisissant cet attribut dans la boîte de dialogue Police affichée via la boîte de dialogue Rechercher.

Pour plus d'informations sur les techniques de recherche, consultez le Chapitre 5.

Mettre en majuscules ou en minuscules

En langage typographique, on parle de "haut de casse" pour les majuscules et de "bas de casse" pour les minuscules (en anglais *upper case* et *lower case*). Pour mettre en majuscules du texte en minuscules, ou l'inverse, on parle donc de "changer la casse". Bien que ces effets ne soient normalement pas considérés comme faisant partie de la mise en forme, les petits génies de Word chez Microsoft ont trouvé de la place dans leur sac à malices pour un raccourci clavier qui vous permet de changer la casse de votre texte avec deux doigts : Maj+F3

Cette commande s'applique à tout bloc de texte sélectionné ou à partir de la position du curseur.

Si vous appuyez une fois sur Maj+F3, c'est la première lettre de chaque mot qui est mise en majuscule. Si vous appuyez encore une fois sur Maj+F3, alors c'est tout le texte auquel s'applique la commande qui est mis en majuscules.

Appuyez encore une fois sur Maj+F3, et tout le texte se retrouve en minuscules, et ainsi de suite.

Bien que je préfère utiliser Maj+F3, il y a aussi la commande Format/Modifier la casse. Cette commande fait apparaître la boîte de dialogue Modifier la casse (Figure 11.4) qui vous permet de choisir la combinaison exacte que vous voulez pour votre texte.

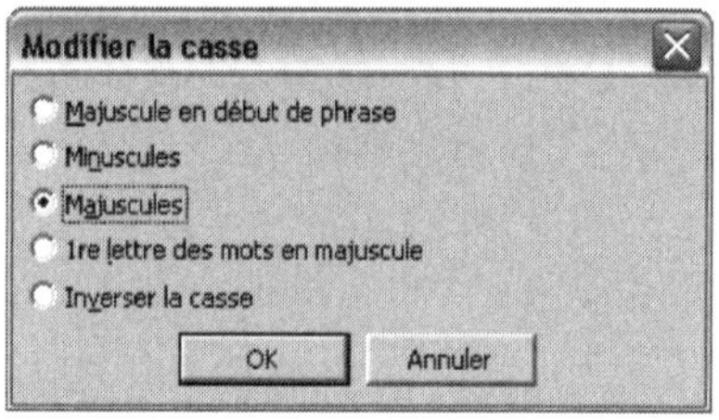

Figure 11.4 La boîte de dialogue Modifier la casse.

Ce que vous sélectionnez dans la boîte de dialogue Modifier la casse s'applique à tout bloc de texte sélectionné ou à partir de l'emplacement du curseur.

Chapitre 12

Mettre en forme des paragraphes

Dans ce chapitre :

- Justifier des paragraphes.
- Changer l'interlignage.
- Faire de la place entre les paragraphes.
- Mettre un paragraphe en retrait.
- Appliquer un retrait négatif.
- Mettre un paragraphe en retrait à droite et à gauche.
- Utiliser la règle.
- Guide de survie pour la mise en forme des paragraphes.

Est-ce que vous voulez être vraiment cool ? Alors, au lieu de dire "paragraphe", dites "graphe". On raconte que c'est ce que font les typographes branchés. Apparemment, ils n'ont pas le temps de prononcer les deux premières syllabes du mot. Pensez au temps que ça leur fait gagner ! La mise en forme des caractères est plus élaborée que la mise en forme des paragraphes. Il n'y a pas tellement de choses à faire avec un paragraphe. Vous l'alignez à droite ou à gauche, ou vous le centrez, et puis vous ajustez le retrait et l'interlignage. C'est à peu près tout. Word fait de son mieux pour vous aider à travailler avec les paragraphes aussi facilement que possible. Ce chapitre va vous montrer toutes les astuces.

Techniques de mise en forme de paragraphe

Il existe plusieurs manières de mettre en forme un paragraphe dans Word :

- Utiliser une commande de mise en forme de paragraphe, puis taper un nouveau paragraphe dans cette mise en forme.
- Utiliser une commande de mise en forme pour mettre en forme un paragraphe existant (en plaçant le curseur dans le paragraphe avant d'exécuter la commande).
- Utiliser une commande de mise en forme sur un ensemble de paragraphes sélectionnés pour leur appliquer à tous une même mise en forme.

Quelle que soit la méthode que vous choisissez, gardez à l'esprit qu'une commande de mise en forme de paragraphe ne s'applique qu'à des paragraphes, et non à des phrases ou à des mots. Bien sûr, rien ne vous empêche d'avoir un paragraphe qui ne fait qu'une phrase ou un mot.

- Pour en savoir plus sur la sélection de blocs de texte, reportez-vous au Chapitre 6.
- Pour faire d'un simple mot un paragraphe, appuyez sur Entrée pour commencer un nouveau paragraphe, tapez le mot, puis appuyez à nouveau sur Entrée pour terminer le paragraphe.
- N'OUBLIEZ PAS — Souvenez-vous : un *paragraphe* est un élément de texte qui se termine lorsque vous appuyez sur la touche Entrée (ce qui marque le début d'un autre).
- Si vous voulez appliquer une mise en forme à certains caractères ou à certains éléments du texte d'un paragraphe, reportez-vous au Chapitre 11.
- Vous pouvez mettre en forme d'un coup tous les paragraphes d'un document si vous commencez par sélectionner tout le document. Sélectionnez Éditions/Sélectionner tout ou appuyez sur Ctrl+A.
- TRUC — Si vous voulez voir le symbole de la touche Entrée (¶) à la fin de chaque paragraphe, sélectionnez Outils/Options. Cliquez sur l'onglet Affichage. Dans la deuxième zone de cet onglet (Marques de format), sélectionnez Marques de paragraphe. Cliquez sur OK. Maintenant, chaque fois que vous appuierez sur Entrée, un symbole ¶ marquera la fin du paragraphe (beaucoup d'utilisateurs de Word préfèrent travailler de cette façon).

Justification et alignement des paragraphes

L'alignement d'un paragraphe n'a rien de politique, et la justification ne consiste pas à justifier de la mise en forme spécifique d'un paragraphe. Ces deux termes envisagent l'aspect d'un paragraphe sur une page. Il y a quatre possibilités : Aligné à gauche, Aligné à droite, Centré et Justifié.

Dans toutes les langues qui s'écrivent de gauche à droite, l'usage le plus courant est d'aligner les paragraphes à gauche. C'est ce que faisait nécessairement une machine à écrire : tout le côté gauche du texte (le début de chaque ligne) est proprement aligné sur la marge gauche, alors que le côté droit est irrégulier, chaque ligne se terminant où elle peut, selon la longueur des mots qu'elle contient.

- Word n'a pas d'option "Aucun alignement". Pour annuler une mise en forme, choisissez le type d'alignement par défaut de Word, c'est-à-dire Aligné à gauche.

- Utilisez aussi la boîte de dialogue Paragraphe pour aligner les paragraphes. Cliquez sur Format/Paragraphe. Choisissez une option dans la liste Alignement.

Aligner à gauche

Dans l'univers de Word, l'alignement à gauche est la nature même d'un texte. C'est une notion qui découle des machines à écrire traditionnelles avec lesquelles les textes étaient systématiquement alignés à gauche.

Pour aligner à gauche un paragraphe, placez le curseur dedans et cliquez sur le bouton Aligné à gauche dans la barre d'outils, ou appuyez sur Ctrl+Maj+G. C'est également le seul moyen d'annuler d'autres alignements.

Tout centrer

Un texte centré apparaît au centre de la page

Dans un paragraphe centré, chaque ligne est placée à égale distance des marges gauche et droite de la page.

Centrer un paragraphe est une mise en forme qui convient très bien pour les titres et les en-têtes. On peut aussi l'utiliser pour des raisons esthétiques, mais le résultat n'est pas très facile à lire si le paragraphe est un peu long.

Pour centrer un paragraphe, placez le curseur dedans et cliquez sur le bouton Au centre de la barre d'outils, ou appuyez sur Ctrl+E.

Vous pouvez saisir directement un mot au centre d'une ligne en insérant une tabulation centrale. Reportez-vous au Chapitre 13.

Aligner à droite

Dans un paragraphe aligné à droite, tout le côté droit du paragraphe est proprement aligné sur la marge droite de la page. Le côté gauche du paragraphe est irrégulier. Cette mise en forme peut s'utiliser pour des légendes d'illustrations, pour des citations, parfois pour des titres, ou, d'une façon générale, pour un court paragraphe que l'on veut distinguer du texte ordinaire pour une raison quelconque.

Pour aligner à droite un paragraphe, placez le curseur dedans et cliquez sur le bouton Aligné à droite dans la barre d'outils ou appuyez sur Ctrl+R.

- Vous pouvez justifier à droite un texte sur une seule ligne en plaçant une tabulation droite. Consultez le Chapitre 13 pour de plus amples informations.

- Lorsque vous alignez un texte à droite, les caractères s'inscrivent de droite à gauche.

Justification totale !

Enfin, il y a la justification, avec laquelle les côtés gauche et droit du paragraphe sont proprement alignés, à une distance constante des marges. C'est la mise en forme habituelle des livres, des journaux et des magazines, qui rend le texte plus agréable à lire. L'alignement de chaque côté est obtenu par l'ajustement dans chaque ligne de la longueur des espaces entre les mots, ce qui permet d'obtenir des lignes de longueur constante.

Pour justifier un paragraphe, placez le pointeur dedans et cliquez sur le bouton Justifié dans la barre d'outils ou appuyez sur Ctrl+J.

Aérer verticalement votre texte

Vous disposez de deux moyens d'ajouter de l'espace verticalement dans votre texte. Le premier consiste à augmenter l'interlignage dans les paragraphes ; le second à ajouter de l'espace avant ou après chaque paragraphe.

Comme pour toute mise en forme de paragraphe, la modification de l'interlignage s'applique au paragraphe en cours (celui dans lequel se trouve le curseur) ou à tous les paragraphes d'un bloc de texte sélectionné.

Modifier l'interlignage

Modifier l'espacement entre les lignes consiste à insérer un espace vierge entre *toutes* les lignes de texte d'un paragraphe (ou tous les paragraphes d'un bloc).

Il existe des raccourcis clavier pour les trois interlignages les plus couramment utilisés : interligne simple, interligne double et interligne de 1,5 ligne.

- Pour mettre un paragraphe (où tous les paragraphes d'un bloc) en interligne simple, appuyez sur Ctrl+1.
- Pour mettre un paragraphe (où tous les paragraphes d'un bloc) en interligne double, appuyez sur Alt+Maj+L.
- Pour obtenir un interlignage de 1,5 ligne, appuyez sur Ctrl+5.

L'interlignage permet d'ajuster la présentation visuelle du document définitif, mais pour tous les états intermédiaires, il permet de faciliter la relecture et la correction du texte. Vous pouvez même utiliser pour cela un triple interlignage.

- Ctrl+5 donne un interligne d'une ligne et demie et non de cinq lignes.
- Pour le raccourci Ctrl+5, n'utilisez pas la touche 5 du pavé numérique, car c'est le raccourci qui sélectionne tout le texte de votre document. Utilisez la touche 5 qui se trouve au-dessus du R et du T dans le clavier principal.

Modifier rapidement l'interlignage

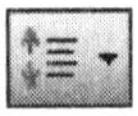

Il y a dans la barre d'outils Mise en forme un bouton qui permet de modifier rapidement l'interlignage. Si vous cliquez dessus, vous voyez apparaître un menu (Figure 12.1) proposant différentes options d'interlignage. Après avoir placé le curseur dans le paragraphe concerné, sélectionnez simplement dans ce menu la valeur d'interlignage qui vous convient.

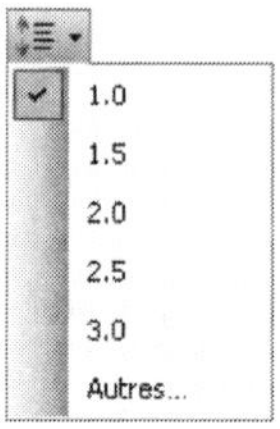

Figure 12.1 Sélectionnez un interlignage dans ce menu.

Définir un interlignage spécifique

Un lecteur courageux, Robert J., m'a fait remarquer que Word est capable de définir des interlignages à d'autres intervalles que 1, 1,5, 2, et ainsi de suite. Ainsi, si vous voulez resserrer du texte sur une page, vous pouvez sélectionner tous les paragraphes et spécifier un interlignage de 0,9. Et si vous voulez aérer, mais pas trop, vous pouvez spécifier 1,2. Il vous faut pour cela utiliser la boîte de dialogue Paragraphe :

1. **Sélectionnez Format/Paragraphe dans la barre de menus.**

   La boîte de dialogue Paragraphe apparaît (Figure 12.2).

2. **Dans la liste déroulante Interligne, sélectionnez Multiple.**

3. **Dans le champ de la valeur de l'interligne, spécifiez la valeur que vous voulez.**

   Par exemple, 2 correspond à un double interligne et 2,5 à deux espaces et demi entre chaque ligne. Vous pouvez entrer la valeur que vous voulez à partir de 0,1. Des valeurs comme 0,9 ou 0,8 permettent vraiment d'obtenir des paragraphes un peu plus denses.

4. **Cliquez sur OK.**

L'interlignage que vous venez de définir s'applique au paragraphe dans lequel se trouve le curseur, ou à tous les paragraphes d'un bloc de texte sélectionné.

La boîte de dialogue Paragraphe contient pas mal de choses. Nous allons les décrire dans les sections qui suivent.

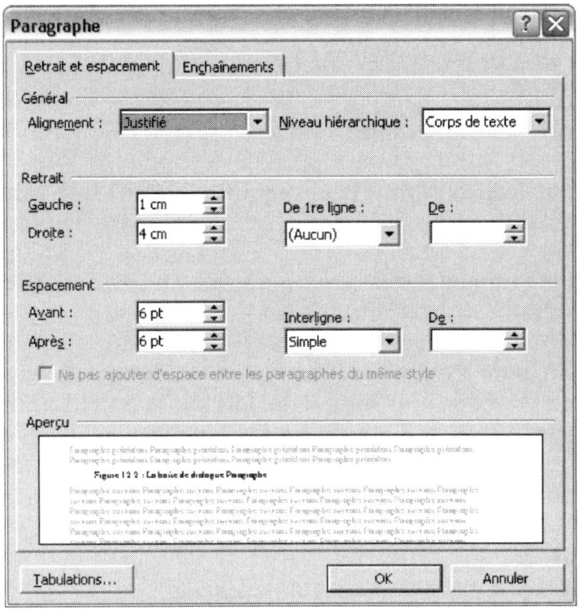

Figure 12.2 La boîte de dialogue Paragraphe.

Mettre un peu d'air entre les paragraphes

Il y a des gens (c'est mon cas) qui ont l'habitude de faire un double retour chariot, c'est-à-dire d'appuyer deux fois de suite sur la touche Entrée à la fin de chaque paragraphe, alors qu'il suffit d'appuyer une fois. À l'ère du traitement de texte, c'est une mauvaise habitude héritée de l'époque des machines à écrire.

Si vous voulez un peu d'espace entre vos paragraphes, il vous suffit de le demander à Word. Voici comment faire :

1. **Placez le curseur dans le paragraphe concerné, ou sélectionnez un ensemble de paragraphes.**

   L'espace peut être ajouté au-dessus ou au-dessous du paragraphe, ou les deux.

2. **Sélectionnez Format/Paragraphe.**

   La boîte de dialogue Paragraphe apparaît (Figure 12.2).

Si l'onglet Retrait et espacement n'est pas déjà au premier plan, cliquez dessus ou appuyez sur Alt+R.

C'est dans cet onglet, dans la zone Espacement, que vous pouvez définir l'espace entre les paragraphes.

3. **Pour définir l'espace avant le paragraphe, entrez une valeur dans le champ Avant.**

4. **Pour définir l'espace après le paragraphe, entrez une valeur dans le champ Après.**

   Par exemple, pour ajouter un espace après chaque paragraphe (comme ce que l'on obtient en appuyant deux fois sur la touche Entrée), cliquez deux fois sur la flèche pointant vers le haut dans le champ Après. La valeur obtenue, 12 points, correspond sensiblement à la hauteur d'une ligne blanche après le paragraphe.

5. **Cliquez sur OK.**

   L'espacement du paragraphe (ou des paragraphes) est modifié.

- Pour ajouter une ligne blanche entre deux paragraphes, suivez ces étapes en sélectionnant 12 points dans le champ Après.
- L'ajout d'espace avant ou après un paragraphe n'est pas la même chose que d'augmenter l'interlignage du texte dans un paragraphe. La spécification de l'espace avant ou après un paragraphe n'a aucun effet sur l'interlignage du texte.
- Quel espacement faut-il utiliser, Avant ou Après ? Personnellement, je trouve préférable d'ajouter de l'espace à la fin des paragraphes, donc d'utiliser le champ Après. Je n'utilise le champ Avant que si je veux vraiment séparer quelque chose du paragraphe précédent (ce qui est rare).
- Ajouter un espace avant et après un paragraphe ne revient pas à insérer un double interligne dans le paragraphe. L'espacement ne modifie aucunement l'interlignage.

Modifier le retrait d'un paragraphe

Word vous donne toute liberté pour mettre en retrait vos paragraphes.

Que signifie pt ?

L'espace inséré par Word entre les paragraphes est mesuré en *points*. C'est une unité de mesure typographique. Si vous vous êtes déjà intéressé à la taille d'une police de caractères (voyez le Chapitre 11), vous savez ce que sont les points, bien que le menu Taille de la police n'utilise pas l'abréviation pt.

Il y a 72 points dans un pouce, et un pouce fait 25,4 mm. Un point fait donc 0,3528 mm. Comme il est courant d'utiliser une police de 12 points pour le corps du texte, un espace de 12 points entre deux paragraphes revient à insérer une ligne blanche. Un espace de 6 points correspond sensiblement à la hauteur d'une demi-ligne de texte.

Les champs de la boîte de dialogue Paragraphes vous permettent de spécifier des valeurs en utilisant les flèches plutôt que de les taper. Si vous cliquez sur la flèche pointant vers le haut ou vers le bas dans un champ, vous augmentez ou diminuez l'espacement par incrément de 6 points. Si vous avez besoin d'une valeur plus précise, vous pouvez la saisir directement dans le champ.

Peut-être en êtes-vous encore à utiliser la touche Tab pour mettre en retrait vos paragraphes. Je ne veux pas vous snober, mais il y a un meilleur moyen : le faire faire automatiquement par Word.

Les sections suivantes présentent plusieurs options de mise en retrait.

Pour distinguer un paragraphe d'un autre, Word dispose de deux méthodes. La première, dont nous avons parlé plus haut, consiste à espacer les paragraphes, et la seconde à mettre en retrait la première ligne de chaque paragraphe.

Mettre en retrait automatiquement la première ligne d'un paragraphe

Il n'est pas nécessaire d'appuyer sur la touche Tab au début de chaque paragraphe. Word se charge d'obtenir le même résultat pour vous.

1. **Sélectionnez Format/Paragraphe.**

   La boîte de dialogue Paragraphe apparaît. Si nécessaire, cliquez sur l'onglet Retrait et espacement (Figure 12.2).

2. **Ouvrez la liste déroulante De 1ère ligne.**

   Elle est dans la zone Retrait de la boîte de dialogue.

3. **Sélectionnez Positif dans la liste.**

4. **Dans le champ De, entrez la valeur du retrait voulu.**

   La valeur par défaut est ici 1,27 cm (soit un demi-pouce) qui est la valeur de la mise en retrait de la première ligne du paragraphe. Si vous voulez augmenter ou réduire ce retrait, entrez une autre valeur (l'unité de mesure est ici le centimètre et non le point).

5. **Cliquez sur OK.**

   La première ligne du paragraphe dans lequel se trouve le curseur (ou de tous les paragraphes du bloc de texte sélectionné) est automatiquement mise en retrait de la valeur spécifiée.

Pour supprimer la mise en retrait automatique de la première ligne d'un paragraphe, répétez ces étapes, mais en sélectionnant (Aucun) dans la liste déroulante à l'étape 3, puis cliquez sur le bouton OK.

Il existe deux manières de bien distinguer les paragraphes les uns des autres dans un document : la première consiste à ajouter un espace entre chaque paragraphe ; la seconde à mettre en retrait chaque paragraphe.

Définir un retrait négatif

Un retrait *négatif* est tout simplement l'inverse du retrait *positif* que nous venons de présenter dans la section précédente. C'est un paragraphe dans lequel le début de la première ligne reste à sa place normale alors que ce sont les lignes suivantes qui sont mises en retrait, comme ceci :

Les Martiens auraient débarqué. Selon M. Duflon, de Vert-le-Grand, informaticien indépendant spécialiste de Word, une vaste flotte d'objets volants présentant toutes les caractéristiques bien connues des soucoupes volantes aurait débarqué hier soir dans le champ qui se trouve derrière sa maison. Les voisins de M. Duflon assurent que son gagne-pain lui donne des hallucinations, mais l'intéressé persiste et signe.

Pour créer un tel animal, quelles que soient les raisons qui vous poussent à ce vice, suivez ces étapes :

1. **Placez le curseur dans le paragraphe voulu.**

   Vous pouvez aussi placer le curseur à l'endroit où vous voulez commencer un nouveau paragraphe avec un retrait négatif. Vous pouvez également sélectionner un bloc de texte. Maintenant, vous avez l'habitude.

2. **Appuyez sur Ctrl+T (c'est le raccourci de la commande Retrait négatif).**

   Ce raccourci déplace le bord gauche du paragraphe jusqu'au prochain tab, tout en maintenant en place le début de la première ligne.

Vous pouvez aussi effectuer cette opération dans la boîte de dialogue Paragraphe. Dans la liste déroulante De 1ère ligne, sélectionnez Négatif, entrez la valeur du retrait dans le champ De, puis cliquez sur OK.

- Le retrait négatif consiste simplement à mettre en retrait tout le paragraphe sauf la première ligne.
- Pour augmenter la valeur du retrait, appuyez sur Ctrl+T autant de fois que nécessaire.
- Il est dommage qu'il y ait un raccourci pour le retrait négatif, mais pas pour le retrait positif, qui a des chances d'être utilisé incomparablement plus souvent que cette loufoquerie.

- Il y a aussi le raccourci Ctrl+Maj+T qui a pour effet de décaler vers la gauche le début de toutes les lignes d'un paragraphe sauf la première.

Mettre en retrait tout le paragraphe

Mettre en retrait un paragraphe, c'est décaler le début de toutes les premières lignes en alignant le bord gauche sur un tab. Voici comment procéder :

1. **Placez le curseur à un endroit quelconque dans le paragraphe.**

   Vous pouvez faire cela dans un paragraphe existant ou au début d'un nouveau paragraphe. Vous pouvez aussi utiliser cette commande sur un bloc de texte sélectionné.

2. **Appuyez sur Ctrl+R.**

   Le paragraphe est mis en retrait. Vous pouvez aussi cliquer sur le bouton Augmenter le retrait dans la barre d'outils.

3. **Saisissez le texte de votre paragraphe si vous ne l'avez pas déjà fait.**

   Le bord gauche du paragraphe est calé sur le premier tab.

- Pour augmenter le retrait jusqu'au tab suivant, appuyez à nouveau sur Ctrl+R.

- Pour réduire le retrait, appuyez sur Ctrl+Maj+M. Vous pouvez aussi cliquer sur le bouton Diminuer le retrait dans la barre d'outils.
- Pour définir ou annuler un retrait, vous pouvez aussi utiliser la boîte de dialogue Paragraphe (Figure 12.2). Dans la zone Retrait, le champ Gauche permet de définir le décalage du bord gauche du paragraphe.
- Si le raccourci Ctrl+R est facile à retenir, ce n'est pas le cas de Ctrl+Maj+M. Pour ce dernier, vous pouvez penser au mot "marge", puisqu'il décale le bord gauche du paragraphe vers la marge.

Mettre en retrait des deux côtés

Il ne suffit pas toujours de mettre en retrait le bord gauche du paragraphe. Il arrive que ce soit nécessaire des deux côtés (c'est généralement ce que l'on fait pour une citation).

1. **Choisissez le paragraphe.**

   Si le paragraphe n'est pas encore écrit, placez le curseur là où vous voulez le faire commencer. Vous pouvez aussi placer le curseur dans un paragraphe existant ou sélectionner un ensemble de paragraphes.

2. **Sélectionnez Format/Paragraphe.**

   La boîte de dialogue Paragraphe apparaît (Figure 12.2). Si nécessaire, cliquez sur l'onglet Retrait et espacement.

3. **Dans le champ Gauche de la zone Retrait, entrez la valeur pour le retrait du bord gauche.**

   Vous pouvez par exemple taper 1 cm pour spécifier un retrait d'un centimètre, ou utiliser les flèches pointant vers le haut et vers le bas pour augmenter ou réduire le retrait du bord gauche.

4. **Dans le champ Droite de la zone Retrait, entrez la valeur pour le retrait du bord droit.**

Entrez la même valeur que dans le champ Gauche.

Dans la zone Aperçu de la boîte de dialogue Paragraphe, vérifiez que le résultat correspond à ce que vous vouliez.

5. **Cliquez sur OK.**

Pour annuler le retrait, répétez ces étapes en entrant **0** dans les champs Gauche et Droite.

Je vous recommande la prudence si vous essayez de combiner une mise en retrait du bord droit et du bord gauche avec un retrait positif ou négatif de la première ligne. C'est une lubie qui peut rendre cinglé n'importe qui, et ses avocats ont prouvé que Microsoft ne pouvait pas être tenu pour responsable des conséquences de ce genre de choses sur votre santé mentale.

À quoi sert la règle ?

Dans Word, le principal survivant de l'ère de la machine à écrire est la règle. C'est la dernière grande source d'informations qui apparaît à l'écran (Figure 12.3). Elle peut servir à modifier au vol la mise en retrait d'un paragraphe aussi bien qu'à définir des tabulations (nous en parlons au Chapitre 13).

Si vous ne voyez pas la règle, sélectionnez Affichage/Règle (si nécessaire, cliquez sur la flèche au bas du menu pour faire apparaître l'option Règle).

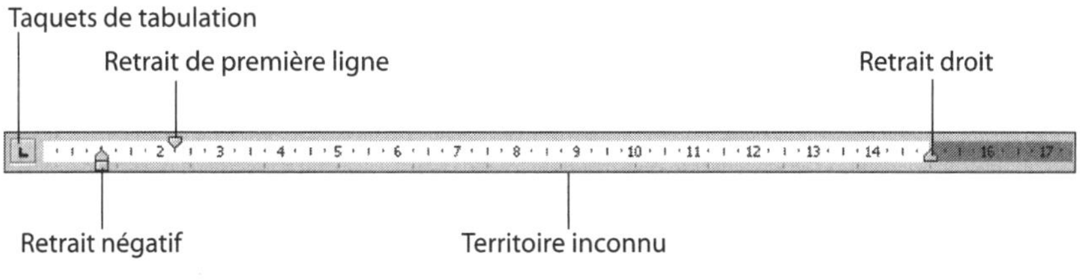

Figure 12.3 La règle.

La Figure 12.3 montre comment se présente habituellement la règle dans Word. Notez les trois index qui permettent de définir la mise en retrait d'un paragraphe (ou d'un ensemble de paragraphes sélectionnés).

Les actions suivantes s'appliquent au paragraphe dans lequel se trouve le curseur ou à un ensemble de paragraphes sélectionnés.

Pour ajuster le retrait du bord droit du paragraphe, faites glisser dans la règle l'index de droite pour le placer où vous voulez.

Pour ajuster le retrait du bord gauche du paragraphe, faites glisser le rectangle gris qui se trouve au-dessous des deux index de gauche. Notez que ce rectangle vous permet de déplacer à la fois les deux index (les deux triangles).

Pour ajuster le retrait du bord gauche sans déplacer le début de la première ligne du paragraphe, faites glisser le triangle pointant vers le haut (il est juste au-dessus du rectangle) vers la gauche ou vers la droite pour le placer où vous voulez.

Pour ajuster le retrait de la première ligne du paragraphe, faites glisser le triangle pointant vers le bas vers la gauche ou vers la droite pour le placer où vous voulez.

- La règle s'utilise avec la souris. Toutefois, presque tout ce que vous pouvez appliquer à un paragraphe avec la règle peut aussi être fait dans la boîte de dialogue Paragraphe.

- Le bouton Tabulation permet de sélectionner différents types de tabulations. Voyez pour cela le Chapitre 13.

- TRUC : La règle est très pratique pour définir visuellement des retraits, mais, si vous avez besoin d'être précis, mieux vaut utiliser la boîte de dialogue Paragraphe. Ce n'est que dans celle-ci que vous pouvez spécifier des valeurs exactes. Pour avoir des informations détaillées sur la spécification des différents types de retrait, reportez-vous aux sections précédentes de ce chapitre.

- La spécification des retraits pour un paragraphe n'est pas la même chose que la spécification des marges. Celle-ci relève de la mise en page du document. Pour savoir comment définir les marges, reportez-vous au Chapitre 14.

Guide de survie pour la mise en forme des paragraphes

Ce tableau donne la liste de toutes les commandes de mise en forme de paragraphe que vous pouvez exécuter par un raccourci clavier. Il n'est absolument pas nécessaire de l'apprendre par cœur.

Raccourci	Résultat
Ctrl+E	Centre le paragraphe
Ctrl+J	Justifie le paragraphe à droite et à gauche
Ctrl+Maj+G	Aligne à gauche le paragraphe
Ctrl+Maj+D	Aligne à droite le paragraphe
Ctrl+R	Augmente le retrait
Ctrl+Maj+M	Diminue le retrait
Ctrl+T	Augmente le retrait négatif de première ligne
Ctrl+Maj+T	Diminue le retrait négatif de première ligne
Ctrl+1	Interlignage simple
Alt+Maj+L	Interlignage double
Ctrl+5	Interlignage de 1,5 ligne

Chapitre 13

Définir des tabulations

Dans ce chapitre :

- Trouver les tabulations sur la règle.
- Définir des tabulations.
- Utiliser les différents types de tabulations.
- Utiliser la boîte de dialogue Tabulations.
- Supprimer des tabulations.
- Définir une tabulation à points de suite.

L'échelle des valeurs de Word place les tabulations au niveau de la mise en forme des paragraphes. Toutefois, ces éléments spécifiques peuvent être une source de complexité et de frustration telle que je leur dédie un chapitre. Loin de nécessiter l'intervention d'un exorciste, les tabulations n'en exigent pas moins beaucoup d'attention, comme le prouvent les sections à venir.

Histoire des tabulations

Une *tabulation* est un espace de longueur inhabituelle. Lorsque vous appuyez sur la touche Tab, Word fait passer le point d'insertion au prochain *taquet de tabulation*. Vous pouvez utiliser les tabulations pour aligner des colonnes, ou pour mettre en retrait des paragraphes ou des lignes de texte. La première chose à retenir est qu'elles sont très pratiques. Ce chapitre vous explique le reste.

- Lorsque vous appuyez sur la touche Tab, vous insérez dans votre document un "caractère" de tabulation. Celui-ci a pour effet de déplacer le curseur jusqu'au prochain taquet de tabulation, où apparaîtra le texte que vous taperez à partir de là.

- La touche Tab ne permet pas d'insérer des espaces. Lorsque vous appuyez sur la touche Retour arrière ou la touche Suppr après avoir appuyé sur la touche Tab, vous ne supprimez qu'un caractère : le caractère de tabulation.

- Si vous le souhaitez, Word peut afficher pour vous le caractère de tabulation. C'est une petite flèche pointant vers la droite. Pour cela, sélectionnez Outils/Options, puis cliquez sur l'onglet Affichage. Dans la zone Marques de format, cochez la case Tabulations. Cliquez sur OK.

- Les taquets de tabulation par défaut (dans la règle, ils ne sont pas affichés de la même manière que ceux que vous définissez) sont séparés par un intervalle de un demi-pouce (1,27 cm).

- Les paramètres des tabulations n'affectent que le paragraphe où se trouve le point d'insertion. Pour les appliquer à d'autres paragraphes, sélectionnez-les. Le Chapitre 6 vous en dira plus sur les blocs de texte.

- Lorsque vous travaillez avec des tabulations, il est plus pratique d'afficher la règle. Si elle n'est pas visible, sélectionnez Affichage/Règle dans la barre de menus (si nécessaire, cliquez sur la flèche au bas du menu pour faire apparaître cette option). Pour savoir où se trouve la règle dans l'écran de Word, reportez-vous à la Figure 1.3.

- Le mot "tabulation" vient du latin *tabula*, qui signifie entre autres "registre de comptes", car c'est ce que les tabulations permettent de faire : aligner des éléments dans un tableau, comme dans un registre de comptes. Cela n'empêche pas Word de posséder un ensemble de commandes particulières pour créer des tableaux. Voyez le Chapitre 20.

Les taquets de tabulation

Que cela ne vous embrouille pas : il y a dans Word deux endroits où vous pouvez définir les taquets de tabulation. Le premier est la règle (Figure 13.1) ; le second la boîte de dialogue Tabulations. La plupart des gens utilisent la règle, mais pour certaines choses il vous faudra utiliser la boîte de dialogue Tabulations.

Grâce à son bouton Tabulation (à l'extrémité gauche), la règle est l'endroit le plus accessible pour définir des tabulations (voyez la Figure 13.1). Le bouton Tabulation peut prendre cinq formes différentes, correspondant aux cinq types différents de taquets de tabulation de Word. En voici un bref tour d'horizon (qu'il n'est pas nécessaire de retenir) :

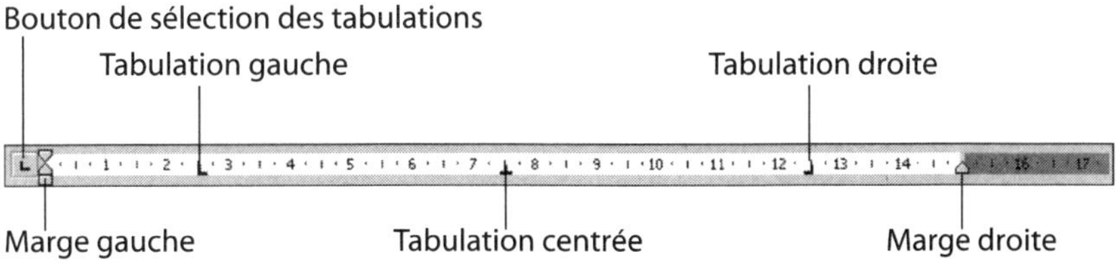

Figure 13.1 Des taquets de tabulation sur la règle.

- La plus courante est la tabulation gauche. Le bouton Tabulation ressemble à un L. Il fonctionne exactement comme la touche Tab d'une machine à écrire : appuyez sur la touche Tab, et le texte que vous tapez ensuite apparaît à partir du prochain taquet de tabulation. Aucune difficulté ici.

- La tabulation centrée a pour effet de centrer le texte sur le taquet de tabulation. Comme c'est un peu surprenant au premier abord, nous en parlons en détail un peu plus loin, dans la section "La tabulation centrée".

- La tabulation droite place le texte correspondant à gauche du taquet de tabulation. Elle vous donne la liberté d'aligner à droite une simple ligne dans un paragraphe, ce que je vais montrer dans la section "Laisser la tabulation à droite", plus loin dans ce chapitre.

- La tabulation décimale permet d'aligner les nombres sur la virgule décimale. C'est extrêmement pratique si vous avez besoin d'imprimer un tarif ou toute autre liste de chiffres. Voyez la section "L'étonnante tabulation décimale", plus loin dans ce chapitre.

- Le rejeton le plus inattendu de la famille est la tabulation barre. Je la décris dans la section "La tabulation barre", à quelques pages d'ici.

En cliquant sur le bouton Tabulation, vous passez d'un type de tabulation à un autre. Il suffit donc de cliquer autant de fois que nécessaire pour arriver à celui que vous voulez.

En cliquant sur le bouton Tabulation, on voit aussi apparaître l'index de retrait gauche et l'index de retrait de la première ligne, bien que ce ne soit pas des tabulations. Je ne sais pas pourquoi ils les ont mis là. Quoi qu'il en soit, le Chapitre 12 vous indique de meilleurs moyens de mettre en retrait un paragraphe.

Dans les sections suivantes, nous allons décrire les différents taquets de tabulation, et la manière dont vous pouvez les utiliser dans vos documents.

Définir un taquet de tabulation

Pour définir un taquet de tabulation, vous devez généralement suivre les étapes suivantes :

1. **Cliquez sur le bouton Tabulation jusqu'à ce que vous arriviez au type que vous voulez.**

   Par exemple la tabulation gauche, dont le bouton ressemble à un L (voyez dans la marge).

2. **Dans la règle, cliquez à l'endroit où vous voulez placer le taquet de tabulation.**

   Voilà la partie délicate. Vous devez cliquer exactement au bon endroit sur la règle. Par exemple, si vous voulez mettre une tabulation à 1,5 cm, vous devez cliquer exactement là et pas à côté, comme le montre la Figure 13.2.

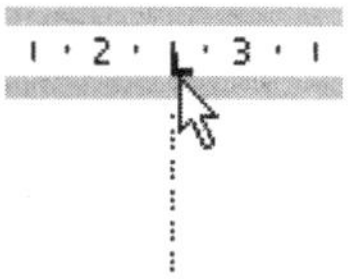

Figure 13.2 Définir une tabulation gauche.

   Vous pouvez faire glisser la tabulation vers la gauche ou vers la droite. Pendant que vous faites glisser, remarquez le trait pointillé vertical qui apparaît au-dessus du texte de votre document (Figure 13.2). Il indique la position exacte du taquet de tabulation.

   Pour définir la tabulation, relâchez le bouton de la souris.

3. **Pour définir une autre tabulation, répétez l'étape 2.**

   Chaque fois que vous cliquez dans la règle, vous définissez une nouvelle tabulation. Le type de tabulation ainsi défini correspond au symbole du bouton Tabulation.

4. **Une fois que vous avez terminé, cliquez dans votre document pour recommencer à taper du texte.**

Lorsque vous appuyez sur la touche Tab, le curseur vient se placer à la position définie par le prochain taquet de tabulation.

- Lorsque vous paramétrez vos propres taquets de tabulation, vous affectez les valeurs prédéfinies par Word. Les taquets de tabulation automatiques situés à gauche de votre nouveau taquet sont supprimés.
- Le principal avantage d'un taquet de tabulation est qu'il permet d'aligner le texte exactement sur la position qu'il définit. C'est justement ce que l'on ne peut pas faire avec la barre d'espace.
- Le gros avantage des tabulations est qu'une simple pression sur la touche Tab du clavier aligne le texte *exactement* sur le taquet défini. Presser un milliard de fois la barre d'espace ne donnera jamais ce résultat.
- Il est aussi facile de supprimer un taquet de tabulation de la règle que de le créer. Il suffit de le faire glisser vers le bas pour le sortir de la règle. Lorsque vous relâchez le bouton de la souris, la tabulation a disparu.
- Lorsque vous sélectionnez un bloc de plusieurs paragraphes, vous pouvez voir apparaître dans la règle des tabulations fantômes. Ce sont des tabulations qui sont définies dans certains des paragraphes sélectionnés (au moins un), mais pas tous. Vous pouvez supprimer une tabulation fantôme par le même moyen que n'importe quel autre, mais si vous voulez qu'elle soit définie pour tous les paragraphes sélectionnés, il vous suffit de cliquer dessus.

Définir une tabulation gauche

La *tabulation gauche* est le type de tabulation le plus courant, que tout le monde utilise. Mais de quoi s'agit-il exactement ?

La tabulation gauche est ainsi nommée parce que le texte que vous tapez après avoir appuyé sur la touche Tab voit son extrémité gauche alignée sur la position définie par les taquets de tabulation. C'est ce que montre la Figure 13.3. Vous n'arriverez jamais à cela avec la barre d'espace. Voilà pourquoi les tabulations sont si utiles.

Pour créer une nouvelle tabulation gauche dans le paragraphe en cours, suivez ces étapes :

1. **Tapez le paragraphe pour lequel vous voulez créer la tabulation.**

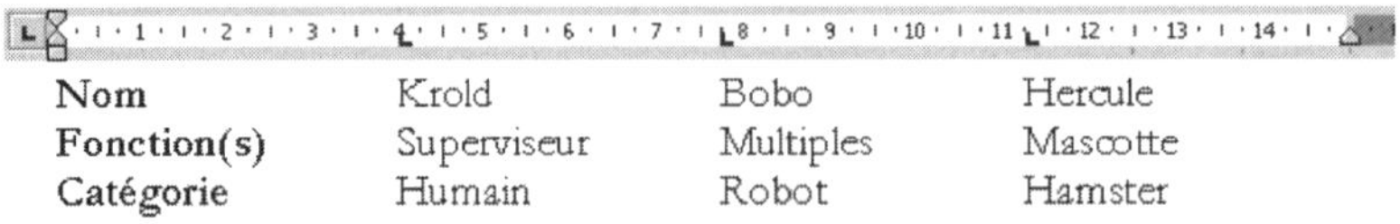

Figure 13.3 Aligner du texte sur un taquet de tabulation.

TRUC

Je préfère de loin taper le texte *avant* de créer la tabulation. La raison en est qu'il suffit généralement d'une tabulation pour faire ce que l'on veut. Lorsque vous tapez votre texte, appuyez seulement une fois sur la touche Tab, quelle que soit la distance à laquelle vous voulez placer le texte. Trop de gens ont l'habitude d'appuyer trois ou quatre fois sur la touche Tab. Il n'y a aucun mal à cela, mais c'est inefficace. Word est plus malin : il vous suffit d'appuyer une fois sur Tab et d'utiliser ensuite la règle pour placer le taquet de tabulation. Croyez-moi, c'est la meilleure méthode.

2. **Assurez-vous que le curseur se trouve bien dans le paragraphe voulu.**

3. **Cliquez si nécessaire sur le bouton Tabulation pour faire apparaître la tabulation gauche.**

   Il vous faudra peut-être cliquer plusieurs fois pour faire apparaître le symbole ci-contre.

4. **Cliquez dans la règle à l'endroit où vous voulez placer le nouveau taquet de tabulation.**

   Par exemple, dans la Figure 13.3, la première tabulation est placée à 4 cm, la deuxième à 7,75 cm et la troisième à 11,25 cm.

La tabulation centrée

La *tabulation centrée* est un cas un peu spécial. Elle n'est généralement utilisée que pour un mot isolé ou pour un petit groupe de mots qu'elle vous permet de centrer sur une ligne, sans avoir à centrer tout le paragraphe. En voici une démonstration :

1. **Choisissez ou créez un paragraphe contenant le texte que vous voulez centrer.**

   Si vous créez un nouveau paragraphe pour les besoins de cette démonstration, vous pouvez vous contenter d'une seule ligne de texte, comme pour un en-tête ou un pied de page (voyez le Chapitre 15 pour en savoir plus sur les en-têtes et les pieds de page).

2. **Appuyez sur la touche Tab.**

   Croyez-le ou non, il vous suffit d'une tabulation.

3. **Saisissez le texte à centrer.**

   Le texte que vous saisissez sera centré sur cette ligne aussitôt que vous aurez défini une tabulation centrée.

4. **Appuyez sur la touche Entrée.**

   Cette action marque la fin du paragraphe. Vous êtes maintenant prêt à définir la tabulation centrée.

5. **Cliquez dans la ligne que vous venez de taper pour y placer le curseur.**

6. **Cliquez si nécessaire sur le bouton Tabulation pour faire apparaître le symbole de tabulation centrée.**

   Le symbole de tabulation centrée (voir ci-contre) se présente comme un T à l'envers.

7. **Cliquez dans la règle à l'endroit où vous voulez placer la tabulation.**

   Le texte que vous avez tapé est centré sur le repère, comme le montre la Figure 13.4. L'alignement du paragraphe lui-même n'a pas changé, mais les mots avant lesquels vous avez appuyé sur la touche Tab sont centrés sur la ligne.

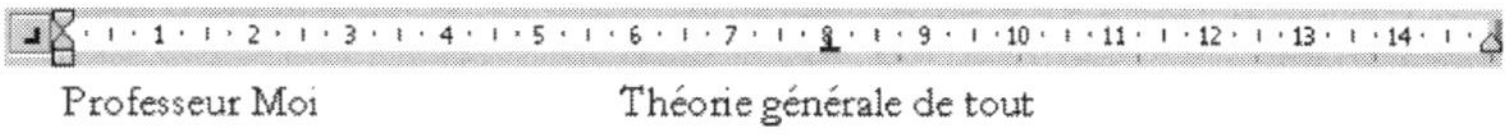

Figure 13.4 La tabulation centrée permet de centrer une portion de texte à l'intérieur d'un paragraphe.

TRUC

- Une tabulation centrée est généralement utilisée pour une seule ligne de texte. Vous pouvez mettre autant de tabulations centrées sur une même ligne que vous le souhaitez, mais dans la pratique on n'en met généralement qu'une.

- Naturellement, il est très souvent plus pratique de centrer un paragraphe que d'utiliser une tabulation centrée. En fait, je n'utilise vraiment la tabulation centrée que dans les en-têtes et les pieds de page. Voir le Chapitre 15.

Laisser la tabulation à droite

La *tabulation droite* est une créature qui aligne le bord droit du texte (et non le bord gauche) sur le taquet de tabulation. La Figure 13.4 montre un exemple de texte aligné sur une tabulation droite (à la fin de la ligne).

- Pour définir une tabulation droite, sélectionnez le symbole Tabulation droite dans le bouton Tabulation de la règle. Puis cliquez dans la règle à l'endroit où vous voulez placer la tabulation.

- La Figure 13.4 montre une tabulation droite à l'extrémité droite d'un en-tête. Après avoir défini cette tabulation, j'ai appuyé sur la touche Tab et tapé la date.

- Lorsque vous tapez du texte aligné sur une tabulation droite, celui-ci apparaît à gauche du taquet de tabulation (le contraire de ce qui se passe habituellement). C'est donc le bord droit du texte qui est aligné sur le repère.

- De même que la tabulation centrée, la tabulation droite est généralement utilisée pour une ligne dans un paragraphe, en général un en-tête, un pied de page ou tout autre type de titre, comme le montre la Figure 13.4.

L'étonnante tabulation décimale

Je suis fou de la tabulation décimale ! Sans elle, on n'arriverait jamais à aligner une colonne de chiffres. C'est une véritable bénédiction pour tous les gens qui ont besoin d'écrire des rapports financiers (entre autres), comme le montre la Figure 13.5.

Une *tabulation décimale* s'utilise comme n'importe quel autre type de tabulation. La différence est que les caractères qui précèdent la virgule viennent se

Vente de peinture	650.00 €
TVA	235.00 €
Retenues sociales	145.00 €
Taxes de transfert	50.00 €
Taxes locales	50.50 €
Fournitures	8.00 €
Divers	25.00 €
Commission	130.00 €
Profit	6.50 €

Figure 13.5 Aligner des chiffres avec la tabulation décimale.

placer à gauche du taquet de tabulation, alors que les caractères qui suivent la virgule viennent se placer à droite de celui-ci (Figure 13.5).

Si vous avez besoin de réorganiser votre texte (par exemple si les colonnes sont trop proches les unes des autres), sélectionnez toutes les lignes qui contiennent des chiffres. Utilisez votre souris pour faire glisser la tabulation décimale vers la droite ou vers la gauche dans la règle. Vous pouvez ainsi réaligner en même temps tous les chiffres du bloc sélectionné.

La tabulation barre

Une *tabulation barre* place dans votre document une barre verticale, à l'endroit où vous la définissez dans la règle, comme le montre la Figure 13.6.

Vente de peinture	650.00 €
TVA	235.00 €
Retenues sociales	145.00 €
Taxes de transfert	50.00 €
Taxes locales	50.50 €
Fournitures	8.00 €
Divers	25.00 €
Commission	130.00 €
Profit	6.50 €

Figure 13.6 Le mystère de la barre verticale.

En réalité, la tabulation barre ne définit pas un taquet de tabulation. C'est une chose importante à noter. Il s'agit en fait d'un élément de décoration du texte, d'un trait vertical, mais dont vous pouvez définir la position comme pour un taquet de tabulation.

Utiliser la boîte de dialogue Tabulations

La plupart des utilisateurs trouvent la règle très pratique pour définir les tabulations. Personnellement, je partage ce point de vue, parce que l'on peut visualiser directement l'effet d'une tabulation sur le texte, et le faire glisser pour ajuster le résultat. Les puristes, toutefois, lui préfèrent la boîte de dialogue Tabulations. Pour l'afficher, cliquez sur Format/Tabulations dans la barre de menus. La boîte de dialogue Tabulations apparaît (Figure 13.7).

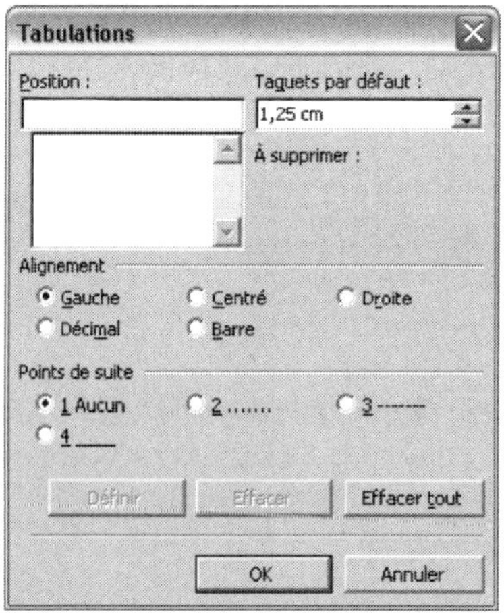

Figure 13.7 La boîte de dialogue Tabulations.

Pour définir une tabulation dans la boîte de dialogue Tabulations, suivez ces étapes :

1. **Dans la barre de menus, sélectionnez Format/Tabulations.**

   La boîte de dialogue Tabulations apparaît.

2. **Dans le champ Position, entrez la position exacte d'une tabulation que vous voulez créer.**

Par exemple, tapez **1,1875** pour définir une tabulation exactement à ce point.

3. **Dans la zone Alignement, sélectionnez le type de tabulation que vous voulez créer.**

   Nous avons décrit les différents types de tabulations plus haut dans ce chapitre.

4. **Cliquez sur le bouton Définir.**

   C'est le bouton Définir – et non le bouton OK – qui crée la tabulation. Dès que vous avez cliqué sur le bouton Définir, votre tabulation est placée dans la liste qui se trouve au-dessous du champ Position. Remarquez que Word arrondit à la deuxième décimale la valeur que vous saisissez. 1,1875 est donc interprété comme 1,9.

5. **Définissez les autres tabulations dont vous avez besoin.**

   Pour chaque tabulation, répétez les étapes 1 à 3.

6. **Cliquez sur OK.**

   Vous êtes de retour dans votre document, et les nouvelles tabulations sont visibles dans la règle.

- Si vous avez besoin de définir une succession de tabulations, toutes distantes de 1,75 cm, par exemple, tapez **1,75 cm** dans le champ Taquets par défaut, et cliquez sur le bouton OK. Word calcule automatiquement pour vous la position de ces taquets dans la règle. Ces taquets apparaissent dans la zone grise qui forme la base de la règle sous forme de tout petits traits verticaux (il faut regarder attentivement pour les voir).

N'OUBLIEZ PAS

- Pour définir une tabulation dont vous venez d'entrer la position, cliquez sur le bouton Définir. Si vous cliquez directement sur OK, c'est comme si vous n'aviez rien fait.
- Pour supprimer un taquet de tabulation avec la boîte de dialogue Tabulations, cliquez sur une valeur affichée dans la liste Position. Ensuite, cliquez sur le bouton Effacer.
- Pour supprimer tous les taquets de tabulation, cliquez sur le bouton Effacer tout.

Créer une tabulation à points de suite

Vous pouvez créer une tabulation à points de suite dans la boîte de dialogue Tabulations, mais pas avec la règle.

Une tabulation à *points de suite* fait apparaître une suite de points ou de tirets lorsque l'on appuie sur la touche Tab, comme l'on peut le voir dans les tables des matières et parfois les index. Word vous donne le choix entre trois types de tabulations à points de suite :

Pointillé...	147
Tiret normal———————————————	147
Tiret de soulignement______________________	147

Pour définir une tabulation à points de suite, suivez ces étapes :

1. **Placez le point d'insertion dans la ligne où vous voulez mettre la tabulation à points de suite.**

   Ou sélectionnez un ensemble de paragraphes déjà saisis.

2. **Cliquez sur Format/Tabulations.**

3. **Dans la barre de menus, sélectionnez Format/Tabulations.**

   Définissez une tabulation à 8 cm de la marge gauche.

4. **Choisissez un alignement gauche.**

5. **Sélectionnez un type de tabulation à points de suite.**

   Choisissez le type de points de suite que vous voulez : pointillé, tiret normal ou tiret de soulignement.

6. **Cliquez sur Définir.**

   Au début, vous allez avoir tendance à oublier cette étape, et vous demanderez pourquoi ça ne marche pas. Ce sera le moment de relire cette page.

7. **Cliquez sur OK.**

NOTE TECHNIQUE

Si l'alignement du texte ne vous satisfait pas, vous pouvez ajuster la position du taquet de tabulation. N'oubliez pas : pour ajuster la position d'une tabulation pour plusieurs paragraphes à la fois, vous devez les sélectionner tous. Reportez-vous pour cela au Chapitre 6.

Chapitre 14

La mise en page du document

Dans ce chapitre :

- Définir la taille de la page et du papier.
- Sélectionner l'orientation Portrait ou Paysage.
- Définir les marges de votre document.
- Numéroter automatiquement les pages.
- Changer la numérotation des pages.
- Créer une nouvelle page.
- Supprimer une page blanche inutile.

Nous n'en sommes plus aux caractères, nous n'en sommes plus aux mots, nous n'en sommes plus aux paragraphes ! Regardez l'écran : est-ce une feuille de papier ? Non, c'est une *page*.

En poursuivant la logique qui conduit des petites aux grandes choses, la dernière étape de notre voyage à travers la mise en forme est la mise en page de votre document. Une fois imprimé, un document est fait de pages, qui ont une certaine taille et une certaine orientation, des marges et un numéro. Voilà ce que je m'en vais vous expliquer, clairement et joyeusement.

Quelle est la taille de ma page ?

La plupart des documents sont imprimés sur du papier au format standard A4 (21 x 29,7 cm). C'est ce que Word appelle une *page*, pour laquelle vous pouvez définir des marges et autres attributs de mise en page. Mais Word est loin d'être limité à ce seul format. Il vous permet d'utiliser tous les formats que vous voulez, de la plus petite enveloppe aux plus grandes feuilles de papier.

La définition de la taille du papier se fait dans la boîte de dialogue Mise en page. Voici comment procéder pour définir la taille du papier sur lequel vous voulez imprimer :

1. **Cliquez sur Fichier/Mise en page.**

   La boîte de dialogue Mise en page apparaît.

2. **Cliquez sur l'onglet Papier pour le faire passer au premier plan.**

   La Figure 14.1 montre l'onglet Papier de la boîte de dialogue Mise en page.

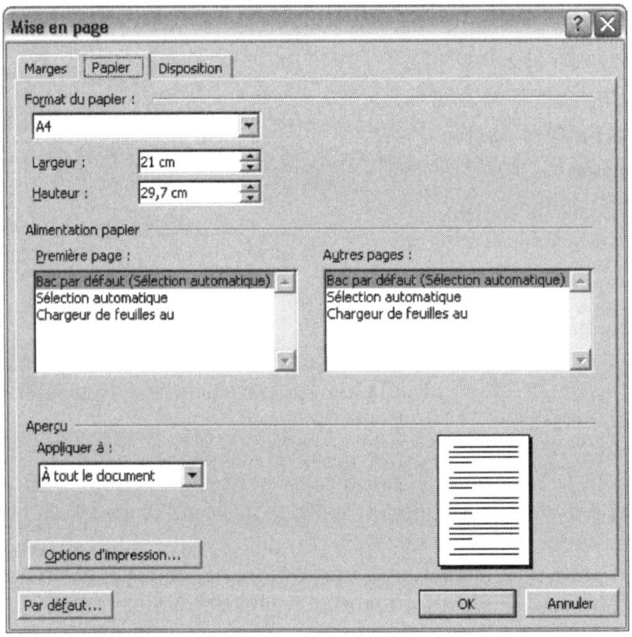

Figure 14.1 L'onglet Papier de la boîte de dialogue Mise en page.

3. **Cliquez sur la liste déroulante Format du papier.**

   La liste des formats de papier standard apparaît.

4. **Choisissez dans la liste la taille de papier voulue.**

Le format A4 est le plus couramment utilisé en Europe, mais cette liste vous donne le choix entre un grand nombre d'autres formats standard.

La plupart des imprimantes pour PC sont capables d'imprimer sur différentes tailles de papier. Il y a toutefois dans cette liste des formats qui peuvent ne pas être compatibles avec votre imprimante, sans parler du fait que, pour imprimer dans le format que vous avez sélectionné, il vous faut disposer du papier correspondant.

Cliquez sur le format voulu pour le sélectionner.

5. **Dans la liste Appliquer à, sélectionnez A tout le document.**

   Pour qu'un document utilise plusieurs tailles de papier, utilisez la liste Appliquer à pour indiquer à Word où les nouvelles tailles doivent prendre effet. Cela vous oblige à diviser votre document en sections, comme l'explique le Chapitre 15. Pour le moment, oubliez cette possibilité.

7. **Cliquez sur OK.**

   Vous pouvez maintenant saisir votre texte dans le format de papier que vous venez de sélectionner.

Comparez les techniques de mise en page applicables depuis Fichier/ Mise en page et les commandes du menu Format. Les différences pourraient rendre fou un néophyte, car une mise en page ressemble à une mise en forme telle que le suggère le menu Format. Eh non ! Le menu Format s'intéresse à la mise en forme du texte dans le document et non à la mise en forme des pages dans le document.

Word propose la plupart des formats existants. Si vous utilisez un format personnel, donc inconnu de Word, choisissez Taille personnalisée dans la liste Format de papier.

Si vous avez sélectionné un format inhabituel, n'oubliez pas de mettre le papier correspondant dans votre imprimante avant de commencer à imprimer. Certaines imprimantes sont assez astucieuses pour vous indiquer la taille du papier sur lequel elles s'apprêtent à imprimer. La mienne passe son temps à me réclamer du papier de la bonne taille.

Gardez un œil sur la zone d'aperçu, en bas de la boîte de dialogue. Elle permet de visualiser l'effet du format sélectionné.

Pour en savoir plus sur l'impression des enveloppes, reportez-vous au Chapitre 30 (il y a une commande spéciale pour ça, ne cherchez pas à bidouiller).

Portrait ou paysage ?

En général, la feuille de papier sur laquelle on imprime est plus haute que large. C'est ce à quoi nous sommes tous habitués, et c'est ce que fait normalement Word. Toutefois, Word peut aussi imprimer sur une feuille de papier plus large haute que haute. Ce n'est qu'une question d'orientation.

Les termes techniques correspondants sont "portrait" et "paysage". L'orientation *portrait* correspond à la manière habituelle d'utiliser le papier : la hauteur est supérieure à la largeur. L'orientation *paysage* est ce que l'on obtient en faisant tourner la feuille de 90 degrés : la largeur est supérieure à la hauteur. Pour les tableaux comme pour les photos, c'est de cette façon que sont réalisés les portraits et les paysages.

Pour appliquer le mode Paysage à votre document, suivez ces étapes :

1. **Sélectionnez Fichier/Mise en page.**

   La boîte de dialogue Mise en page apparaît. Si nécessaire, cliquez sur l'onglet Marges pour le faire passer au premier plan, comme le montre la Figure 14.2.

2. **Dans la zone Orientation, cliquez sur l'icône Portrait ou sur l'icône Paysage.**

   En bas de la boîte de dialogue, l'aperçu reflète ce que vous sélectionnez.

3. **Cliquez sur OK.**

   Si vous imprimez en mode Paysage, il vous faudra sans doute ajuster les marges de votre document. Voyez la section suivante.

Pour des documents ordinaires, il vaut mieux éviter le mode Paysage. D'austères savants qui ont voué leur vie à méditer sur ces questions ont découvert que plus les lignes sont longues, plus les gens lisent lentement. Le mode Paysage doit plutôt être réservé à des choses particulières, par exemple des tableaux, des graphiques, des illustrations, ou toutes choses pour lesquelles l'orientation habituelle ne convient pas.

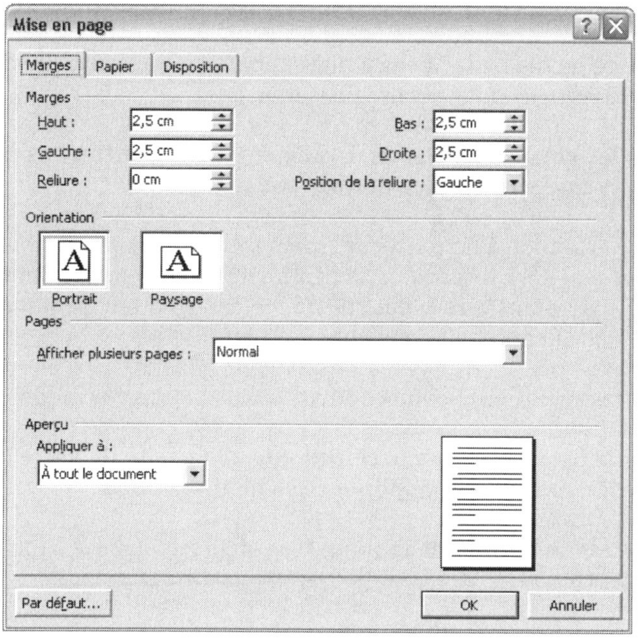

Figure 14.2 L'onglet Marges de la boîte de dialogue Mise en page.

De même que pour le format du papier, vous pouvez appliquer l'orientation Portrait ou Paysage à tout votre document, à partir d'un certain point ou à une section. Pour en savoir plus, voyez la section précédente.

Vous pouvez très bien changer l'orientation pour n'importe quelle page de votre document, par exemple une page dans laquelle vous voulez mettre un tableau en mode Paysage, alors que le reste du document est en mode Portrait. Pour cela, vous devez définir une section et appliquer l'orientation voulue à cette section seulement. Pour savoir comment créer des sections dans votre document, reportez-vous au Chapitre 15.

Attention à vos marges !

Une page a toujours des marges. Ce sont les quelques centimètres qui séparent le texte du bord de la page et qui permettent au document de respirer. Une page a quatre marges : en haut, en bas, à gauche et à droite. Dans Word, la valeur par défaut de ces quatre marges est de 2,5 cm, mais vous pouvez l'ajuster à votre guise, pour chacune d'entre elles.

Pour changer la largeur des marges, suivez ces étapes :

1. **Cliquez sur Fichier/Mise en page.**

   La boîte de dialogue Mise en page apparaît. Si nécessaire, cliquez sur l'onglet Marges pour le faire passer au premier plan (Figure 14.2).

2. **Dans les champs Haut, Bas, Droite et Gauche, entrez les nouvelles valeurs que vous voulez donner aux marges.**

   Faites attention à ne pas vous tromper de champ, et n'oubliez pas que les valeurs sont à spécifier en centimètres. Vous pouvez utiliser les flèches pointant vers le haut et vers le bas pour augmenter ou diminuer la valeur qui apparaît dans chaque champ.

   Dans la zone Aperçu, vous pouvez voir l'effet de vos modifications.

3. **Dans la liste Appliquer à, sélectionnez la partie de votre document à laquelle vous voulez appliquer vos modifications.**

   - **À tout le document** applique les valeurs spécifiées à tout votre document.
   - **À partir de ce point** signifie que les valeurs spécifiées s'appliquent à partir de la page dans laquelle se trouve le curseur.
   - **À cette section** signifie que les valeurs spécifiées ne s'appliquent qu'à la section dans laquelle se trouve le curseur (pour en savoir plus sur les sections, reportez-vous au Chapitre 15).

4. **Cliquez sur OK.**

   Vos nouvelles marges sont appliquées.

   La définition des marges s'applique à l'échelle de la page (raison pour laquelle nous en parlons dans ce chapitre). Pour définir des retraits pour un paragraphe, ce sont les commandes de mise en forme de paragraphe que vous devez utiliser. Reportez-vous pour cela au Chapitre 12.

   Si vous voulez imprimer sur du papier à perforations latérales (destiné à un classeur à anneaux), donnez à la marge gauche une largeur de trois à quatre centimètres. Vous aurez ainsi assez de place pour les anneaux.

   Ne perdez pas de vue que la plupart des imprimantes laser ne peuvent pas imprimer trop près du bord du papier (en général, 1,25 cm). Cet espace constitue une marge absolue dans laquelle vous ne pouvez rien imprimer, bien que Word vous permette de définir des marges de largeur nulle. Si vous le faites, le texte correspondant sera coupé par l'imprimante. Il vous faut donc définir des marges au moins égales à cette largeur. Reportez-vous à la documentation de votre imprimante pour la connaître.

De même, de nombreuses imprimantes à jet d'encre nécessitent une largeur plus importante pour la marge du bas. Si vous essayez d'imprimer dans la zone interdite, une boîte de dialogue apparaît pour vous en prévenir.

NOTE TECHNIQUE

Les options multipages de la boîte de dialogue Mise en page

L'onglet Marges de la boîte de dialogue Mise en page propose une section Pages. Elle permet d'indiquer à Word comment utiliser le papier pour imprimer un document. Vous constatez qu'avec Word il existe plusieurs manières d'imprimer des textes.

Normal (voir la Figure 14.2) signifie que vous imprimez le contenu d'une page Word sur une feuille de papier.

Pages en vis-à-vis est utile aux imprimantes capables d'imprimer sur les deux côtés d'une feuille. Ainsi, chaque page est retournée pour effectuer une impression avec un alignement parfait des marges sur les deux faces de la feuille. Par exemple, la "gouttière" se trouve sur le bord gauche du recto et sur le bord droit du verso.

2 pages par feuille divise la page en deux en son centre. Word imprime alors deux pages sur une seule feuille. Cette fonction donne de meilleurs résultats en mode Paysage.

Pliage selon livre permet à Word de créer un livret de plusieurs pages en imprimant les bonnes pages sur les bonnes feuilles.

Malgré toutes ces options, Word n'est pas un programme de PAO (publication assistée par ordinateur). Si vous devez mettre en page précisément des textes, orientez-vous vers des programmes spécialisés dans ce domaine comme Adobe InDesign ou Microsoft Publisher.

Numéroter les pages

Word peut numéroter pour vous les pages de votre document. Inutile de le faire à la main. Vous pouvez avoir autant de pages que vous le voulez, et en ajouter ou en supprimer à volonté, Word s'y retrouve toujours. Vous n'avez à vous occuper de rien, il vous suffit d'avoir indiqué à Word à quel endroit insérer le numéro sur les pages. Ne cherchez jamais à numéroter manuellement dans un traitement de texte.

Où mettre le numéro de page ?

La question n'est pas : "Word *peut-il* mettre le numéro sur la page ?" mais : "*Où* faut-il mettre le numéro ?" Si vous suivez ces étapes, vous pouvez demander à Word de mettre le numéro n'importe où (en tout cas, à condition que ça tienne debout).

1. **Dans la barre de menus, sélectionnez Insertion/Numéros de page.**

   La boîte de dialogue Numéros de page apparaît (Figure 14.3).

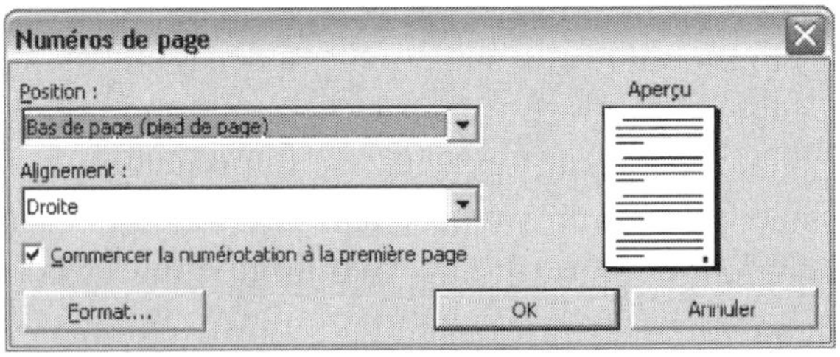

Figure 14.3 La boîte de dialogue Numéros de page.

2. **Sélectionnez une position pour le numéro de page.**

   Word peut placer le numéro en haut ou en bas de la page (dans l'en-tête ou dans le pied de page). Dans la liste déroulante Position, sélectionnez la position voulue.

3. **Sélectionnez un alignement.**

   Le numéro peut être placé à gauche, à droite ou au milieu, dans la largeur délimitée par les marges de votre document.

3. **Cliquez sur OK.**

   Le numéro de page apparaît dans les pages de votre document.

Pour faire apparaître le numéro de page, vous pouvez aussi utiliser l'icône Numéro de page dans un en-tête ou un pied de page. Voyez le Chapitre 15 pour en savoir plus (si vous ne voulez pas mettre le numéro de page dans un en-tête ou un pied de page, n'utilisez pas la commande Numéros de page).

Surveillez l'aperçu pour voir le résultat de ce que vous sélectionnez.

- Si vous voulez des numéros de page un peu plus amusants, cliquez sur le bouton Format dans la boîte de dialogue Numéros de page. La boîte de dialogue Format des numéros de page apparaît. Dans la liste déroulante Format, vous pouvez sélectionner différentes manières d'afficher le numéro de page : en chiffres, en lettres ou en chiffres romains.

- Si vous voulez que le numéro de page n'apparaisse pas sur la première page du document (qui est généralement la page de titre), ôtez la coche de la case Commencer la numérotation à la première page dans la boîte de dialogue Numéros de page (en cliquant dans la case).

Numérotation de page fantaisiste

Word ne limite pas la numérotation des pages aux seuls 1, 2, 3, etc. Vous pouvez parfaitement numéroter des pages avec A, B, C, des chiffres romains et même des *i*, *ii*, *iii*. Pour cela, cliquez sur le bouton Format de la boîte de dialogue Numéros de page. Vous accédez aux options représentées à la Figure 14.4.

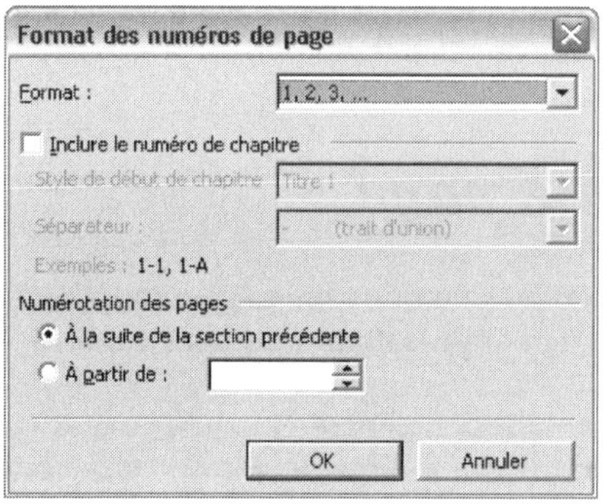

Figure 14.4 La boîte de dialogue Format des numéros de page.

Dans la liste Format, sélectionnez le type de numérotation.

Cliquez sur OK pour valider le format, puis de nouveau sur OK pour l'appliquer.

Commencer la numérotation à une valeur spécifiée

Pour faire commencer la numérotation de vos pages à une valeur spécifiée, suivez les instructions de la section précédente pour afficher les numéros de page, puis suivez ces étapes :

1. **Cliquez sur Insertion/Numéros de page.**
2. **Dans la boîte de dialogue Numéros de page, cliquez sur le bouton Format.**

   La boîte de dialogue Format des numéros de page apparaît (Figure 14.4).
3. **Dans la zone Numéros de page, sélectionnez À partir de.**
4. **Cliquez sur OK pour fermer la boîte de dialogue Format des numéros de page.**
5. **Cliquez sur OK pour fermer la boîte de dialogue Numéros de page.**

Le numéro des pages apparaît dans le document. Pour bien l'apprécier, cliquez sur Affichage/Page. Malgré la numérotation, n'oubliez pas que le numéro affiché dans la barre d'état reflète le numéro de la page où se trouve le point d'insertion, mais pas celui qui sera imprimé sur la feuille. En effet, si un document est divisé en sections possédant chacune sa numérotation, chaque section commence par le n° 1. Dans ce cas, la barre d'état affiche le numéro de la page dans le document et pas dans la section.

Commencer une nouvelle page

Il y a deux manières de commencer une nouvelle page dans Word : l'horrible, mais facile, mauvaise manière, et l'impressionnante bonne manière.

- **L'horrible :** Appuyez sur la touche Entrée jusqu'à ce que vous voyiez apparaître la ligne de points qui indique le début d'une nouvelle page. Oui, ce procédé marche. Mais c'est ce qu'il ne faut pas faire.
- **L'impressionnante :** Appuyez sur Ctrl+Entrée. Voilà votre nouvelle page, obtenue comme il faut.

Le raccourci Ctrl+Entrée insère un *saut de page manuel* dans votre document, demandant à Word de commencer une nouvelle page à cet endroit précis. C'est la seule bonne manière de commencer une nouvelle page.

Dans l'affichage Normal (voyez le Chapitre 2), un saut de page manuel se présente comme un saut de page ordinaire (automatique), mais avec les mots `Saut de page` qui apparaissent au milieu :

....Saut de page..

Dans l'affichage en mode Page, un saut de page manuel se présente comme n'importe quelle séparation entre deux pages (voyez la Figure 2.2).

En utilisant des sauts de page manuels, gardez à l'esprit les points suivants :

- Vous pouvez aussi insérer un saut de page manuel en sélectionnant Insertion/Saut dans la barre de menus. Sélectionnez Saut de page dans la liste Types de saut, et cliquez sur OK. C'est exactement la même chose que d'appuyer sur Ctrl+Entrée qui n'est que le raccourci de cette commande. Faites ce que vous préférez.
- Le saut de page manuel fonctionne comme un saut de page ordinaire, avec cette différence que c'est vous qui le mettez où vous voulez dans votre document. Placez le curseur à l'endroit où vous voulez insérer un saut de page, et appuyez sur Ctrl+Entrée.
- Ctrl+Entrée insère un *caractère* de saut de page manuel dans votre document. Ce caractère reste là où vous l'avez inséré, y faisant apparaître un saut de page, quelles que soient les modifications que vous pouvez apporter au texte des pages précédentes.
- Pour supprimer un saut de page manuel, vous pouvez utiliser les touches Retour arrière ou Suppr. Si vous le faites accidentellement, appuyez à nouveau sur Ctrl+Entrée, ou sur Ctrl+Z pour annuler la suppression.
- Si vous insérez des sauts de page manuels, pensez à utiliser l'aperçu avant impression pour vérifier votre document avant de l'imprimer. Il arrive que les modifications apportées au texte depuis l'insertion d'un saut de page manuel rendent ce dernier inutile. Pour en savoir plus sur l'aperçu avant impression, reportez-vous au Chapitre 9.

- Ne tombez pas dans le piège qui consiste à utiliser des sauts de page manuels pour ajuster la numérotation des pages. Vous avez à votre disposition toute la puissance de votre ordinateur pour ajuster la numérotation de vos pages sans avoir à bricoler la mise en page pour y arriver. Voyez la section "Où mettre le numéro de page ?" plus haut dans ce chapitre.

Supprimer une page vierge inutile

Parfois, sans comprendre pourquoi, votre document se termine par une page vierge. Cette page n'a aucune raison d'être. Elle n'est pas dangereuse puisque son seul effet est de faire passer une feuille dans l'imprimante sans l'imprimer (évidemment puisqu'elle est vierge).

Pour supprimer cette dernière page blanche :

1. **Appuyez sur Ctrl+Fin.**

   Ce raccourci place le point d'insertion en fin de document.

2. **Appuyez sur la barre d'espace.**

3. **Répétez la deuxième étape jusqu'à ce que la page disparaisse.**

Le fait d'appuyer sur la barre d'espace supprime toutes les marques de paragraphes inutiles. Au fur et à mesure de leur éviction du document, vous remontez jusqu'à la dernière page contenant du texte. Dès que le point d'insertion l'atteint, la feuille blanche disparaît physiquement du document.

- Il est facile de vérifier que vous ne supprimez pas des informations importantes. Appuyez sur Ctrl+Maj+8. Cela affiche le code qui a créé cette dernière feuille blanche. Dès que vous avez terminé, appuyez de nouveau sur Ctrl+Maj+8. (Appuyez sur la touche 8 du clavier, pas sur celle du pavé numérique.)

- Si vous appuyez trop longtemps sur la barre d'espace au point d'effacer du texte, relâchez la barre et appuyez sur Ctrl+Z. Vous annulez la suppression.

- Dans certains cas, cette astuce ne fonctionne pas. Par exemple, si le document contient des images, des dessins, des zones ou des cadres, vous devez préalablement supprimer ces objets pour effacer la page vierge.

Chapitre 15

Mettre en forme des documents

Dans ce chapitre :

- Couper votre document en morceaux.
- Tirer le meilleur parti des sections.
- Ajouter un en-tête ou un pied de page.
- Créer deux jeux d'en-têtes et de pieds de page.
- Faire une première page sans en-tête ni pied de page.
- Utiliser les barres d'outils En-tête et Pied de page.

D*ocument* est un mot important. Il pèse son poids. Dans Word, la grande affaire, c'est le document. Ma femme tient à jour sous forme de document dans son ordinateur la liste de tout ce que je dois faire pour elle. Je suppose donc que ce sont des choses qu'elle trouve importantes.

Du point de vue de la mise en forme, un document n'est pas une page. La mise en forme d'un document n'est pas une chose compliquée. En fait, la plupart des informations que contient ce chapitre ne seront d'aucune utilité pour la majeure partie des documents que vous allez créer (votre courrier personnel, par exemple). Mais si un jour vous êtes frappé par la lubie d'éblouir votre entourage par votre connaissance de Word, ce chapitre ne vous quittera plus.

Vous saurez tout sur les sections

Un bon nombre des commandes de mise en forme de Word s'appliquent à l'ensemble d'un document. Par exemple, la majeure partie des commandes de mise en forme décrites au Chapitre 14 concernent le document : format du papier, orientation, et ainsi de suite. Quant aux en-têtes et aux pieds de page (décrits dans ce chapitre), c'est aussi au document qu'ils s'appliquent.

S'il arrive que vous ayez besoin de changer le format d'un document rien que pour une page ou un groupe de pages, il vous faut diviser votre document en sections, chacune d'elles possédant sa propre mise en page. Si par exemple vous avez besoin que seule une page soit imprimée en format Paysage, vous devez créer une section pour cette page. Ou alors, s'il vous faut des marges particulières pour votre page de titre, vous devez créer une section rien que pour elle.

Il est facile de créer une section, et les sections peuvent simplifier la plupart des tâches de mise en forme du document. Dans ce qui suit, nous allons vous dire tout ce que vous avez besoin de savoir.

- Une *section* est essentiellement une partie de votre document dont les paramètres de mise en page sont indépendants du reste du document.
- La mise en forme du texte et des paragraphes, aussi bien que tous les styles que vous pouvez créer, n'est en rien affectée par les sections.
- Ce sont les sections qui ont servi à créer une bonne partie des types de documents présentés dans la quatrième partie de ce livre.
- Les sections sont considérées comme un aspect avancé de Word. La plupart des gens ne s'en servent jamais. Ce n'est qu'en de rares occasions que j'ai eu besoin de diviser un document en sections. Si ça ne vous dit rien, rien ne vous empêche de sauter ce sujet.

NOTE TECHNIQUE

Créer une section

Diviser un document n'est pas une tâche difficile. Toutes les commandes d'insertion de saut de Word sont rassemblées dans une boîte de dialogue très pratique. Pour la faire apparaître, sélectionnez Insertion/Saut dans la barre de menus.

La Figure 15.1 montre la boîte de dialogue Saut. Les éléments du premier groupe d'options sont les sauts de texte. Le deuxième groupe contient les sauts de section.

Imaginez que vous soyez en train de créer la page de titre d'un nouveau document. Avant de taper du texte, créez la page de cette façon :

1. **Sélectionnez Insertion/Saut.**

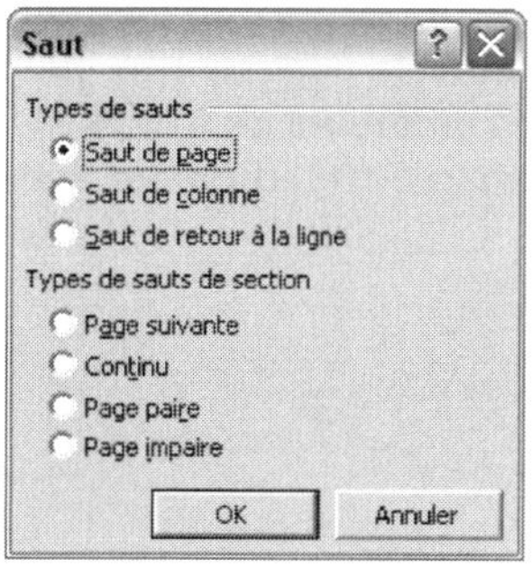

Figure 15.1 La boîte de dialogue Saut.

La boîte de dialogue Saut apparaît (Figure 15.1).

2. **Dans la zone Types de saut de section, sélectionnez Page suivante.**

   L'option Page suivante insère à la fois un saut de page manuel et un saut de section dans votre document. C'est la forme la plus courante de saut de section, car la majeure partie des commandes de mise en forme que vous allez utiliser fonctionnent au niveau de la page.

3. **Cliquez sur OK.**

   En mode Page, le saut de section se présente de la même manière qu'un saut de page. En mode Normal, il ressemble à ceci :

   ::::::::::::::::::Saut de section (page suivante)::::::::::::::::::

L'étape suivante du processus consiste à placer le curseur en haut de la première page (la page de titre dont nous avons parlé dans la section précédente), et à mettre en forme cette page selon vos besoins.

- Pour combiner des mises en forme différentes dans une même page, vous pouvez sélectionner l'option Continu. Par exemple, si vous voulez partager une page entre du texte sur plusieurs colonnes et du texte sur une colonne, le saut de section continu est le moyen idéal d'effectuer cette séparation. Pour en savoir plus, reportez-vous au Chapitre 21.

- Pour faire commencer la section à la prochaine page paire ou à la prochaine page impaire, utilisez les options Page paire ou Page impaire. Par exemple, si votre document est destiné à être relié, vous pouvez vouloir que votre section commence sur le côté droit ou sur le côté gauche dans le document imprimé et relié (je ne connais personne qui utilise ces options).

- Les sauts de section sont aussi un excellent moyen de diviser un document en plusieurs parties. Par exemple, la page de titre peut être une section ; de même l'introduction, les différents chapitres et les annexes. Vous pouvez alors utiliser la commande Atteindre pour accéder directement à chaque début de section. Pour en savoir plus sur la commande Atteindre, reportez-vous au Chapitre 3.
- Pour créer un saut de colonne, voyez le Chapitre 21.

Supprimer un saut de section

Pour supprimer un saut de section, vous pouvez utiliser la touche Retour arrière ou la touche Suppr.

Si vous le faites accidentellement, vous perdez toutes les informations de mise en forme que vous avez appliquées à cette section. Si cela vous arrive, annulez votre action en appuyant sur Ctrl+Z avant de faire quoi que ce soit d'autre.

- Vous pouvez supprimer un saut de section avec la touche Retour arrière.
- Pour bien supprimer des sauts de section, basculez en mode Normal. Cliquez sur Affichage/Normal.

Les joies des en-têtes et des pieds de page

Dans une lettre, l'en-tête n'apparaît que sur la première page. Dans un document, il apparaît sur toutes les pages, sauf en général sur la première. Son équivalent en bas de la page est le pied de page. On peut très bien utiliser les deux à la fois.

- Un en-tête contient généralement différentes informations, par exemple votre nom, le nom du document, la date, le numéro de la page, éventuellement un titre ou encore un numéro de téléphone.
- Dans un pied de page, on peut mettre toutes les informations que l'on veut de la même manière. La seule différence est qu'il est en bas de la page.
- Un pied de page n'est pas une note de bas de page. Pour les notes de bas de page, voyez le Chapitre 22.

Ajouter un en-tête ou un pied de page

Les en-têtes et les pieds de page peuvent faire beaucoup pour embellir un document. Vous n'êtes pas obligé d'utiliser les deux à la fois. De plus, que vous préfériez utiliser l'un ou l'autre (ou les deux), c'est de la même manière que l'on définit un en-tête ou un pied de page.

Pour ajouter un en-tête ou un pied de page, suivez ces étapes :

1. **Sélectionnez Affichage/En-tête et pied de page.**

   Word vous fait passer dans une version spéciale de l'affichage Page qui rend accessibles les zones d'en-tête et de mise en page de votre document. Vous voyez aussi apparaître la palette d'outils flottante En-tête et pied de page. C'est ce que montre la Figure 15.2.

Figure 15.2 Un en-tête avec la palette d'outils En-tête et pied de page.

2. **Dans la palette d'outils, cliquez sur le bouton Basculer en-tête et pied de page (le quatrième à partir de la droite) pour sélectionner l'en-tête ou le pied de page selon ce que vous voulez modifier.**

   Ce bouton vous fait passer directement dans le pied de page si vous êtes dans l'en-tête, et réciproquement.

3. **Saisissez le texte de votre en-tête ou de votre pied de page.**

   Tout le texte que vous tapez peut être mis en forme au moyen de toutes les commandes de mise en forme de texte et de paragraphe de Word, y compris les tabulations (voyez les Chapitres 11, 12 et 13).

Dans tous les documents, Word propose une mise en forme par défaut des en-têtes et pieds de page avec une tabulation centrée au milieu et une tabulation droite à l'extrémité droite de la règle. Vous pouvez donc appuyer sur la touche Tab, étape du texte qui sera automatiquement centré en haut ou en bas de chaque page. Ce tab n'est pas toujours nécessaire, mais c'est une très bonne idée de la part de Microsoft de l'avoir mis là.

4. **Pour définir des éléments particuliers, utilisez les boutons de la palette d'outils.**

   Si vous placez le pointeur sur un bouton de la palette d'outils, vous voyez apparaître une bulle d'aide qui en décrit la fonction (comme pour les barres d'outils).

   Par exemple, vous pouvez appuyer sur la touche Tab, puis cliquer sur le bouton Insérer un numéro de page pour insérer le numéro de la page au milieu d'un en-tête ou d'un pied de page.

   Vous pouvez utiliser la liste déroulante Insertion automatique pour mettre un élément d'insertion automatique dans l'en-tête ou le pied de page. Les éléments insérés sont des "champs", automatiquement mis à jour par Word, qui donnent des informations sur différents aspects de votre document, comme le montre la Figure 15.3. Par exemple, `Page X de Y` indique le numéro de la page en cours et le nombre total de pages du document.

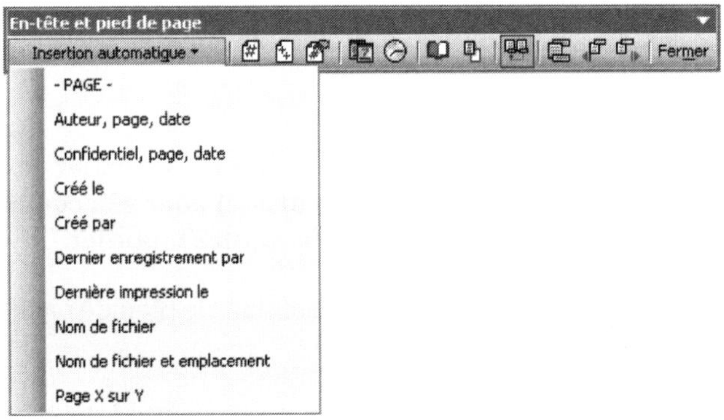

Figure 15.3 Les éléments d'insertion automatique que l'on peut placer dans un en-tête ou un pied de page.

5. **Une fois que vous avez terminé, cliquez sur le bouton Fermer.**

   Vous êtes de retour dans votre document.

En mode Page, vous pouvez voir l'en-tête et le pied de page, dont le texte est estompé (le texte est en gris au lieu d'être en noir). En mode Normal, vous ne voyez ni l'en-tête ni le pied de page, mais ils sont toujours là (pour voir l'en-tête et le pied de page, vous pouvez aussi utiliser l'aperçu avant impression).

Dans un en-tête ou un pied de page, vous pouvez mettre tout ce que vous pouvez mettre dans un document, y compris des images (voyez la Figure 15.2). C'est particulièrement utile si vous voulez faire apparaître un logo sur chaque page. Pour en savoir plus sur les possibilités graphiques de Word, reportez-vous au Chapitre 23.

- Il n'est pas nécessaire de vous placer dans la première page de votre document pour insérer le numéro de page dans l'en-tête. Word est assez astucieux pour mettre le numéro qui convient sur chaque page, quelles que soient les modifications que vous apportez à votre document comme à l'en-tête.
- Ce que vous faites dans un en-tête ou un pied de page s'applique à toutes les pages de la section concernée.
- Si votre document comporte plusieurs sections, le nom de l'en-tête ou du pied de page apparaît avec le numéro de la section, par exemple `En-tête-Section 2-`. Souvenez-vous que toute modification effectuée dans un en-tête ou un pied de page ne s'applique qu'à la section dans laquelle vous la faites.
- En mode Page, vous pouvez accéder rapidement à l'en-tête ou au pied de page en double-cliquant dedans (là où vous voyez le texte estompé).
- Vous voudrez peut-être mettre du texte avant le numéro de page. Sans préjuger de votre imagination, vous pouvez taper le mot **Page** suivi d'un espace avant de cliquer sur le bouton # dans la palette d'outils.
- Pour insérer l'heure ou la date dans un en-tête ou un pied de page, cliquez sur le bouton Insérer l'heure ou Insérer la date dans la palette d'outils.
- Pour passer de l'en-tête au pied de page ou inversement, n'oubliez pas d'utiliser le bouton Basculer en-tête/pied page.

En-têtes pairs pour les pages paires, impairs pour les pages impaires

Si vous le voulez, Word vous permet de définir deux jeux d'en-têtes et de pieds de page pour votre document : un pour les pages paires et un pour les pages impaires. Par exemple, c'est de cette façon que ce livre a été mis en forme. L'en-tête des pages paires contient le numéro de page et le titre de partie ; l'en-tête des pages impaires le numéro du chapitre suivi du titre du chapitre et du numéro de page. Vous pouvez en faire autant !

Pour demander à Word de créer deux jeux d'en-têtes et de pieds de page, suivez ces étapes :

1. **Sélectionnez Affichage/En-tête et pied page.**

   Cette commande affiche l'en-tête et le pied de page, où que vous soyez dans votre document, ainsi que la palette d'outils flottante En-tête et pied de page (voyez la Figure 15.2).

US2. **Dans la palette En-tête et pied de page, cliquez sur le bouton Mise en page.**

   La boîte de dialogue Mise en page apparaît, avec au premier plan l'onglet Disposition, comme le montre la Figure 15.4.

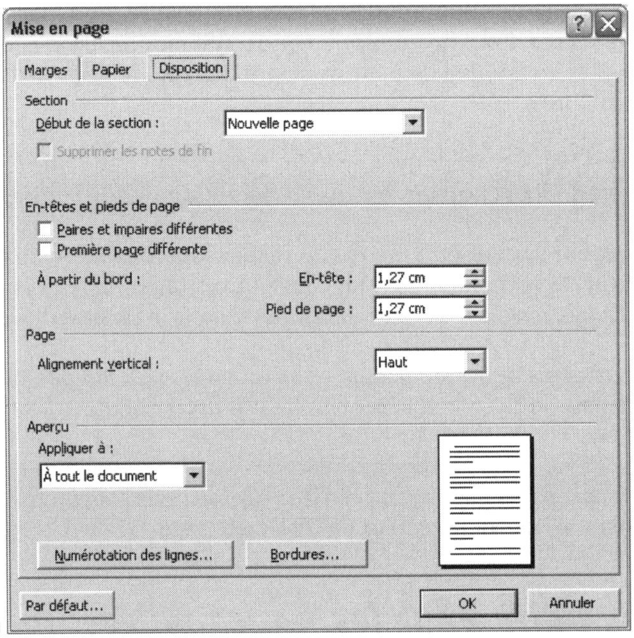

Figure 15.4 L'onglet Disposition de la boîte de dialogue Mise en page.

3. **Dans la zone En-tête et pied de page, cochez la case Paires et impaires différentes.**

   Remarquez la manière dont l'aperçu reflète l'effet de votre sélection.

4. **Cliquez sur OK.**

Vous êtes à nouveau en mode d'édition de l'en-tête et du pied de page. Avez-vous remarqué l'indication En-tête de page paire ou En-tête de page impaire ?

5. **Créez le contenu de l'en-tête ou du pied de page impair.**

   Pour savoir comment créer le contenu d'un en-tête ou d'un pied de page, reportez-vous à la section précédente.

6. **Créez le contenu de l'en-tête ou du pied de page pair.**

   Cliquez sur le bouton Afficher en-tête/pied de page suivant (ou précédent). Ces boutons vous permettent de naviguer parmi les différents en-têtes et pieds de page pairs ou impairs de votre document.

7. **Une fois vos modifications terminées, cliquez sur le bouton Fermer de la palette En-tête et pied de page.**

   Vous êtes de retour dans le texte de votre document.

Mais je ne veux pas d'en-tête sur la première page !

Pour éviter que l'en-tête ou le pied de page apparaisse sur la première page d'un document (qui est généralement la page de titre), utilisez l'onglet Disposition de la boîte de dialogue Mise en page dont nous avons parlé dans la section précédente. Dans la zone En-têtes et pieds de page, cochez la case Première page différente, puis cliquez sur OK.

Lorsque vous revenez à l'édition de l'en-tête ou du pied de page dans votre document, cliquez sur le bouton Afficher en-tête/pied de page précédent, jusqu'à ce que vous arriviez au premier en-tête, intitulé `Premier en-tête`. Laissez cet en-tête (ou pied de page) vierge. Cette méthode place un en-tête vide sur la première page. Sur les autres pages, l'en-tête apparaît tel que vous l'avez défini. Vous pouvez aussi vous servir de cette méthode pour définir un en-tête différent pour la première page, par exemple un logo.

Les en-têtes et pieds de page multiples

Un en-tête ou un pied de page est défini pour toute une section. Pour la plupart des documents, qui ne sont qu'une section, il n'y a pas à se poser de question. Mais imaginez que, pour une raison quelconque, vous ayez besoin de plusieurs types d'en-têtes dans votre document. Ou alors que vous ayez besoin de faire disparaître l'en-tête pour une partie du document. Il vous faut plusieurs en-têtes, et pour cela vous devez diviser votre document en sections.

En utilisant des sections, vous pouvez disposer de plusieurs types d'en-têtes et de pieds de page différents dans votre document, un jeu pour chaque section. L'en-tête et le pied de page d'une section sont complètement différents de ceux de la section précédente. Et la modification de l'en-tête d'une section n'a aucun effet sur les en-têtes des autres sections. Pour créer une section, voyez "Créer une section", plus haut dans ce chapitre.

Chapitre 16

Utiliser les styles

Dans ce chapitre :

- Trouver vos styles.
- Créer un style.
- Modifier un style.
- Assigner un raccourci clavier à un style.
- Utiliser un style.
- Utiliser les styles de titre.
- Organiser les styles.

Vous êtes jeune, plein d'avenir, doté par la nature d'à peu près toutes les qualités, et croyez savoir vous servir d'un traitement de texte. Vous tapez et mettez en forme. Rien de bien excitant ; en particulier parce que vous passez beaucoup plus de temps à mettre en forme qu'à écrire. Il y a beaucoup trop de commandes. Ça vous ronge les neurones, vous éprouvez une frustration terrible, et commencez à envisager de passer aux antidépresseurs.

Heureusement, il y a Chkdsk (prononcez "chkeudeusk"), l'enchanteur informaticien ! On raconte qu'il connaît tous les mystères de Word et en est fier. Il exécute quelques commandes et tout s'arrange en un instant :

– Ô Chkdsk ! dis-moi, comment as-tu accompli ce prodige ?

– C'est pas compliqué, dit Chkdsk, j'ai lu le Chapitre 16. Je sais créer des styles !

Vous savez maintenant ce qu'il vous reste à faire. Toutes les commandes de mise en forme de texte de Word peuvent être rassemblées en un seul élément que l'on appelle *style*.

Qu'est-ce qu'un style ?

Un *style* n'est rien d'autre qu'un ensemble de commandes de mise en forme de Word. Par exemple, si vous voulez mettre un paragraphe en police Courier 10 points et en retrait, il vous suffit de lui *appliquer* le style correspondant. Facile !

- Historiquement, les styles ont été créés pour réduire le labeur de mise en forme. Au fur et à mesure que les traitements de texte devenaient plus sophistiqués, que les imprimantes acceptaient de plus en plus de polices, et que Windows vous permettait de voir votre document à l'écran tel qu'il allait être imprimé, le besoin de commandes de mise en forme avancée n'a fait qu'augmenter. C'est pour aider les gens à manier tous ces raffinements de mise en forme que les styles ont été créés.

- Dans Word, tout texte a un style. À moins que vous n'ayez spécifié autre chose, Word utilise le style Normal ; soit un paragraphe aligné à gauche, en Times New Roman, 12 points, sans retrait.

- Word ne vous oblige pas à utiliser des styles. Si vous le faites, la mise en forme de vos documents en sera cependant grandement facilitée.

Où sont cachés les styles ?

Dans Word, il y a deux endroits où vous pouvez trouver les styles : la barre d'outils Mise en forme et le volet Styles et mise en forme que vous obtenez en sélectionnant Format/Styles et mise en forme.

Vous finirez sans doute par prendre l'habitude de sélectionner les styles dans la barre d'outils. Le volet Styles et mise en forme vous permet de créer et de modifier les styles de vos documents.

Les styles dans la barre d'outils Mise en forme

La manière la plus facile de voir et d'utiliser les styles disponibles dans un document est de passer par la liste déroulante de la barre d'outils Mise en forme (celle dans laquelle vous voyez `Normal` lorsque vous créez un nouveau document), telle que la montre la Figure 16.1.

TRUC

Pour voir la liste déroulante Style, il vous faudra peut-être réorganiser vos barres d'outils. Pour cela, voyez le Chapitre 28.

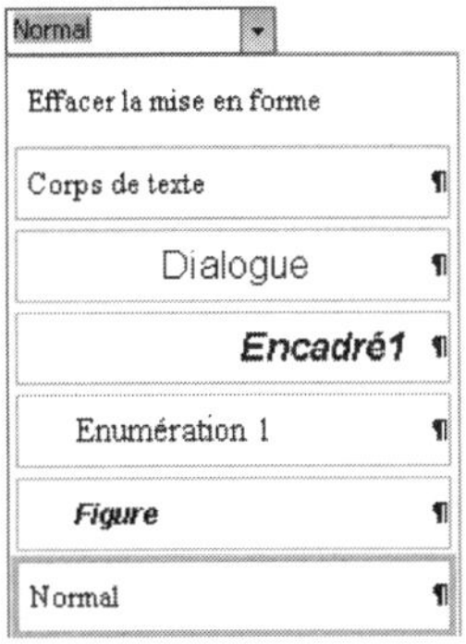

Figure 16.1 La liste déroulante Style dans la barre d'outils Mise en forme.

Les styles que vous voyez dans la liste sont ceux que vous pouvez utiliser dans votre document. Dans la Figure 16.1, vous voyez les styles standard qui sont disponibles dans tout nouveau document. Il y en a quatre : le style Normal, qui est le style appliqué au texte, et trois styles de titre.

L'option Effacer la mise en forme qui apparaît dans cette liste est simplement une commande qui vous permet de supprimer toute mise en forme du texte sélectionné.

Le style "Autres..." n'est pas un style, mais simplement la commande qui ouvre le volet Style et mise en forme.

Au fur et à mesure que vous créez de nouveaux styles, ils sont ajoutés à la liste.

Si vous modifiez la mise en forme d'un paragraphe, par exemple si vous en changez la police, le style de ce paragraphe apparaît dans la liste avec l'indication de la modification. Ainsi, si vous changez en Arial la police d'un paragraphe en style Normal, un nouvel élément, `Normal+Arial`, apparaît en haut de la liste Style. Le nom de la police (Arial dans ce cas) apparaît pour indiquer la modification. Bien sûr, il existe de meilleurs moyens d'ajouter des éléments à la liste, que ce chapitre a pour but d'expliquer.

La manière dont les styles apparaissent dans la liste vous donne une information sur leur mise en forme. Par exemple, les styles de titre sont en gras et d'une taille particulière, alors que le style Normal est en Times New Roman 12 points.

Une petite marque de paragraphe (¶) à droite du nom d'un style (juste avant la barre de défilement de la liste) indique qu'il s'agit d'un style de paragraphe, c'est-à-dire que lorsque vous le sélectionnez il s'applique à tout le paragraphe dans lequel se trouve le curseur.

Un petit *a* souligné (**a**) à droite du nom d'un style indique qu'il s'agit d'un style de caractère. Lorsque vous l'activez, il s'applique uniquement aux caractères sélectionnés, sans affecter le reste du paragraphe.

- S'il existe d'autres styles affichables à l'écran, une option Autres apparaît en bas de la liste. La sélection de cette option fait apparaître le volet Office, dont nous allons parler dans la section suivante.
- Les styles standard sont conservés dans un modèle de document que Word utilise pour tous les nouveaux documents. Le nom de ce modèle est NORMAL (ou NORMAL.DOT). Nous en parlerons au chapitre suivant.
- Les styles de titre permettent de mettre en forme les titres de différents niveaux dans un document, par exemple dans un livre comme celui-ci.

Les styles dans le volet Office

La majeure partie de ce que l'on peut faire avec des styles se passe dans le volet Office. Si vous l'avez évité jusqu'ici, le moment est venu d'accepter l'inévitable. L'inconvénient du volet Office est qu'il occupe près du quart de l'espace dont vous disposez pour écrire dans la fenêtre du document, mais il faut s'en accommoder.

Il y a plusieurs méthodes d'affichage du volet Styles et mise en forme. Voici mes préférées :

- Cliquez sur le bouton AA à côté de la liste déroulante Style.
- Cliquez sur Format/Style et mise en forme.
- Appuyez sur Ctrl+F1.

Le volet Styles et mise en forme apparaît (Figure 16.2).

Le volet Styles et mise en forme est l'endroit qui vous permet de contrôler, de créer, de supprimer ou d'utiliser, de quelque manière que ce soit, les styles dans votre document. Tous les styles que comporte votre document apparaissent ici. Le style en cours d'utilisation (celui du texte sélectionné ou du paragraphe dans lequel se trouve le curseur) apparaît dans la case qui se trouve en haut du volet. Dans la Figure 16.2, c'est le style `Normal`.

Pour faire apparaître des informations supplémentaires sur un style de la liste, placez le pointeur dessus. Tout d'abord, un cadre apparaît autour du style, avec une flèche pointant vers le bas à l'extrémité droite de celui-ci, donnant

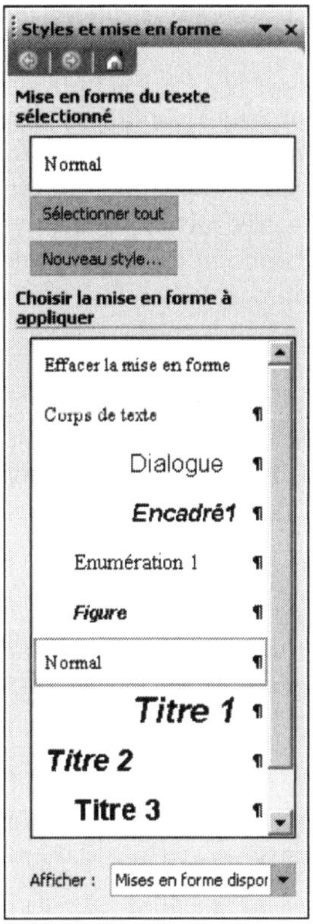

Figure 16.2 Le volet Styles et mise en forme.

accès à un menu pour le style correspondant (voyez la Figure 16.3). Un instant après, si vous ne bougez pas le pointeur, une info-bulle s'affiche, contenant la description complète de la mise en forme du style. Dans la Figure 16.3, le style Titre 1 est basé sur le style Normal avec différents attributs de mise en forme supplémentaires.

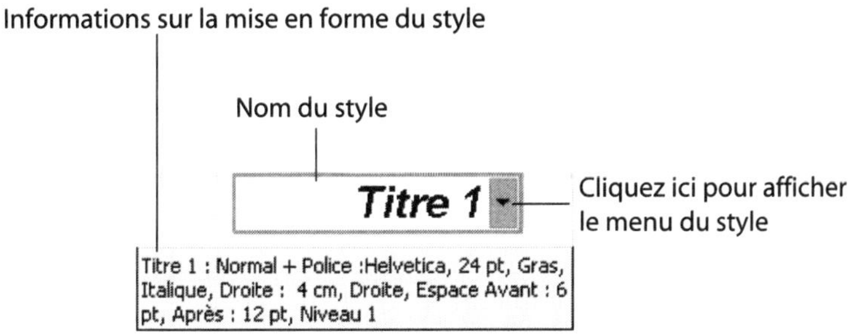

Figure 16.3 Afficher les informations sur un style.

- Le volet Styles et mise en forme est l'endroit qui vous permet de créer, de modifier et d'utiliser les styles.
- Le bouton Sélectionner tout sélectionne tout le texte de votre document qui est mis en forme avec le style correspondant (cliquez dans votre document pour sélectionner le style de ce texte, puis utilisez le bouton Sélectionner tout pour afficher tout le texte mis en forme avec ce style), exactement comme la commande Édition/Sélectionner tout ou le raccourci Ctrl+A. Il vous permet d'appliquer un style à tout votre document, sans sortir du volet Styles et mise en forme.
- Le menu associé à chaque style permet de le supprimer, de le modifier, de le sélectionner ou de le mettre à jour. La Figure 16.3 vous montre où cliquer. Nous allons parler de l'utilisation de ce menu plus loin dans ce chapitre.
- Une fois terminé ce que vous aviez à faire sur les styles, vous pouvez fermer le volet Styles et mise en forme.

Créer un nouveau style

Je déteste le style Normal. Je suis profondément révolté par sa banalité, et je ne doute pas un instant que vous le soyez aussi.

Dans les sections suivantes, nous verrons comment créer de nouveaux styles pour votre document, ne serait-ce que pour faire mieux que le triste style Normal.

Créer un style à partir d'un paragraphe que vous avez déjà mis en forme

La manière la plus facile de créer un nouveau style dans un document consiste à utiliser tout ce que vous savez de la mise en forme pour donner à un paragraphe exactement la mise en forme que vous voulez. Vous pourrez ensuite créer le nouveau style sur la base de la mise en forme de ce paragraphe. Voici comment :

1. **Tapez un paragraphe de texte.**

   Vous pouvez utiliser un paragraphe qui existe déjà dans votre document. Vous avez simplement besoin d'un paragraphe pour visualiser votre mise en forme.

2. **Sélectionnez votre paragraphe.**

   Pour savoir comment sélectionner un bloc de texte, reportez-vous au Chapitre 6.

3. **Mettez en forme le paragraphe.**

   Sélectionnez les différents attributs de mise en forme des caractères. Choisissez une police et une taille. Pour savoir comment mettre en forme des caractères, reportez-vous au Chapitre 11.

   Dans la mesure du possible, limitez-vous au choix de la police et de la taille pour la mise en forme des caractères. Évitez le gras, l'italique et le soulignement, à moins que vous ne vouliez que ces attributs fassent partie intégrante du style, c'est-à-dire s'appliquent à tout le texte du paragraphe.

   Sélectionnez la mise en forme du paragraphe : l'alignement (gauche, droit, centré ou justifié), les retraits, etc. Pour savoir tout ce que vous pouvez faire, voyez le Chapitre 12.

4. **Appuyez sur Ctrl+Maj+S.**

   Cette commande fait apparaître le nouveau style dans la liste Style de la barre d'outils Mise en forme. Il est affiché en surbrillance.

5. **Donnez un nom à votre nouveau style.**

   Choisissez un nom bref et descriptif.

   Par exemple, si vous créez un style de paragraphe en retrait que vous voulez utiliser pour des listes, vous pouvez lui donner le nom Liste.

   Si vous lui attribuez le nom d'un style existant, Word affiche un message. Saisissez un autre nom !

6. **Appuyez sur Entrée.**

   Le nouveau style est ajouté à la liste des styles de votre document.

Le nouveau style est maintenant associé au paragraphe que vous avez utilisé pour le créer. Si vous tapez à la suite de celui-ci un nouveau paragraphe, il adoptera automatiquement ce style. De même, vous pouvez appliquer votre nouveau style à tout autre paragraphe de votre document.

TRUC

- Donnez à votre style un nom qui décrive sa fonction. Des noms comme Liste retrait ou Tableau texte sont excellents parce qu'ils permettent de se souvenir facilement de ce à quoi ils correspondent.
- Les styles que vous créez ne sont disponibles que dans le document dans lequel ils ont été créés.
- Si vous voulez utiliser dans différents documents les styles que vous avez définis, vous devez créer un *modèle*. Cette opération est décrite au Chapitre 17, dans la section "Créer votre propre modèle bien à vous".
- Après avoir créé un style, il vous arrivera de vouloir le peaufiner ou le modifier. Voyez la section "Modifier un style", plus loin dans ce chapitre.

Créer un style en utilisant le volet Styles et mise en forme

La boîte de dialogue Nouveau style est très pratique pour créer un nouveau style, à condition de connaître assez bien les commandes de style de Word. Les étapes suivantes décrivent le cheminement qui permet de créer un style en utilisant la boîte de dialogue Nouveau style.

1. **Affichez le volet Styles et mise en forme.**

   Il suffit de rependre les instructions indiquées dans ce chapitre.

   Remarquez que dans cette étape vous n'avez pas besoin de créer un nouveau paragraphe ni de mettre en forme quoi que ce soit.

2. **Cliquez sur le bouton Nouveau style.**

   La boîte de dialogue Nouveau style apparaît (Figure 16.4).

3. **Dans le champ Nom, entrez un nom pour votre nouveau style.**

   Comme c'est le nom qui va apparaître dans la liste des styles, choisissez un nom simple et descriptif, par exemple Légende pour un style destiné à des légendes.

   Si vous tapez un nom déjà utilisé pour un style existant, Word vous prévient. Trouvez-en un autre.

4. **Dans la liste Type de style, sélectionnez le type.**

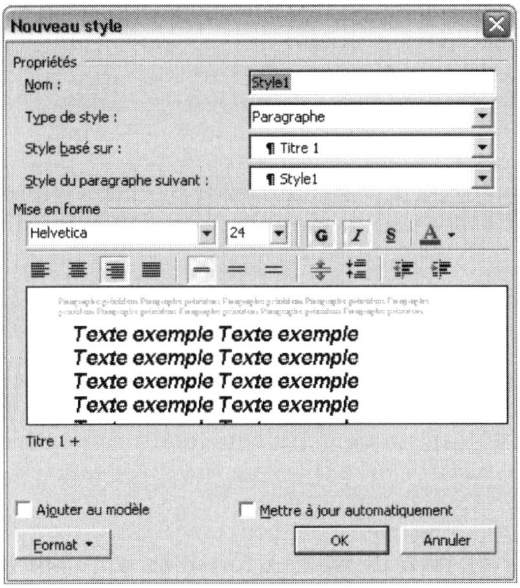

Figure 16.4 La boîte de dialogue Nouveau style.

La plupart des styles que l'on utilise sont des styles de paragraphe, c'est-à-dire des styles qui s'appliquent à des paragraphes en tant que tels et peuvent combiner tous les attributs de mise en forme de paragraphe.

Les styles de caractère sont assez peu utilisés. Il m'est arrivé d'écrire un livre dans lequel les commandes à taper devaient apparaître non seulement dans la police Courier New, mais aussi en gras et en bleu. J'ai donc créé un style de caractère avec ces attributs et l'ai appelé "Texte bleu". Ensuite, pour mettre en forme le texte correspondant, je l'ai sélectionné et lui ai appliqué le style de caractère Texte bleu.

Les styles de tableau sont utilisés pour mettre en forme des tableaux. Voyez pour cela le Chapitre 20. Les styles de liste permettent de mettre en forme des listes d'éléments à plusieurs niveaux, comme les styles de titre de Word. Avant de créer des styles de ces deux types, il est préférable de commencer par vous familiariser avec les tableaux et avec les listes.

5. **Dans la liste Style basé sur, sélectionnez le style voulu.**

Pour gagner du temps, vous pouvez utiliser un style existant et réaliser votre nouveau style à partir de celui-ci. Par exemple, si votre nouveau style est identique au style Corps, mais avec pour seule différence des caractères plus petits, vous pouvez sélectionner Corps dans la liste Style basé sur, puis spécifier uniquement les modifications pour définir votre nouveau style.

Au départ, tous les styles sont basés sur le style Normal.

La liste déroulante Style basé sur contient un grand nombre de styles. Faites défiler cette liste pour trouver un style particulier, sinon utilisez le style Normal.

6. **Sélectionnez le style du paragraphe suivant.**

   C'est une option pratique, qui est définie par défaut avec le style que vous êtes en train de créer. De cette façon, tous les paragraphes que vous allez taper à la suite auront le même style. Cette option permet aussi quelques astuces de mise en forme. Voyez l'encadré "Après moi un nouveau style".

7. **Sélectionnez les attributs de mise en forme de votre nouveau style.**

   La boîte de dialogue Nouveau style contient une pléthore de boutons et de listes déroulantes (éléments avec lesquels vous êtes sans doute déjà familier) qui vous permettent de sélectionner instantanément un certain nombre d'attributs de mise en forme de base. Utilisez la zone d'aperçu pour vous rendre compte de l'effet produit par vos sélections.

   Pour faire des choses plus précises, par exemple sélectionner un double soulignement ou définir des tabulations, cliquez sur le bouton Format. Il fait apparaître un menu des commandes de mise en forme de Word. La sélection d'une option de ce menu affiche la boîte de dialogue correspondante qui permet de définir différents attributs de mise en forme. Beaucoup de ces boîtes de dialogue sont décrites en d'autres endroits de ce livre, mais gardez à l'esprit que ce que vous allez y sélectionner ici s'applique au style que vous êtes en train de créer, et non à un texte particulier dans votre document (tout au moins pas encore).

   L'utilisation de la boîte de dialogue Nouveau style suppose que vous savez ce que vous faites avec les attributs de mise en forme que vous appliquez à un style. Si vous n'êtes pas très sûr de vous, mieux vaut utiliser la méthode décrite dans la section précédente, "Créer un style à partir d'un paragraphe que vous avez déjà mis en forme".

8. **Cliquez sur OK pour créer le style.**

   La boîte de dialogue Nouveau style disparaît, et le style que vous avez créé apparaît dans la liste des styles.

TRUC

Après moi un nouveau style

Lorsque je débute un nouveau chapitre, je commence par le style `Chapitre titre`. Le style suivant est `Chapitre intro`, lequel est suivi par le style `Corps`. Et après un paragraphe `Corps`, il y a un autre paragraphe `Corps`, et ainsi de suite. Quand je passe d'un paragraphe au suivant, il n'y a pas de raison de sélectionner le style correspondant, car Word passe automatiquement d'un style au suivant.

Dans la boîte de dialogue Nouveau style (ou Modifier le style), ouvrez la liste déroulante Style du paragraphe suivant. Le style que vous sélectionnez dans cette liste est celui auquel Word passera automatiquement lorsque vous appuierez sur la touche Entrée pour terminer un paragraphe dans le style que vous êtes en train de créer ou de modifier. Si vous conservez l'option par défaut pour cette liste, le style ne sera pas changé en passant au paragraphe suivant, ce qui correspond à ce dont on a besoin la plupart du temps. Mais, dans les situations où vous savez que le style doit changer, vous pouvez demander à Word de le faire automatiquement. Vous pouvez modifier le style `Chapitre titre` pour sélectionner dans cette liste le style `Chapitre intro`. De cette façon, chaque fois que vous appuierez sur la touche Entrée après avoir tapé le titre de votre chapitre dans le style `Chapitre titre`, le paragraphe suivant sera automatiquement en style `Chapitre intro`. C'est extrêmement pratique.

Créer un style de caractère

La majeure partie des styles que vous allez créer sont des styles de paragraphe. Pour créer un style correspondant à une mise en forme destinée à s'appliquer à des portions de texte qui ne sont pas nécessairement des paragraphes, vous devez créer un style de caractère. Dans la liste des styles, un style de caractère est reconnaissable au symbole **a** qui apparaît à sa droite.

Imaginez que, dans votre rêve de brevet d'invention de la voiture volante, toutes les formules mathématiques doivent être en gras et en rouge. Naturellement, vous pouvez les sélectionner l'une après l'autre, et utiliser la commande Format/Police pour mettre le texte en gras et en rouge (vous pouvez aussi utiliser la barre d'outils), mais c'est bien compliqué pour l'âge de l'informatique. Pour vous délivrer de la répétition de cette lourde manipulation, vous pouvez créer un style de caractère qui mettra le texte sélectionné en gras et en rouge en une seule action.

Pour créer un style de caractère, suivez les étapes de la section précédente, mais en sélectionnant Caractère au lieu de Paragraphe dans la liste déroulante Type de style. La boîte de dialogue Nouveau style prend la forme correspondante, c'est-à-dire ne permet de définir que les mises en forme de caractère et non celles qui s'appliquent à l'échelle du paragraphe.

Faites vos sélections d'attributs de mise en forme dans la boîte de dialogue Nouveau style. Une fois que vous avez terminé, cliquez sur OK pour créer le style.

TRUC

- L'application d'un style de caractère à une portion de texte sélectionnée n'affecte pas la mise en forme du paragraphe dans lequel elle se trouve.
- Chapitre 19, une section explique comment mettre du texte en blanc sur fond noir. Reportez-vous à cette section pour créer le style de caractère correspondant.
- Pour appliquer rapidement une mise en forme de caractère, voyez aussi au Chapitre 18 la section sur la reproduction de la mise en forme.

Modifier un style

Il vous arrivera plus d'une fois d'avoir besoin de modifier un style.

La police Times New Roman (celle du style Normal) est une très belle police, mais, comment dire... elle n'est plus de première jeunesse. C'est un très bon outil de travail utilisé par presque tout le monde pour presque tout, mais si vous voulez faire branché, dans le vent, et ainsi de suite, vous n'avez que l'embarras du choix parmi toutes les polices qui existent aujourd'hui. Après quoi, il ne vous restera plus qu'à créer ou à modifier les styles concernés.

Voici comment procéder pour modifier un style (n'importe quel style, pas seulement le style Normal) :

1. **Ouvrez le volet Styles et mise en forme.**

   Vous pouvez aussi cliquer sur le bouton AA à côté de la liste Style dans la barre d'outils Mise en forme.

2. **Dans le volet Styles et mise en forme, placez le pointeur sur le style que vous voulez modifier.**

3. **Cliquez sur la flèche pointant vers le bas qui apparaît.**

Le menu du style s'affiche. Si vous ne voyez pas la flèche pointant vers le bas, reportez-vous à la Figure 16.3.

4. **Sélectionnez Modifier.**

   La boîte de dialogue Modifier le style apparaît. C'est en fait la boîte de dialogue Nouveau style qui s'appelle ici "Modifier le style", puisqu'il s'agit de modifier un style qui existe déjà (voyez la Figure 16.4).

5. **Effectuez les modifications que vous voulez.**

   Pour modifier votre style, vous êtes libre d'utiliser tous les attributs de mise en forme disponibles. Vous pouvez aussi ajouter les attributs supplémentaires ou attribuer un raccourci clavier à votre style (nous vous dirons comment dans la section suivante).

6. **Une fois que vous avez terminé, cliquez sur OK.**

Si vous n'en avez plus besoin, vous pouvez fermer le volet Office.

- Lorsque vous modifiez un style de paragraphe, ces modifications sont appliquées à tous les paragraphes de votre document qui sont dans ce style. L'application de ces modifications est instantanée, ce qui est l'un des avantages de l'utilisation des styles.
- Utiliser un style pour modifier une mise en forme que l'on trouve dans tout le document, c'est très cool. Si vous voulez modifier le retrait de la première ligne de tous les paragraphes en style Corps, il vous suffit de modifier le style. Lorsque vous cliquez sur OK, tous les paragraphes concernés sont automatiquement modifiés.
- Si vous voulez vraiment changer le style Normal, il vous faut ouvrir et modifier le modèle Normal.dot. Nous en parlerons au Chapitre 17.

Attribuer un raccourci clavier à un style

Les styles permettent de mettre en forme rapidement des paragraphes de texte. L'attribution d'un raccourci clavier à un style rend la chose encore plus facile. Il est plus rapide d'appuyer sur Alt+Maj+C pour appliquer le style Corps que d'aller le sélectionner dans la liste Style, surtout si vous avez beaucoup de styles.

Pour attribuer un raccourci clavier à votre style, suivez ces étapes :

1. **Affichez le volet Styles et mise en forme.**

2. **Ouvrez le menu du style auquel vous voulez attribuer un raccourci (voyez la Figure 16.3).**

3. **Sélectionnez Modifier.**

   La boîte de dialogue Modifier le style apparaît.

4. **Cliquez sur le bouton Format.**

5. **Dans le menu, sélectionnez Touche de raccourci.**

   La boîte de dialogue Personnaliser le clavier apparaît.

6. **Appuyez sur le raccourci clavier que vous voulez attribuer au style.**

   Le mieux est d'utiliser une combinaison comme Ctrl+Maj+*lettre* ou Alt+Maj+*lettre* ou Ctrl+Alt+*lettre*, où *lettre* est une lettre quelconque sur le clavier. Par exemple, Ctrl+Alt+C pour le style Corps.

   Remarquez que la combinaison sur laquelle vous venez d'appuyer apparaît dans le champ Nouvelle touche de raccourci. Si vous faites une erreur, appuyez sur la touche Retour arrière pour l'effacer.

7. **Vérifiez que votre raccourci n'est pas déjà utilisé.**

   Par exemple, Word utilise Ctrl+G pour la commande de mise en gras des caractères. Si vous tapez cette combinaison de touches dans le champ Nouvelle touche de raccourci, vous voyez apparaître au-dessous "`Affectées à : Gras`". Surveillez cette indication ! Si vous ne voulez pas que votre raccourci se substitue à celui d'une commande que vous pouvez utiliser par ailleurs, appuyez sur la touche Retour arrière pour en choisir un autre.

   TRUC

   Ctrl+Maj+G est un autre raccourci de la commande de mise en gras des caractères. Contrairement au précédent, vous pouvez l'utiliser sans état d'âme, puisque vous aurez toujours Ctrl+G, qui est d'ailleurs plus pratique.

   Si le raccourci que vous tapez ne correspond à aucune commande existante, vous voyez apparaître `[Non attribuée"` à la place du nom de la commande.

8. **Cliquez sur le bouton Attribuer.**

9. **Cliquez sur le bouton Fermer.**

   La boîte de dialogue Personnaliser le clavier disparaît.

10. **Cliquez sur le bouton OK.**

    La boîte de dialogue Modifier le style disparaît.

    Si vous n'en avez plus besoin, vous pouvez aussi fermer le volet Office.

Vous disposez maintenant d'un raccourci clavier pour votre style.

Supprimer un style

Vous pouvez supprimer tout style que vous avez créé. Affichez le volet Styles et mise en forme, ouvrez le menu du style que vous voulez supprimer, et sélectionnez Supprimer dans ce menu. Une boîte de dialogue vous demande si vous êtes sûr de vouloir supprimer le style. Cliquez sur Oui et le style est supprimé.

Vous ne pouvez pas supprimer le style Normal, les styles Titre 1, Titre 2, et ainsi de suite, ni tout autre style standard de Word.

Appliquer un style

On n'utilise pas vraiment un style, on l'*applique*. Les mises en forme de caractère et de paragraphe qu'il contient s'appliquent au texte sélectionné à l'écran ou dans lequel se trouve le curseur.

Voici, étape par étape, comment appliquer un style :

1. **Choisissez le texte auquel vous voulez appliquer le style.**

   Si c'est un paragraphe affiché à l'écran, placez simplement le curseur dedans. Vous pouvez aussi sélectionner un bloc de texte.

2. **Dans la liste Style de la barre d'outils Mise en forme, sélectionnez un style.**

   Vous pouvez aussi sélectionner le style dans le volet Styles et mise en forme si celui-ci est affiché. Mais ce volet prend de la place sur l'écran et rien ne vous oblige à l'afficher en permanence.

N'oubliez pas la différence entre un style de paragraphe et un style de caractère. Vous ne pouvez pas appliquer un style de paragraphe à un seul mot dans un paragraphe. C'est à tout le paragraphe qu'il serait alors appliqué.

Pour appliquer un style, vous pouvez aussi utiliser un raccourci clavier. Voyez pour cela les instructions de la section précédente.

Si votre document n'utilise que quelques styles, supprimez ceux que vous n'utilisez pas. Affichez le volet Styles et mise en forme. Dans la liste Afficher, choisissez Mise en forme en cours d'utilisation. Vous limitez l'affichage aux styles utilisés dans votre document.

Pour appliquer un style à tout votre document, commencez par sélectionner Édition/Sélectionner tout, puis sélectionnez le style que vous voulez appliquer.

Utiliser les styles de titre de Word

Il y a dans Word neuf styles de titre intégrés, dont trois sont directement disponibles dans la liste Style. Si vous voulez organiser votre texte sur la base de titres de différents niveaux, vous pouvez vous en servir. Il n'y a rien là d'obligatoire, mais vous pouvez en tirer quelques avantages.

Par exemple, il y a dans ce chapitre un premier niveau de titre, comme "Appliquer un style", puis des titres d'un niveau immédiatement inférieur, comme "Attribuer un raccourci clavier à un style". Le premier niveau de titre est mis en forme avec le style Titre 1, le second avec le style Titre 2.

La mise en forme standard des styles de titre est banale et plutôt ennuyeuse, mais vous pouvez la modifier selon les besoins de chaque document. Pour savoir comment modifier un style, reportez-vous à la section "Modifier un style", plus haut dans ce chapitre.

Quels avantages y a-t-il à utiliser les styles de titre ? Tout d'abord, vous reconnaissez visuellement les titres à l'écran lorsque vous faites défiler le texte de votre document. Ensuite, vous pouvez utiliser les boutons de navigation (en bas de la barre de défilement vertical) pour aller directement d'un titre au suivant. Pour l'utilisation des boutons de navigation, voyez le Chapitre 3.

- De même que le style Normal, les styles de titre ne peuvent pas être supprimés.

- Word dispose de neuf styles de titre prédéfinis (de Titre 1 à Titre 9). Ils sont particulièrement utiles quand on utilise le mode Plan. Pour en savoir plus sur le mode Plan, reportez-vous au Chapitre 25.

Organiser tous vos styles

Si vous créez un style que vous appréciez beaucoup, vous allez avoir envie de l'utiliser dans différents documents. Vous pouvez le faire sans avoir pour cela à recréer le style chaque fois, ni même à utiliser un modèle de document (nous parlons des modèles au Chapitre 17).

Pour organiser tous les styles que vous avez créés dans Word, vous devez utiliser l'*organiseur de styles*. Ce n'est pas la chose la plus facile à trouver :

1. **Affichez le volet Styles et mise en forme.**

2. **Dans la liste Afficher, sélectionnez Personnalisé.**

   (La liste Afficher se trouve tout en bas du volet Styles et mise en forme.)

   La boîte de dialogue Paramètres de mise en forme apparaît.

3. **Cliquez sur le bouton Styles.**

   Nous sommes presque arrivés. La boîte de dialogue Style apparaît, mais ce n'est pas encore elle.

4. **Cliquez sur le bouton Organiser.**

   Enfin, nous y voilà ! La boîte de dialogue Organiser apparaît, avec l'onglet Styles au premier plan, comme le montre la Figure 16.5.

La boîte de dialogue Organiser sert à organiser les styles (entre autres ; mais ce chapitre est consacré aux styles). Elle va vous permettre d'échanger des styles entre différents documents et modèles de document Word.

Par exemple, dans la Figure 16.5, vous voyez dans la colonne de gauche des styles disponibles dans votre document, Document1. Dans la colonne de droite, vous voyez les styles du modèle de document Normal.dot (Normal.dot est un fichier qui contient les paramètres standard de Word).

Dans la colonne correspondante de la boîte de dialogue Organiser, cliquez sur le style que vous voulez copier. Une fois le style sélectionné, cliquez sur le

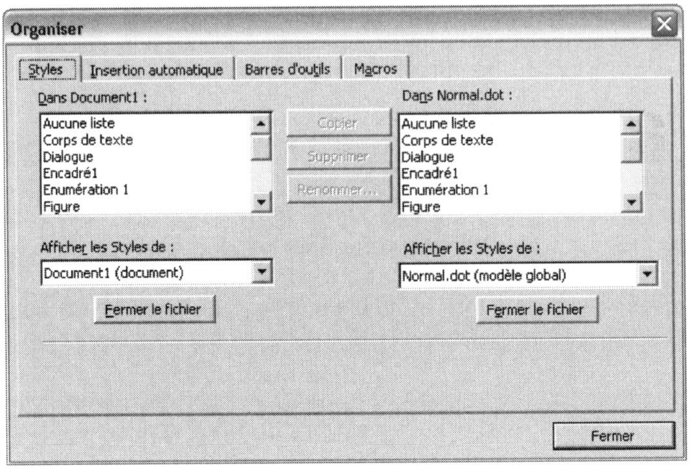

Figure 16.5 La boîte de dialogue Organiser est enfouie dans les profondeurs de Word.

bouton Copier pour le copier dans l'autre colonne. Voilà comment vous pouvez échanger des styles entre des documents et des modèles.

Pour sélectionner un autre document ou un autre modèle, cliquez sur le bouton Fermer le fichier. Celui-ci devient alors Ouvrir le fichier, et vous pouvez cliquer dessus pour ouvrir tout document Word disponible dans votre ordinateur. Une fois le fichier ouvert, la liste des styles qu'il contient est affichée dans la colonne.

Une fois que vous avez copié tous les styles que vous vouliez, cliquez sur le bouton Fermer.

- Comme vous pouvez le voir, la boîte de dialogue Organiser permet aussi d'organiser vos insertions automatiques, vos barres d'outils et vos macros (les macros sont un aspect avancé de Word dont nous ne parlons pas dans ce livre). Tout comme pour les styles, vous pouvez copier des entrées d'insertion automatique entre des documents et des modèles dans la boîte de dialogue Organiser.

- Pour savoir exactement ce qu'est un modèle de document, voyez le Chapitre 17.

Chapitre 17

Travailler avec des modèles

Dans ce chapitre :

- Utiliser un modèle.
- Créer un modèle de document.
- Modifier un modèle de document.
- Attacher un modèle à un document.
- Comprendre Normal.dot.

Un *modèle* n'est rien d'autre que la description de la forme d'un document. C'est un peu comme un moule dont on sort une forme que l'on peut reproduire autant de fois que l'on veut, et que l'on peut peindre ensuite de différentes couleurs.

Un modèle de document Word permet de faire la même chose avec un document. C'est essentiellement un squelette de document sur lequel vous pouvez ajouter votre texte (au lieu de peindre la forme qui sort du moule). Un modèle contient principalement des styles, mais il peut aussi contenir du texte, des images et même sa propre barre d'outils. C'est ce que nous allons décrire dans ce chapitre (sauf pour la barre d'outils).

Ode au modèle de document

Les modèles de document sont extrêmement pratiques. J'en ai un pour écrire des fax, un pour écrire des lettres, et un pour chaque type de livre que j'écris. La collection "Pour les Nuls" a donc son propre modèle qui contient tous les styles utilisés dans ce livre. C'est ce modèle que j'utilise chaque fois que je commence un nouveau chapitre, afin que tous les paragraphes, titres, légendes et autres correspondent à ce que souhaite mon éditeur. Voilà pourquoi j'ai un éditeur heureux (en tout cas, je l'espère).

La création d'un modèle pour chaque type de document que vous utilisez régulièrement vaut largement le temps que vous allez y passer. Les sections qui suivent vont vous dire comment faire.

- À moins que vous n'en ayez sélectionné un autre, Word utilise le modèle de document Normal, c'est-à-dire le fichier Normal.dot.
- Pour en savoir plus sur le modèle Normal, voyez la section "Comprendre Normal.dot", plus loin dans ce chapitre.
- Je vous conseille de commencer par créer votre document pour réaliser ensuite le modèle basé sur celui-ci. Ce n'est que si vous êtes assez familier avec les commandes de mise en forme et de style de Word que vous pourrez vous risquer à créer directement un modèle. Même dans ce cas, il vous faudra sans doute y revenir par la suite pour "réparer" différentes petites choses.

Utiliser un modèle de document

Word est fourni avec une assez abondante collection de modèles de document, qui peuvent vous aider à vous faire une idée de la manière dont on peut utiliser un modèle, mais que vous pouvez tout simplement utiliser pour créer des documents d'usage courant. Pour utiliser un modèle de document, suivez ces étapes :

1. **Cliquez sur Fichier/Nouveau.**

   Vous affichez le volet Nouveau document.

2. **Recherchez le modèle à utiliser.**

   Dans Word, vous accédez aux modèles par deux supports différents. D'abord, il y a le site Web de Microsoft. Vous y trouvez des modèles sur tous les sujets. Ensuite, il y a Sur mon ordinateur qui centralise tous les modèles livrés avec Word et ceux que vous avez créés.

3. **Sélectionnez un modèle récemment utilisé.**

4. **Cliquez sur le lien Sur mon ordinateur.**

La boîte de dialogue Modèles apparaît (Figure 17.1). Elle contient de nombreux onglets qui organisent les modèles par catégorie.

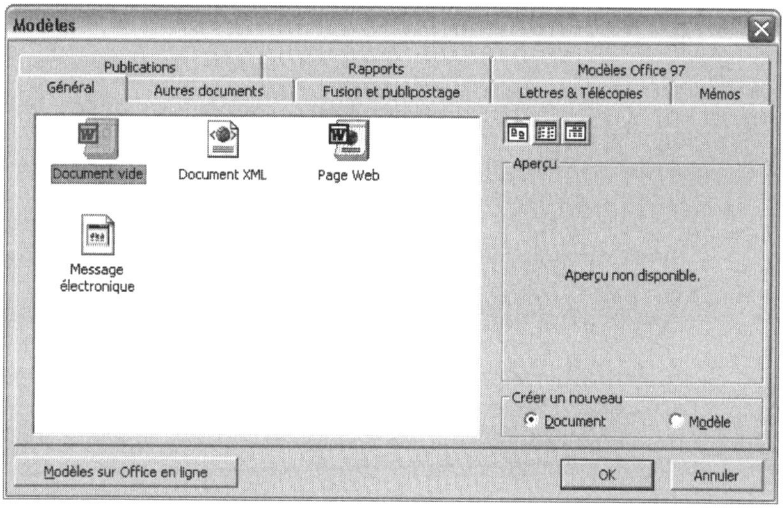

Figure 17.1 La boîte de dialogue Modèles.

5. **Sélectionnez un modèle.**

   Les modèles sont organisés en catégories, représentées par les onglets dans la boîte de dialogue. Par exemple, si vous cliquez sur l'onglet Lettres & Télécopies, vous voyez apparaître les modèles de cette catégorie.

   Les *assistants* sont des programmes qui vous guident à travers les étapes de la création d'un nouveau document.

   Les modèles sont des documents Word d'un type spécial qui contiennent différents styles, ainsi éventuellement que du texte et des images, c'est-à-dire de quoi commencer un nouveau document d'un type donné. Par exemple, le modèle Lettre professionnelle de l'onglet Lettres & Télécopies contient différentes zones prédéfinies à remplir, aux endroits correspondant à ceux d'une lettre commerciale habituelle.

   Le modèle Document vide de l'onglet Général (que nous appelons le plus souvent modèle Normal) correspond au fichier Normal.dot. C'est le modèle utilisé par Word lorsque vous créez un nouveau document en cliquant sur le bouton Nouveau dans la barre d'outils.

6. **Cliquez sur OK.**

   Word ouvre le nouveau document, sur la base du modèle sélectionné, avec les styles, mises en forme et autres, tout cela prêt à l'emploi. Vous pouvez donc utiliser aussitôt tous les styles contenus dans le modèle, de même que tout texte ou tout autre élément qui s'y trouverait aussi.

   Créer un nouveau document sur la base d'un modèle ne modifie pas le modèle en question. Le nouveau document ne fait qu'utiliser les styles ou autres éléments que contient le modèle. Nous parlerons de la modification d'un modèle plus loin dans ce chapitre.

   Pour en savoir plus sur les assistants, reportez-vous au Chapitre 18.

   Vous pouvez utiliser Word comme votre éditeur de courrier électronique, à condition d'utiliser Outlook ou Outlook Express de Microsoft comme programme de messagerie. Vous pouvez créer un nouveau message en sélectionnant le modèle Message électronique dans la boîte de dialogue Modèles (Figure 17.1), ou en cliquant sur le bouton Message électronique dans la barre d'outils (ce modèle et ce bouton n'apparaissent que si vous avez installé Outlook sur votre ordinateur). Word est alors simplement utilisé comme éditeur de message électronique. Comme ce livre est consacré au traitement de texte et non à la messagerie électronique, reportez-vous à une documentation sur Outlook ou Outlook Express pour savoir comment utiliser Word de cette manière.

   Certains des modèles de Word peuvent aussi être utilisés pour créer une page Web. Honnêtement, Word n'est pas un très bon éditeur de page Web. S'il l'était, pourquoi Microsoft aurait-il besoin de développer et de vendre FrontPage ?

Créer votre propre modèle bien à vous

Créer vos propres modèles est facile et très utile. Dans l'utilisation courante d'un traitement de texte, vous allez sans doute le découvrir (si ce n'est déjà fait), l'on crée beaucoup de documents semblables. Au lieu de redéfinir chaque fois vos mises en forme à partir de zéro, vous pouvez créer un modèle qui servira pour tous les documents que vous allez créer par la suite. Comme tous vos styles sont stockés dans le modèle, il n'est pas nécessaire de les recréer pour chaque nouveau document.

Pour créer un modèle, suivez ces étapes :

1. **Choisissez le document sur lequel vous voulez baser le modèle.**

Bien que Word vous permette de créer un modèle à partir de zéro, je trouve par expérience qu'il est plus pratique de partir d'un document existant. Vous pouvez donc partir d'un document que vous avez déjà créé ou en créer un nouveau pour les besoins de la cause.

Si vous choisissez de créer pour cela un nouveau document, il vous suffit d'y mettre tous les styles dont vous avez besoin, plus le texte qui revient dans tous vos documents. Par exemple, mon modèle Livre (quand j'arrête d'écrire des livres d'informatique pour écrire de "vrais" livres) contient tous les styles dont je peux avoir besoin dans un livre, ainsi que le mot *Chapitre* en haut de la première page. C'est tout simplement parce que chaque document est un chapitre et qu'en m'évitant d'avoir à taper chaque fois le mot *Chapitre* j'économise un tout petit peu de ma précieuse énergie.

Si vous utilisez un document existant, commencez par en faire une sauvegarde sur le disque, rien que pour être sûr de ne pas le perdre. Supprimez ensuite tout le texte que vous ne voulez pas mettre dans le modèle. Modifiez si nécessaire l'en-tête et le pied de page de manière qu'ils ne comportent que ce dont vous avez besoin dans le modèle.

N'OUBLIEZ PAS

La Figure 17.2 montre un exemple de modèle que j'ai créé, avec un peu de texte et des images. Souvenez-vous qu'un modèle ne doit contenir que les styles dont vous avez besoin pour vos documents, et seulement le texte que vous allez retrouver dans tous vos documents. Dans la Figure 17.2, il n'y a que le texte qui revient à l'identique dans tous les documents. Le reste sera ajouté par l'utilisateur après avoir créé un nouveau document sur la base du modèle.

2. **Sélectionnez Fichier/Enregistrer sous.**

   La boîte de dialogue Enregistrer sous apparaît. C'est la même que pour enregistrer n'importe quel document Word. Si vous avez besoin de vous rafraîchir la mémoire à son sujet, reportez-vous au Chapitre 8.

3. **Dans le champ Nom du fichier, tapez un nom pour le fichier.**

   Choisissez un nom court et descriptif.

   Il n'est pas nécessaire d'utiliser le mot *modèle* pour nommer le fichier.

4. **Dans la liste déroulante Type de fichier, sélectionnez** `Modèle de document`.

   C'est là qu'est le secret. Le document doit être enregistré en tant que `Modèle de document`. Sélectionner ce type de fichier dans la liste indique

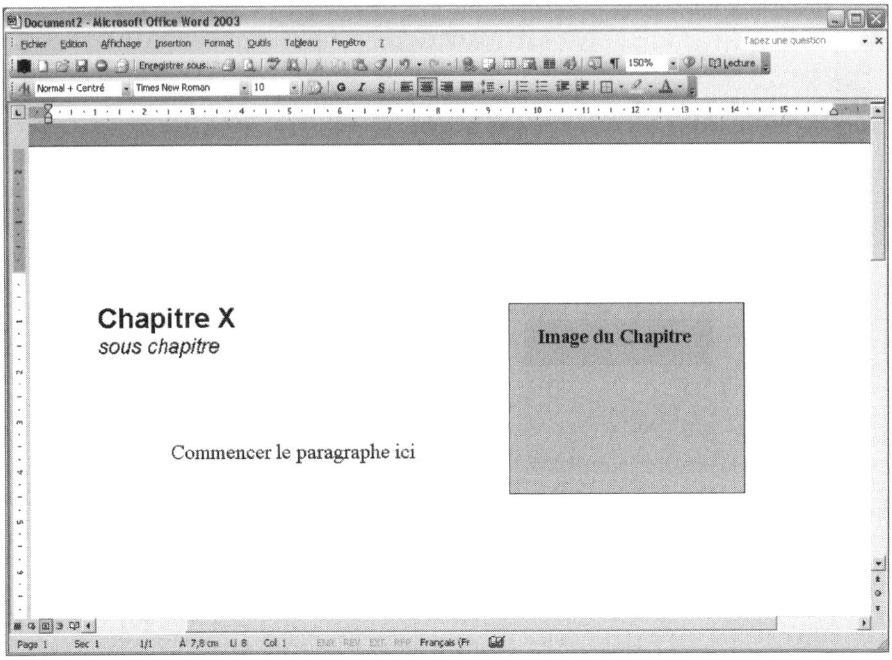

Figure 17.2 Un exemple de modèle.

à Word d'enregistrer le document en tant que modèle dans le dossier Modèles de Word.

5. **Cliquez sur le bouton Enregistrer.**

   Votre travail est enregistré sur le disque en tant que modèle de document, à l'endroit où Word conserve tous ses modèles de document.

6. **Fermez le modèle.**

   Pour fermer la fenêtre du modèle, sélectionnez Fichier/Fermer ou cliquez sur le bouton X dans le coin supérieur droit de la fenêtre.

   Une fois que le modèle est défini, il est nécessaire de le fermer, car les modifications que vous feriez à partir de là dans sa fenêtre seraient des modifications apportées au modèle lui-même et non à un nouveau document. Si vous voulez utiliser ce modèle pour créer un nouveau document, il vous faut le sélectionner dans la boîte de dialogue Modèles, comme nous l'avons dit un peu plus haut.

Si vous voulez revenir au modèle pour le modifier, voyez la section suivante.

Souvenez-vous de ce qu'est la finalité d'un modèle : stocker en un endroit unique des styles et des informations souvent utilisés.

Vous pouvez donner à un modèle le nom de fichier que vous voulez, mais si vous choisissez le nom d'un modèle qui existe déjà, Word vous en prévient. C'est la même chose que pour enregistrer n'importe quel fichier : choisissez un autre nom, et poursuivez.

Modifier un modèle de document

Un modèle Word se modifie de la même manière que n'importe quel document Word. La seule différence est que vous commencez par ouvrir un modèle au lieu d'ouvrir un document. C'est une différence mineure dans le processus, mais elle est cruciale, car un modèle n'est pas vraiment un document :

1. **Cliquez sur Fichier/Nouveau.**

   Vous affichez le volet Nouveau document.

2. **Sélectionnez votre modèle dans la liste, ou cliquez sur le lien Sur mon ordinateur pour ouvrir votre modèle depuis la boîte de dialogue Modèles.**

   Cette action n'ouvre pas le modèle ; elle crée un nouveau document utilisant le modèle choisi.

3. **Effectuez vos modifications.**

   Modifier le modèle comme n'importe quel autre document. Gardez à l'esprit que vous ne créez pas un nouveau document mais que vous modifiez un modèle.

4. **Pour enregistrer le modèle modifié, sélectionnez Fichier/Enregistrer.**

5. **Donnez un nom à votre modèle ou bien gardez son nom actuel.**

6. **Dans la liste Type de fichier, choisissez Modèle de document.**

7. **Cliquez sur le bouton Enregistrer.**

Si Word vous demande de confirmer l'enregistrement d'un modèle sous son nom actuel, cliquez sur Oui. Le nouveau fichier modèle remplace l'ancien.

Toutes les modifications apportées aux styles d'un modèle de document affectent l'ensemble des documents créés avec ce style. C'est normal puisque vous modifiez un modèle et non pas simplement un document.

Le mystère des fichiers modèles sur votre disque dur

Il est plus facile de modifier un style en suivant la méthode décrite ci-dessus que de tenter de trouver le fichier du modèle sur votre disque dur.

L'emplacement de stockage des modèles n'est pas un secret, mais difficile à saisir. Sous Windows XP, chaque utilisateur a son propre dossier. Il se trouve dans le dossier Documents and Settings (eh oui ! en anglais). Si vous ouvrez votre dossier, vous accédez à un dossier secret, masqué, portant le nom de Application data. C'est ici que la plupart des applications renferment des informations spécifiques. Pour Word, les modèles sont imbriqués aux dossiers Microsoft/Modèles du dossier Application data.

Techniquement, voici le chemin d'accès aux Modèles :

C:\Documents and Settings*votre nom de compte*\Application data\Microsoft\Modèles

Le dossier *votre nom de compte* est le nom que vous avez indiqué à Windows XP lors de son installation.

Attacher un modèle à un document

Un document a un modèle, comme une personne a un nom de famille. Un document vient au monde avec son modèle. Vous pouvez choisir ce modèle dans la boîte de dialogue Modèles (voyez la Figure 17.1), ou bien créer un nouveau document vide, c'est-à-dire utiliser le modèle Normal. Mais que faire si vous voulez changer de modèle ?

Vous pouvez très bien changer le modèle d'un document, c'est-à-dire *attacher* un autre modèle à un document. Voici comment :

1. **Ouvrez un document auquel vous désirez assigner un nouveau modèle.**

2. **Cliquez sur Outils/Modèles et compléments.**

3. **Cliquez sur l'onglet Modèles.**

   Le contenu de la boîte de dialogue apparaît, comme le montre la Figure 17.3.

Figure 17.3 La boîte de dialogue Modèles et compléments.

4. **Cliquez sur le bouton Attacher.**

   La boîte de dialogue Attacher un modèle apparaît. Elle ressemble beaucoup à la boîte de dialogue Ouvrir. La différence est qu'elle s'ouvre directement dans le dossier Modèles, c'est-à-dire là où vous avez sans doute stocké les modèles que vous avez créés.

5. **Sélectionnez le modèle que vous voulez attacher à votre document.**

6. **Cliquez sur le bouton Ouvrir.**

7. **Cliquez sur OK.**

Les styles (ainsi que les barres d'outils et les macros) du modèle que vous venez d'attacher sont maintenant disponibles dans votre document.

Remarquez qu'attacher un modèle ne fait pas apparaître dans le document le texte et les images qui peuvent y être stockés. Seuls les styles, les barres d'outils et les macros du modèle sont importés dans votre document.

Vous suivrez ces étapes pour rompre l'attachement d'un modèle. Pour cela, il suffit de sélectionner NORMAL.DOT comme modèle à attacher.

Comprendre Normal.dot

Le modèle Normal est une créature spéciale. Souvent évoqué sous le nom Normal.dot (c'est son nom de fichier MS-DOS), le modèle Normal est l'endroit où se trouvent réunis tous les paramètres utilisés par Word pour tout nouveau document que vous créez en utilisant le raccourci Ctrl+N ou en cliquant sur le bouton Nouveau dans la barre d'outils.

Il est important de connaître Normal.dot, car vous pouvez changer le modèle Normal si vous le voulez. Par exemple, si vous voulez changer la taille et la police du style de base (ou toute autre mise en forme), effectuez ces modifications dans Normal.dot. Modifiez le style Normal à votre guise, puis enregistrez à nouveau Normal.dot sur le disque. Vous avez modifié le modèle Normal.dot.

Maintenant que vous connaissez mieux Normal.dot, je dois vous avertir des dangers d'une modification de ce modèle. Il est judicieux de laisser Normal.dot en l'état. Si vous le modifiez, enregistrez-le sous un autre nom.

Important : chaque fois que vous modifiez NORMAL.DOT, Word demande si vous désirez actualiser le "modèle global" quand vous fermez le document ou quittez Word. La réponse universelle à cette question est Oui ; vous voulez enregistrer les modifications.

- Normal.dot apparaît dans le volet Nouveau document en tant que modèle de document vierge.
- Pour savoir comment trouver et modifier le fichier Normal.dot, reportez-vous à la section "Modifier un modèle de document", plus haut dans ce chapitre.
- Si vous voulez seulement changer la police par défaut, reportez-vous à l'encadré "Changer la police par défaut" au Chapitre 11.

Chapitre 18

Astuces de mise en forme

Dans ce chapitre :

- Vérifier les mises en forme de votre document.
- Jouer avec les champs.
- Mettre du texte en couleur.
- Centrer du texte verticalement sur une page.
- Cliquer-taper.
- Emprunter une mise en forme.
- Utiliser les commandes et astuces de mise en forme automatique.
- Utiliser les assistants de Word.

Rien ne peut faire plus pour revigorer un document ennuyeux qu'une mise en forme avec une bonne dose de caféine. Cette partie du livre est consacrée aux tâches de mise en forme, notamment aux avantages qu'il y a à utiliser les styles et à créer des modèles. Le moment est venu de s'amuser un peu.

Ce chapitre contient des conseils et des astuces conçus pour vous faciliter les tâches de mise en forme. J'y ai réuni tout ce que j'ai pu récolter au cours de mes nombreuses années d'utilisation de Word. Comme l'utilité de certaines de ces techniques peut ne pas vous apparaître immédiatement, rien ne vous empêche de réserver ce chapitre pour plus tard, pour le moment où vous serez prêt à absorber ce qui suit.

Mais qu'est-ce qui cloche avec cette mise en forme ?

Ah, le mystérieux format ! Vous êtes en train de relire votre dernier chef-d'œuvre, et voilà, sous vos yeux, un paragraphe qui ne se comporte pas comme il devrait. Il y a quelque chose qui cloche dans la mise en forme, mais quoi ? Pour savoir ce qui se passe, vous pouvez placer le curseur dans ce paragraphe et essayer différentes commandes de mise en forme jusqu'à ce que vous arriviez à tirer les choses au clair. Inutile de dire que c'est un moyen particulièrement laborieux d'y arriver.

Pour lever un mystère que vous rencontrez dans votre document, il y a une astuce très commode qui consiste à appuyer sur Maj+F1. Cela ouvre le volet Révéler la mise en forme (Figure 18.1).

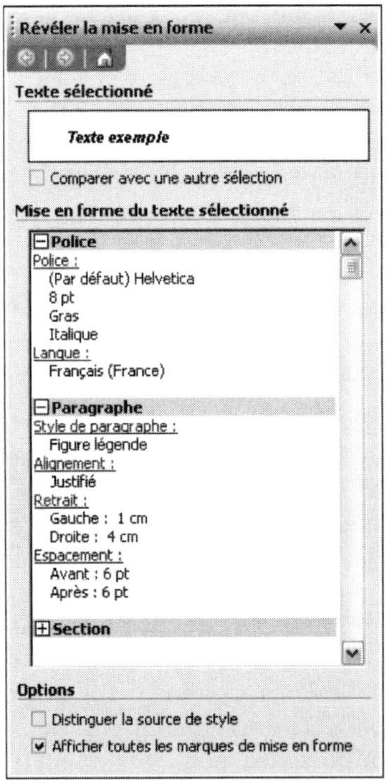

Figure 18.1 Une révélation !

Le volet Révéler la mise en forme décrit exactement la mise en forme à l'endroit où vous avez cliqué. Accédez aux informations masquées en faisant glisser la barre de défilement.

Vous pouvez continuer à cliquer où vous voulez pour révéler la mise en forme à l'endroit où vous placez le curseur. Une fois que vous avez terminé, fermez le volet Révéler la mise en forme.

Tout texte souligné en bleu dans le volet Révéler la mise en forme permet d'afficher la boîte de dialogue à laquelle est associé ce texte. Vous pouvez y faire des modifications en profondeur.

Dès que vous avez accompli vos modifications ou plus simplement vos contrôles, cliquez sur le bouton de fermeture du volet, ou appuyez de nouveau sur Ctrl+F1.

Laissez Word faire le travail pour vous !

Word peut faire beaucoup de choses que vous pourriez effectuer vous-même, mais de manière beaucoup moins efficace. Pour vous aider dans les tâches de mise en forme, j'ai réuni un certain nombre d'informations sur ce que Word peut faire vite et bien à votre place. Ce sont des choses que bien des utilisateurs n'accomplissent qu'au prix d'un dur labeur. Alors, pourquoi s'en faire, puisque Word peut s'en charger !

Les joies de la mise à jour des champs

Un *champ* est une zone de texte spéciale que vous pouvez insérer dans votre document. Il se présente comme du texte ordinaire, mais il a pour fonction d'afficher des informations particulières : le numéro de la page, la date, le nom de code du document (même si vous ne travaillez pas pour la CIA, ça peut arriver) ou d'autres informations susceptibles de changer. Au Chapitre 17, nous avons dit comment insérer un champ de date dans un modèle. Vous pouvez faire de même avec d'autres types de champs, et pas seulement dans des modèles, mais dans tous les documents que vous créez.

Le secret est qu'il faut utiliser la commande Insertion/Champ. Elle affiche la boîte de dialogue Champ (Figure 18.2). La partie gauche de cette boîte contient une liste de champs (il y en a beaucoup), alors que sa partie droite change selon le champ que vous avez sélectionné dans la liste.

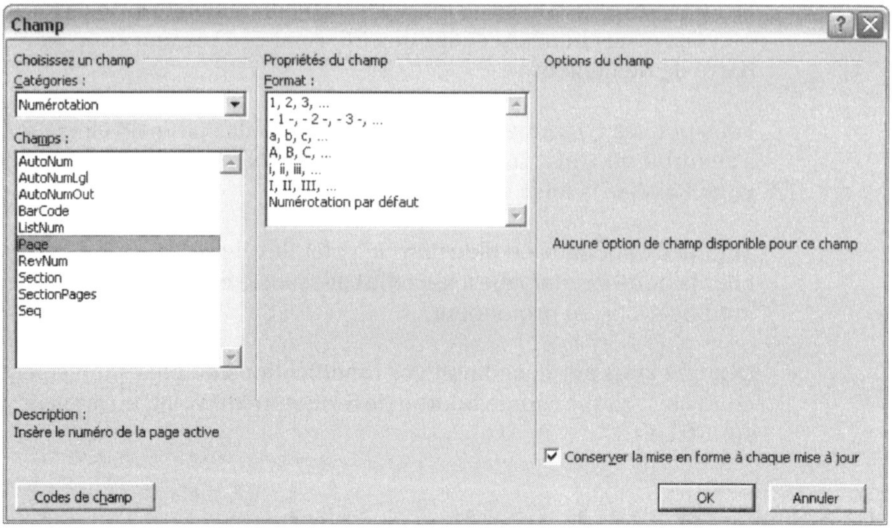

Figure 18.2 La boîte de dialogue Champ.

Mes champs préférés sont les champs de numérotation de page. Par exemple, dans un document, je peux écrire "vous êtes sur la page 212". Si jamais vous ajoutez des pages, cette référence est perdue. Pour qu'elle s'actualise automatiquement, insérez un champ ne numérotation de la page en cours :

1. **Ouvrez la boîte de dialogue Champ.**
2. **Dans la liste Catégories, sélectionnez Numérotation.**
3. **Dans la liste Champs, sélectionnez Page.**

   Vous observez que la zone Description affiche `Insère le numéro de la page active`. Ce numéro sera actualisé en cas de changement du numéro de la page où se trouve le champ.

4. **Sélectionnez un format de numéro de page.**
5. **Cliquez sur OK.**

   Le numéro de la page en cours est inséré dans votre document.

Vous pouvez insérer d'autres choses intéressantes dans un document. Si vous êtes un auteur payé au mot, choisissez la catégorie Résumé et le type de champ NumWords. Ce champ affiche le nombre de mots contenus dans votre document.

Le champ Author insère le nom de la personne qui travaille sur le document.

Le fond gris est le signe visible qu'il s'agit d'un champ et non d'une portion de texte ordinaire.

- Pour savoir à quoi correspond un certain champ, cliquez sur son nom dans la liste de la boîte de dialogue Champ et consultez la description qui apparaît au-dessous de la liste.

- L'un des meilleurs champs que l'on puisse utiliser est le champ de numérotation automatique des pages. Contrairement à la commande Insertion/Numéros de page, ce champ peut être inséré à n'importe quel endroit sur la page. Pour insérer le numéro de page à l'endroit voulu dans votre document, sélectionnez `Page` dans la liste de la boîte de dialogue Champ.

- J'utilise aussi le champ `Date` assez fréquemment. De cette façon, le document est imprimé avec la date du jour.

- Vous ne pouvez pas modifier le texte d'un champ. Vous pouvez seulement le supprimer : sélectionnez tout le champ et appuyez sur la touche Suppr.

Mettre du texte en couleur

Le moyen le plus facile de donner des couleurs à votre prose est de mettre votre texte en couleur. Dans Word, la couleur est un attribut de mise en forme du texte, tout comme le gras ou l'italique. Une adolescente pourrait écrire en rose et un banquier en vert, et vous pouvez écrire vos lettres d'insultes à vos ennemis en rouge.

Pour changer la couleur d'un bloc de texte, sélectionnez-le, puis cliquez sur la flèche pointant vers le bas du bouton Couleur de police (voyez dans la marge) dans la barre d'outils Mise en forme. Une palette de couleurs apparaît. Cliquez sur la couleur que vous voulez. Le texte sélectionné est affiché dans la couleur que vous avez choisie.

- À moins d'avoir une imprimante couleur, ne vous attendez pas à voir votre texte imprimé en couleur.

- Pour supprimer l'attribut de couleur d'un bloc de texte, sélectionnez-le et activez Automatique dans la palette Couleur de police.

- Lorsque vous activez Automatique dans la palette Couleur de police, le texte sélectionné prend la couleur définie par le style de paragraphe. Pour le style Normal, c'est le noir. Mais si vous utilisez un style particulier pour lequel le texte est en vert, le texte se retrouve en vert.
- Le texte en couleur est beaucoup plus facile à reconnaître à l'écran. Par exemple, pour le texte auquel j'ai l'intention de revenir par la suite pour le modifier ou le vérifier, j'utilise du violet. Il est ainsi beaucoup plus facile à reconnaître lorsque je relis le document.
- Si le bouton Couleur de police apparaît avec la couleur que vous voulez utiliser pour votre texte, cliquez directement sur le bouton (pas sur la flèche) pour appliquer cette couleur au texte sélectionné.

N'oubliez pas ces astuces !

Voici quelques-unes des astuces de mise en forme que j'ai évoquées plus haut :

- Pour commencer en haut d'une nouvelle page, utilisez toujours Ctrl+Entrée.
- Pour aligner votre texte, utilisez des tabulations, jamais des espaces. Il ne faut jamais plus d'une tabulation. S'il vous en faut plus pour obtenir ce que vous voulez, c'est que vous avez besoin de redéfinir vos taquets de tabulation. Voyez le Chapitre 13.
- Utilisez toujours un tab entre deux colonnes pour les aligner. Modifier du texte n'en sera que plus facile, si vous avez à le faire.
- Si vous avez besoin d'une mise en page particulière à un endroit quelconque de votre document, il vous faut créer une nouvelle section. Voyez le Chapitre 15.
- Enregistrez vos styles dans un modèle. Vous pourrez ainsi les utiliser dans de nouveaux documents sans avoir à les recréer. Voyez les Chapitres 16 et 17.
- Pour annuler rapidement une mise en forme de caractère, sélectionnez le texte concerné et appuyez sur Ctrl+Barre d'espace.

Centrer du texte verticalement sur une page

Le titre d'un document est toujours beaucoup plus séduisant quand il est bien centré sur la page. Il est généralement centré entre le bord gauche et le bord droit de la page, ce que l'on obtient en sélectionnant l'alignement Centré pour le paragraphe correspondant. Mais comment faire pour le centrer verticalement sur la page ? Word peut aussi faire cela pour vous :

1. **Placez le curseur tout à fait au début de votre document.**

   Le raccourci Ctrl+Début vous y conduit directement.

2. **Saisissez et mettez en forme le titre de votre document.**

   Il peut tenir sur une seule ligne ou s'étendre sur plusieurs.

   Pour centrer le titre latéralement, appuyez sur Ctrl+E (le raccourci de la commande Centré). Appliquez toute autre mise en forme si vous le souhaitez.

   Résistez à la tentation d'utiliser la touche Entrée pour ajouter de l'espace au-dessus ou au-dessous de votre titre. Pour le moment, le titre est toujours en haut de la page. Nous allons y remédier dans un instant.

3. **Juste après la dernière ligne du titre, sélectionnez Insertion/Saut.**

   La boîte de dialogue Saut apparaît.

4. **Sélectionnez Page suivante.**

   Cette action produit deux effets. Elle insère un saut de page et crée une nouvelle section. De cette manière, la commande Centré, que nous allons bientôt utiliser, ne s'applique qu'à la première section qui est la première page du document.

5. **Cliquez sur OK.**

   La nouvelle section apparaît à l'écran.

6. **Placez le curseur en haut de la page titre.**

   Vous devez placer le curseur dans la section dont vous voulez définir la mise en page.

7. **Sélectionnez Fichier/Mise en page.**

La boîte de dialogue Mise en page apparaît.

8. **Cliquez sur l'onglet Disposition.**

9. **Dans la liste déroulante Alignement vertical, sélectionnez** `Centré`**.**

   Cette liste déroulante se trouve dans la zone Page, à mi-hauteur de la boîte de dialogue.

10. **Dans la liste Appliquer à, sélectionnez A cette section.**

11. **Cliquez sur OK.**

Il ne sera pas forcément évident à l'écran que la page soit centrée verticalement. Pour vous en assurer, cliquez sur le bouton Aperçu avant impression dans la barre d'outils, et vous en aurez la preuve.

Dans l'aperçu avant impression, cliquez sur le bouton Fermer pour revenir à votre document.

Cliquer-taper

Avec un peu d'imagination, tout le monde peut se prendre pour Picasso. Il faut un tabouret et quelques pots de peinture. Quelques gouttes par-ci, quelques gouttes par-là. Avec Word, ce n'est plus un rêve. C'est vous l'artiste, ici et maintenant.

En résumé, il s'agit de cliquer et de taper. C'est comme avec les pots de peinture : simplement un autre geste. En vous y prenant comme cela, vous allez asperger de texte tout votre document, exactement où vous voulez, à votre fantaisie. Pour un véritable artiste, la seule règle est qu'il n'y a pas de règles.

Pour connaître les joies du "cliquer-taper", votre document doit être affiché en mode Page. Si ce n'est pas le cas, sélectionnez Affichage/Page dans la barre de menus. En outre, il vous sera plus pratique de commencer dans une page blanche.

En mode Page, le pointeur change de forme selon l'endroit où vous le placez sur la page. Cette forme vous donne des indications sur la mise en forme du texte que vous allez taper si vous double-cliquez à cet endroit.

Si vous double-cliquez avec ce pointeur, vous obtenez un paragraphe en retrait, aligné à gauche.

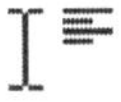

Double-cliquez avec ce pointeur pour définir un paragraphe aligné à gauche. Le début de ce paragraphe est automatiquement placé sur la page à l'endroit où vous avez double-cliqué.

En double-cliquant dans votre document avec ce pointeur, vous créez en ce point un paragraphe centré.

Un double clic avec ce pointeur dit à Word de créer en ce point un paragraphe aligné à droite.

TRUC

- Je préfère ne pas utiliser la fonction cliquer-taper, essentiellement parce que je connais toutes les autres commandes de mise en forme. Si vous l'apprivoisez, elle est pratique, mais pour avoir une vraie maîtrise de ce que vous faites, elle est battue à plate couture par les commandes de mise en forme dont je parle dans cette partie du livre.
- Pour désactiver le cliquer-taper, choisissez Outils/Options. Dans la boîte de dialogue Options, cliquez sur l'onglet Edition. Décochez Activer le cliquer-taper, et validez par un clic sur OK.
- Si ce procédé vous plaît vraiment, vous pouvez utiliser le zoom pour agrandir votre document, ce qui facilite les choses. Voyez le Chapitre 28.

Reproduire une mise en forme

Avez-vous remarqué le pinceau qui ressemble à un balai dans la barre d'outils Standard ? C'est bien un pinceau, et l'outil s'appelle Reproduire la mise en forme. L'idée est ici qu'il permet de peindre une mise en forme de caractère en la copiant dans une portion de texte pour l'appliquer à une autre. Voici comment procéder :

1. **Placez le point d'insertion dans le texte qui a la mise en forme que vous voulez copier.**

   Attention ! le point d'insertion doit bien être dans le texte et pas à côté (pas un espace trop à droite ou un espace trop à gauche).

2. **Cliquez sur le bouton Reproduire la mise en forme dans la barre d'outils Standard.**

   Le pointeur est maintenant accompagné d'un pinceau (voir ci-contre). Celui-ci indique qu'en sélectionnant du texte avec la souris vous allez lui appliquer la mise en forme que vous venez de copier.

3. **Identifiez le texte auquel vous voulez appliquer la mise en forme.**

4. **Mettez ce texte en surbrillance.**

   Vous devez utiliser la souris pour mettre en surbrillance le texte auquel vous voulez appliquer la mise en forme.

   Le texte prend la mise en forme que vous avez copiée.

Pour bien utiliser l'outil Reproduire la mise en forme, retenez ceci :

- Cet outil ne fonctionne qu'avec une mise en forme de caractère ou de paragraphe, pas avec une mise en page.
- Pour changer la mise en forme de plusieurs portions de texte distinctes, double-cliquez sur le bouton Reproduire la mise en forme. De cette manière, le pointeur en forme de pinceau reste actif après chaque utilisation, ce qui permet d'appliquer plusieurs fois une mise en forme en différents endroits, après l'avoir copiée. Une fois que vous avez terminé, appuyez sur la touche Échap pour vous débarrasser du pointeur en forme de pinceau.
- Si vous n'avez pas envie d'utiliser la souris, vous pouvez employer la commande Ctrl+Maj+C pour copier la mise en forme à l'endroit où se trouve le curseur. Sélectionnez ensuite le texte auquel vous voulez appliquer cette mise en forme (ou placez le curseur dans le mot si vous ne voulez l'appliquer qu'à un mot) et appuyez sur Ctrl+Maj+V. La mise en forme est appliquée au texte sélectionné ou au mot dans lequel se trouve le curseur.
- Ctrl+Maj+C et Ctrl+Maj+V sont des raccourcis faciles à retenir pour copier et coller une mise en forme, puisque Ctrl+C et Ctrl+V sont respectivement les raccourcis des commandes Copier et Coller, que tout utilisateur de Word qui se respecte doit avoir en tête.
- Ne confondez pas l'outil Reproduire la mise en forme avec l'outil Surlignage, que nous décrirons au Chapitre 26.

Utiliser la mise en forme automatique

La commande Mise en forme automatique de Word n'a en fait rien à voir avec la mise en forme de caractère ou de paragraphe dont nous avons parlé jusqu'à maintenant. La mise en forme automatique sert à "nettoyer" votre document, en supprimant les espaces là où il y en a en trop, en ajoutant des espaces là où il en manque, en appliquant un style de titre à ce qui semble être un titre, et autres tâches ménagères mineures. Elle fait disparaître diverses imperfections que nous introduisons tous dans nos documents sans nous en rendre compte.

Pour que la mise en forme automatique puisse faire son travail, il faut que vous ayez déjà saisi le texte de votre document. Faites donc, et suivez ces étapes :

1. **Enregistrez votre document sur le disque.**

   Cette étape est très importante. On ne doit jamais oublier d'enregistrer son document, surtout avant une opération de modification globale comme la mise en forme automatique. Pour plus de détails sur l'enregistrement des documents, reportez-vous au Chapitre 8.

2. **Sélectionnez Format/Mise en forme automatique.**

   Si nécessaire, cliquez sur la flèche au bas du menu pour faire apparaître cette option. La boîte de dialogue Mise en forme automatique apparaît, comme le montre la Figure 18.3.

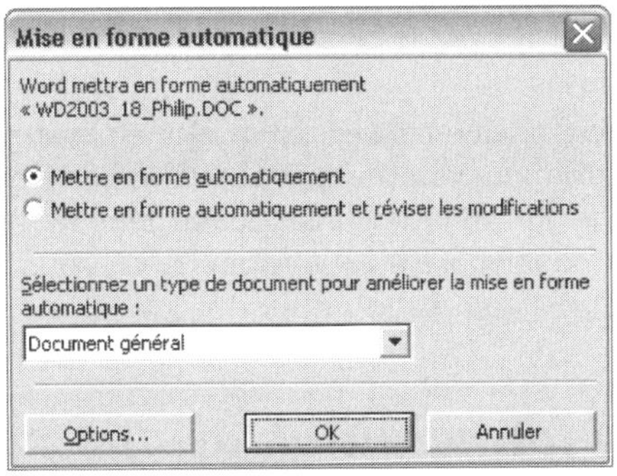

Figure 18.3 La boîte de dialogue Mise en forme automatique.

3. **Cliquez sur OK.**

   Word travaille d'arrache-pied, mais en silence.

4. **La mise en forme automatique est terminée.**

   Word a remis à neuf votre document. Vous verrez peut-être de nouvelles mises en forme de titre, des listes à puces, et autres paillettes appliquées automatiquement à votre texte.

Regardez : la mise en forme automatique a créé une liste à puces avec les indications suivantes :

- Si vous cliquez sur le bouton Options dans la boîte de dialogue Mise en forme automatique, vous pouvez définir vous-même les paramètres avec lesquels sera faite la mise en forme automatique.
- Si vous avez un document assez monotone, vous aurez peut-être l'impression que la mise en forme automatique n'a rien fait du tout. Ne désespérez pas pour autant. La mise en forme automatique sait très bien appliquer des styles de titre et créer des listes à puces, mais elle ne peut pas lire dans votre pensée.
- Si vous n'aimez pas ce qu'a fait la mise en forme automatique dans votre document, vous pouvez toujours utiliser la commande Annuler.
- Si vous voulez mettre en forme votre document automatiquement, reportez-vous à la section "Utiliser un assistant", plus loin dans ce chapitre.

La mise en forme automatique au fil de l'eau

Word sait faire tellement de choses que cela en est quelquefois effrayant. Il y a déjà bien des années, un programme capable de vous rappeler d'enregistrer votre travail avant de quitter avait quelque chose de miraculeux. Maintenant, c'est la routine. Word n'en est pas encore à vous rappeler de vous brosser les dents, mais ça viendra peut-être. Il faut savoir attendre.

Utiliser la mise en forme automatique au cours de la frappe

Si vous voulez que Word fasse quelque chose, il faut le lui demander. Il ne peut pas deviner vos désirs. Pour demander à Word de faire pour vous toutes sortes de choses automatiquement, suivez ces étapes :

1. **Sélectionnez Format/Mise en forme automatique.**

   La boîte de dialogue Mise en forme automatique apparaît.

2. **Cliquez sur le bouton Options.**

   La boîte de dialogue Correction automatique apparaît.

3. **Cliquez sur l'onglet Lors de la frappe.**

   L'onglet Mise en forme automatique contrôle la commande homonyme qui permet de formater votre document comme cela est expliqué plus haut dans ce chapitre. Vous obtenez ensuite une mise en forme automatique pendant votre travail, selon les options définies dans l'onglet Lors de la frappe, comme sur la Figure 18.4.

Figure 18.4 La boîte de dialogue Correction automatique.

4. **Comme vous ne connaissez pas l'incidence de ces options, vérifiez-la !**

5. **Cliquez sur OK, et à nouveau sur OK.**

   Les deux boîtes de dialogue se ferment l'une après l'autre. Vous êtes maintenant prêt à passer à la section suivante.

Listes numérotées automatiques

La meilleure manière de comprendre l'aventure de la mise en forme automatique au fil de la frappe est de la vivre. Pour cela, suivez ces étapes :

1. **Ouvrez un nouveau document dans Word.**

   La méthode la plus simple consiste à appuyer sur Ctrl+N.

2. **Saisissez la ligne suivante :**

   ```
   À faire aujourd'hui :
   ```

   Appuyez sur Entrée pour commencer un nouveau paragraphe, puis tapez :

   ```
   1. Acheter du mou pour le chat.
   ```

   Et maintenant, appuyez sur Entrée pour passer au paragraphe suivant.

   Non seulement Word vous donne automatiquement le 2 du deuxième élément de la liste, mais il redéfinit automatiquement la mise en forme du premier avec un retrait.

3. **Si le résultat vous convient, continuez à taper.**

   Une fois que vous êtes arrivé au bout de votre liste, appuyez deux fois de suite sur la touche Entrée pour mettre fin à la numérotation automatique.

L'icône Options de correction automatique affiche son contenu quand vous cliquez dessus, comme le montre la Figure 18.5. Vous pouvez alors annuler la correction automatique pour le document en cours. En d'autres termes, à partir de cet instant, aucune liste numérotée ne sera plus créée.

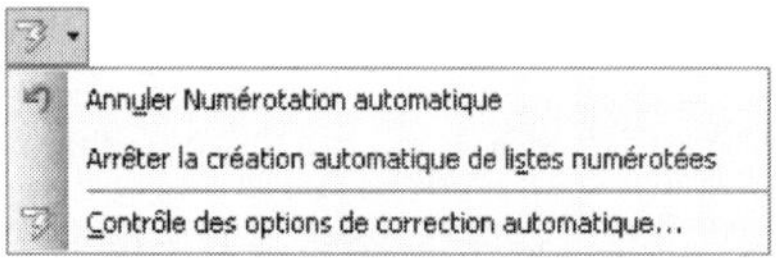

Figure 18.5 Word peut numéroter automatiquement une liste pour vous.

Si vous voulez numéroter votre liste manuellement et pas automatiquement, sélectionnez Annuler Numérotation automatique dans le menu.

Vous pouvez aussi appuyer sur la touche Échap et continuer à taper votre liste.

TRUC

- Ce procédé fonctionne aussi avec une numérotation par lettres (et aussi en chiffres romains). Il suffit de commencer un paragraphe par une lettre et un point, et Word débute le paragraphe suivant par la lettre suivante de l'alphabet.
- Vous pouvez aussi annuler une mise en forme automatique en utilisant la commande Annuler.
- Je sais bien que j'ai dit plus haut de ne jamais appuyer deux fois de suite sur Entrée pour terminer un paragraphe, mais je ne vous ai même pas encore tout dit. Pour interrompre une mise en forme automatique, vous pouvez aussi appuyer sur Entrée puis sur Retour arrière (mais Entrée-Entrée marche aussi bien).

Tirer un trait automatiquement

Au bon vieux temps des machines à écrire, on utilisait parfois une ligne de tirets ou de signes égal pour donner un peu de relief à une page. D'y penser, j'en ai les larmes aux yeux, parce qu'il m'est arrivé plus d'une fois de taper si fort que la feuille de papier s'est déchirée. Avec un traitement de texte, ces malheurs n'arrivent pas.

Si vous voulez un trait simple, de la marge gauche à la marge droite, tapez trois tirets et appuyez sur Entrée :

```
---
```

Word transforme instantanément les trois tirets en un trait continu.

Si vous voulez un double trait, tapez trois signes égal :

```
===
```

puis appuyez sur la touche Entrée. Word trace un double trait d'un bord à l'autre de la page.

Et pour un trait plus épais ? Utilisez trois tirets de soulignement :

```
___
```

Comme d'habitude, l'icône Options de correction automatique apparaît, vous permettant de changer d'avis ou de désactiver cette option. De même, souvenez-vous que si vous appuyez sur Ctrl+Z pour annuler cette action, c'est que vous voulez simplement annuler les trois caractères que vous venez de taper.

Utiliser un assistant

Si vous vous sentez surmené, détendez-vous : vous avez une armée d'assistants à votre service.

Un *assistant* vous permet de créer automatiquement un document presque parfait. Il vous suffit de sélectionner différentes options dans une boîte de dialogue pratique qui vous donne toutes les informations nécessaires. Word se charge de faire le travail.

Pour utiliser un assistant de Word, suivez ces étapes :

1. **Sélectionnez Fichier/Nouveau.**

   Le volet Nouveau document apparaît.

2. **Cliquez sur Modèles généraux.**

   La boîte de dialogue Modèles apparaît (voyez la Figure 17.1).

3. **Sélectionnez un assistant.**

   Word est fourni avec un certain nombre d'assistants. Bien sûr, il n'y en a pas dans l'onglet Général de la boîte de dialogue Modèles. Pour en trouver, cliquez sur un autre onglet, par exemple Mémos.

   Un assistant va avec un modèle, mais les assistants sont nommément identifiés comme tels, et ils sont reconnaissables à une icône particulière (voir ci-contre). L'onglet Mémos ne contient que l'Assistant Mémo (il y a d'autres assistants dans les autres onglets).

   Sélectionnez l'assistant en cliquant dessus. Si la chance est avec vous, un aperçu apparaît dans la zone Aperçu de la boîte de dialogue.

4. **Cliquez sur OK.**

   Si vous avez choisi un gros assistant, Word se met à réfléchir pendant quelques minutes. Visiblement, il est très occupé. Laissez-lui le temps.

5. **Éventuellement, une boîte de dialogue apparaît.**

   Les assistants les plus élaborés vous posent un certain nombre de questions, en affichant pour cela une boîte de dialogue qui vous guide dans le processus. L'assistant crée le document sur la base de vos réponses.

Certains assistants créent simplement un document vierge, à charge pour vous de le remplir. Il vous suffit de taper les informations appropriées dans les champs que vous voyez.

- Même si votre document est créé par un assistant, vous devez toujours l'enregistrer sur le disque une fois que vous avez terminé. En fait, la plupart des assistants ne font que vous donner un point de départ. À partir de là, c'est à vous de l'utiliser comme n'importe quel document Word. N'oubliez pas d'enregistrer !

- Pour le courrier, Word dispose d'un assistant auquel vous pouvez accéder par la barre de menus. Si vous choisissez de l'utiliser, suivez les conseils du Compagnon Office et répondez aux différentes questions dans la boîte de dialogue.

- On raconte qu'il existe même des assistants qui écrivent à votre place. L'assistant Isaac Asimov, par exemple, est capable d'écrire un best-seller à votre place en moins d'une journée.

Troisième partie

Faire briller votre document

Dans cette partie...

Plus nous avançons dans ce livre, plus nous nous éloignons des tâches de base du traitement de texte. La première partie était consacrée aux tâches élémentaires, plus précisément à la saisie et à la modification de texte. La deuxième concernait la mise en forme, aspect essentiel du traitement de texte. Et celle-ci, la troisième ? Eh bien, nous allons passer en revue un domaine traditionnellement dominé par les programmes de PAO (publication assistée par ordinateur). Vous y trouverez du dessin, des tableaux, des traits, des images, des colonnes, des listes, des objets et toute une galerie de trucs bizarres, toutes choses que Word peut traiter, mais qui sont habituellement considérées comme appartenant à la PAO.

D'une certaine manière, si je me prenais pour un membre du marketing de Microsoft, j'envisagerais d'appeler Word "L'idée de Microsoft" plutôt que "Word". C'est un programme qui fait énormément de choses (il en fait parfois trop d'ailleurs) dont beaucoup l'éloignent du rôle traditionnel d'un traitement de texte. Vraiment, avec tout ce qu'ils y mettent, c'est un moyen de création et d'expression de vos idées qui va bien au-delà de la simple production de texte. Les chapitres de cette partie vont vous en dire plus.

Chapitre 19

Cadres, bordures et trames

Dans ce chapitre :

- Tracer un cadre autour de votre texte.
- Encadrer la page entière.
- Encadrer partiellement le texte.
- Mettre une trame derrière le texte.
- Faire du texte en blanc sur fond noir.

Il y a une frontière bien réelle mais un peu floue entre le traitement de texte et la PAO. Traditionnellement, un traitement de texte sert à saisir et à organiser du texte en y ajoutant une touche de mise en forme pour embellir un peu les choses. La PAO porte la mise en page graphique bien au-delà des capacités de la plupart des traitements de texte. Aujourd'hui, la frontière entre les deux n'est plus aussi claire que par le passé.

Par exemple, il y a dix ans, tracer un cadre autour de votre texte était considéré comme une fonction beaucoup trop avancée pour un simple traitement de texte. Mais Word n'est pas un pur traitement de texte. Ce chapitre va donc expliquer comment tracer des cadres (que l'on appelle *bordures* dans Word) et ajouter une ombre à votre texte.

Encadrer votre texte

J'ai beaucoup étonné ma femme le jour où je lui ai dit que j'avais vraiment pris des leçons de danse à une certaine époque. Elle a été beaucoup moins étonnée quand elle a appris que j'étais allé à la première leçon et que je m'étais arrêté là. En tout cas, je me souviens de certaines choses.

Je me souviens que le professeur nous avait dit que toute personne capable de marcher à plat est capable de danser. Elle nous avait aussi appris à poser le pied dans le cadre :

Ici

Et voilà ! Le pied est à plat. Pas de problème.

Encadrer votre texte, c'est exactement aussi simple. Les sections suivantes vont vous dire comment encadrer tout ce que vous voulez dans votre document : un simple mot, des paragraphes ou des pages entières.

Encadrer des paragraphes ou de petites portions de texte

Word vous permet de mettre un cadre autour de n'importe quelle portion de texte dans votre document. Vous pouvez par exemple encadrer un titre ou un paragraphe dont vous voulez faire ce que l'on appelle justement un "encadré", ou même un simple mot. Peu importe. Quoi que vous vouliez encadrer, suivez ces étapes :

1. **Sélectionnez le texte à encadrer.**

   Si vous n'avez rien sélectionné, Word encadre le paragraphe dans lequel se trouve le curseur.

2. **Sélectionnez Format/Bordure et trame.**

   La boîte de dialogue Bordure et trame apparaît. Si nécessaire, cliquez sur l'onglet Bordures pour le faire passer au premier plan, comme le montre la Figure 19.1.

3. **Dans la colonne Type, sélectionnez le type de bordure que vous voulez.**

   Vous disposez de quatre types de bordure prédéfinis, prêts à l'emploi. Ne vous occupez pas du type Personnalisé avant d'avoir fait plus ample connaissance avec les bordures. Cliquez simplement sur le type de bordure que vous voulez. Mon préféré est Ombre.

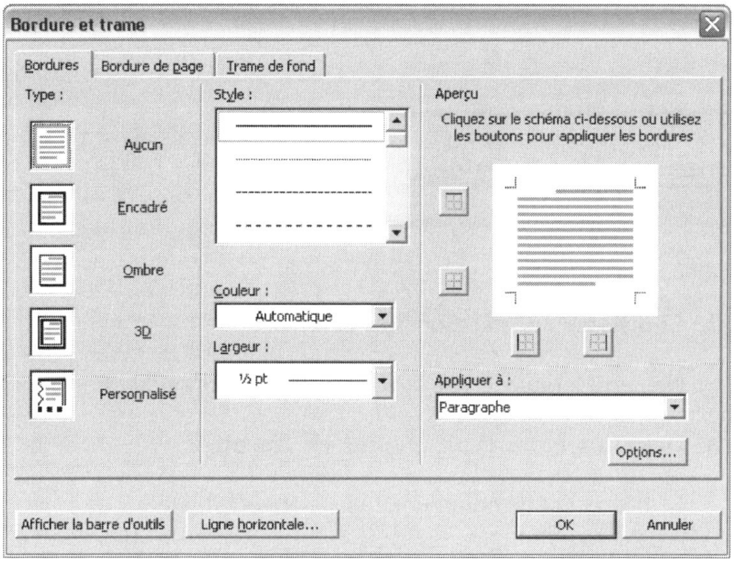

Figure 19.1 La boîte de dialogue Bordure et trame.

La zone d'aperçu vous permet de visualiser l'effet de ce que vous sélectionnez.

4. **Dans la liste déroulante Appliquer à, sélectionnez Texte ou Paragraphe.**

   Word est ici particulièrement malin. Si vous ne sélectionnez qu'une portion de texte à l'intérieur d'un paragraphe, il suppose que vous ne voulez encadrer que cette portion, mais il vous laisse quand même la possibilité d'encadrer tout le paragraphe si c'est ce que vous souhaitez.

5. **Cliquez sur OK.**

   Votre texte est maintenant encadré.

Encadrer partiellement des zones

Les bordures n'ont pas besoin d'être fermées. Sur la Figure 19.2, le titre de la lettre d'informations est pris entre une bordure supérieure et une bordure inférieure. Vous pouvez obtenir cet effet via la boîte de dialogue Bordure et trame :

1. **Sélectionnez le texte à placer entre des lignes.**

Figure 19.2 Les bordures supérieure et inférieure du titre d'une lettre d'informations.

2. **Choisissez Format/Bordure et trame.**

   Ne perdez plus de vue la zone d'aperçu qui reflète vos choix.

3. **Dans la section Type, cliquez sur Aucun.**

   Le mieux est de commencer sans aucune ligne.

4. **Sélectionnez un style de ligne dans la liste Style.**

5. **Si nécessaire, sélectionnez une couleur.**

   La couleur Automatique applique la même couleur que celle utilisée pour le texte qui est généralement le noir.

6. **Sélectionnez une largeur dans la liste homonyme.**

7. **Pour définir une bordure (ou une ligne) autour de votre texte, cliquez dans la fenêtre d'aperçu aux endroits précis où vous souhaitez l'appliquer.**

   Par exemple, pour placer une ligne au-dessus du texte, cliquez au-dessus de la simulation de texte grise.

   TRUC : La bordure peut apparaître sur n'importe quel bord de votre texte : en haut, en bas, à gauche ou à droite. Cliquez sur le bord en question dans la zone d'aperçu. Vous pouvez également utiliser les boutons de définition des contours.

8. **Pour définir davantage de bordures, répétez les étapes 4 à 7.**

9. **Cliquez sur OK dès que vous avez terminé d'encadrer votre texte.**

Vous pouvez supprimer n'importe quelle bordure en cliquant dans la fenêtre d'aperçu. Cliquez une fois pour définir un trait, et cliquez de nouveau pour le supprimer. Vous pouvez aussi cliquer sur l'icône Aucun pour enlever toutes les bordures en une seule opération.

Mettre un cadre autour d'une page

Non seulement vous pouvez encadrer des mots et des paragraphes, mais vous pouvez aussi mettre un cadre autour de toutes les pages de votre document. Ce n'est pas toujours nécessaire, loin de là, mais si vous faites une lettre d'information ou un prospectus, le cadre peut être bien utile.

Pour mettre un cadre autour des pages de votre document :

1. **Placez le point d'insertion sur la page à encadrer.**
2. **Cliquez sur Format/Bordure et trame.**
3. **Cliquez sur l'onglet Bordure de page.**

   Il ressemble comme un frère à l'onglet Bordure et fonctionne de la même manière. Pour les détails, reportez-vous à la section précédente.

4. **Choisissez le style de bordure.**
5. **Dans la liste Appliquer à, choisissez les pages à encadrer.**

   Pour que le cadre s'applique à toutes les pages de votre document, sélectionnez À tout le document.

   Voici un secret :

6. **Cliquez sur le bouton Options.**

   La boîte de dialogue Options de bordures et trame apparaît.

7. **Définissez la distance du texte par rapport aux bordures.**
8. **Cliquez sur OK.**
9. **Cliquez de nouveau sur OK pour fermer la boîte de dialogue Bordure et trame.**

Le meilleur moyen de voir la bordure de la page consiste à cliquer sur Fichier/ Aperçu avant impression.

Consultez le Chapitre 15 pour plus d'informations sur la création des sauts de section dans votre document. En utilisant des sections, vous contrôlez les pages du document devant être encadrées.

Utiliser le bouton Tableaux et bordures de la barre d'outils

Si jamais vous avez besoin de mettre rapidement une bordure autour d'un paragraphe ou d'un tableau, cliquez sur le bouton Tableaux et bordures de la barre d'outils (celui que vous voyez en marge de ce paragraphe), avec sa très pratique palette d'outils.

Dans la palette Tableaux et bordures qui apparaît, cliquez sur la flèche pointant vers le bas à côté du bouton Bordure extérieure : un choix de positions de trait s'affiche (Figure 19.3). Sélectionnez dans cette palette ce que vous voulez appliquer au paragraphe dans lequel se trouve le curseur. Ce paragraphe apparaît aussitôt avec la bordure que vous venez de choisir.

Figure 19.3 Une palette de bordures, offerte par le bouton Tableaux et bordures.

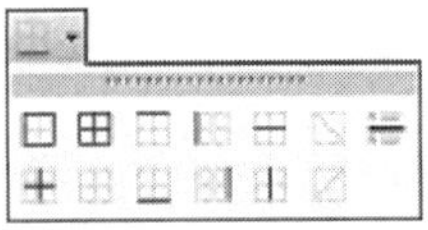

- Cette palette ne définit que les contours de la bordure. Le style de trait est ce qui a été précédemment sélectionné dans la boîte de dialogue Bordure et trame.

- Pour supprimer toutes les bordures d'un paragraphe, cliquez sur le bouton Aucune bordure dans le menu Bordure extérieure de la palette Tableaux et bordures.
- Le menu Bordure extérieure de la palette Tableaux et bordures n'affecte que le texte sélectionné ou le paragraphe dans lequel se trouve le curseur, et non la page entière. Pour appliquer une bordure à une page, voyez la section "Mettre un cadre autour d'une page", plus haut dans ce chapitre.

Mettre une trame derrière votre texte

La trame est le plus bel effet que permet de produire la boîte de dialogue Bordure et trame. Vous pouvez donner une trame de fond à un mot, une phrase, un paragraphe, en somme à n'importe quelle portion de texte, donc à des éléments particuliers de votre document, comme le montre la Figure 19.4. Vous pouvez donner à une trame la couleur ou le motif que vous voulez, avec ou sans bordure autour. Suivez ces étapes :

Figure 19.4 Ce texte a une bordure et une trame.

1. **Sélectionnez le texte auquel vous voulez appliquer une trame.**

   Pour la sélection d'un bloc de texte, reportez-vous au Chapitre 6.

   TRUC

   Si vous voulez une trame qui s'étende au-delà de la ligne d'un titre, sélectionnez aussi la ligne qui précède et la ligne qui suit le titre.

2. **Sélectionnez Format/Bordure et trame.**

   La boîte de dialogue Bordure et trame apparaît, mais...

3. **Assurez-vous que l'onglet Trame de fond est au premier plan.**

   Si ce n'est pas le cas, cliquez dessus pour le faire passer au premier plan (Figure 19.5).

4. **Dans la palette Remplissage, sélectionnez une couleur de remplissage.**

   Les trois premières lignes de cette palette vous donnent un choix de nuances de gris, du blanc au noir. Viennent ensuite les couleurs de base, et naturellement le bouton Autres couleurs donne accès à une autre palette qui vous permet de fabriquer la couleur que vous voulez parmi des millions.

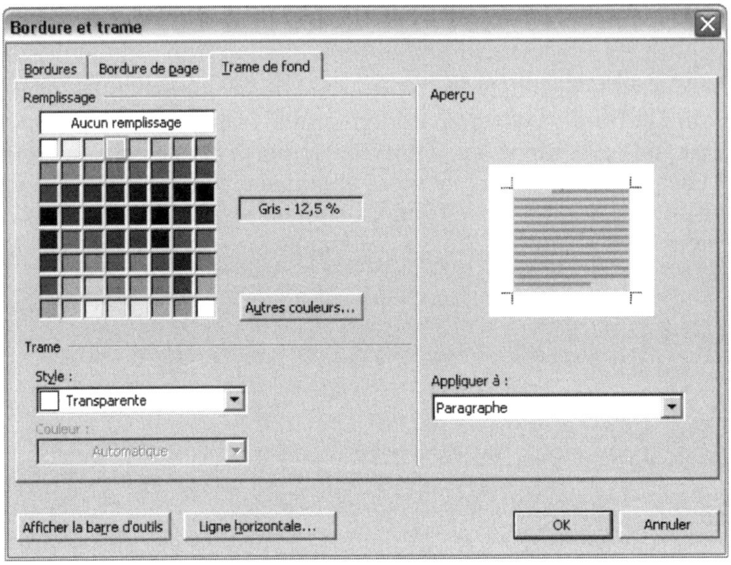

Figure 19.5 L'onglet Trame de fond de la boîte de dialogue Bordure et trame.

Les meilleures couleurs de fond pour du texte sont des nuances de gris. Personnellement, j'aime bien le gris à 20 % de noir, parce qu'il s'imprime bien sans rendre le texte illisible.

Dans la mesure du possible, évitez d'utiliser les motifs (on les trouve en bas de la liste déroulante Style). En général, l'effet obtenu est plutôt moche. S'ils existent, je suppose que c'est parce qu'il y a des gens qui les trouvent utiles, mais pour mettre derrière du texte, ce n'est sans doute pas ce dont vous avez besoin.

5. **Cliquez sur OK.**

La trame de fond que vous venez de définir apparaît derrière le texte que vous aviez sélectionné. Tout le monde va se demander comment vous avez fait.

Vous venez d'utiliser la boîte de dialogue Bordure et trame, mais rien ne vous oblige pour autant à mettre aussi une bordure autour de votre texte.

Ne soyez pas distrait : si vous choisissez une trame de fond en couleur, vous ne pourrez l'imprimer qu'avec une imprimante couleur (sinon, elle sera imprimée en gris).

Si le résultat obtenu ne vous plaît pas (tout le monde peut se tromper, surtout avec une trame de fond), vous pouvez le faire disparaître. Suivez les étapes ci-dessus, mais en cliquant sur Aucun remplissage à l'étape 4. D'ailleurs, vous pouvez aussi utiliser Ctrl+Z (la commande Annuler) pour annuler la trame que vous venez d'obtenir.

TRUC

Un titre avec une trame de fond fait un meilleur effet quand il est en haut d'une page plutôt qu'au milieu.

Faire du texte en blanc sur fond noir

Après la trame de fond, ce qu'on peut faire de plus amusant avec du texte est le mettre en blanc sur fond noir. Cette disposition produit un effet très agressif, en détachant très nettement le texte du reste de la page, ce qui le fait pratiquement sauter à la figure du lecteur. Autrement dit : à ne pas utiliser tous les jours.

Ce texte est réservé aux greffés du cerveau

Pour produire du texte en blanc sur fond noir, vous avez deux choses à faire : tout d'abord, créer un fond noir ; ensuite, mettre le texte correspondant en blanc. Voici comment créer un fond noir :

1. **Sélectionnez le texte à mettre sur fond noir.**

   Il est plus pratique de partir d'un texte déjà écrit. (Pour sélectionner du texte, voyez le Chapitre 6.)

2. **Sélectionnez Format/Bordure et trame.**

   Si nécessaire, cliquez sur l'onglet Trame de fond pour le faire passer au premier plan, comme le montre la Figure 19.5.

3. **Dans la palette Remplissage, cliquez sur le carré Noir.**

   Ce carré est le premier de la quatrième colonne. Lorsque vous cliquez dessus, vous voyez apparaître le mot `Noir` dans le champ qui se trouve à droite de la palette.

4. **Cliquez sur OK pour fermer la boîte de dialogue Bordure et trame.**

Vous voyez maintenant dans votre document un rectangle noir, dans lequel apparaît votre texte en surbrillance (puisqu'il est toujours sélectionné), c'est-à-dire en noir sur fond blanc.

Votre texte étant toujours en surbrillance, vous devez maintenant le mettre en blanc. Vous devez utiliser pour cela l'outil Couleur de police dans la barre d'outils Mise en forme.

1. **Dans la barre d'outils, cliquez sur la flèche à côté de l'outil Couleur de police.**

   Une palette apparaît.

2. **Cliquez sur Automatique.**

   Il s'agit du premier élément du menu local. Cette commande indique à Word de choisir la couleur en fonction de l'arrière-plan. Comme celui-ci est noir, le texte sera blanc.

Normalement, le texte tire sa couleur de l'option Automatique de Word. Lorsque le texte tire sa couleur d'un modèle, vous devez accomplir les deux dernières étapes ci-dessus.

- Avec le texte en blanc sur fond noir, Word est remarquablement adroit, en particulier quand le texte est sélectionné. Vous ne risquez jamais de "perdre" votre texte sur l'écran.

- Je ne conseille pas d'inverser de cette façon de longs passages de texte. Le texte en blanc sur fond noir ne donne pas de très bons résultats sur la plupart des imprimantes. Ce procédé ne peut vraiment convenir que pour mettre en évidence des titres ou de petites portions de texte.

- Si vous rencontrez des difficultés pour imprimer du texte en blanc sur fond noir, c'est peut-être qu'il vous faut modifier les paramètres de votre imprimante. Dans la boîte de dialogue Imprimer, cliquez sur le bouton Propriétés. Si la boîte de dialogue Propriétés de votre imprimante contient un onglet Graphiques, cliquez dessus. Sélectionnez l'option appropriée pour que votre imprimante imprime effectivement en mode graphique, puis cliquez sur OK pour fermer la boîte de dialogue Propriétés.

Chapitre 20

Construire des tableaux

Dans ce chapitre :

- Comprendre les tableaux dans Word.
- Dessiner un tableau dans votre document.
- Mettre du texte dans un tableau.
- Modifier un tableau.
- Créer un tableau à partir de texte dans votre document.
- Convertir un tableau en texte.
- Utiliser la commande Tableau : Format automatique.

Comment faire pour créer un tableau ? Si vous êtes un bon bricoleur, bien équipé et audacieux, tout vous est possible. Vous pouvez faire ce que vous voulez, dans le style que vous voulez, rudimentaire ou raffiné, viril ou délicat, ennuyeux ou distrayant, ou encore une combinaison subtile de tous ces paramètres. Vous pouvez aussi l'acheter dans un magasin, comme un canari ou un crocodile. Mais dans Word ? Dans Word, c'est facile. Avec la souris, tout est facile.

Word ne dispose pas seulement d'une commande Tableau. Il a tout un menu Tableau, rempli de commandes et de paramètres, pour créer tous les tableaux que vous voulez, à volonté, dans tous vos documents. Il n'est pas nécessaire d'être savant, ni de consulter de longues instructions. Tout est à portée de main, dans le menu Tableau.

Pourquoi utiliser des tableaux ?

Le tableau est l'extension naturelle des tabulations. D'ailleurs, *tableau* et *tabulation* ont la même racine Latine. Mais là n'est pas l'essentiel. Les tabulations permettent d'aligner des éléments dans les colonnes d'un tableau.

- Utilisez un tableau chaque fois que vous avez des informations qui peuvent être organisées en lignes et en colonnes.
- Chaque élément du tableau s'appelle *cellule*. Dans chacune de ces cellules, Word vous permet de mettre du texte (en quantité quelconque) ou des images, ou les deux.
- Les cellules ont leur propre mise en forme de marges, de texte et de paragraphe. Vous pouvez même y mettre des images.
- Contrairement à ce qui se passe avec des tabulations, un tableau peut être réorganisé et redimensionné pour s'adapter aux données que vous y mettez. Autrement dit, si vous avez l'intention de modifier ultérieurement vos données, il vaut mieux utiliser un tableau qu'une simple liste mise en forme avec des tabulations.
- Hélas ! Word n'a pas de commandes de réglage du fauteuil de l'utilisateur, mais une rumeur persistante assure que le projet est très sérieusement à l'étude.

Dessine-moi un tableau !

Vous pouvez "dessiner" un tableau dans votre document en utilisant le bouton Tableaux et bordures. Vous commencez par dessiner le tableau, et vous en remplissez ensuite les lignes et les colonnes. Que le texte soit déjà ou non dans votre document est sans importance. Le tableau est inséré dans le document à l'endroit où se trouve le curseur, en déplaçant si nécessaire le texte qui se trouve autour pour se faire une place.

Pour insérer un tableau au milieu d'un document, suivez ces étapes :

1. **Cliquez sur le bouton Tableaux et bordures.**

   Lorsque vous cliquez sur ce bouton (que vous voyez dans la marge), la palette Tableaux et bordures apparaît, flottant au-dessus de votre texte (Figure 20.1). Elle contient différents boutons pour créer des tableaux, ainsi que pour tracer des bordures (dont nous avons parlé au chapitre précédent).

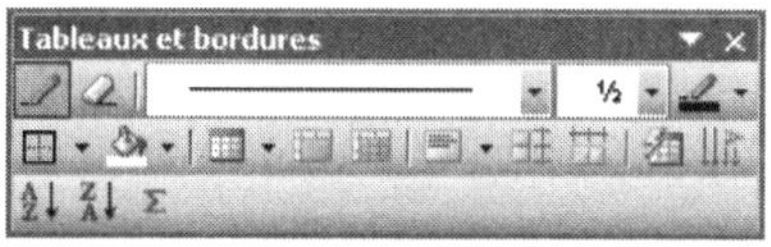

Figure 20.1 La palette Tableaux et bordures.

Si vous n'étiez pas déjà en mode Page, vous y êtes passé automatiquement en cliquant sur le bouton Tableaux et bordures (cette palette ne fonctionne qu'en mode Page).

2. **Dans la palette, cliquez sur l'outil Dessiner un tableau pour l'activer.**

Pour que vous puissiez dessiner un tableau, il faut commencer par activer l'outil Dessiner un tableau, en cliquant sur le bouton ci-contre.

Le pointeur prend la forme d'un crayon, que j'appellerai dans ce qui suit *pointeur crayon*.

3. **Utilisez la souris pour "dessiner" le cadre de votre tableau dans votre document.**

Commencez par placer le pointeur crayon à l'endroit où vous voulez mettre le coin supérieur gauche de votre tableau, puis cliquez et maintenez enfoncé le bouton gauche de la souris en faisant glisser vers le bas et vers la droite jusqu'à l'endroit où vous voulez mettre le coin inférieur droit de votre tableau. Tout en faisant glisser, vous voyez apparaître le cadre que vous définissez ainsi (Figure 20.2).

Figure 20.2 Dessiner un tableau dans un document.

Ne vous préoccupez pas de donner exactement la bonne taille au tableau. Vous pourrez le redimensionner par la suite.

Remarquez que le texte qui se trouvait au-dessous de l'endroit où vous avez inséré le tableau s'est déplacé vers le bas pour lui faire de la place.

4. **Utilisez le pointeur crayon pour dessiner les lignes et les colonnes.**

   Aussi longtemps que le pointeur a la forme du crayon, vous pouvez vous en servir pour dessiner des lignes et des colonnes dans votre tableau.

   Pour dessiner une ligne, faites glisser le pointeur crayon du bord gauche au bord droit du tableau, à la hauteur voulue.

   Pour dessiner une colonne, faites glisser le pointeur crayon du bord supérieur au bord inférieur du tableau, comme le montre la Figure 20.3.

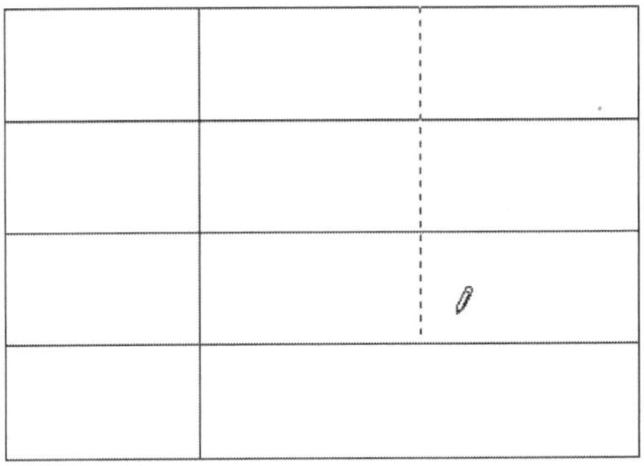

Figure 20.3 Dessiner une colonne dans un tableau.

   Au fur et à mesure que vous faites glisser le pointeur crayon, une ligne en pointillé apparaît, montrant ou apparaîtra la séparation de ligne ou de colonne que vous êtes en train de tracer. La Figure 20.3 montre un tableau en train de prendre forme. Notez aussi que vous pouvez diviser une ligne ou une colonne en plusieurs cellules en faisant simplement glisser dedans le pointeur crayon.

   Encore une fois, ne vous inquiétez pas si vous avez trop ou trop peu de lignes ou de colonnes. Ne vous inquiétez pas non plus si le tableau n'est pas très régulier. Vous pourrez réorganiser par la suite vos lignes et vos colonnes.

5. **Une fois que vous avez dessiné votre tableau, cliquez sur le bouton Dessiner un tableau dans la palette.**

Cette action désactive l'outil Dessiner un tableau, et vous fait revenir dans le mode d'édition de texte. Vous pouvez maintenant introduire le texte dans votre tableau ou le modifier comme vous voulez.

Il est pratique d'avoir à portée de main la palette Tableaux et bordures quand on est en train de travailler sur un tableau. Pour vous en débarrasser une fois que vous avez terminé, cliquez sur le bouton X dans le coin supérieur droit de la palette pour la fermer.

Remplir le tableau

Vous pouvez entrer du texte dans votre tableau comme à n'importe quel endroit de votre document. Voici quelques indications :

- Lorsque vous entrez dans une cellule plus de texte qu'elle ne peut en afficher, sa hauteur augmente en conséquence.
- Pour commencer un nouveau paragraphe à l'intérieur d'une cellule, appuyez sur la touche Entrée. Pour commencer une nouvelle ligne sans créer un nouveau paragraphe, appuyez sur Maj+Entrée.
- Pour vous déplacer d'une cellule à l'autre dans un tableau, utilisez la touche Tabulation.
- Si vous appuyez sur la touche Tabulation alors que le curseur est dans la dernière cellule du tableau, vous créez une nouvelle ligne de cellules.
- La combinaison Maj+Tab permet de se déplacer en sens inverse dans un tableau (c'est plus pratique que d'utiliser les touches de curseur qui ne produisent que le déplacement du curseur d'un caractère à la fois dans une cellule).
- Si vous avez besoin d'utiliser une tabulation dans un tableau, appuyez sur Ctrl+Tab.
- Pour mettre en forme le texte d'une cellule, utilisez la boîte de dialogue Police, comme pour n'importe quel texte dans votre document.
- Chaque cellule est une unité de mise en forme de paragraphe. Pour aligner ou mettre en retrait une ligne ou une colonne entière de cellules, sélectionnez Tableau/Sélectionner, puis activez Colonne ou Ligne dans le sous-menu qui apparaît pour sélectionner une ligne ou une colonne.

- Vous pouvez aussi sélectionner une colonne en plaçant le pointeur juste au-dessus de celle-ci. Le pointeur prend alors la forme d'une flèche pointant vers le bas. Cliquez pour sélectionner la colonne. Pour sélectionner plusieurs colonnes avec la même méthode, faites glisser le pointeur latéralement tout en maintenant enfoncé le bouton gauche de la souris.
- Un triple clic dans une cellule sélectionne tout le texte de la cellule.
- On peut aussi mettre des images dans les cellules d'un tableau.

Arranger son tableau

Une fois le tableau dessiné dans votre document, vous pouvez l'arranger de toutes les manières possibles et imaginables. Voici quelques suggestions :

- Si vous placez le pointeur dans l'espace du tableau, vous voyez apparaître, dans le coin supérieur gauche de celui-ci, la poignée de déplacement (voir ci-contre). Pour déplacer le tableau, faites simplement glisser cette poignée avec la souris. Toutefois :
- Comme pour déplacer un bloc de texte avec la souris, il vous sera sans doute plus pratique de couper et de coller le tableau si vous voulez le déplacer de plus de quelques lignes vers le haut ou vers le bas. Placez le curseur dans le tableau, et sélectionnez Tableau/Sélectionner/Tableau dans la barre de menus pour sélectionner le tableau. Après quoi, vous pouvez le couper et le coller.
- TRUC : Si l'égalité des colonnes et des lignes vous pose problème, cliquez sur Tableau/Ajustement automatique/Uniformiser la largeur des colonnes ou Uniformiser la hauteur des lignes.
- Pour redimensionner une ligne ou une colonne, placez le pointeur sur la séparation entre deux lignes ou deux colonnes que vous voulez déplacer. Le pointeur prend la forme de l'outil de redimensionnement (voir ci-contre). Faites glisser ce pointeur dans la direction voulue pour redimensionner la ligne ou la colonne.

Les suggestions suivantes supposent que vous avez affiché la palette Tableaux et bordures. Si ce n'est pas le cas, sélectionnez Afficher/Barres d'outils/ Tableaux et bordures dans la barre de menus, ou cliquez sur le bouton Tableaux et bordure dans la barre d'outils.

- Pour supprimer une séparation entre deux cellules dans un tableau, cliquez sur l'outil Gomme dans la palette, puis sur la séparation que vous voulez supprimer. Si les deux cellules contiennent du texte, Word réunit le contenu de ces deux cellules dans la nouvelle.

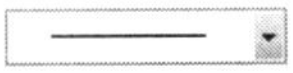

- Utilisez les listes déroulantes Style de trait et Épaisseur de trait pour définir le style et l'épaisseur des traits de séparation du tableau. Après avoir sélectionné un style et une épaisseur, utilisez le pointeur crayon pour cliquer sur un trait de séparation dans le tableau qui prend alors les paramètres sélectionnés.

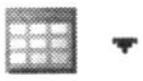

- Vous pouvez modifier votre tableau plus avant en utilisant le bouton Insérer un tableau. Cliquez sur la flèche pointant vers le bas à côté du bouton pour faire apparaître un menu de différentes commandes de tableau qui permettent d'insérer des lignes ou des colonnes ou d'ajuster automatiquement les dimensions du tableau.

- Pour supprimer tout le tableau de votre document, placez le curseur dans le tableau, puis sélectionnez Tableau/Supprimer/Tableau. Le tableau disparaît.

Convertir un texte existant en tableau

Lorsque vous aurez pris conscience de toute la beauté des tableaux, vous aurez sans doute le désir de convertir en tableau une partie du texte mis en forme avec des tabulations dans votre document. Ou alors, le désir vous en viendra simplement sous forme d'impulsion irrésistible, par obsession perfectionniste.

Pour convertir en tableau du texte déjà existant, suivez ces étapes :

1. **Sélectionnez le texte à convertir en tableau.**

   C'est encore mieux si votre texte est séparé par un caractère de tabulation, formant ainsi des colonnes.

2. **Cliquez sur Tableau/Convertir/Texte en tableau.**

   La boîte de dialogue Convertir un texte en tableau apparaît, comme l'illustre la Figure 20.4.

3. **Cliquez sur OK.**

   Le texte devient bel et bien un tableau s'il est parfaitement séparé par des taquets de tabulation. Si votre texte était séparé par des points-

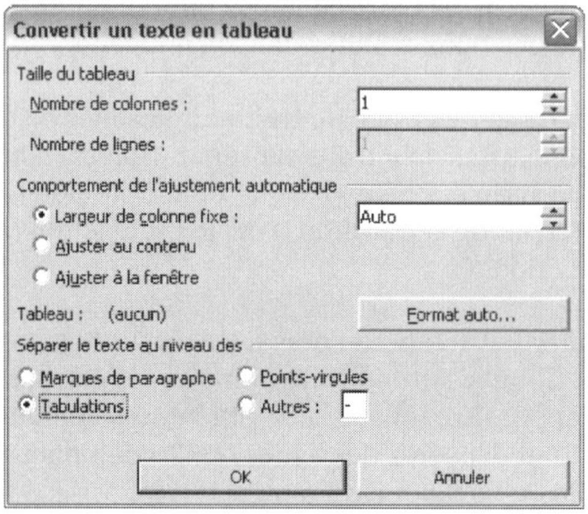

Figure 20.4 La boîte de dialogue Convertir un texte en tableau.

virgules ou était un paragraphe, indiquez-le dans la section Séparer le texte au niveau des.

En somme, tout est possible, mais vous aurez probablement à ajuster différentes choses (redimensionner les colonnes et ainsi de suite). Ce sera peut-être un peu laborieux, mais c'est beaucoup mieux que d'avoir à tout retaper.

Convertir un tableau en texte

Tout comme la sorcière peut transformer l'affreux crapaud en belle princesse, la belle princesse peut aussi se transformer à nouveau en crapaud. Pour convertir un tableau en texte, avec peut-être des tabulations pour séparer les colonnes, commencez par sélectionner le tableau en sélectionnant Tableau/Sélectionner/Tableau. Puis sélectionnez Tableau/Convertir/Tableau en texte. Cette commande est simplement l'inverse de celle que nous avons utilisée dans la section précédente.

Utilisez la boîte de dialogue Convertir le tableau en texte (Figure 20.5) pour définir quel caractère ou quel symbole utiliser pour séparer les cellules de votre tableau (je vous conseille de sélectionner Tabulations, comme dans la figure). Puis cliquez sur OK.

Dans l'autre sens, lorsque vous convertissez du texte en tableau, il y a le plus souvent un peu de mise au point à faire. Pour l'essentiel, il s'agit de redéfinir les tabulations (ou de les supprimer). Rien d'effrayant.

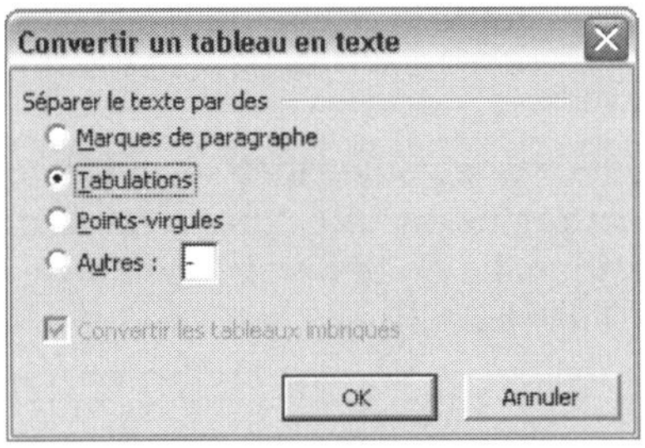

Figure 20.5 La boîte de dialogue convertir le tableau en texte.

Une manière rapide de fabriquer un tableau

Pour créer rapidement un tableau vide dans votre document, vous pouvez utiliser le bouton Insérer un tableau dans la barre d'outils (voir ci-contre).

Lorsque vous cliquez sur ce bouton, une palette apparaît. Faites glisser le pointeur sur celle-ci, et cliquez lorsque vous avez mis en surbrillance le nombre de lignes et de colonnes que vous voulez (par exemple, un tableau de deux lignes et trois colonnes, comme celui de la Figure 20.6).

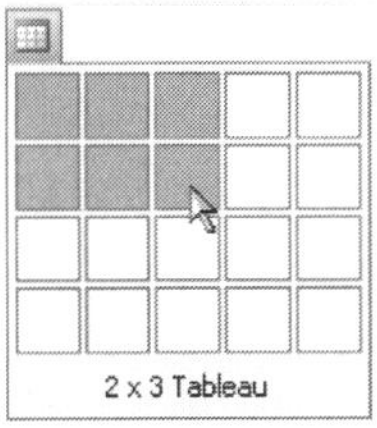

Figure 20.6 La palette de l'outil Insérer un tableau.

Le bouton Insérer un tableau permet aussi d'ajouter rapidement des cellules, des lignes ou des colonnes à un tableau. Pour cela, sélectionnez une cellule, une ligne ou une colonne dans un tableau, puis cliquez sur le bouton Insérer un tableau dans la barre d'outils, qui a entre-temps changé de forme pour devenir Insérer des cellules, Insérer des lignes ou Insérer des colonnes.

Améliorer automatiquement votre tableau

Word contient des quantités d'astuces de mise en forme, dont certaines que vous pouvez utiliser sur un tableau existant pour le rendre vraiment brillant. Cette astuce de format automatique vous permet de commencer par créer un tableau, et d'utiliser ensuite une commande spéciale de Word pour le personnaliser. Voici comment :

Placez le curseur dans le tableau que vous voulez mettre en forme, de préférence un tableau déjà rempli. Sélectionnez ensuite dans la barre de menus Tableau/Tableau : Format automatique. La boîte de dialogue Mise en forme automatique de tableau apparaît (Figure 20.7).

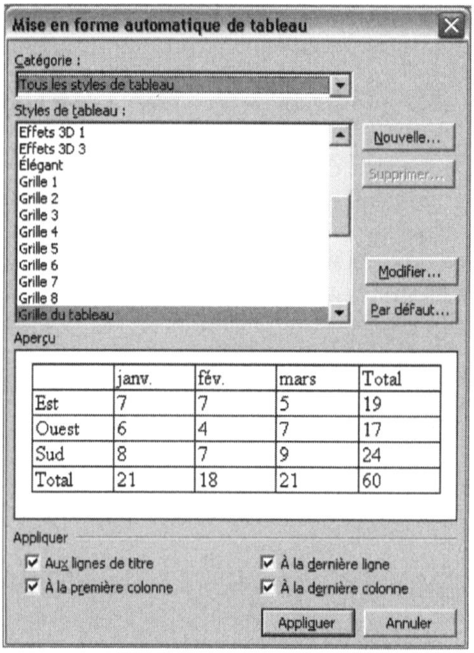

Figure 20.7 La boîte de dialogue Mise en forme automatique de tableau.

Regardez bien l'exemple de tableau montré dans la zone d'aperçu de la boîte de dialogue. Puis sélectionnez successivement avec votre souris dans la liste Style de tableau tous les styles disponibles.

Lorsque vous avez trouvé le style qui vous convient, cliquez sur le bouton Appliquer. Votre tableau prend alors automatiquement la mise en forme que vous avez vue dans l'aperçu de la boîte de dialogue.

À vos heures perdues, vous pouvez passer du temps à jouer avec toutes les autres options de cette boîte de dialogue.

Chapitre 21

Mettre le texte en colonnes

Dans ce chapitre :

- Comprendre les colonnes.
- Disposer votre texte en colonnes.
- Insérer un saut de colonne.
- Restaurer du texte normal à partir de colonnes.
- Utiliser le bouton Colonnes.

Lorsque j'entends le mot "colonne", je pense aux colonnes de nos monuments. Il y a bien longtemps, sous l'Empire romain, des soldats plus ou moins touristes avaient coutume d'écrire leur nom et parfois quelques commentaires sur les colonnes qui leur tombaient sous la main. On pourrait penser que c'est là qu'est apparu le texte en colonnes, mais il y a d'autres revendications d'antériorité.

De nos jours, vous avez la possibilité de perpétuer cette longue tradition en disposant en colonnes le texte que vous écrivez. Il ne vous faudra aucune colonne de marbre, ni même un pot de peinture. Word le fait sur l'écran, comme les colonnes de texte que vous voyez dans les journaux et les magazines. Ce que des soldats romains ont pu faire, vous pouvez le faire aussi. Préparez-vous à mettre votre texte en colonnes.

Pourquoi faire des colonnes ?

Il est en fait assez surprenant que Word soit capable de faire des colonnes. Le texte en colonnes appartient normalement au monde de la PAO et pas au traitement de texte. Mais Word peut quand même. Je ne sais pas si Word peut tout, mais Word peut faire des colonnes. Vous pouvez donc créer vous-même une lettre d'information, des prospectus, des traités d'astronomie ou autre, des manifestes, sans avoir à vous acheter aussi un logiciel de PAO. C'est très facile, pour peu que vous suiviez mes suggestions.

- En utilisant des colonnes, vous pouvez créer vos propres lettres d'informations, bulletins, manifestes, et j'en passe. Toutefois :
- Utiliser Word pour mettre du texte en colonnes dans un document assez court semble marcher de façon tout à fait satisfaisante. À partir d'une dizaine de pages, il vaut mieux utiliser un logiciel de PAO.
- Si vous travaillez avec des colonnes et que vous observez un ralentissement de Word, enregistrez votre travail ! Ensuite, envisagez de refaire le travail dans un programme de PAO.
- Les logiciels de PAO sont généralement assez chers. Dans le haut de gamme, on peut signaler QuarkXpress, une application de niveau professionnel ; dans le milieu de gamme, InDesign d'Adobe ; enfin, parmi les logiciels plus abordables, Publisher de Microsoft, que je vous recommande.

Disposer votre texte en colonnes

Pour disposer votre texte en colonnes, suivez ces étapes :

1. **Placez le curseur à l'endroit où vous voulez faire commencer la mise en colonnes de votre texte.**

   Si votre document contient déjà du texte, placez le curseur au début du premier paragraphe de texte que vous voulez mettre en colonnes.

   Si vous n'avez pas encore écrit le texte que vous voulez mettre en colonnes, placez le curseur en bas de votre document pour que le texte que vous saisirez à partir de ce point soit mis en colonnes.

2. **Sélectionnez Format/Colonnes.**

   La boîte de dialogue Colonnes apparaît, comme le montre la Figure 21.1.

3. **Dans la zone Prédéfinir, sélectionnez le style que vous voulez.**

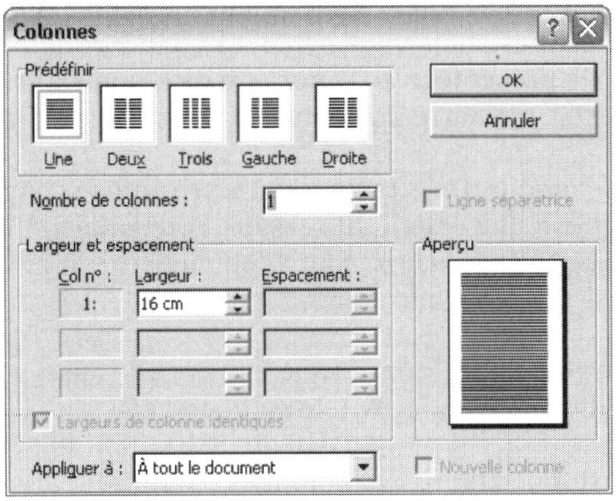

Figure 21.1 La boîte de dialogue Colonnes.

En général, il suffit de deux colonnes, parfois trois. Au-delà, elles sont trop étroites, et le texte devient difficile à lire.

Remarquez la zone d'aperçu, dans laquelle apparaît le résultat de vos sélections.

Si vous voulez plus de trois colonnes, vous devez le spécifier dans le champ Nombre de colonnes.

Vous pouvez ajuster la largeur et l'espacement de vos colonnes dans la zone Largeur et espacement de la boîte de dialogue.

Si vous voulez faire apparaître un trait de séparation entre deux colonnes voisines, cochez la case Ligne séparatrice.

4. **Dans la liste déroulante Appliquer à, sélectionnez la partie de votre document à laquelle vous voulez appliquer ces paramètres.**

   Vous avez trois possibilités : À tout le document, À partir de ce point (le paragraphe dans lequel se trouve le curseur et tous ceux qui suivent se verront alors appliquer les paramètres que vous venez de définir) et À cette section (cette option n'apparaît que si vous avez défini des sections dans votre document ; les paramètres s'appliquent alors à la section dans laquelle se trouve le curseur).

5. **Cliquez sur le bouton OK.**

Dans le mode Page, les colonnes sont affichées à l'écran avec les paramètres que vous avez définis.

Si vous passez en mode Normal, vous voyez un saut de section continu juste avant le texte mis en colonnes, mais vous ne voyez qu'une colonne, du côté gauche. Pour voir le texte présenté avec le nombre de colonnes spécifié, sélectionnez Affichage/Page dans la barre de menus.

- Pour déplacer le curseur d'une colonne à l'autre, utilisez plutôt la souris que les touches de déplacement du curseur. Pour passer à la colonne suivante en utilisant ces touches, il faut commencer par arriver en bas de la colonne précédente dans la page.

- L'espacement entre deux colonnes (que l'on appelle aussi *gouttière*) a une largeur par défaut de 1,25 cm. Elle suffit en général.

- Vous pouvez ajuster la largeur des colonnes en utilisant la zone Largeur et espacement de la boîte de dialogue. Si vous ne définissez rien vous-même dans cette zone, vous avez les valeurs par défaut de Word.

- Quel est le nombre maximal de colonnes ? Tout dépend de la largeur de la page. Comme la largeur minimale autorisée par Word pour une colonne est de 1,25 cm, on peut mettre jusqu'à une douzaine de colonnes sur une feuille de papier standard au format A4.

- Une mise en forme sur trois colonnes convient très bien en format Paysage. Elle est souvent utilisée pour réaliser des brochures. Voyez le Chapitre 30 pour en savoir plus.

- Les commandes de mise en forme de texte et de paragraphe de Word s'appliquent comme partout ailleurs au texte en colonnes. La différence est que les bords droit et gauche de vos paragraphes sont définis par les marges des colonnes, et plus seulement par les marges de la page.

- Pour savoir comment diviser votre document en sections, reportez-vous au Chapitre 15.

- Pour arrêter une colonne en plein milieu d'une page, utilisez la commande Saut de colonne. Il suffit de cliquer sur Insertion/Saut. Activez l'option Saut de colonne, et cliquez sur OK. La colonne en cours s'arrête à ce point de la page ; le reste du texte continuant sur la page suivante commence en haut d'une nouvelle colonne.

- Bien que vous puissiez appliquer une mise en forme de colonnes à des sections d'un document, Word vous permet d'activer et de désactiver la mise en colonnes en divers endroits d'un document sans vous obliger à utiliser des sections.

Annuler une mise en colonnes

Pour annuler une mise en forme en plusieurs colonnes dans un document, placez le curseur à l'endroit où commence cette mise en forme (pour identifier cet endroit plus facilement, vous pouvez utiliser la commande Affichage/ Aperçu avant impression). Suivez ensuite les étapes de la section précédente, mais en sélectionnant l'icône Une dans la zone Prédéfinir à l'étape 3, et À tout le document à l'étape 4.

Si vous avez un document en colonnes, et que vous voulez revenir à du texte normal à partir d'un certain point dans ce document, placez le curseur à l'endroit à partir duquel vous voulez arrêter la mise en colonnes. Suivez ensuite les étapes de la section précédente, mais en sélectionnant l'icône Une dans la zone Prédéfinir à l'étape 3, et À partir de ce point à l'étape 4. Cliquez sur OK.

Si vous envisagez de créer des colonnes sur une partie d'un document, convertissez-la préalablement en section. La création des sections est décrite en détail au Chapitre 15. Veillez ensuite à appliquer les colonnes à cette section uniquement.

Utiliser le bouton Colonnes de la barre d'outils

Si vous êtes pressé, vous pouvez utiliser le bouton Colonnes. Lorsque vous cliquez dessus, une palette apparaît, vous permettant de sélectionner le nombre de colonnes que vous voulez (Figure 21.2). Mettez en surbrillance le nombre de colonnes voulu, et cliquez. Les colonnes apparaissent dans votre document.

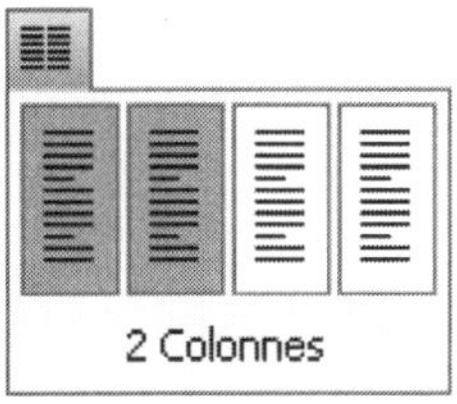

Figure 21.2 Le bouton Colonnes et sa palette.

Chapitre 22

Listes, tables des matières, notes et index

Dans ce chapitre :

- Listes à puces et listes numérotées automatiques.
- Créer une table des matières pour votre document.
- Créer un index.
- Notes de bas de page, notes de fin d'ouvrage et autres beautés académiques.

Les formes académiques donnent une très bonne présentation aux documents. Ils ont une table des matières et parfois un index. Si l'auteur sait se servir de Word, son document peut même comporter une table des illustrations et des légendes. Et tout document académique qui se respecte contient une quantité de notes de bas de page ou de notes de fin d'ouvrage. Vous pouvez faire la même chose, ne serait-ce que dans les apparences, à condition d'apprendre à vous servir des fonctions correspondantes de Word. Vous croyez peut-être que ce sont des fonctions plutôt avancées ? Pensez-vous ! Lisez donc ce chapitre, et vous verrez comme c'est simple.

Ne confondez pas une note de pied de page et un pied de page. Pour en savoir plus sur les pieds de page (et les en-têtes), reportez-vous au Chapitre 15.

Listes à gogo

La liste de la forme la plus simple est celle que vous tapez vous-même. Par exemple, une liste de choses à faire ou la liste des étapes de l'assemblage d'un accélérateur de particules. Ces listes-là sont numérotées, mais il y a aussi des listes à puces qui portent des symboles au lieu de numéros.

Pour créer une liste à puces de plusieurs paragraphes qui se suivent, sélectionnez les paragraphes, puis Format/Puces et numéros dans la barre de menus. La boîte de dialogue Puces et numéros apparaît (Figure 22.1).

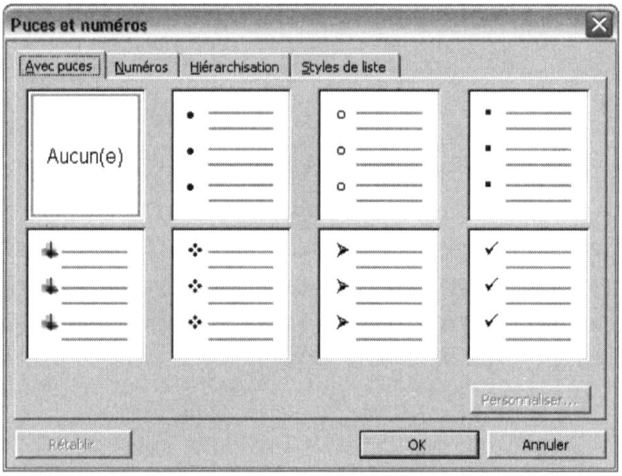

Figure 22.1 La boîte de dialogue Puces et numéros.

Il n'y a pas grand-chose à faire dans cette boîte de dialogue. Il suffit de double-cliquer sur le type de puce que vous voulez, et le texte préalablement sélectionné reçoit le format correspondant.

- En utilisant la même boîte de dialogue, vous pouvez aussi créer une liste numérotée : cliquez sur l'onglet Numéros, sélectionnez le type de numérotation que vous voulez appliquer aux paragraphes sélectionnés, puis cliquez sur OK.

- Lorsque vous avez sélectionné un type de liste dans la boîte de dialogue Puces et numéros, vous pouvez cliquer sur le bouton Personnaliser pour personnaliser le format de la puce ou du numéro.

- USPour mettre rapidement sous forme de liste à puces une suite de paragraphes, vous pouvez cliquer sur le bouton Puces dans la barre d'outils Mise en forme.

- USPour mettre rapidement sous forme de liste numérotée une suite de paragraphes, vous pouvez cliquer sur le bouton Numérotation dans la barre d'outils Mise en forme.

Tables des matières et index

À leur manière, les tables des matières et les index sont aussi des listes (Word peut gérer d'autres types de liste, mais je n'ai pas la place de les évoquer tous). À partir des informations contenues dans votre document (à condition tout de même que vous ayez fait le nécessaire pour ça), Word est capable de construire ces listes et de les placer à l'endroit que vous lui indiquez, avec les bons numéros de pages, la bonne mise en forme, et ainsi de suite.

Créer une table des matières

Si jamais vous entendez un jour parler de TOC (prononcez de préférence "toc", c'est plus cool) ou de TDM, c'est simplement une autre manière de dire "table des matières" ("Table Of Contents" pour TOC"). Une fois que vous aurez maîtrisé ces termes techniques, tous les espoirs vous seront permis.

Bien plus que de parler de votre TDM, Word vous permet de créer effectivement une table des matières pour n'importe lequel de vos documents, à condition bien sûr que vous ayez donné à vos titres les styles de titre appropriés (pour en savoir plus sur l'utilisation des divers styles intégrés de Word, reportez-vous au Chapitre 16). Si vous avez correctement utilisé ces styles de titre, la création d'une table des matières dans Word est un jeu d'enfant.

Pour créer une table des matières dans votre document (si vous avez utilisé les styles de titre de Word pour vos différents niveaux de titre), suivez ces étapes :

1. **Placez le point d'insertion à l'endroit où vous voulez insérer la table des matières.**

   En général, une table des matières vient se placer au début ou à la fin d'un document.

2. **Sélectionnez Insertion/Référence/Tables et index.**

   La boîte de dialogue Tables et index apparaît.

3. **Cliquez sur l'onglet Table des matières.**

   L'onglet Table des matières passe au premier plan (Figure 22.2).

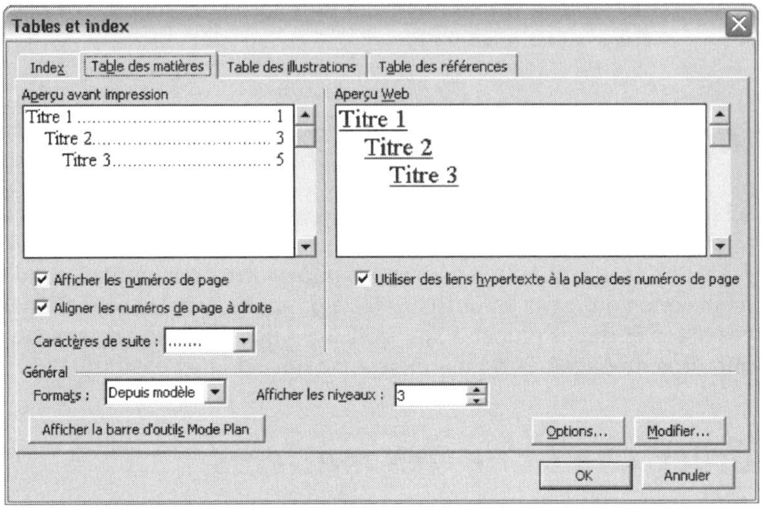

Figure 22.2 L'onglet Table des matières de la boîte de dialogue Tables et index.

4. **Faites vos choix dans la boîte de dialogue.**

   Vous pouvez vous amuser avec toutes les options de mise en forme et en découvrir les effets dans la zone d'aperçu.

   Plus sérieusement : choisissez les options qui vous intéressent à partir de leur effet sur la table des matières. C'est une boîte de dialogue amusante à utiliser.

5. **Cliquez sur OK pour créer la table des matières.**

   Word passe au crible votre document pour en extraire tout ce qui est mis en forme avec un style de titre (de Titre 1 jusqu'au niveau que vous avez spécifié dans la boîte de dialogue Tables et index), en identifiant le numéro de la page correspondante, et construit la table des matières qui en résulte.

Réaliser un index

En plus de la table des matières, on trouve dans de nombreux ouvrages un index. Le monde de l'édition n'a pas encore trouvé de sigle pour le mot index.

Un index est plus précis qu'une table des matières. Il référence des mots particuliers, termes techniques, événements, noms propres ou autres dans l'ensemble d'un document. Manifestement, ça n'en vaut la peine que pour un document un peu conséquent. Je suppose que vous n'envisageriez pas de faire un index pour une lettre adressée à votre bien-aimé(e), et j'espère que vous n'aurez jamais de raison de le faire.

La création d'un index dans Word comporte deux étapes principales. La première consiste à identifier dans votre document les termes que vous voulez placer dans l'index (ce qui signifie que vous devez avoir écrit votre document avant de pouvoir l'indexer). La seconde est la création de l'index proprement dit à partir de ces indications.

Pour marquer une portion de texte à indexer, suivez ces étapes :

1. **Sélectionnez le texte que vous voulez référencer dans l'index.**

   Il peut s'agir d'un mot ou d'un groupe de mots quelconque.

2. **Sélectionnez Insertion/Référence/Tables et index.**

   La boîte de dialogue Tables et index apparaît.

3. **Cliquez sur l'onglet Index.**

4. **Cliquez sur le bouton Marquer entrée.**

   La boîte de dialogue Marquer les entrées d'index apparaît (Figure 22.3). Remarquez que le texte que vous avez sélectionné dans votre document apparaît dans le champ Entrée (où vous pouvez le modifier si vous voulez).

5. **Cliquez sur le bouton Marquer *ou* sur le bouton Marquer tout.**

   Si vous cliquez sur le bouton Marquer, seule l'instance du mot ou du groupe de mots sélectionnée est marquée pour référence dans l'index. Utilisez ce bouton pour marquer uniquement ce que vous avez sélectionné vous-même. Le bouton Marquer tout demande à Word de rechercher dans le document toutes les instances du texte qui apparaît dans le champ Entrée de la boîte de dialogue Marquer les entrées d'index, et de

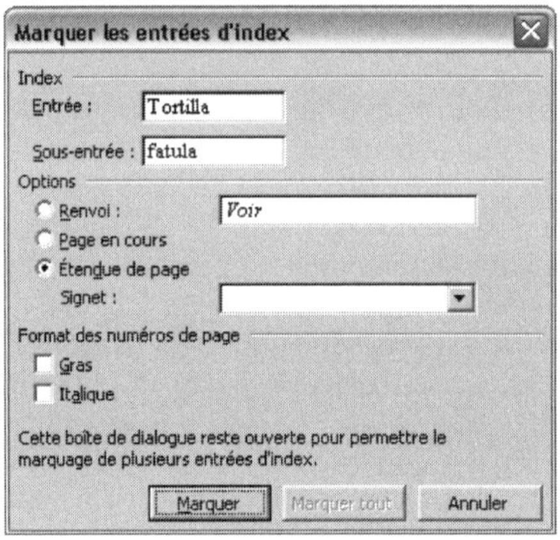

Figure 22.3 La boîte de dialogue Marquer les entrées d'index.

les marquer toutes pour référence dans l'index. N'utilisez ce bouton que si vous êtes sûr de vouloir marquer comme entrées d'index toutes les occurrences d'un mot ou d'un groupe de mots.

Vous pouvez tester les autres options de la boîte de dialogue Marquer les entrées d'index. Amusez-vous bien.

Lorsque vous marquez une entrée d'index, Word passe automatiquement en mode d'affichage du texte masqué, c'est-à-dire que vous voyez apparaître des caractères particuliers pour les espaces, les marques de paragraphe et les tabulations. Que cela ne vous impressionne pas. Je vais vous dire à l'étape 8 comment le désactiver.

Vous voyez aussi la clé d'index que vous venez de définir apparaître dans le document, entourée par des accolades.

6. **Continuez à avancer dans votre document, à la recherche de ce que vous voulez référencer dans l'index.**

   La boîte de dialogue Marquer les entrées d'index reste ouverte, vous permettant de continuer à définir vos clés d'index. Sélectionnez le texte voulu dans le document, puis cliquez dans la boîte de dialogue Marquer les entrées d'index. Le texte sélectionné apparaît dans le champ Entrée. Cliquez sur le bouton Marquer ou sur le bouton Marquer tout pour marquer chaque entrée ou chaque série d'entrées.

7. **Une fois que vous avez terminé, cliquez sur le bouton de fermeture de la boîte de dialogue.**

C'est le X dans le coin supérieur droit. La boîte de dialogue disparaît.

8. **Cliquez sur le bouton Afficher masquer (¶) dans la barre d'outils Standard.**

   Vous pouvez aussi utiliser le raccourci Ctrl+*. Le texte masqué est de nouveau masqué.

Maintenant que vous avez entré toutes les clés d'index, l'étape suivante consiste à créer l'index proprement dit :

1. **Placez le curseur à l'endroit où vous voulez insérer l'index.**
2. **Sélectionnez Insertion/Référence/Tables et index.**
3. **Cliquez sur l'onglet Index (Figure 22.4).**

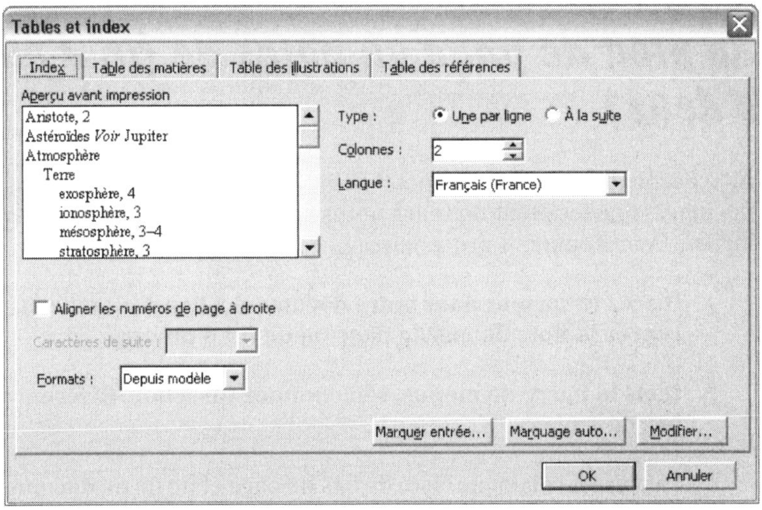

Figure 22.4 L'onglet Index de la boîte de dialogue Tables index.

4. **Sélectionnez les options qui vous conviennent dans la boîte de dialogue.**

   Vous pouvez sélectionner un style d'index dans la liste déroulante Format. Regardez la zone d'aperçu pour vous rendre compte de l'effet produit par votre sélection.

Dans le champ Colonnes, entrez le nombre de colonnes que vous voulez donner à votre index. Le plus souvent, on réalise un index sur deux colonnes, parfois trois.

5. **Cliquez sur OK.**

   L'index est inséré dans votre document, dans une nouvelle section qui est automatiquement créée pour lui (pour en savoir plus sur les sections, voyez le Chapitre 15).

- De très sérieux chercheurs ont montré que les lecteurs se réfèrent plutôt à un index qu'à une table des matières. Faites donc attention à réaliser un index complet et bien construit.

TRUC

- Libre à vous d'annuler votre index par Ctrl+Z. L'indexation d'un document n'est pas chose facile. Tentez de vous mettre à la place du lecteur. Que cherche-t-il et comment cherche-t-il ? Demandez autour de vous.

Notes de pied de page ou notes de fin d'ouvrage (ou les deux)

Ai-je besoin d'expliquer de quoi il s'agit ? Sans doute pas. Les gens dont les documents nécessitent de telles notes savent très bien ce que c'est et où les mettre. Voici comment procéder :

1. **Placez le curseur dans votre document à l'endroit où vous voulez référencer la note de bas de page ou de fin d'ouvrage.**

2. **Dans la barre de menus, sélectionnez Insertion/Référence/Note de bas de page.**

   La boîte de dialogue Note de bas de page et de fin de document apparaît, comme sur la Figure 22.5.

3a. **Pour créer une note de bas de page, cliquez sur le bouton Note de bas de page.**

3b. **Pour créer une note de fin d'ouvrage, cliquez sur le bouton Note de fin.**

4. **Paramétrez toute information de mise en œuvre optionnelle.**

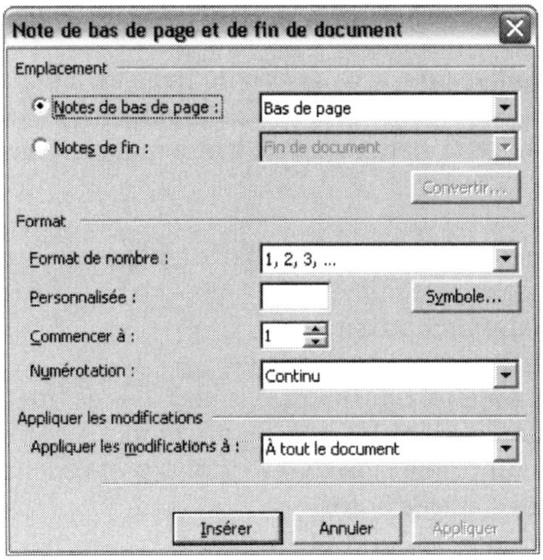

Figure 22.5 La boîte de dialogue Note de bas de page et de fin de document.

Vous n'y procédez qu'une seule fois, lors de la création de la première note de bas de page ou de fin de document. Les autres suivront ce modèle.

5. **Cliquez sur OK.**

   Si vous êtes en affichage Normal, une nouvelle "fenêtre" apparaît comme par magie en bas de votre page.

   Si vous êtes en affichage Page, le curseur vient se placer en bas de la page, prêt pour que vous puissiez passer à l'étape suivante.

6. **Saisissez le contenu de votre note.**

   Vous êtes libre de mettre dans une note tout ce que vous pouvez mettre dans un document : des images en tout genre aussi bien que du texte.

7. **Continuez à travailler sur votre document.**

   Si vous êtes en affichage Normal, cliquez sur le bouton Fermer de la zone d'affichage de la note.

   En mode Page, vous pouvez utiliser le raccourci Maj+F5, mais ça ne marchera peut-être pas toujours. Le plus simple est de cliquer avec la souris à l'endroit que vous voulez dans le corps du texte.

Voici quelques conseils qui ne sont pas des notes de bas de page :

- Pour afficher ou modifier une note de bas de page en affichage Normal, sélectionnez Affichage/Note de bas de page (en affichage en mode Page, les notes de bas de page apparaissent de toute façon en bas de chaque page).
- Pour accéder rapidement à une note de bas de page en affichage Normal, double-cliquez sur le numéro de la note dans le texte. La fenêtre d'édition de la note apparaît aussitôt.
- Pour supprimer une note de bas de page, sélectionnez (mettez en surbrillance) son numéro dans le texte du document, et appuyez sur la touche Suppr. Word supprime la note sélectionnée et redéfinit en même temps les numéros des autres notes.
- Vous pouvez très bien insérer une image dans une note, tout comme dans un en-tête ou un pied de page. Vous avez là de quoi vous attirer la jalousie de tous les universitaires de la planète Terre. Pour insérer des images et autres éléments dans votre texte, reportez-vous aux Chapitres 23 et 24.

Chapitre 23

Illustrez-moi ça !

Dans ce chapitre :

- Trouver des images.
- Utiliser le menu Insertion pour une image.
- Insérer une image à partir d'un fichier graphique.
- Ajuster une image.
- Déplacer une image.
- Redimensionner une image.
- Rogner une image.
- Pivoter une image.
- Faire habiller une image par le texte.
- Ajouter une légende.

Une image vaut mille mots... oui, d'accord ; pourtant, en informatique, ce n'est pas tout à fait vrai. En effet, 1 000 mots pèsent environ 1 Ko alors qu'une image pèse en moyenne 7 fois plus ! Qu'avez-vous à répondre à cela !

Je sais, je joue sur l'expression. Il est en effet plus facile et plus parlant d'insérer une image de la tour de Pise plutôt que d'essayer de la décrire en détail. Word permet d'insérer de multiples fichiers graphiques dans vos documents. Toutefois, réservez cette fonction aux documents qui ont vraiment besoin d'être illustrés comme le fonctionnement du moteur à quatre temps, la théorie de la relativité et bien d'autres sujets complexes.

ATTENTION !

- Word vous permet aussi d'insérer d'autres types d'objets dans votre texte. Pour en savoir plus, voyez le Chapitre 24.

- Plus vous mettez d'images dans votre document, plus Word ralentit. Je vous conseille donc d'insérer les images en dernier.

N'OUBLIEZ PAS

- Ce n'est pas la première fois que je fais cette recommandation dans ce livre, mais comme il n'y a pas beaucoup de gens qui lisent tout, je vais me répéter un peu : Word est un traitement de texte. Il est vrai qu'il vous permet d'insérer des images et autres éléments de toutes sortes dans vos documents, mais si vous voulez vraiment maîtriser ce que vous faites avec vos images et votre texte, il vous faut un véritable logiciel de PAO.

Où puis-je trouver des images ?

Vous disposez de plusieurs moyens d'insérer une image dans un document Word :

- Copier une image dans un logiciel graphique (ou une page Web), puis la coller dans votre document à l'endroit où se trouve le curseur.
- Insérer une image clipart.
- Insérer un fichier graphique quelconque qui se trouve sur votre disque dur.
- Insérer une image provenant d'un scanner ou d'une caméra vidéo reliée à votre PC.
- Créer une image en utilisant l'outil de dessin de Word.
- Scotcher une photo sur votre écran.

J'ai testé pour vous toutes ces méthodes, et il n'y a que la dernière que je ne puisse pas garantir. Pour les autres, voici quelques indications supplémentaires :

- Pour capturer une image dans une page Web, cliquez dessus du bouton droit, et sélectionnez Enregistrer l'image sous dans le menu qui apparaît. Une fois que vous avez enregistré l'image sur votre disque dur, vous pouvez l'insérer dans tout document Word.

TRUC

- Il est plus judicieux d'enregistrer une image sur un disque dur sous forme de fichier graphique, plutôt que de la copier puis de la coller dans Word.
- Windows est fourni avec un logiciel de peinture assez simple, Paint. Vous pouvez vous en servir pour créer des images intéressantes, bien

qu'un peu rudimentaires, que vous pourrez insérer dans des documents Word.

- Word (ou Office) est fourni avec une collection d'images clipart que vous pouvez utiliser. Il vous faudra peut-être pour cela installer les cliparts. En lisant ce chapitre, gardez à portée de main le CD de Word (ou d'Office) au cas où Word vous le demanderait.

Voilà une image !

Pour insérer une image dans un document, suivez ces étapes :

1. **Passez en mode Page.**

   Si vous n'êtes pas encore en mode Page, sélectionnez Affichage/Page dans la barre de menus (si vous ne commencez pas par là, Word le fera automatiquement en insérant l'image).

2. **Placez le curseur à l'endroit où voulez insérer l'image.**

   Le texte sera déplacé pour faire de la place pour l'image.

   Insérer une image dans un document Word revient un peu à insérer une seule lettre, mais l'image se comporte comme une lettre de très grande taille.

3. **Sélectionnez Insertion/Image.**

   Dans le sous-menu Image, sélectionnez l'origine du fichier à insérer.

4. **Cliquez sur A partir du fichier.**

   La boîte de dialogue Insérer une image apparaît (Figure 23.1).

5. **Utilisez la boîte de dialogue pour trouver des fichiers.**

   La boîte de dialogue affiche par défaut le contenu du dossier Mes images. Si vous stockez vos images dans un autre dossier, localisez-le par le biais de la liste Regarder dans.

6. **Sélectionnez l'image que vous souhaitez insérer.**

   Cliquez simplement sur le fichier.

Figure 23.1 La boîte de dialogue Insérer une image.

7. **Cliquez sur le bouton Insérer.**

   L'image apparaît à l'emplacement du point d'insertion.

L'image aura certainement besoin de quelques ajustements. Ils sont traités dans la prochaine section.

- Word gère de nombreux formats de fichiers graphiques. Toutefois, en ce qui concerne les documents destinés à l'impression, le format TIFF est plus recommandé que n'importe quel autre. Les images GIF et JPEG seront, de préférence, réservées au Web.

- Vous ne pouvez pas utiliser la touche Retour arrière pour supprimer une image. Pour cela, cliquez dessus pour la sélectionner et appuyez sur la touche Suppr.

- ATTENTION ! La commande "À partir d'un scanneur ou d'un appareil photo numérique" vous permet de capturer une image à partir d'un scanner ou d'un appareil photo numérique, à condition que ce matériel soit installé pour être utilisé avec votre ordinateur. Toutefois, je ne vous conseille pas cette solution, car Word n'est pas un bon éditeur graphique. Utilisez plutôt un éditeur graphique pour capturer l'image et pour y apporter les ajustements ou les modifications que vous voulez et l'enregistrer sur le disque. Vous pourrez alors utiliser la commande À partir du fichier pour insérer cette image dans un document Word.

- Lorsque vous insérez une image par copier-coller, inutile de recourir à Insertion/Image. Il suffit de copier l'image depuis une autre application, par exemple Paint, et de la coller à l'endroit où se trouve le point d'insertion dans le document.

- Vous ne pouvez pas supprimer une image avec la touche Retour arrière. Il faut préalablement cliquer dessus pour la sélectionner, et appuyer sur la touche Suppr.

ATTENTION !

Evitez la folie en évitant la commande Images clipart

Je vous en supplie, à genoux, faisant pénitence de tous mes péchés, n'utilisez pas la commande Insertion/Image/Images clipart.

Il y a quelques années, Word proposait des centaines de cliparts auxquels l'utilisateur accédait par la commande Clipart. Aujourd'hui, la majorité de ces images sont téléchargeables depuis Internet, sur un site Web de Microsoft. Pour accéder à ce type d'images, il faut une connexion Internet rapide. Et malgré cela, ce n'est pas une fonction réjouissante.

Voici mon conseil : si vous avez besoin de cliparts, achetez un CD qui en contient des milliers. Ils sont tous catalogués par thèmes et vous n'aurez aucun mal à trouver celui qui vous convient.

Ajuster l'image

À moins que vous ne soyez un pro du graphisme (auquel cas le livre que vous avez acheté n'est probablement pas le bon), vous allez devoir faire quelques ajustements pratiquement pour toutes les images que vous allez insérer dans vos documents. Il arrive que Word fasse des choses assez frustrantes avec les images. Heureusement, il y a toujours une manière plus ou moins clandestine de les réparer.

N'OUBLIEZ PAS

Lorsque l'on travaille sur une image, il est toujours préférable de se trouver en mode Page. Sélectionnez Affichage/Page dans la barre de menus.

Il est aussi bien pratique d'avoir sous la main la palette Image pour ajuster une image. Pour la faire apparaître, sélectionnez Affichage/Barres d'outils/Image (Figure 23.2). Les sections suivantes supposent que cette palette est visible.

Figure 23.2 La palette Image.

Quand vous en avez terminé avec la modification d'une image, cliquez sur le texte pour la désélectionner.

Vous pouvez aussi fermer la palette Image en cliquant sur le X dans le coin supérieur droit de celle-ci.

Déplacer une image sur une page

Pour déplacer une image, faites-la glisser en utilisant la souris. Commencez par placer le pointeur à l'intérieur de l'image et non sur un bord pour la faire glisser.

- Souvenez-vous que dans Word une image est traitée comme une grosse lettre. L'image que vous manipulez va venir se placer dans votre document de la même manière qu'un caractère qui aurait la même taille.
- Si vous voulez plutôt que l'image "flotte" au-dessus de votre texte, voyez la section "Image flottante et habillage par le texte", plus loin dans ce chapitre.
- Si vous voulez que votre image soit centrée sur la page, mettez-la toute seule sur une ligne (un paragraphe), et définissez l'alignement Centré pour ce paragraphe.

Modifier la taille d'une image

Pour redimensionner une image, il suffit de la sélectionner et de faire glisser l'une de ses huit poignées. Faites glisser la poignée d'un côté ou d'un coin pour donner à l'image la taille que vous voulez. La Figure 23.3 montre une image agrandie de cette façon.

Figure 23.3 Agrandir une image.

- Pour augmenter ou réduire la hauteur d'une image, utilisez la poignée du bord supérieur ou la poignée du bord inférieur.
- Pour augmenter ou réduire la largeur d'une image, utilisez la poignée du bord droit ou la poignée du bord gauche.
- La poignée de chaque coin permet de déplacer le coin dans deux directions à la fois (verticalement et horizontalement), ce qui permet aussi de redimensionner l'image sans distorsion.

Rogner une image

Dans le jargon du graphisme, *rogner* signifie couper les bords d'une image plutôt que la redimensionner. Dans le monde physique, c'est ce que l'on fait avec une paire de ciseaux. La Figure 23.4 en montre un exemple.

Figure 23.4 Une image rognée.

Pour rogner une image, commencez par cliquer dessus pour la sélectionner, puis cliquez sur l'outil Rogner dans la palette Image. La suite du processus ressemble à la méthode utilisée pour redimensionner une image. Avec le pointeur (qui est maintenant accompagné du symbole ci-contre), faites glisser l'une des poignées de l'image vers l'intérieur de celle-ci, jusqu'à l'endroit où vous voulez couper.

TRUC

En général, j'utilise les poignées des bords pour rogner une image. Je n'arrive jamais à obtenir exactement ce que je veux avec les poignées des coins.

Une fois que vous avez fini de rogner votre image, cliquez à nouveau sur l'outil Rogner dans la palette Image pour le désactiver.

Si vous vous apercevez que vous en avez coupé trop (ce sont des choses qui arrivent), cliquez sur le bouton Réinitialiser image (à l'extrémité droite de la palette Image) pour annuler l'opération.

Faire pivoter l'image

C'est très simple : cliquez sur l'image pour la sélectionner. Ensuite, dans la barre d'outils Image, cliquez sur le bouton Faire pivoter à gauche de 90° jusqu'à ce que l'image soit correctement orientée.

Word ne possède pas de commande pour faire pivoter librement une image. Si vous avez besoin de modifier l'orientation d'une image avec plus de précision, utilisez un programme d'édition graphique. Ensuite, importez l'image dans Word.

Image flottante et habillage par le texte

Le bouton Habillage du texte de la palette Image permet de contrôler la relation entre l'image et le texte dans le document. Il vous offre un bon nombre de possibilités, vous permettant de coller l'image au texte comme si elle n'y était qu'un caractère comme les autres, aussi bien que de la faire flotter comme un fantôme derrière le texte.

Pour définir l'habillage de l'image par le texte, cliquez sur l'image pour la sélectionner, puis cliquez sur le bouton Habillage du texte dans la palette Image. Un menu apparaît (Figure 23.5), proposant un certain nombre d'options.

Je n'ai malheureusement pas la place de décrire toutes ces options, mais il est intéressant de les essayer pour en voir les effets. Voici mon sentiment général sur les options du menu Habillage du texte :

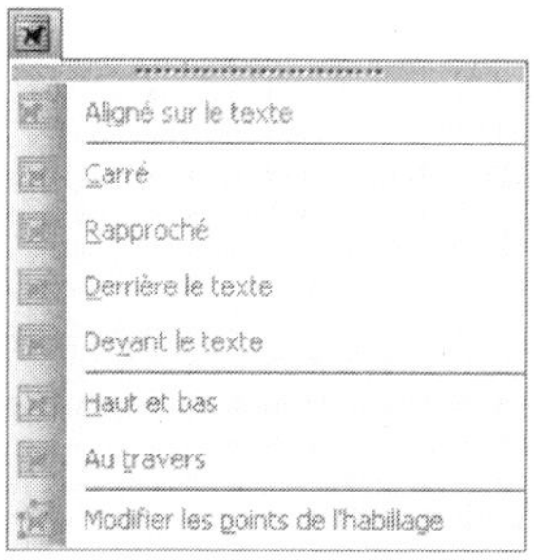

Figure 23.5 Le menu Habillage du texte.

- L'option Aligné sur le texte correspond à la manière normale dont le texte vient se placer autour de l'image, et signifie donc en fait "pas d'habillage". L'image est traitée comme un caractère de très grande taille dans le texte de votre document.
- Les options Devant le texte et Derrière le texte font flotter l'image devant ou derrière le texte. Derrière le texte, elle donne l'impression de faire partie du papier, avec le texte imprimé dessus. Devant le texte, elle est comme une photo posée sur la feuille de papier sur laquelle est imprimé le texte. Dans les deux cas, vous pouvez placer l'image où vous voulez sur la page. Faites-la simplement glisser avec la souris.
- Avec l'option Rapproché, le texte vient se placer autour des contours de l'image. Cette option est la plus proche de la véritable PAO.
- L'option Modifier les points de l'habillage est semblable à l'option Rapproché, avec cette différence que l'image apparaît dans le document entourée d'un cadre en pointillé rouge. Si vous ne savez vraiment pas comment occuper votre temps, vous pouvez faire glisser tous les points que vous voulez dans le cadre en pointillé pour définir le contour d'habillage de l'image par le texte. Pour ma part, je préfère sélectionner l'option Rapproché et laisser travailler Word.
- Les autres options définissent différents modes d'habillage de l'image par le texte, indiqués par les icônes du menu. Dans tous ces modes, vous êtes libre de déplacer l'image comme bon vous semble dans votre document.

Une fois que tout est parfait (ou aussi proche que possible de la perfection), cliquez dans le texte avec la souris pour revenir en mode d'édition du texte. Si vous continuez à ajouter du texte, il vous faudra peut-être revenir à l'image pour y faire à nouveau quelques ajustements, mais n'oubliez pas que j'ai recommandé au début de ce chapitre d'ajouter les images en dernier.

Donner une légende à une figure

Vous pouvez placer une légende de deux manières : par la commande Légende et par l'insertion de l'image dans un tableau.

La commande Légende est si stupide que je ne vais pas perdre mon temps à vous la décrire. Apprenez plutôt à créer un tableau pour la légende :

1. **Cliquez pour sélectionner l'image à légender.**

2. **Cliquez sur le bouton Insérer un tableau de la barre d'outils standard.**

   Vous créez ainsi un tableau d'une cellule autour de l'image.

3. **Faites glisser le coin inférieur droit du tableau de sorte qu'il ait la même taille que l'image (voir la Figure 23.6).**

4. **Appuyez sur la touche Tab.**

   Une nouvelle ligne est insérée, sous l'image.

5. **Saisissez le texte de la légende.**

   Mettez en forme le texte comme vous le faites pour n'importe quel autre texte d'un document. La Figure 23.6 illustre parfaitement la mise en place d'une légende.

Le roi de la forêt asiatique

Figure 23.6 L'image est dans une cellule d'un tableau, et la légende dans une autre.

Enfin, définissez l'aspect du tableau.

6. **Cliquez sur Tableau/Sélectionner/Tableau.**

7. **Dans le menu local du bouton Bordure de la barre d'outils Tableaux et bordures, choisissez Aucune bordure.**

   Et voilà ! L'image est affublée d'une légende !

Chapitre 24

Insérer des objets

Dans ce chapitre :

- Insérer un document.
- Utiliser les Formes automatiques.
- Jouer avec WordArt.
- Faire des dessins dans Word.

Toute maison, garage, boîte à outils ou magasin a des tiroirs remplis de choses plus ou moins utiles, et surtout plus ou moins bien rangées.

Dans Word, vous accédez à ce type de tiroir par le biais du menu Insertion. Diverses commandes permettent d'insérer dans vos documents des éléments stockés à différents endroits de vos disques durs. Certains des ces éléments sont utiles et intéressants. Nous les traiterons dans ce chapitre. D'autres sont étranges et obscurs ; vous les découvrirez dans d'autres livres consacrés à Word.

Insérer un document dans un autre

Insérer un document au milieu d'un autre est une chose ni étrange, ni obtuse, ni inutile. Elle ne fait d'ailleurs pas appel à la chirurgie. Par exemple, vous avez peut-être votre curriculum vitae sous forme de fichier sur votre disque, et vous voulez l'ajouter à la fin d'une lettre de candidature. Dans cette circonstance comme dans toute autre, pour insérer un document dans un autre, suivez ces étapes :

1. **Placez le point d'insertion à l'endroit où vous voulez insérer le texte de l'autre document.**

Vous allez voir apparaître ce texte comme si vous l'aviez tapé vous-même avec vos propres doigts, mais à une vitesse foudroyante.

2. **Cliquez sur Insertion/Fichier.**

   La boîte de dialogue Insérer un fichier apparaît, semblable à la boîte de dialogue Ouvrir (voyez le Chapitre 8).

3. **Sélectionnez le document que vous voulez insérer.**

   Vous pouvez utiliser cette boîte de dialogue pour naviguer jusqu'au fichier voulu, où qu'il soit, dans un autre dossier, sur un autre disque ou même sur un autre ordinateur connecté au même réseau que vous.

4. **Cliquez sur le bouton Insérer.**

   Le document sélectionné est inséré à l'endroit où se trouve le curseur.

   Le résultat, la combinaison des deux documents, porte toujours le même nom que le premier document (c'est toujours le même fichier, modifié par l'insertion du fichier sélectionné).

   Rien ne limite le nombre de documents que vous pouvez ainsi insérer dans un autre document l'un après l'autre.

   Ce procédé vous permet de récupérer différents blocs de texte stockés sous forme de fichiers pour les intégrer dans un autre document. Certains assurent que c'est de cette façon que sont écrits les romans à l'eau de rose.

Encore plus de trucs amusants à insérer

Word contient une quantité de petits programmes qui vous permettent d'insérer dans un document divers objets, aussi amusants qu'étranges, pour égayer ce qui sans eux ne serait, tristement, que du texte. Dans les sections suivantes, nous allons faire un très rapide tour d'horizon des plus populaires d'entre eux. Je vous encourage vivement à jouer sans retenue avec toutes ces fonctions pour vous rendre compte de ce que vous pouvez en faire.

Faire jaillir une forme automatique

Les *formes automatiques* sont de simples images qui peuvent être extrêmement pratiques dans un document. On y trouve des étoiles, des lunes, des diamants, des trèfles et autres formes diverses que tout le monde peut dessiner dans Word, puisqu'elles sont automatiquement dessinées pour vous.

Dans l'exemple de la Figure 24.1, la forme automatique est la bulle de bande dessinée, dans laquelle j'ai inséré du texte.

Figure 24.1 Une forme automatique, avec la palette Formes automatiques et la tour Eiffel.

Pour insérer une forme automatique, sélectionnez Insertion/Image/Formes automatiques. La palette Formes automatiques apparaît (Figure 24.1).

Chaque bouton de cette palette donne accès à un menu de formes. Sélectionnez celle que vous voulez. Le pointeur se mue en un signe plus, et vous passez automatiquement en mode Page si vous n'y êtes pas déjà. Vous pouvez maintenant "dessiner" la forme automatique dans votre document en faisant glisser avec la souris. Le déplacement de la souris définit la position et la taille de la forme automatique, mais vous pourrez la déplacer ou la redimensionner par la suite si vous le souhaitez.

- Pour déplacer une forme automatique, placez le pointeur dessus. Le pointeur prend la forme de quatre flèches pointant dans des directions opposées. Faites alors glisser l'image jusqu'à l'endroit que vous voulez dans la page.
- Une forme automatique peut être redimensionnée ou déformée en faisant glisser les poignées qui apparaissent sur ses coins et ses côtés.
- La poignée verte qui apparaît au-dessus permet de faire tourner la forme automatique.

- Les poignées jaunes peuvent être déplacées indépendamment les unes des autres. Il est donc facile de placer correctement la flèche d'une bulle de bande dessinée.
- Toutes les formes automatiques ne sont pas des zones de texte comme celle représentée Figure 24.1.

Ah, que j'aime WordArt !

De tout ce que l'on trouve dans Word, je considère que WordArt est le truc le plus amusant, le plus utile, et le plus efficace pour perdre son temps. Dès qu'un utilisateur de Word découvre WordArt, il est sous l'emprise.

Pour insérer un objet WordArt dans votre document, sélectionnez Insertion/Image/WordArt. La boîte de dialogue Galerie WordArt apparaît, montrant tous les objets WordArt que vous pouvez créer, ce qui me fait irrésistiblement penser à un présentoir de rouges à lèvres dans un rayon Cosmétiques de grand magasin (voyez la Figure 24.2).

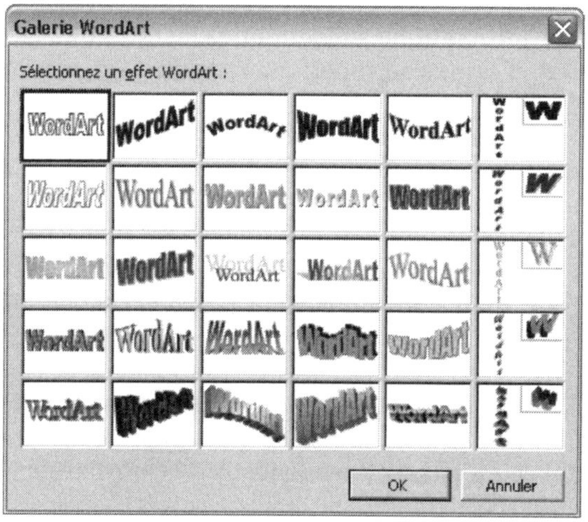

Figure 24.2 La boîte de dialogue Galerie WordArt.

Dans cette boîte de dialogue, sélectionnez le style de votre objet WordArt, puis cliquez sur OK.

Dans la boîte de dialogue Modification du texte WordArt, tapez le (court) texte que vous voulez "wordartifier". Sélectionnez une police, une taille, et mettez-le éventuellement en gras ou en italique. Cliquez sur OK : ce texte est devenu une image WordArt dans votre document, avec le style que vous avez choisi.

- Pour modifier une image WordArt, cliquez dessus (une fois) : la palette WordArt apparaît. Vous pouvez l'utiliser pour réaliser toutes sortes d'ajustements dans votre objet WordArt.
- Tout comme n'importe quel autre élément graphique dans votre document, un objet WordArt est inséré à l'endroit où se trouve le curseur. Aussi, comme nous l'avons dit plus haut pour une image, si vous voulez pouvoir déplacer votre objet WordArt dans le texte, utilisez le bouton Habillage du texte dans la palette WordArt.
- Une image WordArt peut être manipulée comme n'importe quelle image. Reportez-vous à la section "Ajuster l'image", au Chapitre 23.
- Pour changer le texte d'une image WordArt, cliquez sur le bouton Modifier le texte dans la palette WordArt pour faire apparaître la boîte de dialogue Modification du texte WordArt. Vous pouvez aussi double-cliquer sur l'image WordArt elle-même.
- Le bouton Formes WordArt donne accès à un menu de formes, dans lequel vous pouvez sélectionner la forme que vous voulez appliquer au texte de votre image WordArt.
- Si vous voulez créer une lettrine dans un document, reportez-vous au Chapitre 31. On peut penser que WordArt permet de le faire, mais la commande Lettrine y réussit beaucoup mieux.

Dessiner dans Word (le sacrilège du traitement de texte)

Si vous ressentez le besoin de commettre une transgression en dessinant quelque chose dans votre traitement de texte, vous le pouvez. Word dispose d'un mode de dessin qui vous permet d'insérer des cercles, des traits, des flèches et autres oeuvres, au gré de votre fantaisie. Comme la réalisation d'un véritable dessin pourrait faire l'objet d'un livre entier, je ne vais pas entrer ici dans les détails, mais me contenter du minimum qu'il vous est utile de savoir.

US Pour activer le mode de dessin de Word, cliquez sur le bouton Dessin dans la barre d'outils Standard (vous pouvez aussi sélectionner Affichage/Barres d'outils/Dessin dans la barre de menus). Cette action fait apparaître en bas de la fenêtre la barre d'outils Dessin.

La barre d'outils Dessin est divisée en plusieurs zones. La zone centrale contient les outils que vous pouvez utiliser pour tracer des traits, des flèches, des carrés et des cercles. La zone de droite contient des outils qui permettent de contrôler les couleurs, la largeur des traits, les effets en trois dimensions, etc.

Pour tout dire, c'est avec un autre programme que je crée mes dessins. Mais si vous n'avez rien d'autre, et n'avez besoin que d'un dessin assez modeste, la barre d'outils Dessin vous permettra de le réaliser.

- Les outils de dessin sont bons, mais ils conviennent plutôt à des illustrations assez simples. Si vous avez besoin de faire des dessins complexes ou détaillés, je vous conseille de vous procurer un bon logiciel de dessin pour votre ordinateur.
- Les outils de dessin ne permettent pas de créer des organigrammes. Il est préférable de cliquer sur Insertion/Image/Organigramme hiérarchique.
- Une fois que votre dessin est inséré dans votre document, il se comporte comme n'importe quelle image. Pour en savoir plus sur l'ajustement des images, reportez-vous au Chapitre 23.
- Selon ce que vous faites dans Word, la barre d'outils Dessin peut apparaître automatiquement de temps à autre. Malheureusement, elle ne disparaît pas de même, ce qui veut dire qu'elle occupe inutilement de l'espace dans la fenêtre. Pour la faire disparaître, sélectionnez Affichage/ Barres d'outils/Dessin.

Quatrième partie

Au pays du bizarre et de l'étrange

"As-tu cliqué sur le menu AIDE de Word ? M. Gates veut savoir si tout va bien."

Dans cette partie...

Au point où vous en êtes, vous avez fait connaissance avec Word. Mais attendez, il y a plus.

Un volume entier ne suffirait pas à faire tenir simplement la liste des choses étonnantes que Word est capable de faire. Le mode Plan ? La fonction Fusion et publipostage ? Le travail en groupe ? Mais c'est d'un traitement de texte dont nous parlons ! Si vous cherchez quel nom donner à cette abondante collection de merveilles, je vous propose "Le pays du bizarre et de l'étrange", qui fait l'objet de cette quatrième partie. Dans les chapitres qui suivent, je vais vous faire assister à la parade de ces créatures qui n'entrent dans aucune catégorie ordinaire. Toutes sont utiles, ou en tout cas pourront vous être très utiles un jour ou l'autre. Comme elles sont toutes intégrées à Word au niveau le plus intime, elles sont toujours là, à votre disposition, que vous les utilisiez ou non.

Chapitre 25

Les autres manières d'afficher un document

Dans ce chapitre :

- Créer un plan dans Word.
- Ajouter des rubriques et des sous-rubriques.
- Réorganiser les rubriques dans un plan.
- Afficher et imprimer le plan.
- Afficher le document en mode Lecture.
- Travailler en mode Lecture.

Imaginez-vous un instant en trapéziste de cirque : vous faites du trapèze volant au grand émerveillement de la foule. Il vaut mieux avoir un filet. Sans filet, l'émerveillement pourrait être de courte durée, sans compter qu'une fois que vous êtes tombé, tout le monde vous oublie.

Avec Word, votre filet, c'est le mode Plan. Je n'envisagerais pas d'écrire un livre sans lui. Bien sûr, si vous ne faites que du courrier ou des documents très courts, vous n'avez pas besoin du mode Plan. Mais pour tout ce qui comporte plus de deux idées, le mode Plan est une bénédiction.

- Les affichages sont contrôlés par cinq icônes situées dans le coin inférieur gauche de la fenêtre de Word (voir la Figure 25.1).
- Les affichages peuvent être sélectionnés par le menu Affichage.

Le mode Plan de Word

Dans Word, un plan est un document comme n'importe quel autre. La seule différence est la manière dont le texte est affiché à l'écran.

Les secrets du mode Plan

Le mode Plan repose essentiellement sur l'utilisation des styles de titre.

Pour créer un nouveau plan, suivez ces étapes :

1. **Ouvrez un nouveau document.**

   Appuyez sur Ctrl+N, ou cliquez sur le bouton Nouveau document dans la barre d'outils.

2. **Passez en mode Plan.**

   Ah, oui ! Le secret. Sélectionnez Affichage/Plan, ou cliquez sur le bouton Mode Plan dans le coin inférieur gauche de la fenêtre du document. Voyez la Figure 25.1 (bien que cette figure contienne du texte que vous ne voyez pas encore sur votre écran pour le moment).

   Il se produit deux choses étonnantes : tout d'abord, vous voyez apparaître la barre d'outils Mode Plan, qui remplace la règle dans la fenêtre. Cette barre d'outils vous permet d'utiliser et d'organiser votre plan. Ensuite, un petit rectangle horizontal apparaît juste avant le curseur. Il signifie que vous êtes en train de taper une rubrique de votre plan, et que celle-ci n'a pas de sous-rubriques.

3. **Vous êtes prêt à commencer votre plan.**

Tous les détails du mode Plan seront décrits dans les sections suivantes. Pour l'instant, voyons quelques généralités :

- Le mode Plan de Word n'est qu'une autre manière de présenter un document. Lorsque vous travaillez sur un plan, il est possible, mais pas vraiment nécessaire, de passer en mode Normal ou en mode Page.
- Lorsque vous créez un plan, ne vous préoccupez pas des polices ou de la mise en forme. Word utilise pour un plan les styles Titre 1 à Titre 9.
- Toutes les commandes normales de Word fonctionnent dans le mode Plan. Vous pouvez utiliser les touches de curseur, les touches Suppr et

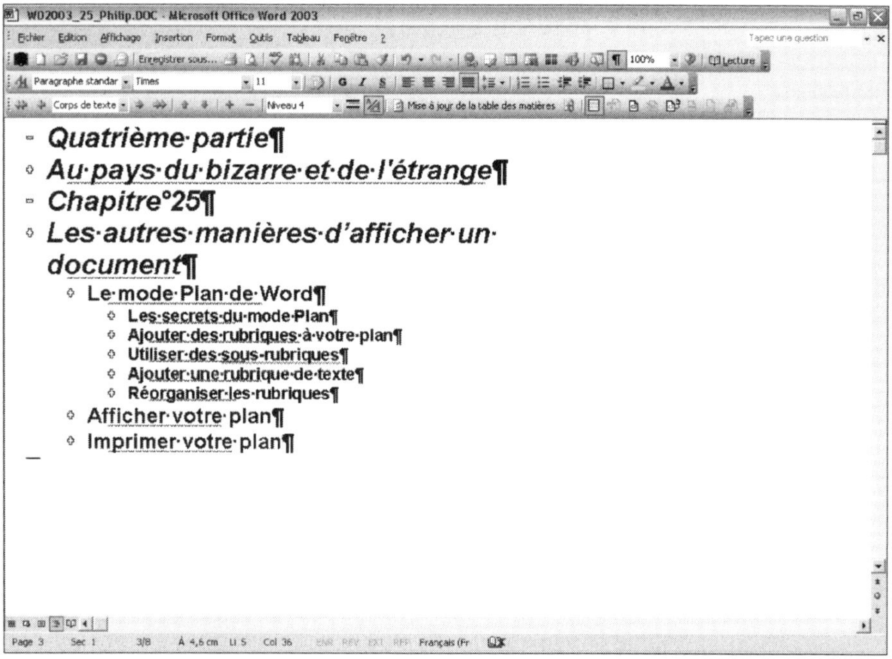

Figure 25.1 Un document en mode Plan.

Retour arrière, la vérification d'orthographe, enregistrer vos fichiers, insérer des caractères spéciaux, imprimer, et ainsi de suite.

Ajouter des rubriques à votre plan

Un plan se compose de rubriques et de sous-rubriques. Les rubriques principales sont vos idées-forces, et les sous-rubriques en décrivent le détail. La réalisation de votre plan commence par la saisie des rubriques principales.

Dans la Figure 25.2, vous voyez ainsi plusieurs rubriques, chacune sur sa propre ligne. Lorsque vous appuyez sur Entrée après avoir tapé une rubrique, vous voyez apparaître un nouveau petit rectangle blanc au début de la ligne suivante, qui vous indique que vous pouvez taper la rubrique suivante.

- À la fin de chaque rubrique, appuyez sur Entrée. Cette action indique à Word que vous voulez passer à la rubrique suivante.

- En appuyant sur Entrée, vous créez une autre rubrique de même "niveau" que la précédente. Pour créer une sous-rubrique, voyez la section suivante.

- **Planètes à conquérir :**
- **Mercure**
- **Vénus**
- **Terre**
- **Mars**
- **Pluton**

Figure 25.2 Des rubriques de premier niveau.

- Une rubrique peut se composer d'un simple mot, de quelques mots, d'une phrase complète ou d'un paragraphe de taille quelconque. Toutefois, vos rubriques de premier niveau doivent être courtes et descriptives, comme dans la table des matières d'un livre.

- Vous pouvez diviser en deux une rubrique, en plaçant le curseur à l'endroit voulu et en appuyant sur la touche Entrée. De cette façon, la rubrique Vis et écrous peut être divisée en deux catégories (se trouvant elles-mêmes un niveau au-dessous de la rubrique Visserie).

- Pour rassembler deux rubriques consécutives en une seule, placez le curseur à la fin de la première, et appuyez sur la touche Suppr (c'est la même chose que de réunir deux paragraphes en un seul dans l'affichage Normal du document).

- Il est sans importance que les rubriques soient classées dès le départ dans l'ordre définitif. Le grand avantage de la création d'un plan avec Word est que vous pouvez y réorganiser vos rubriques au fur et à mesure que vos idées se précisent. Je vous conseille de commencer par écrire vos idées comme elles vous viennent à l'esprit, et de vous occuper seulement ensuite de leur organisation.

Utiliser des sous-rubriques

Un plan comporte plusieurs niveaux. Au-dessous des rubriques principales, on trouve des sous-rubriques, lesquelles peuvent à leur tour avoir des sous-rubriques. Par exemple, vous pouvez créer une rubrique intitulée : "Ce que j'aime tellement dans le traitement de texte", avec des sous-rubriques en énumérant le détail.

En fait, on ne crée pas vraiment de sous-rubriques dans Word, on *abaisse d'un niveau* des rubriques existantes.

Pour créer une sous-rubrique, commencez par la taper au niveau des rubriques principales. Puis placez le pointeur dedans, et cliquez sur le bouton Abaisser dans la barre d'outils Mode Plan.

Le texte de la rubrique est aussitôt mis en retrait, et son style devient le style de titre de niveau suivant. Ces deux modifications indiquent visuellement qu'il s'agit d'un nouveau niveau de rubriques.

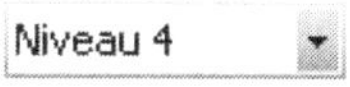

Pour savoir quel est le niveau d'une rubrique, utilisez la liste déroulante Niveau hiérarchique de la barre d'outils Mode Plan. Vous pouvez aussi sélectionner un niveau dans cette liste pour abaisser ou hausser de un ou de plusieurs niveaux la rubrique dans laquelle se trouve le curseur.

- Vous pouvez continuer à créer des sous-rubriques en appuyant sur Entrée à la fin de chacune d'elles (comme vous l'avez fait pour créer les rubriques du premier niveau).
- Remarquez que devant certaines rubriques apparaît un symbole +. C'est le signe que la rubrique correspondante contient des sous-rubriques. Pour en savoir plus à ce sujet, voyez la section "Afficher votre plan", plus loin dans ce chapitre.
- Pour abaisser une rubrique d'un niveau, vous pouvez aussi appuyer sur la touche Tab (et sur Maj+Tab pour hausser une rubrique d'un niveau).

- Contrairement aux rubriques qui contiennent elles-mêmes des sous-rubriques (en somme, ce sont des titres), vous pouvez mettre autant de texte que vous voulez dans une rubrique qui ne contient pas de sous-rubriques. Par exemple, si vous écrivez un discours, une telle sous-rubrique peut contenir des indications plus précises sur ce que vous avez l'intention de dire, ou même le texte de votre discours si vous avez l'intention de le lire.

- Pour hausser d'un niveau une sous-rubrique, placez le curseur dedans et cliquez sur Maj+Tab, ou cliquez sur le bouton Hausser d'un niveau dans la barre d'outils Mode Plan.

- Pour faire d'une sous-rubrique d'un niveau quelconque une rubrique principale (de premier niveau), cliquez sur le bouton Promouvoir au Titre 1 (le premier à partir de la gauche dans la barre d'outils Mode Plan).
- Pour savoir comment afficher différents niveaux de votre plan tout en masquant les autres, voyez la section "Afficher votre plan", plus loin dans ce chapitre.

- Word permet d'organiser votre plan sur plusieurs niveaux. La majorité des plans ne dépasse pas cinq niveaux.

Ajouter une rubrique de texte

Si vous en avez besoin, vous pouvez très bien écrire un paragraphe de texte complet dans votre plan. Bien qu'il soit parfaitement autorisé de l'écrire en tant que rubrique ou sous-rubrique, le mieux est de le définir d'emblée comme paragraphe de texte en utilisant le bouton Abaisser en corps de texte. Voici comment procéder :

1. **Appuyez sur Entrée pour créer une nouvelle rubrique.**

   Faites comme si vous vouliez créer une nouvelle rubrique ou sous-rubrique sur sa propre ligne.

2. **Dans la barre d'outils Mode Plan, cliquez sur le bouton Abaisser en corps de texte.**

   Vous pouvez aussi appuyer sur Ctrl+Maj+N.

Cette action applique à votre nouveau paragraphe le style qui s'appelle Normal en mode Normal ou en mode Page. Dans le mode Plan, il s'appelle Corps de texte, et il vous permet d'écrire un paragraphe de texte qui n'est pas un titre. Vous pouvez donc écrire ainsi tout le texte que vous voulez, pour un discours, un roman ou une liste de pièces détachées.

- Un paragraphe en style Corps de texte est précédé par un tout petit carré, qui le distingue des rubriques et des sous-rubriques qui sont précédées d'un signe plus ou d'un signe moins.
- Vous pouvez aussi hausser le niveau de votre paragraphe en Corps de texte pour en faire une rubrique principale ou une sous-rubrique. Voyez pour cela la section précédente.

Réorganiser les rubriques

Réorganiser les rubriques de votre plan dans Word est un jeu d'enfant. C'est surtout extrêmement pratique, parce que c'est ce qui vous permet de mettre au point votre plan après avoir commencé par y jeter simplement vos idées comme elles vous venaient.

Pour déplacer une rubrique dans votre plan, placez le curseur dedans, puis cliquez sur l'un des boutons suivants :

- Pour déplacer une rubrique d'une ligne vers le haut, cliquez sur le bouton Monter, ou appuyez sur Alt+Maj+?.

- Pour déplacer une rubrique d'une ligne vers le bas, cliquez sur le bouton Descendre, ou appuyez sur Alt+Maj+?.

- Pour déplacer une rubrique d'un cran vers la gauche (pour la hausser d'un niveau), cliquez sur le bouton Hausser (ou appuyez sur Maj+Tab ou sur Alt+Maj+?).

- Pour déplacer une rubrique d'un cran vers la droite (pour l'abaisser d'un niveau), cliquez sur le bouton Abaisser (ou appuyez sur Tab ou sur Alt+Maj+?).

Vous pouvez aussi vous servir de la souris pour déplacer les rubriques : faites glisser le signe plus ou le signe moins pour le déposer à l'endroit voulu. Personnellement, je n'utilise pas ce procédé, parce que mes plans sont assez compliqués, ce qui rend un peu malcommode ce mode de déplacement.

Afficher votre plan

À moins que vous ne demandiez à Word de faire autre chose, il affiche toutes les rubriques et sous-rubriques de votre plan, du début à la fin : autrement dit, tout le document sous forme de plan. Mais ce n'est pas tout ce que peut faire le mode Plan. Si vous voulez, vous pouvez aussi masquer différents niveaux de détail pour avoir une vue d'ensemble.

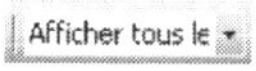

Pour indiquer les niveaux que vous voulez voir, utilisez la liste déroulante Afficher le niveau. Par exemple, pour ne voir que les rubriques de premier niveau de votre plan, sélectionnez Niveau 1 dans cette liste. Tout ce qui se trouve à un niveau inférieur sera masqué.

Si une rubrique possède des sous-rubriques (que celles-ci soient affichées ou non), elle est indiquée par le signe plus qui la précède. Si elle est soulignée par un trait gris assez épais, c'est qu'elle contient des sous-rubriques qui ne sont pas affichées.

Pour afficher différents niveaux de détail de votre plan, sélectionnez Niveau 1 ou Niveau 3, ou au-delà dans la liste Afficher le niveau. Le contenu de votre document est affiché jusqu'au niveau sélectionné. Les niveaux suivants restent masqués.

Pour afficher la totalité du plan, sélectionnez Afficher tous les niveaux.

- Vous pouvez développer ou réduire une rubrique contenant des sous-rubriques en double-cliquant sur le signe plus qui la précède.
- Pour afficher un niveau de plus d'une rubrique particulière, cliquez sur le bouton Développer dans la barre d'outils, ou appuyez sur Alt+Maj+Plus (la touche + du pavé numérique).
- Pour afficher un niveau de moins dans une rubrique particulière, cliquez sur le bouton Réduire dans la barre d'outils, ou appuyez sur Alt+Maj+Moins (la touche - du pavé numérique).
- Si vous avez un niveau qui contient une quantité significative de texte, vous pouvez cliquer sur le bouton Afficher la première ligne pour n'en faire apparaître que la première ligne.
- Pour afficher le plan, il est aussi très pratique d'utiliser le bouton Afficher la mise en forme. Lorsque vous cliquez sur ce bouton, il fait apparaître ou disparaître la mise en forme. Dans le second cas, vous pouvez généralement afficher une plus grande quantité de texte à l'écran.
- Au fur et à mesure que votre plan approche de la perfection, vous pouvez en copier des parties pour les coller dans de nouveaux documents. C'est de cette façon que procèdent certains auteurs pour écrire leurs romans. Le texte final n'est rien d'autre qu'une version plus longue et plus complète de ce qui a commencé comme un plan.

Imprimer votre plan

Pour imprimer un plan, on procède de la même manière que pour n'importe quel document Word. Mais comme c'est un plan, il y a quand même une différence : seules sont imprimées les rubriques qui sont affichées dans le mode Plan.

Par exemple, si vous voulez n'imprimer que les deux premiers niveaux de votre plan, sélectionnez Niveau 2 dans la liste déroulante Afficher le niveau. Toutes les rubriques qui se trouvent au-delà du niveau 2 seront donc masquées, et seuls les deux premiers niveaux seront imprimés.

Si vous voulez imprimer la totalité de votre plan, sélectionnez Afficher tous les niveaux avant d'imprimer.

TRUC

Les raccourcis clavier du mode Plan

Quand je saisis du texte, je préfère garder les mains sur le clavier. Cette habitude m'a fait découvrir les raccourcis clavier suivants, qui s'appliquent au mode Plan. Si vous êtes comme moi, ils pourront vous être utiles.

Raccourci	Fonction
Alt+Maj+→	Abaisser d'un niveau
Alt+Maj+←	Hausser d'un niveau
Alt+Maj+↑	Déplacer une rubrique d'une ligne vers le haut
Alt+Maj+↓	Déplacer une rubrique d'une ligne vers le bas
Ctrl+Maj+N	Mettre une rubrique en Corps de texte
Alt+Maj+1	Afficher seulement le Niveau 1
Alt+Maj+2	Afficher seulement jusqu'au Niveau 2
Alt+Maj+*nombre*	Afficher seulement jusqu'au Niveau *nombre*
Alt+Shift+A	Afficher tous les niveaux
Alt+Maj+Plus (+)	Afficher un niveau de plus dans la rubrique dans laquelle se trouve le curseur
Alt+Maj+Moins (-)	Afficher un niveau de moins dans la rubrique dans laquelle se trouve le curseur

Le mode Lecture

Pendant des années, la grande préoccupation de Word fut de représenter à l'écran un texte tel qu'il sera imprimé sur papier. Cette volonté farouche de la représentation imprimée se faisait aux dépens de la lisibilité du texte.

Word a résolu ce problème avec un nouveau mode d'affichage appelé Lecture. Il est idéal pour relire, modifier, commenter ou tout simplement lire un document.

Passer en mode Lecture

Pour basculer en mode Lecture, cliquez sur Affichage/Lecture, ou sur le bouton Lecture situé dans le coin inférieur gauche de Word. La Figure 25.3 montre l'incidence de ce changement de mode.

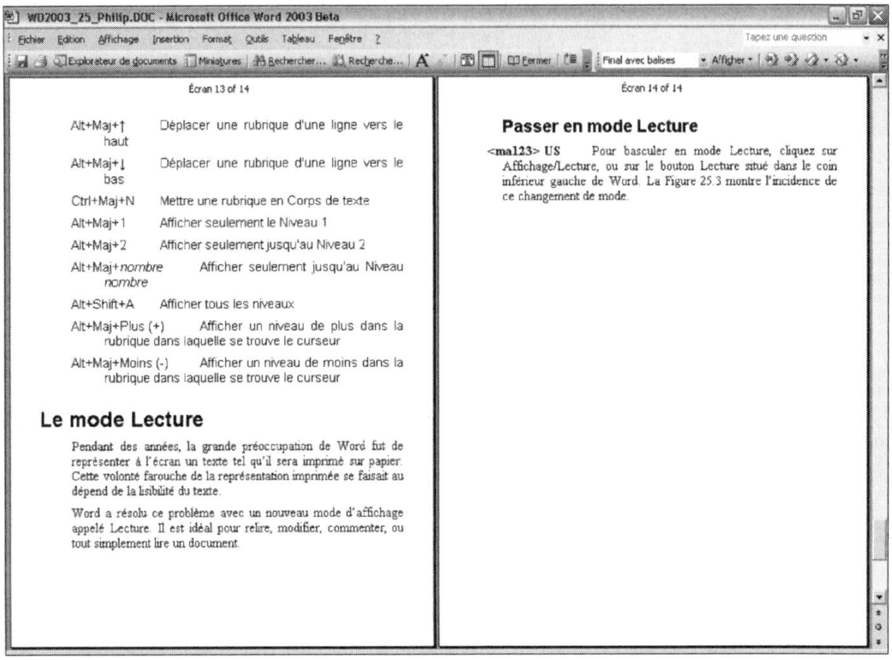

Figure 25.3 Le mode d'affichage Lecture.

Autant en emporte les barres d'outils Standard et Mise en forme ! Vous avez désormais la barre d'outils Lecture (à gauche) et la barre d'outils Révision (à droite). Les menus sont toujours présents. Notez la largeur du texte sur la page. Elle tient au fait que ce mode n'est pas fait pour modifier ou prévisualiser, mais pour lire.

- Pour lire le document : Lisez !
- Utilisez les touches PgPr et PgSv pour parcourir les différentes pages du document.
- Les touches Début et Fin permettent d'accéder directement au début et à la fin du document.

- Vous pouvez effectuer des modifications dans ce mode. Utilisez toutes les commandes et fonctions habituellement disponibles pour changer les divers aspects de votre texte. Toutefois, je déconseille d'apporter des modifications dans ce mode. Préférez-lui le mode Page.
- Le mode Lecture est idéal quand plusieurs personnes travaillent sur un même document. Cela permet de réviser le texte.

Bien utiliser le mode Lecture

Pour bien tirer parti de ce mode, réorganisez les barres d'outils Lecture et Révision. Il suffit de placer la seconde sous la première. La Figure 25.4 montre la barre d'outils Lecture, dont je vous propose de découvrir les éléments :

Figure 25.4 La barre d'outils Lecture.

Les boutons Enregistrer, Imprimer et Rechercher ont été respectivement traités dans les Chapitres 8, 9 et 5.

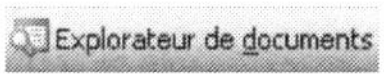

Cliquez sur le bouton Explorateur de documents pour afficher un volet d'exploration sur le côté gauche de Word. Vous accédez alors à une sorte de table des matières. Cliquez sur le point à afficher dans le volet de droite.

Cliquez de nouveau sur ce bouton pour désactiver cette fonction.

Pour zoomer rapidement sur un document, cliquez sur le bouton Miniatures pour afficher votre document sous forme de pages miniatures. Cliquez sur celle que vous désirez afficher.

Cliquez de nouveau sur ce bouton pour désactiver cette fonction.

Le bouton Recherche ouvre le volet Rechercher. Surlignez un mot, une phrase, un nom, un emplacement ou tout autre élément, puis cliquez sur le bouton Recherche. Quelques secondes plus tard, une liste d'éléments s'affiche. Ils concernent le texte sélectionné : des synonymes, des références linguistiques étrangères, des références encyclopédiques, etc.

Les boutons d'agrandissement permettent d'augmenter ou de diminuer la taille des caractères. Cela n'affecte que l'affichage du texte sur votre écran.

Le bouton Page réelle est une perte de temps, montrant un document laid et illisible. Si vous activez cette fonction par mégarde, cliquez de nouveau dessus pour l'annuler.

Le bouton Autoriser les pages multiples permet de voir deux pages simultanément.

- Pour fermer un volet, appuyez sur Ctrl+F1.
- Ne modifiez pas la mise en forme en mode Lecture.

Quitter le mode Lecture

Cliquez sur le bouton Fermer de la barre d'outils Lecture. Une autre solution consiste à cliquer sur Affichage/Normal ou Affichage/Imprimer pour revenir dans un mode d'affichage propice au travail.

Chapitre 26

Pour travailler en groupe

Dans ce chapitre :

- Insérer des commentaires dans un document.
- Surligner du texte.
- Utiliser des marques de modification.
- Comparer deux documents.
- Effectuer le suivi des modifications d'un document.

Écrire est le plus souvent une activité solitaire, mais il arrive que l'on ait besoin de travailler avec d'autres. C'est le cas si vous participez à l'élaboration d'un document nécessitant l'intervention de plusieurs personnes. Vous pouvez alors utiliser les outils de collaboration de Word pour aider les membres du groupe à communiquer entre eux.

Dans ce chapitre, nous allons décrire les fonctions et les techniques de Word qui permettent de faciliter le travail en groupe. De cette manière, vous pourrez travailler avec tous vos collègues à l'élaboration d'un manifeste contre votre nouveau patron. Quand la Police de couloir viendra pour vous arrêter tous, elle ne pourra arrêter que l'un des conjurés.

(Je ne parle pas dans ce livre de la collaboration en ligne, qui permet d'utiliser Internet pour participer à plusieurs à l'élaboration d'un document.)

Insérer des commentaires

Dans Word, les commentaires sont l'équivalent des Post-it, mais ressemblent plutôt à des bulles de bande dessinée. C'est la première des différentes commandes de marquage de texte de Word. Vous pouvez utiliser ces commentaires pour communiquer avec d'autres (ou avec vous-même), faire des suggestions, proposer de nouvelles idées ou des modifications, ou donner des conseils.

Ajouter un commentaire

Pour ajouter un commentaire dans votre document, suivez ces étapes :

1. **Basculez en mode Page ; cliquez sur Affichage/Page.**

2. **Sélectionnez la portion de texte à commenter.**

3. **Cliquez sur Insertion/Commentaire.**

   Une sorte de bulle apparaît (Figure 26.1) contenant le texte `Commentaire :`.

Figure 26.1 Insérer un commentaire dans votre texte.

4. **Saisissez votre commentaire.**

   La bulle du commentaire s'agrandit pour accueillir le texte que vous tapez. Elle peut être assez grande, mais il vaut mieux s'en tenir à des commentaires raisonnablement brefs.

5. **Une fois que vous avez terminé, revenez à votre texte et continuez à écrire.**

   Aussi longtemps que vous ne le masquez pas (nous dirons comment dans la section suivante), le texte du commentaire reste visible.

Si vous voulez ajouter d'autres commentaires dans votre texte, répétez ces étapes.

- La bulle du commentaire peut être créée en modes Page et Lecture.
- Vous pouvez modifier les commentaires comme n'importe quel autre document.
- Un commentaire a son propre style : *Commentaire*.
- Un commentaire peut être imprimé, si vous demandez à Word de le faire. Pour cela, dans la boîte de dialogue Imprimer, sélectionnez Document montrant les balises, dans la première des deux listes Imprimer, dans la partie inférieure gauche de la boîte de dialogue. Pour que les commentaires ne soient pas imprimés, sélectionnez Document dans cette liste.
- Pour voir comment seront imprimés les commentaires, sélectionnez Fichier/Aperçu avant impression. Voyez le Chapitre 8 pour en savoir plus sur cette commande.

Utiliser la barre d'outils Révision

Pour afficher ou masquer la barre d'outils Révision, sélectionnez Affichage/Barres d'outils/Révision dans la barre de menus (Figure 26.2).

Figure 26.2 La barre d'outils Révision.

Cette barre d'outils contient les menus et les options nécessaires à la création des commentaires, mais aussi ceux pour sélectionner et réviser le texte saisi par d'autres collaborateurs.

Masquer les commentaires

Pour masquer les commentaires et toutes les balises du document (ou les afficher s'ils sont masqués), sélectionnez Affichage/Balise dans la barre de menus.

Vous pouvez aussi utiliser la barre d'outils Révision pour masquer ou afficher les commentaires : dans la liste déroulante Afficher, sélectionnez Commentaires (Figure 26.3).

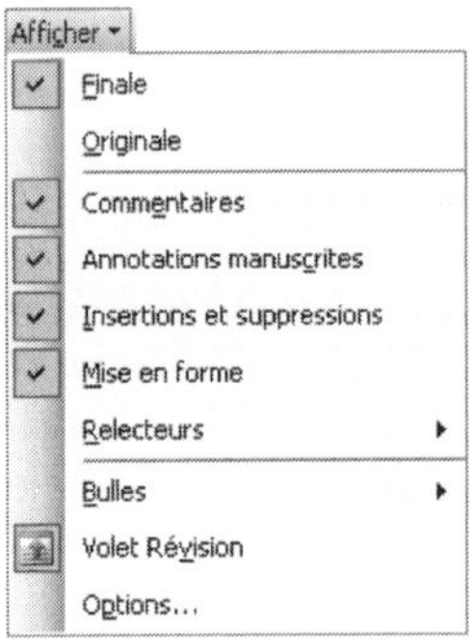

Figure 26.3 Le menu Afficher de la barre d'outils Révision.

Pour afficher tous les commentaires d'un document, cliquez sur Afficher/ Commentaires dans la barre d'outils Révision.

Consulter tous les commentaires

Pour faire apparaître la liste de tous les commentaires d'un document, cliquez sur le bouton Volet Révision dans la barre d'outils Révision. Cette commande fait apparaître un cadre en bas de la fenêtre de votre document, contenant la liste de tous les commentaires, avec pour chacun d'eux son texte, son auteur, et la date et l'heure de sa création.

Pour localiser un commentaire dans le volet Révision, cliquez dessus avec la souris ; le document affiche instantanément la partie contenant le texte commenté. C'est très pratique pour réviser les commentaires de longs documents.

Pour fermer le volet Révision, cliquez à nouveau sur le bouton Volet Révision.

Supprimer un commentaire

Pour supprimer un commentaire, cliquez dessus avec le bouton droit de la souris. Dans le menu contextuel, choisissez Supprimer le commentaire.

Les joies du surlignage

Word comporte un outil de surlignage qui vous permet de mettre du texte en évidence dans votre document sans risquer d'endommager votre écran.

Pour surligner une portion de texte, cliquez sur le bouton Surlignage dans la barre d'outils Mise en forme.

Vous êtes maintenant entré dans le mode Surlignage. Le pointeur prend la forme d'une sorte de stylo censé représenté un *surligneur* (voyez dans la marge). Lorsque vous le faites glisser sur une portion de texte, celle-ci est surlignée, comme vous pouvez le faire avec un vrai surligneur sur du vrai papier.

Pour sortir du mode Surlignage, cliquez à nouveau sur le bouton Surlignage ou appuyez sur la touche Échap.

- Pour annuler le surlignage d'une portion de texte, cliquez sur la flèche pointant vers le bas à côté du bouton Surlignage, et sélectionnez Aucun dans la palette qui apparaît. Puis faites glisser le pointeur sur le texte en surbrillance pour lui rendre son aspect normal.

- Vous pouvez aussi surligner un bloc de texte en commençant par le sélectionner, puis en cliquant sur le bouton Surlignage. Pour sélectionner un bloc de texte, voyez le Chapitre 6.

- Comme le surlignage s'imprime, soyez prudent. Si vous n'avez pas une imprimante couleur, la couleur de surlignage sera rendue par une nuance de gris plus ou moins foncé, ce qui pourra rendre illisible le texte imprimé en noir par-dessus.

- En dehors de l'option Aucun qui permet d'annuler le surlignage, la palette Surlignage vous permet de sélectionner une couleur de surlignage parmi quinze.

Travailler à plusieurs avec les marques de modification

Tout écrivain est maladivement jaloux de ce qu'il écrit. En plus, il doit travailler avec un éditeur, maladivement jaloux de *son* auteur, qui seul reçoit les lauriers de ce que lui publie. Certains éditeurs sont épouvantables, mais certains sont pires.

Les marques de révision sont un moyen de suivre les modifications apportées à votre cher document par des individus nécessairement malintentionnés, mais avec lesquels il vous faut bien travailler. Pour vous protéger contre de telles intrusions, vous pouvez utiliser l'un des nombreux outils de suivi des révisions de Word. Dans les sections suivantes, nous allons décrire deux manières de les mettre à contribution.

Suivre les modifications entre deux versions d'un même document

Vous n'aurez plus besoin de scruter votre document à la loupe. Si quelqu'un vous le renvoie après l'avoir modifié, rien n'est plus facile que de demander à Word de comparer le "nouveau" document à l'original. Word vous signale toutes les modifications en les affichant pour vous sur l'écran. Voici comment procéder :

1. **Ouvrez dans Word la version modifiée (la dernière) du document.**

   La version originale doit être enregistrée sur le disque. Il n'est pas nécessaire de l'ouvrir. C'est la version modifiée que vous devez commencer par ouvrir et afficher sur l'écran.

   Au fait, les deux versions du document doivent porter des noms différents.

2. **Sélectionnez Outils/Comparaison et fusion de documents.**

   La boîte de dialogue Comparaison et fusion des documents apparaît. Elle ne diffère de la boîte de dialogue Ouvrir que par son nom.

3. **Naviguez jusqu'au document original stocké sur le disque.**

   Vous devez maintenant avoir l'habitude d'utiliser la boîte de dialogue Ouvrir (ou ses équivalents) pour accéder à un document sur le disque.

4. **Cliquez sur le bouton Fusionner.**

   Si votre document est long, Word réfléchit beaucoup.

5. **Prenez connaissance des modifications.**

   Vous avez maintenant tout loisir de découvrir les outrages faits à votre cher document.

Ce qui est maintenant affiché, c'est votre document original et non la version modifiée (vous pouvez le voir par le nom affiché dans la barre de titre). Ne confondez pas !

Le texte nouveau ou modifié apparaît en italique et dans une autre couleur.

En mode Page, le texte supprimé est signalé par un petit triangle, avec un soulignement conduisant dans la marge droite où celui-ci apparaît. En mode Normal, le texte supprimé apparaît en couleur, mais pas en italique.

C'est une lecture très contrariante pour l'auteur.

- Chaque "relecteur" correspond à une couleur particulière sur l'écran. Par exemple, sur mon écran, je vois les marques de révision en rouge. Si le texte avait aussi été modifié par un deuxième relecteur, ses modifications apparaîtraient dans une deuxième couleur, et ainsi de suite pour des relecteurs supplémentaires.

- Pour voir les modifications telles qu'elles apparaissent dans la nouvelle version du document, sélectionnez Original avec balises dans la liste déroulante Afficher pour la révision (le premier élément de la barre d'outils Révision).

- Pour masquer les marques de révision, sélectionnez Final dans la liste déroulante Afficher pour la révision.

Réviser les révisions

Il est absurde de suivre aveuglément les modifications d'un éditeur ou d'un critique. Il faut savoir dire non, mais il faut savoir le faire avec discernement. N'oubliez pas que l'éditeur est là pour vous aider, et que, dans la plupart des cas, il veut que votre texte soit meilleur après la révision qu'avant. Il n'empêche qu'il faut savoir dire *non*.

Pour dire *non* aux modifications apportées à votre texte, vous avez plusieurs solutions. Tout d'abord, cliquez du bouton droit sur une révision quelconque. Dans le menu qui apparaît, vous avez le choix entre les commandes Accepter et Refuser. Accepter l'insertion et Accepter la suppression confirment que vous voulez conserver la modification. Refuser l'insertion et Refuser la suppression sont les commandes qui vous permettent de dire *non*. Elles disent à Word de restaurer le texte dans sa forme originelle.

Pour accéder rapidement à la marque de révision suivante, cliquez sur le bouton Suivant dans la barre d'outils Révision.

Le bouton Précédent vous conduit directement à la marque de révision précédente.

Pour accepter une modification, vous pouvez cliquer sur le bouton Accepter la modification.

Pour rejeter une modification, vous pouvez cliquer sur le bouton Refuser les modifications.

TRUC

Si vous êtes vraiment pressé, vous pouvez utiliser les listes déroulantes des boutons Accepter la modification et Refuser les modifications. Vous y trouvez respectivement les commandes Accepter toutes les modifications dans le document et Refuser toutes les modifications dans le document. C'est le moyen de dire *oui* ou *non* globalement.

- Si vous vous trompez, vous pouvez appuyer sur Ctrl+Z pour annuler.
- Accepter ou refuser une modification supprime la marque de révision correspondante de votre document. Le processus complet les fait donc toutes disparaître. Si vous voulez revoir à nouveau les révisions, vous devez répéter les étapes de la section précédente pour comparer les deux documents.

N'OUBLIEZ PAS

N'oubliez pas d'enregistrer votre document après avoir passé en revue les modifications.

Suivre les modifications au fur et à mesure que vous les faites

Imaginez maintenant que vous êtes l'éditeur. C'est votre tour d'attraper les ciseaux pour charcuter le travail de quelqu'un d'autre. Je vous souhaite d'avance bien du plaisir.

Soyez prudent. N'en faites pas trop. Pour vous aider, vous pouvez activer la fonction de suivi des modifications de Word qui vous permet de voir vos marques de révision sur l'écran au fur et à mesure que vous les faites.

Pour activer le mode de suivi des modifications, cliquez sur le bouton Suivi des modifications dans la barre d'outils Révision. Vous pouvez aussi double-cliquer sur le bouton REV dans la barre d'état.

Et maintenant, modifiez !

Tout le texte que vous tapez apparaît en couleur et en italique, avec une barre verticale dans la marge gauche. En mode Page, le texte supprimé est immédiatement renvoyé dans la marge droite. En mode Normal, le texte supprimé apparaît en couleur, mais pas en italique.

Amusez-vous bien !

Chapitre 27

Travailler avec des documents

Dans ce chapitre :

- Créer des dossiers pour vos documents.
- Changer de dossier.
- Utiliser la commande Rechercher de Word.
- Ouvrir, enregistrer ou fermer des groupes de fichiers.
- Travailler avec des documents d'origine autre que Word et des fichiers texte.

Plus vous travaillez dans Word, plus vous créez de documents. Des piles de fichiers. Et si vous ne faites jamais le ménage pour organiser un peu ces piles, vous allez vous retrouver au milieu d'une grande pagaille en quelques semaines, peut-être même moins que ça.

Ce chapitre s'attaque aux fichiers : leur utilisation et leur organisation. Comme il s'agit là plutôt de Windows que de Word, je serai assez bref sur la question de la gestion des fichiers. Il n'empêche : vous pouvez avoir à gérer beaucoup de fichiers dans Word, sans devoir vous préoccuper de Windows.

Nous parlerons aussi de l'importation et de l'exportation des fichiers. Elle ne nécessite ni licence internationale ni pots-de-vin.

Créer un nouveau dossier

Pour rester bien organisé, vous aurez peut-être besoin de créer de nouveaux dossiers pour vos nouveaux projets. Par exemple, si vous commencez à travailler à un plan pour manipuler l'économie mondiale, il va vous falloir un nouveau dossier pour y placer l'abondant échange de courrier qui va nécessairement en résulter. Voici comment procéder :

1. **Sélectionnez Fichier/Enregistrer sous pour faire apparaître la boîte de dialogue Enregistrer sous.**

   Naturellement, il faut partir d'un document pour pouvoir utiliser cette commande. N'importe quel document fera l'affaire.

2. **Cliquez sur le bouton Créer un dossier.**

   La boîte de dialogue Nouveau dossier apparaît.

3. **Tapez un nom pour votre nouveau dossier.**

   Soyez descriptif, créatif, concis et séduisant. Autrement dit, allez droit au but.

   Faites en sorte que le nom du dossier reflète son contenu.

4. **Cliquez sur OK.**

   Par la magie informatique, votre nouveau dossier est créé. Plus magique encore : Word ouvre automatiquement le nouveau dossier et en affiche le contenu. Il est vide.

5. **Enregistrez votre document.**

   Rien ne vous oblige à enregistrer un document chaque fois que vous créez un dossier. Vous pouvez cliquer sur le bouton Annuler de la boîte de dialogue Enregistrer sous pour revenir à votre travail. La prochaine fois que vous voudrez enregistrer un document (ou que vous en ouvrirez un), vous pourrez utiliser le dossier que vous venez de créer.

- Vous pouvez vous servir de la boîte de dialogue Enregistrer sous pour créer un nouveau dossier, mais pas de la boîte de dialogue Ouvrir. Il y a quelque chose de logique là-dedans : si vous pouviez créer un nouveau dossier dans la boîte de dialogue Ouvrir, il ne contiendrait rien que vous puissiez ouvrir. Chez Microsoft, ils pensent à tout.

- Il est très pratique de disposer d'un dossier nommé Divers, ou Placard, ou tout ce que vous voudrez dans le même ordre d'idées.

Utiliser un autre dossier

Si vous êtes pris d'une frénésie de création de dossiers, il faut que vous puissiez accéder à ces dossiers chaque fois que vous voulez voir les documents qu'ils contiennent ou enregistrer un nouveau document dans l'un d'eux. Voici comment procéder :

1. **Sélectionnez Fichier/Ouvrir.**

   Vous pouvez aussi appuyer sur Ctrl+O. La boîte de dialogue Ouvrir apparaît.

2. **Voyez dans quel dossier vous vous trouvez.**

   Le nom du dossier apparaît dans le champ Regarder dans, en haut de la boîte de dialogue. Par défaut, c'est le dossier Mes documents, qui est l'endroit où Word stocke les fichiers.

   Si vous êtes déjà dans le dossier que vous voulez, passez à l'étape 6.

3. **Dans la liste déroulante Regarder dans, sélectionnez le lecteur dans lequel se trouve le dossier que vous cherchez.**

   Si vous sélectionnez un lecteur de disquettes, assurez-vous qu'il contient bien une disquette avant de le sélectionner.

   Si vous classez vos dossiers dans le dossier Mes documents, vous pouvez commencer par cliquer sur l'icône Mes documents dans la barre de sélection qui occupe la partie gauche de la boîte de dialogue Ouvrir. Vous vous retrouverez ainsi directement dans le dossier Mes documents.

4. **Sélectionnez votre dossier parmi ceux qui sont affichés dans la boîte de dialogue.**

   S'il y a beaucoup de dossiers, vous aurez peut-être besoin de faire défiler le contenu de la boîte de dialogue.

5. **Répétez l'étape 4 jusqu'à ce que vous arriviez au dossier que vous recherchez.**

   Par exemple, vous devrez peut-être commencer par ouvrir le dossier Mes documents, puis un dossier nommé Projets, puis un dossier nommé Mémos pour accéder aux documents stockés dans ce dernier.

6. **Ouvrez votre document.**

   Sélectionnez le document voulu, puis cliquez sur le bouton Ouvrir.

   Certains dossiers contiennent d'autres dossiers. Pour accéder au contenu d'un dossier, double-cliquez dessus dans la boîte de dialogue Ouvrir.

   Evitez d'ouvrir des fichiers stockés sur des disques amovibles. Ce support perturbe Word lorsque vous retirez le disque. Il n'est plus capable de trouver le fichier texte. Vous êtes alors obligé de passer par la boîte de dialogue Ouvrir pour localiser le fichier. Il est préférable de copier les fichiers de travail sur votre disque dur et d'effectuer une double sauvegarde, sur le disque dur et sur le support amovible.

   Pour en savoir plus sur l'utilisation de la boîte de dialogue Ouvrir, voyez aussi le Chapitre 8.

   Chaque disque de votre système contient sa propre arborescence de dossiers. Si vous ne trouvez pas sur un disque le dossier que vous voulez, essayez un autre disque. Par exemple, le lecteur D si vous n'avez rien trouvé sur le lecteur C.

Rechercher des fichiers dans Word

La recherche de fichiers est en fait une fonction de Windows, mais Word peut aussi retrouver vos documents égarés. J'aimerais bien qu'il soit aussi facile de retrouver mes chaussettes ou mes chemises :

1. **Cliquez sur Fichier/Ouvrir.**

2. **Dans le coin supérieur droit de la boîte de dialogue Ouvrir, cliquez sur le bouton Outils.**

   Vous ouvrez un menu local.

3. **Dans ce menu local, cliquez sur Rechercher.**

   La boîte de dialogue Recherche de fichiers apparaît.

4. **Cliquez sur l'onglet Base.**

5. **Dans le champ Rechercher le texte, saisissez le texte que vous recherchez.**

Par exemple, je peux avoir oublié quel nom j'ai donné à un fichier qui contient des notes pour un projet de roman. Comme je me souviens qu'il y est question d'un personnage nommé Krold, il me suffit de rechercher les fichiers qui contiennent ce mot.

6. **Cliquez sur le bouton Rechercher.**

   Au bout de quelques instants, vous voyez apparaître une liste de dossiers dans lesquels Word a trouvé le texte recherché. Si Word n'a rien trouvé, essayez avec un autre texte, ou en spécifiant un autre emplacement ou un autre type de fichier.

7. **Pour sélectionner un fichier, double-cliquez dessus.**

   Vous revenez dans la boîte de dialogue Ouvrir.

8. **Cliquez sur le bouton Ouvrir.**

Si vous voulez effectuer une autre recherche, cliquez sur le bouton Modifier, en bas du volet Résultats de la recherche. Vous revenez ainsi au volet Recherche de base.

Honnêtement, la meilleure méthode pour trouver un document consiste à utiliser les fonctions de recherche de Windows. Pour rechercher un fichier à partir de son nom, utilisez Démarrer/Rechercher/Des fichiers ou des dossiers. Comme l'utilisation de cette commande varie d'une version de Windows à l'autre et que ce livre n'est pas un livre sur Windows, je ne vous en donnerai pas le détail ici. Si nécessaire, n'hésitez pas à vous acheter un livre sur Windows. De préférence, un livre écrit par Dan Gookin. Merci d'avance.

Travailler avec des groupes de fichiers

Pour tous ceux qui ont à faire et pas assez de temps devant eux, Word dispose de commandes qui permettent d'ouvrir, d'enregistrer ou de fermer toutes sortes de documents en une seule opération.

Ouvrir des fichiers

La boîte de dialogue Ouvrir permet d'ouvrir un ou plusieurs documents. Pour en ouvrir plusieurs, il suffit de les sélectionner en maintenant appuyée la touche Ctrl et en cliquant sur les fichiers qui vous intéressent. Ensuite, cliquez sur le bouton Ouvrir. Chaque fichier apparaît dans une fenêtre autonome de Word.

NOTE TECHNIQUE

Gestion des fichiers dans Word

Vous pouvez utiliser les boîtes de dialogue Enregistrer sous et Ouvrir pour effectuer quelques tâches de gestion sommaires sans quitter Word.

Par exemple, pour renommer un fichier, cliquez dessus pour le sélectionner, puis sur la touche F2. Saisissez le nouveau nom, comme vous le faites dans Windows.

Pour supprimer un fichier dans ces mêmes boîtes de dialogue, cliquez dessus pour le sélectionner, et appuyez sur la touche Suppr.

Attention à ce que vous supprimez ! Notez que Word ne permet pas de renommer ou de supprimer des documents actuellement ouverts.

(Vous pouvez également déplacer et copier des fichiers dans les boîtes de dialogue Ouvrir et Enregistrer sous, bien que je ne le recommande pas.)

ATTENTION !

Il y a une limite au nombre de fichiers que Word peut ouvrir en même temps. Si vous l'atteignez, vous verrez apparaître un curieux message d'erreur vous disant qu'il n'y a pas assez de mémoire, ou autre raison technique plus étrange encore. Ne vous inquiétez pas : fermez simplement quelques fenêtres. Si ça ne suffit pas, fermez Word et recommencez.

Enregistrer plusieurs documents à la fois

Pour enregistrer plusieurs documents, vous pouvez utiliser la commande Fichier/Enregistrer successivement pour tous les documents que vous voulez enregistrer. Pour enregistrer d'un coup tous les documents ouverts, vous avez une solution plus simple :

1. **Maintenez enfoncée la touche Maj.**

2. **Sélectionnez Fichier/Enregistrer tout.**

   Normalement, c'est la commande Enregistrer qui apparaît dans ce menu. Mais si vous maintenez enfoncée la touche Maj en ouvrant le menu Fichier, c'est la commande Enregistrer tout qui apparaît à la place.

Si tous les fichiers ont déjà reçu un nom auparavant, Word ne vous demande rien de plus pour exécuter cette commande. Tous les documents sont aussitôt enregistrés sur le disque, aussi rapidement que votre PC est capable de le faire.

Si un fichier n'a encore jamais été enregistré, Word vous demande de lui donner un nom. Pour en savoir plus à ce sujet, reportez-vous à la section "Premier enregistrement d'un document", au Chapitre 8.

Chaque fois que j'ai à m'éloigner de mon ordinateur, ne serait-ce que quelques minutes, j'utilise la commande Fichier/Enregistrer tout.

Fermer en une seule commande tous les documents ouverts

Vous pouvez accéder à la commande Fermer tout de la même manière que la commande Enregistrer tout : maintenez enfoncée la touche Maj et cliquez sur le menu Fichier. Puis sélectionnez Fermer tout, et tous vos documents ouverts dans Word se ferment en même temps.

Si des documents n'ont pas été enregistrés depuis les dernières modifications, Word vous demande si vous voulez les enregistrer avant de les fermer. Voyez la section "Premier enregistrement d'un document", au Chapitre 8.

Travailler avec d'autres formats de fichier

Croyez-le ou non, Word n'est pas le seul traitement de texte sur cette planète. Ne parlons pas ici de domination du marché, mais il existe d'autres traitements de texte, avec d'autres formats de fichier pour les documents. Un jour où l'autre, vous pourrez avoir affaire à eux. Si cela vous arrive, il vous faudra importer dans Word un fichier d'un tel format pour pouvoir l'utiliser. De même, vous pouvez exporter un document Word pour en faire un fichier d'un autre format. Les sections suivantes vont vous dire comment.

Charger un fichier d'un format étranger

Imaginez que quelqu'un vous a envoyé un fichier texte ou un document WordPerfect, ou une page Web, ou un fichier d'un format étrange qui n'a rien à voir avec les documents Word. Pas de problème ! Word peut les ouvrir sans effort. Suivez ces étapes :

1. **Sélectionnez Fichier/Ouvrir.**

2. **Dans la liste déroulante Type de fichier, sélectionnez le format du fichier à ouvrir.**

   Si vous connaissez ce format, sélectionnez-le dans la liste. Voici quelques formats répandus :

   - **Documents Word :** Tout document créé avec Word.
   - **Fichiers XML :** Tout document enregistré au format XML.
   - **Toutes les pages Web :** Documents HTML ou pages Web que vous avez enregistrés sur le disque.
   - **Texte mis en forme (RTF) :** Format de fichier couramment utilisé pour échanger des documents entre des traitements de texte.
   - **Fichiers texte :** Documents de texte seul, sans mise en forme. C'est un format courant, connu aussi sous le nom de fichier ASCII ou texte MS-DOS.
   - **Récupération de texte de tout fichier :** C'est une option très pratique, qui permet à Word d'extraire du texte de n'importe quel type de fichier. À utiliser en dernier ressort.
   - **WordPerfect (diverses versions et plates-formes) :** Permet de lire les documents WordPerfect.
   - **Works (diverses versions et plates-formes) :** permet de lire les documents Works.
   - **Word (diverses versions et plates-formes) :** Permet de lire des documents réalisés avec des versions anciennes de Word ou avec des versions pour Macintosh.
   - **Autres formats :** Trop long à présenter !

Lorsque vous sélectionnez un format de fichier particulier, Word n'affiche dans la boîte de dialogue Ouvrir que les fichiers de ce format. Votre tâche suivante est de trouver le fichier que vous voulez ouvrir.

Si vous ne connaissez pas le format du fichier que vous cherchez, sélectionnez Tous les fichiers dans la liste. Word affiche alors dans la boîte de dialogue Ouvrir tous les fichiers du dossier sélectionné.

3. **Naviguez jusqu'au fichier que vous voulez ouvrir.**

   Utilisez la boîte de dialogue pour arriver au fichier que vous voulez. Pour en savoir plus, voyez la section "Utiliser un autre dossier", plus haut dans ce chapitre.

4. **Cliquez sur l'icône du fichier.**

5. **Cliquez sur le bouton Ouvrir.**

   Le fichier apparaît à l'écran, comme un document Word.

   Dans certains cas et avec certains formats de fichier, il vous faudra peut-être revoir la mise en forme.

   Il arrive que Word affiche une boîte de dialogue Conversion du fichier, vous permettant de voir un aperçu du document avant de l'ouvrir. En général, vous pouvez cliquer sans état d'âme sur le bouton OK dans cette boîte de dialogue.

   Si la boîte de dialogue Ouvrir n'affiche pas le fichier que vous recherchez, et si vous savez qu'il est pourtant bien là, vous pouvez essayer de taper son nom dans le champ Nom de fichier et de cliquer sur le bouton Ouvrir.

Word se souvient du dernier type de fichier utilisé. Lorsque vous ouvrez la boîte de dialogue Ouvrir, le type de fichier déjà sélectionné dans la liste est celui que vous avez utilisé la dernière fois que vous avez ouvert un fichier. Aussi, si vous voulez ouvrir un document Word après avoir ouvert un document HTML, vous devez sélectionner Documents Word dans la liste, faute de quoi vous ne trouverez pas votre fichier.

Un certain nombre de types de fichier et de filtres de conversion sont disponibles sur le CD de Word (ou d'Office). Pour les installer, insérez le CD dans votre lecteur de CD-ROM, lancez le programme d'installation, sélectionnez les filtres supplémentaires, puis poursuivez la procédure d'installation.

Enregistrer un fichier dans un format étranger

Word se débrouille très bien pour enregistrer des fichiers sur le disque. Par exemple, lorsque vous demandez l'enregistrement d'un document que vous avez ouvert au format WordPerfect, Word l'enregistre automatiquement au format WordPerfect. C'est la même chose pour tous les autres formats étrangers à Word : Word enregistre le fichier dans son format d'origine.

Pour enregistrer un fichier dans un autre format que celui dans lequel vous l'avez ouvert, utilisez la commande Enregistrer sous et sélectionnez le type voulu dans la liste Type de fichiers de la boîte de dialogue Enregistrer sous.

Par exemple, si vous avez besoin d'enregistrer un document en tant que fichier texte, sélectionnez Texte brut dans la liste déroulante Type de fichiers, puis cliquez sur le bouton Enregistrer. Idem pour le format HTML, RTF ou tout autre format étranger.

Word (ou le Compagnon Office) vous expliquera peut-être que c'est une mauvaise action d'enregistrer un document dans un format étranger. Vous pouvez ignorer ces remontrances. Cliquez sur Oui pour enregistrer le document.

- Vous pouvez enregistrer un document sur le disque dans deux formats différents, par exemple le format Word et un autre. Commencez par enregistrer le fichier en tant que document Word en sélectionnant Documents Word dans la liste Type de fichiers. Puis enregistrez à nouveau votre fichier en sélectionnant un autre format, par exemple Texte brut.

- Pour enregistrer un document au format HTML, sélectionnez Page Web dans la liste Type de fichiers.

- N'oubliez pas que Word se souvient du format. Si vous vous apercevez que vos documents sont enregistrés dans un autre format que celui que vous vouliez, c'est la faute de la boîte de dialogue Enregistrer sous. Lorsque vous l'utilisez, pensez toujours à vérifier le format sélectionné dans la liste Type de fichiers.

Chapitre 28

Modifier l'apparence de Word

Dans ce chapitre :

- Comprendre les menus de Word.
- Utiliser les barres d'outils.
- Afficher les barres d'outils.
- Réorganiser les barres d'outils et les palettes flottantes.
- Utiliser la commande Zoom.
- Les options de Word.

Word n'en ferait-il pas un peu trop, par hasard ? Après tout, c'est un traitement de texte, non ? Et un traitement de texte sert à traiter du texte. Or, regardez l'écran : on dirait le tableau de bord d'un avion de chasse, avec tous ces boutons, ces barres d'outils, ces menus, ces trucs et ces machins. Tous ces boutons qui encombrent la fenêtre autour de la zone blanche dans laquelle vous pouvez écrire. Ne vous laissez pas intimider par eux. Croyez-le ou non, vous disposez d'un assez grand contrôle sur l'apparence de Word. Vous pouvez modifier, réorganiser, bricoler au gré de votre fantaisie. Ce chapitre va vous montrer ce qui est personnalisable et comment le personnaliser, plus quelques autres astuces sur l'interface de Word.

Réorganiser les barres d'outils

Quand j'installe Word sur un nouvel ordinateur, je commence par réorganiser les barres d'outils. Word en a une quantité. En fait, si vous les affichez toutes, il ne vous reste plus beaucoup d'espace dans la fenêtre pour écrire.

Heureusement, toutes les barres d'outils de Word sont optionnelles. Vous pouvez les masquer ou les afficher à volonté, les réorganiser ou en faire des palettes flottantes. Je vous encourage à essayer différentes configurations pour trouver celle qui vous convient le mieux.

- C'est le menu Affichage qui vous permet de choisir ce que vous voulez afficher ou non dans la fenêtre.
- La règle n'est pas une barre d'outils. Pour afficher ou masquer la règle, sélectionnez Affichage/Règle.
- Par défaut, Word affiche la barre d'outils Standard et la barre d'outils Mise en forme. La barre d'outils Standard est celle qui contient les boutons Nouveau document, Ouvrir et Enregistrer, à l'extrémité gauche. La barre d'outils Mise en forme est celle qui commence par les listes déroulantes Style, Police et Taille de police.
- Vous pouvez tout faire disparaître de la fenêtre en sélectionnant Affichage/Plein écran. Vous disposez ainsi de la totalité de la surface de l'écran comme zone d'écriture. Pour repasser dans le mode où vous étiez, cliquez sur le bouton Fermer dans la palette Écran qui apparaît alors (ou appuyez sur la touche Échap).

Examiner une barre d'outils

Toutes les barres d'outils se ressemblent. Elles comportent un certain nombre de boutons, dont certains sont des champs de texte, des listes déroulantes, des menus ou différentes combinaisons de ces éléments. En outre, vous devez identifier ces trois éléments : la poignée, le menu de la barre d'outils et les flèches qui donnent accès aux boutons supplémentaires.

La poignée se trouve à l'extrémité gauche de la barre d'outils. Elle permet de la déplacer (même la barre de menus a une poignée, ce qui signifie qu'elle peut aussi être déplacée).

Le bouton du menu d'une barre d'outils se présente comme un triangle pointant vers le bas à l'extrémité droite de celle-ci. Si vous cliquez sur ce triangle, vous voyez apparaître le menu de la barre d'outils.

» Dans le bouton du menu d'une barre d'outils, il arrive qu'apparaisse aussi une double flèche pointant vers la droite, comme dans la marge de ce paragraphe. Lorsque vous cliquez sur ce bouton, une palette s'affiche, contenant les boutons et autres éléments supplémentaires de la barre d'outils, comme le montre la Figure 28.1. Vous pouvez alors faire votre choix parmi les boutons de cette palette, ou appuyer sur Échap pour la masquer.

Figure 28.1 La palette des éléments supplémentaires d'une barre d'outils.

- Pour faire disparaître cette double flèche pointant vers la droite, il faut déplacer la barre d'outils de telle sorte que tous ses outils puissent être affichés en même temps (ou alors, si vous n'avez pas besoin de tous les outils, vous pouvez sélectionner ceux que vous voulez voir s'afficher, ce qui place les autres dans la palette des outils supplémentaires).
- Il n'est pas nécessaire que deux barres d'outils (ou plus) soient placées sur la même ligne, mais vous verrez que, dans la configuration initiale de Word, la barre d'outils Standard et la barre d'outils Mise en forme sont sur la même ligne. Pour résoudre ce problème, sélectionnez Afficher les boutons sur deux lignes dans le menu de l'une ou de l'autre.
- Pour en savoir plus sur la réorganisation des barres d'outils, reportez-vous à la section "Déplacer et réorganiser des barres d'outils", plus loin dans ce chapitre.

Où sont les barres d'outils ?

Bien que la plupart des barres d'outils apparaissent automatiquement lorsqu'elles sont nécessaires (par exemple, la barre d'outils Mode Plan lorsque vous passez en mode Plan), vous pouvez à tout moment afficher la barre d'outils que vous voulez en la sélectionnant dans le sous-menu Affichage/ Barres d'outils.

- Une coche apparaît devant le nom de chaque barre d'outils affichée.
- Pour afficher une barre d'outils, sélectionnez-la dans le sous-menu.
- Pour masquer une barre d'outils affichée, sélectionnez-la dans le sous-menu.

  Il existe un moyen rapide d'accéder au sous-menu d'affichage des barres d'outils. Il consiste à cliquer avec le bouton droit sur une barre d'outils quelconque. Vous pouvez vous en servir comme si vous aviez sélectionné Affichage/Barres d'outils.

Déplacer et réorganiser des barres d'outils

Pour déplacer une barre d'outils dans Word, faites glisser sa poignée (elle se trouve à l'extrémité gauche de la barre d'outils). Lorsque vous placez le pointeur sur la poignée, il prend la forme de quatre flèches pointant dans des directions opposées, indiquant par là que vous pouvez déplacer la barre d'outils.

Une barre d'outils peut aussi être transformée en palette flottante au moyen de la poignée. Faites-la glisser à l'intérieur de la fenêtre du document. Vous la voyez alors se séparer du bord de la fenêtre où elle était préalablement ancrée. Lorsque vous relâchez le bouton de la souris, la barre d'outils reste à l'endroit où vous l'avez déposée, avec son propre bouton de fermeture (le X dans le coin supérieur droit), comme le montre la Figure 28.2.

Figure 28.2 La barre d'outils Standard sous forme de palette flottante.

Pour convertir à nouveau une palette flottante en barre d'outils, faites-la glisser (en utilisant pour cela sa barre de titre) jusqu'au bord de la fenêtre où vous voulez la placer. Vous la voyez se mettre en place lorsque vous approchez d'un bord.

- Une barre d'outils peut être ancrée sur n'importe quel bord de la fenêtre du document : en haut, en bas, à droite ou à gauche. En général, elles sont plutôt en haut, mais vous pouvez faire ce que vous voulez.

- Il faut parfois un peu de temps pour arriver à placer une barre d'outils comme on veut. Restez patient.

  Les barres d'outils Standard et Mise en forme disposent d'un menu, accessible à leur extrémité droite. Lorsqu'elles sont toutes les deux sur une même ligne (ce qui est la configuration initiale de Word, dans laquelle vous ne pouvez pas en voir tous les boutons), vous pouvez y sélectionner Afficher les boutons sur deux lignes, pour réorganiser ces deux barres d'outils automatiquement sur deux lignes, de manière à en afficher tous les boutons à la fois.

- Vous pouvez redimensionner une palette flottante en présentant les boutons dans une interface carrée ou une colonne verticale. Il suffit de placer le pointeur de la souris sur un bord ou un angle de la palette flottante. Cliquez et faites glisser le pointeur dans le sens du redimensionnement voulu.

- S'il vous arrive de masquer par erreur la barre d'outils Standard ou la barre d'outils Mise en forme, souvenez-vous que vous pouvez les faire réapparaître en les sélectionnant dans le sous-menu Affichage/Barres d'outils.

Zoomer par-ci, par-là

Tout en bas du menu Affichage, la commande Zoom vous permet de contrôler la taille de l'affichage de votre texte dans la fenêtre du document. Cette commande ne change pas la taille du texte (celle que vous définissez par le menu Police ou dans la barre d'outils Mise en forme), elle ne fait qu'agrandir ou réduire la taille de l'affichage. Pour une démonstration rapide, suivez ces étapes :

1. **Sélectionnez Affichage/Zoom.**

   La boîte de dialogue Zoom apparaît (Figure 28.3).

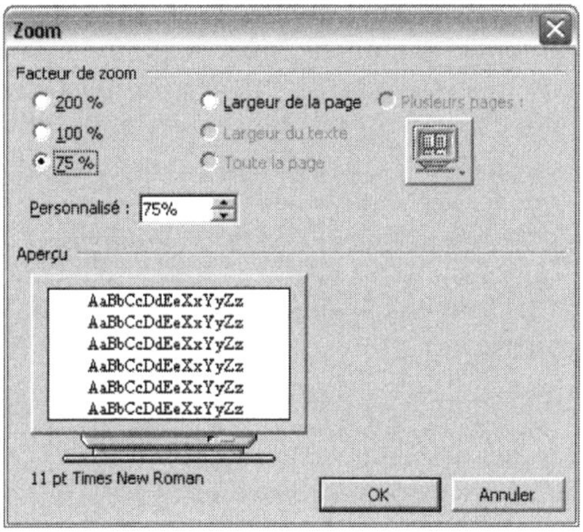

Figure 28.3 La boîte de dialogue Zoom.

2. **Sélectionnez un facteur de zoom.**

   Par exemple 200 %. C'est très pratique quand vous attendez une nouvelle paire de lunettes.

   Si vous êtes en mode Page, l'option Largeur de la page définit le facteur de zoom de manière que la largeur de la page tienne entièrement dans la largeur de la zone d'affichage de la fenêtre.

   Toujours en mode Page, l'option Plusieurs pages définit le facteur de zoom de manière que toutes les pages de votre document apparaissent en même temps sur l'écran. Pour un document de plusieurs pages, ce n'est généralement pas utilisable pour la saisie de texte, mais seulement pour avoir une vue d'ensemble du document.

   Vous pouvez aussi utiliser le champ Personnalisé pour spécifier le facteur de zoom que vous voulez.

3. **Pour afficher le résultat de votre sélection, cliquez sur OK.**

   N'oubliez pas que les options Largeur du texte, Toute la page et Plusieurs pages ne sont disponibles qu'en mode Page. Pour tester ces options, commencez par sélectionner Affichage/Page.

   Si vous choisissez un facteur de zoom assez petit (c'est le cas en particulier lorsque vous affichez plusieurs pages en mode Page), votre texte devient illisible, même si vous avez de très bons yeux. Un tel affichage ne peut pas servir à saisir du texte, mais permet de se faire une bonne idée de l'allure générale du document lorsqu'il sera imprimé.

TRUC

À l'extrémité droite de la barre d'outils Standard, vous trouvez la liste déroulante Zoom. Elle vous permet de sélectionner rapidement un facteur de zoom pour votre document. Vous pouvez aussi taper directement une valeur personnalisée dans le champ. Sur mon écran, j'utilise un facteur de zoom de 125 % (j'ai commencé à en avoir besoin à partir de la quarantaine).

Si vous avez une souris à molette par exemple (comme la souris IntelliMouse de Microsoft), vous pouvez zoomer rapidement en maintenant enfoncée la touche Ctrl tout en faisant tourner votre molette. Pour agrandir, faites tourner la molette vers l'avant ; pour réduire, faites-la tourner vers l'arrière.

Hélas ! on ne peut zoomer que dans certaines applications comme Word. Ça ne marche pas dans un jeu comme FreeCell.

Une planche de bord d'options

On peut faire toutes sortes d'autres ajustements dans Word en utilisant la boîte de dialogue Options (Figure 28.4). Pour la faire apparaître, sélectionnez Outils/Options.

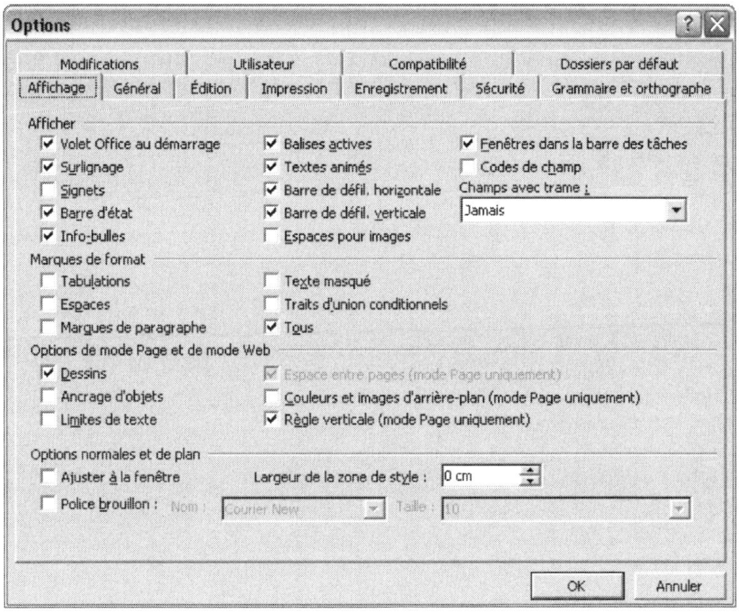

Figure 28.4 La boîte de dialogue Options.

Cette boîte de dialogue contient beaucoup trop d'options pour qu'il soit possible de les décrire ici entièrement, mais la plupart des paramètres qu'elle permet de définir sont familiers à toute personne qui a utilisé Word pendant quelques mois. Vous pouvez y activer ou désactiver toutes sortes d'éléments et de fonctions comme l'affichage du volet Office au démarrage, le son, les animations, ou tout autre élément dont vous voulez vous débarrasser ou que vous voulez utiliser. N'oubliez pas : c'est *votre* traitement de texte. Vous pouvez le configurer comme vous l'entendez.

Une fois que vous avez sélectionné vos options, cliquez sur OK pour fermer la boîte de dialogue Options.

Chapitre 29

Sauver Word !

Dans ce chapitre :

- Résoudre des énigmes simples.
- Comprendre Normal.dot.
- Réparer un document.
- Modifier des modèles.
- Retrouver des éléments perdus à l'écran.
- Récupérer Word.

Vous avez confiance dans la technologie et votre ordinateur ? Merveilleux ! Toutefois, vous n'êtes pas à l'abri des mauvaises surprises.

Quoi qu'il puisse arriver pendant vos travaux, il y a une solution. Lisez plutôt.

Des comportements communs

Un grand nombre de choses peuvent mal se passer dans Word. Voici quelques questions qu'une majorité d'utilisateurs ne manquent jamais de me poser :

Une première chose à essayer

Dès que vous avez l'impression d'avoir fait une bêtise, exécutez la commande Edition/Annuler ou appuyez sur Ctrl+Z. Cette commande n'est pas le remède à tous les maux, mais vous sauvera la mise dans bien des cas.

J'ai fermé un document sans l'enregistrer

Eteignez immédiatement votre ordinateur, débranchez-le et priez.

Bon, d'accord, évitez la prière, mais c'est le seul moyen de bénéficier de l'option de Récupération automatique de Word traitée au Chapitre 8. Cette option permet à Word de conserver une trace de vos documents même si vous ne les avez pas enregistrés.

Le fait d'éteindre délibérément votre ordinateur laisse croire à Word que le système s'est planté. Redémarrez l'ordinateur et lancez Word. Le volet de récupération affiche une référence à votre document.

- Cette astuce ne fonctionne que si vous fermez le document et éteignez l'ordinateur. Cela entend qu'elle ne fonctionne pas si vous quittez Word et éteignez le PC.
- La récupération automatique s'actualise toutes les 10 minutes. Cela signifie que vous ne récupérerez peut-être pas tout le document.
- La majorité des PC s'éteignent en appuyant sur la touche Marche/Arrêt du boîtier.
- Consultez le Chapitre 8 pour en savoir plus sur la récupération automatique.

TRUC

La commande Détecter et réparer du menu Aide

Il s'agit d'une fonction qui permet à Word ou à tout autre programme Microsoft Office de résoudre des problèmes qui vous prennent la tête.

Pour utiliser cette commande, cliquez sur Aide/Détecter et réparer. Une boîte de dialogue apparaît avec quelques options. Dès que vous êtes prêt, cliquez sur le bouton Démarrer.

La commande Détecter et réparer peut retrouver des fichiers manquants, réparer les raccourcis perdus et exécuter d'autres ajustements mineurs. La fonction vérifie aussi le registre de Windows pour trouver quelques entrées corrompues. En revanche, cette fonction n'est pas capable de réparer des documents abîmés.

Je viens d'enregistrer le fichier, mais je ne peux pas le retrouver

C'est une situation assez banale. Cela tient au fait que vous n'avez pas suivi les recommandations du Chapitre 8. Honte à vous !

Word conserve la trace des quatre derniers fichiers ouverts. Il suffit d'ouvrir le menu Fichier, comme le montre la Figure 29.1. Votre fichier s'y trouve certainement.

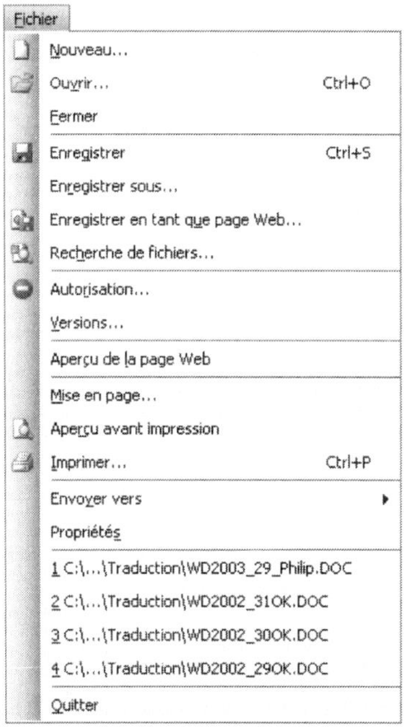

Figure 29.1 Les quatre derniers fichiers ouverts se situent en bas du menu Fichier.

Et avec des "si" :

- Si le fichier n'est pas listé dans le menu Fichier, utilisez la commande Rechercher décrite au Chapitre 27.
- Si le fichier est listé mais qu'il ne s'ouvre pas, vous l'avez sans doute renommé, effacé ou changé de place.
- Regardez dans la Corbeille pour restaurer le fichier effacé.

- Si le fichier a été renommé mais que vous ne vous souvenez plus de son emplacement de stockage, utilisez la commande Rechercher comme expliqué au Chapitre 27.
- Si vous avez enregistré le fichier sur une disquette, effectuez une recherche dans toutes vos disquettes. Vous ne les avez pas étiquetées ? Eh bien, tant pis pour vous !
- Assurez-vous que vous entrez dans Windows en utilisant le bon compte d'utilisateur.
- TRUC : Pour que tout le monde puisse accéder au fichier quel que soit le compte d'utilisateur utilisé, enregistrez le fichier dans le dossier Documents partagés de Windows XP.

Je ne peux pas supprimer cette partie de texte

C'est une circonstance assez banale.

Par exemple, tout caractère spécial (symbole) ne peut être effacé qu'en appuyant deux fois sur la touche Retour arrière.

La deuxième circonstance concerne les champs. On les voit mais on ne parvient pas à les supprimer. Dans ce cas, il faut appuyer deux fois sur la touche Retour arrière ou Suppr.

La troisième circonstance concerne les zones de texte et les cadres. Ils affectent l'aspect du texte à l'écran. Pour sélectionner la zone ou le cadre, cliquez autour du texte jusqu'à ce qu'une bordure apparaisse, comme sur la Figure 29.2. Ensuite, appuyez sur la touche Suppr pour supprimer le cadre ou la zone vide.

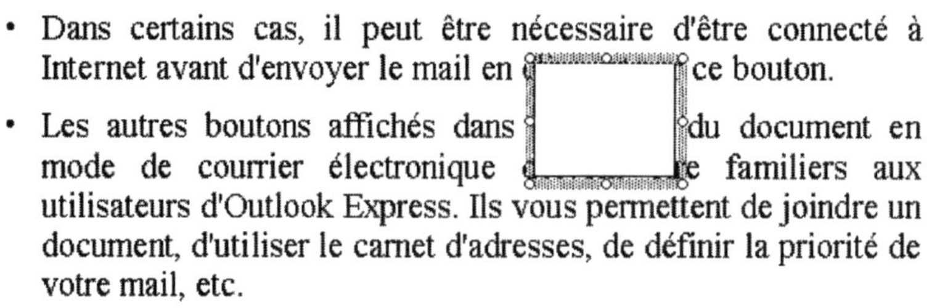

Figure 29.2 Une zone de texte se révèle en cliquant sur sa bordure.

Le plus difficile est la suppression des en-têtes et des pieds de page. Il suffit de cliquer sur Affichage/En-tête et pied de page. Supprimez-y le texte.

Comment ne pas imprimer cette page supplémentaire ?

Dans de nombreuses circonstances, l'utilisateur se retrouve avec une page vierge en fin de document. Cette page ne manque pas de passer dans l'imprimante bien que rien n'y soit imprimé.

Pour supprimer une page vierge :

1. **Appuyez sur Ctrl+Fin pour placer le point d'insertion en toute fin de document.**

2. **Appuyez sur la touche Retour arrière.**

3. **Répétez l'étape 2 jusqu'à ce que la page disparaisse.**

Si la page reste c'est que votre document contient un élément invisible qui refuse de s'en aller. Il s'agit généralement d'un cadre vide, d'une zone de texte ou d'un objet dessiné. Basculez en mode Page et cliquez sur la page pour afficher la bordure de l'élément. Une autre méthode consiste à cliquer et à faire glisser la souris sur le texte pour y sélectionner tous les objets présents. Ensuite, supprimez-les !

Que se passe-t-il avec le fichier Normal.dot ?

Normal.dot est le nom d'un fichier modèle générique. Word l'utilise pour stocker des informations standard.

Chaque fois que vous modifiez Word, changez une barre d'outils, altérez une option, ou pérennisez certains paramètres, vous avez la possibilité d'enregistrer ces modifications dans le fichier Normal.dot. Si vous le désirez vraiment, cliquez sur "Oui".

Travailler avec un document corrompu

Comment identifier un document corrompu, abîmé ou défectueux ? Voici quelques indices :

- Pour déterminer si le problème vient du document ou de Word, essayez d'ouvrir le fichier et observez le comportement de Word.
- Le problème du document est peut-être lié au modèle qu'il utilise. Par conséquent, testez d'autres documents utilisant un modèle différent, voire aucun modèle.
- Parfois le comportement délictueux s'avère dans une circonstance bien précise.
- Testez votre document sur un autre ordinateur. Le problème vient peut-être de votre système d'exploitation.

Ouvrir un document dans le bon format

Un des problèmes les plus répandus est l'ouverture du document sous un mauvais format de fichier sélectionné dans la boîte de dialogue Ouvrir. Donc :

1. **Fermez le document corrompu sans l'enregistrer !**
2. **Cliquez sur Fichier/Ouvrir pour ouvrir de nouveau ce document.**
3. **Utilisez la boîte de dialogue Ouvrir pour localiser le document.**
4. **Dans la liste Type de fichiers, choisissez Tous les documents Word (*.doc).**
5. **Cliquez sur Ouvrir.**

Cette action ouvre correctement le document. Si ce n'est pas le cas, essayez de réparer le document comme l'explique la section "Ouvrir un document pour le réparer", plus loin dans ce chapitre.

Choisir une autre imprimante

Parfois, la mise en forme du document est problématique à cause d'une imprimante mal configurée. Dans ce cas, nous vous conseillons d'actualiser le pilote de l'imprimante. Voici comment faire :

1. **Cliquez sur Fichier/Imprimer.**
2. **Sélectionnez une autre imprimante dans la liste Nom.**

3. **Cliquez sur le bouton Fermer.**

   Cela indique à Word d'utiliser les informations d'impression mais pas l'imprimante.

N'utilisez pas le fax ou toute autre imprimante exotique. Si vous ne possédez pas d'imprimante, passez ces étapes, mais considérez quand même que le pilote d'impression est mauvais. Vous pouvez alors leurrer Word en installant, sous Windows, une imprimante générique bien qu'elle ne soit pas connectée à votre ordinateur. Ensuite, actualisez son pilote en visitant le site de son constructeur.

Ouvrir un document pour le réparer

Si l'aspect du document ne correspond pas à vos attentes malgré un format de fichier correct, essayez d'y remédier. Dans la boîte de dialogue Ouvrir, cliquez sur la flèche du bouton Ouvrir, et choisissez Ouvrir et réparer (Figure 29.3).

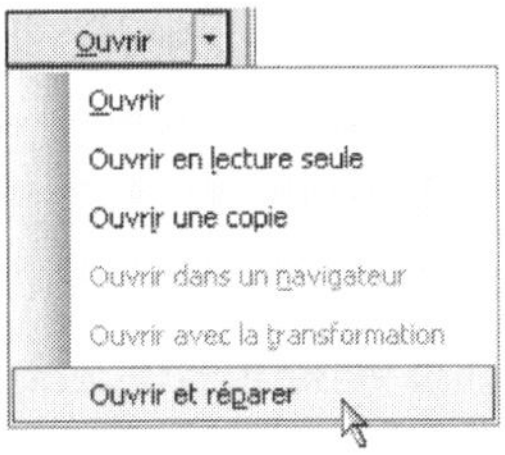

Figure 29.3 Ouvrir un document à réparer.

Cette action tente de corriger un document corrompu. Si elle n'y parvient pas, essayez les quelques actions des prochaines sections.

Réassigner le modèle du document

Le problème peut venir du modèle utilisé. Dans ce cas, essayez d'assigner de nouveau au document le modèle Normal.dot.

Voici comment procéder :

1. **Cliquez sur Outils/Modèles et compléments.**

2. **Cliquez sur l'onglet Modèles de la boîte de dialogue qui apparaît.**

3. **Dans la liste Modèle de document, localisez Normal. S'il y est, vous en avez terminé ; sinon :**

4. **Cliquez sur Attacher.**

5. **Dans la boîte de dialogue Attacher le modèle, choisissez Normal ou Normal.dot.**

6. **Cliquez sur Ouvrir.**

7. **Cliquez sur OK.**

Tous les problèmes devraient être réglés. Si c'est le cas, enregistrez le document ; sinon, continuez à lire ce chapitre.

- Certains documents ont des problèmes à cause des macros du modèle.
- Les modifications des raccourcis clavier du modèle peuvent entraîner des comportements douteux.
- Envisagez de modifier le modèle, de le supprimer ou même d'en créer un nouveau. Si quelqu'un d'autre a créé le modèle, avertissez son auteur.

Actes désespérés

Parfois, je ne peux rien faire d'autre que de copier la totalité du document et de le coller dans un nouveau. Ensuite, j'enregistre le fichier sur mon disque dur. Le document d'origine peut alors être supprimé.

Parfois, la copie à cet effet pervers de copier les problèmes. Dans ce cas, envisagez d'enregistrer le texte dans un format brut, RTF ou les deux. Cela peut supprimer des problèmes liés au format Word. Vous pouvez ouvrir ces documents dans Word ou dans un autre programme de traitement de texte.

Réparer Word quand il est en panne

Word est en panne quand il n'apparaît plus à l'écran comme il apparaissait antérieurement. Certaines choses peuvent manquer, d'autres ont pu être ajoutées. Certaines apparaissent ou disparaissent. Cela est souvent dû à des tentatives de modification de Word. Les sections suivantes décrivent les choses que vous pouvez essayer de faire pour que tout rentre dans l'ordre.

Etes-vous en mode d'affichage Plein écran ou Aperçu avant impression ?

Ces deux modes n'affichent pas les mêmes éléments de l'interface de Word. En mode Plein écran, il n'y a plus rien d'autre que le texte. Appuyez sur la touche Echap et tout réapparaît.

- Appuyez sur Alt+Maj+C pour quitter le mode Plein écran.
- Il existe une différence entre l'affichage en mode Normal et l'affichage en mode Page. Si Word n'est plus le même, affichez l'un de ces deux modes.

Quelqu'un a-t-il déplacé ou masqué les barres d'outils ?

Les barres d'outils et la barre de menus sont déplaçables, masquables et transformables en palettes flottantes.

Appuyez sur la touche F10 pour afficher les menus qui sont masqués.

Appuyez sur Alt+A pour ouvrir le menu Affichage. Dans le sous-menu Barre d'outils, activez Standard et Mise en forme.

Les barres d'outils étant affichées, quittez Word, puis redémarrez-le. Les paramètres sont normalement conservés.

Si les barres d'outils disparaissent de nouveau, cela vient certainement du modèle utilisé. Pour détacher le document du modèle, consultez la section "Réassigner le modèle du document", plus haut dans ce chapitre.

Les macros ne sont pas votre tasse de thé

Word peut être configuré pour exécuter des macros. Elles altèrent souvent l'apparence du programme. Voici comment gérer cet aspect très technique du logiciel :

1. **Localisez l'icône que vous utilisez pour démarrer Word.**

   Il peut s'agir du raccourci clavier placé sur le bureau ou de l'icône de la barre de lancement rapide. Il doit impérativement s'agir d'une icône du programme Word et non de celle d'un document.

2. **Cliquez sur l'icône avec le bouton droit de la souris.**

3. **Dans le menu contextuel, choisissez Propriétés.**

4. **Cliquez sur l'onglet Raccourci. S'il n'y en a pas, cliquez sur Général.**

   Vous découvrez une ligne de texte se terminant par WINWORD.EXE. Si jamais une macro est exécutée, la ligne se termine ainsi : WINWORD.EXE/m ou /M, suivi du nom de la macro.

5. **Supprimez le /m et le nom de la macro.**

6. **Cliquez sur OK.**

En supprimant le /m suivi du nom de la macro, vous supprimez l'ordre de l'exécuter.

C'est une chose très rare. Ne soyez donc pas surpris si aucune macro n'est exécutée.

Normal.dot est-il à blâmer ?

Parfois, le vrai démon de Word est le fichier Normal.dot. Vous devez le supprimer ainsi :

1. **Quittez Word.**

2. **Utilisez la fonction de recherche de Windows pour localiser Normal.dot.**

3. **Dès que le fichier est localisé, cliquez dessus avec le bouton droit de la souris.**

4. **Dans le menu contextuel, choisissez Renommer.**

5. **Saisissez Anormal.dot.**

6. **Appuyez sur Entrée.**

Cela diffère de la suppression d'un fichier. Mais en le renommant, vous empêchez Word de le rechercher. Au démarrage, Word crée un nouveau fichier Normal.dot.

Démarrer Word à nu

Quand tous les espoirs sont perdus, il n'y a plus qu'une chose à faire : démarrer Word à nu. Ce mode annule tous les effets d'éléments rajoutés, de gadgets plus ou moins utiles, pour restaurer un Word flambant neuf. Voici comment procéder :

1. **Dans le menu Démarrer, cliquez sur Exécuter.**

2. **Dans la boîte de dialogue, saisissez WINWORD /A.**

   WINWORD est le nom du programme Word.

3. **Cliquez sur OK.**

Word démarre normalement et tout se passe bien.

Le /A indique à Word de démarrer sans modifier ses options par défaut. Cette méthode résout bien des problèmes.

Exécuter Word en mode sécurisé

Le mode sécurisé s'apparente au mode /A. La seule différence est que vous devez taper WINWORD/SAFE.

Vous pouvez également démarrer Word dans ce mode si vous appuyez sur la touche Ctrl au moment de son démarrage.

En mode sécurisé, Word restreint certaines opérations et limite ses fonctions. Il arrive que Word démarre automatiquement dans ce mode pour corriger des dysfonctionnements. Dans ce cas, quittez Word et redémarrez-le.

Que faire quand tous les espoirs sont perdus ?

Quand rien n'y fait, la seule solution est de réinstaller Word. La réinstallation sur la version déjà installée peut résoudre les problèmes.

Si Word est vraiment mal en point et que vous devez malgré tout poursuivre votre travail, utilisez temporairement le petit traitement de texte livré avec Windows : WordPad. Les documents créés dans ce programme pourront être facilement récupérés dans Word quand ce dernier aura retrouvé tout son éclat.

Chapitre 30

Une lettre et une enveloppe

Dans ce chapitre :

- Créer une lettre dans Word.
- Configurer Word pour imprimer des enveloppes.
- Ajouter une enveloppe à une lettre.
- Imprimer immédiatement une enveloppe.
- Créer un document d'enveloppe.

Utiliser Word pour écrire une lettre, c'est un peu utiliser un paquebot pour traverser la rue. Il est vrai que ça marche, mais c'est peut-être un peu trop. Avec toutes les fonctions de Word, on oublie facilement que la majeure partie des tâches pour lesquelles les gens utilisent un traitement de texte sont plutôt simples. Par exemple : écrire une lettre et faire l'enveloppe.

Il y a quelques années, écrire une lettre en utilisant un traitement de texte n'était pas un problème. Mais l'enveloppe ? Ce n'était pas un problème, c'était un cauchemar. Heureusement, le temps a passé, et vous allez voir dans ce chapitre non seulement comment écrire une lettre avec Word, mais aussi comment faire l'enveloppe.

Écrire une bonne vieille lettre

La plupart des lettres commencent par deux éléments que l'on trouve en haut : la date, et le nom et l'adresse du destinataire.

La date

Pour insérer une date dans un document Word, utilisez la commande Insertion/Date et heure. Dans la boîte de dialogue Date et heure qui apparaît, sélectionnez le format voulu dans la liste, puis cliquez sur OK.

- Si vous voulez que la date soit toujours celle du jour où vous ouvrez le document, et non de façon permanente celle du jour où vous avez créé la lettre, cochez la case Mettre à jour automatiquement. Cette option insère un *champ* de date dans le document, qui indique toujours la date du jour. Si vous ne voulez pas insérer un champ de date, laissez vide la case Mettre à jour automatiquement.
- Si vous voulez que la date soit alignée sur la marge droite, cliquez sur le bouton Aligné à droite dans la barre d'outils Mise en forme. Après avoir appuyé sur la touche Entrée pour passer au paragraphe suivant, cliquez sur le bouton Aligné à gauche pour revenir à l'alignement normal.
- Vous pouvez aussi insérer un champ de date en appuyant sur Alt+Maj+D.

Automatisation d'une date avec la fonction Insertion automatique

Je pense que vous utilisez la fonction d'insertion automatique de Word. Par exemple, si vous saisissez **Vend**, Word suggère le mot Vendredi. S'il s'agit du jour en cours, Word propose la date complète. Il suffit alors d'appuyer sur Entrée pour qu'elle s'inscrive automatiquement dans votre texte.

Pour en savoir plus sur cette fonction, consultez le Chapitre 7.

L'adresse

Deux lignes au-dessous de la date (appuyez deux fois de suite sur la touche Entrée), la plupart des gens mettent l'adresse de destination. C'est simplement une convention à laquelle tout le monde se conforme. Tapez l'adresse, appuyez sur Entrée un certain nombre de fois, et tapez les noms des destinataires de votre lettre, éventuellement précédés d'une formule standard comme :

```
À l'attention de :
```

Remarquez que la plupart des formules courantes telles que "À l'attention de :" font partie des insertions automatiques de Word. Il vous suffit donc d'en taper le début pour que Word complète le reste dès que vous appuyez sur la touche Entrée. Pour en savoir plus sur l'insertion automatique, reportez-vous au Chapitre 7.

Le corps de la lettre

Le reste de la lettre, c'est votre affaire. Laissez parler votre fantaisie.

Si votre lettre fait plus d'une page, vous pouvez y faire apparaître un numéro de page. Utilisez pour cela la commande Insertion/Numéros de page, comme cela est étudié au Chapitre 15.

Signer votre lettre

Enfin, toute lettre, quand elle n'est pas anonyme, se termine par une signature. Cette signature est généralement précédée d'une formule de politesse.

La dernière étape consiste à imprimer la lettre.

N'OUBLIEZ PAS

- N'oubliez pas d'enregistrer la lettre, même si ce n'est pas un document important.
- Si vous envisagez d'imprimer la lettre sur un papier spécifique, placez-le dans le bac de l'imprimante avant de lancer l'impression.

Tout sur les enveloppes

Pour ajouter une enveloppe à un document, on utilise la commande Enveloppes et étiquettes de Word. Elle vous permet d'imprimer au vol une enveloppe ou d'"attacher" une enveloppe à une lettre pour les imprimer l'une après l'autre. Les sections suivantes vont vous dire tout ce que vous avez besoin de savoir.

Dire à votre imprimante de s'occuper d'une enveloppe

Chaque imprimante a sa propre manière de digérer les enveloppes. Certaines ont même un bac d'alimentation spécial pour les enveloppes ou une autre forme d'alimentation particulière, manuelle ou automatique. Dans les sections suivantes, vous allez voir comment configurer Word pour imprimer correctement une enveloppe sur votre imprimante :

1. **Identifiez le bac ou le système d'alimentation prévu pour les enveloppes sur votre imprimante.**

   Sachez exactement comment doit être insérée l'enveloppe : il y a généralement une icône imprimée ou moulée dans le plastique de l'imprimante qui vous indique à quel endroit et dans quel sens insérer l'enveloppe (au centre, à gauche, à droite, dans le sens de la longueur ou de la largeur...). Voyez aussi si l'enveloppe doit être insérée avec le côté à imprimer vers le haut ou vers le bas (consultez le manuel de votre imprimante).

2. **Sélectionnez Outils/Lettres et publipostage/Enveloppes et étiquettes.**

   La boîte de dialogue Enveloppes et étiquettes apparaît comme sur la Figure 30.1.

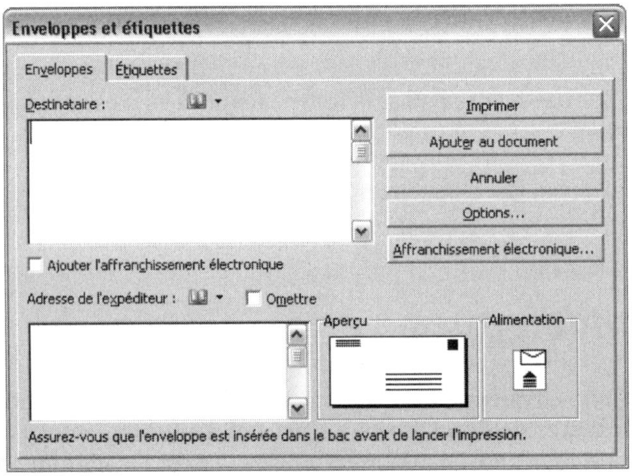

Figure 30.1 La boîte de dialogue Enveloppes et étiquettes.

3. **Affichez le contenu de l'onglet Enveloppes.**

4. **Cliquez sur le bouton Alimentation.**

   La boîte de dialogue Options pour les enveloppes apparaît, avec l'onglet Options d'impression au premier plan.

5. **Sélectionnez la position et l'orientation de l'enveloppe.**

Le principe est de sélectionner ici ce qui correspond au mode d'alimentation de votre imprimante. Sélectionnez l'orientation, puis Face vers le haut ou Face vers le bas. Si nécessaire, cochez la case Rotation de 180°.

6. **Cliquez sur OK.**

   La boîte de dialogue Options pour les enveloppes disparaît.

Vous êtes maintenant prêt à créer ou à imprimer une enveloppe, mais vous pouvez aussi cliquer sur Annuler pour revenir dans votre document. Word connaît maintenant les paramètres de votre imprimante pour les enveloppes, et pourra en imprimer une correctement lorsque vous le lui demanderez.

Ajouter une enveloppe à votre lettre

Un moyen rapide d'imprimer une enveloppe avec une lettre consiste à attacher l'enveloppe à la fin de la lettre. Voici comment :

1. **Créez votre lettre.**

   Pour en savoir plus, reportez-vous aux premières sections de ce chapitre.

2. **Sélectionnez Outils/Lettres et publipostage/Enveloppes et étiquettes.**

   Si votre document inclut une adresse, Word la localise et la place dans le champ Destinataire.

3. **Sinon, saisissez-la.**

4. **Optionnellement, saisissez l'adresse de l'expéditeur dans la zone homonyme.**

5. **Cliquez sur le bouton Ajouter au document.**

   La boîte de dialogue Enveloppes et étiquettes disparaît, et vous revenez dans votre document.

Ce que vous verrez sur l'écran ne sera pas forcément évident, mais la première page de votre lettre est maintenant l'enveloppe (pour mieux vous rendre compte de cette merveille, sélectionnez Fichier/Aperçu avant impression). Une fois que vous êtes prêt à imprimer votre lettre, l'enveloppe est imprimée en premier, suivie aussitôt par la lettre. Il ne vous reste plus qu'à mettre la lettre dans l'enveloppe, à fermer cette dernière et à lui coller un timbre.

- La lettre et l'enveloppe sont imprimées lorsque vous utilisez la commande Fichier/Imprimer dans le document correspondant (vous pouvez aussi appuyer sur Ctrl+P ou cliquer sur le bouton Imprimer dans la barre d'outils).

- La plupart des imprimantes qui nécessitent une insertion manuelle de l'enveloppe vous demandent de le faire au moment voulu. Après l'avoir fait, vous devrez sans doute appuyer sur un bouton nommé Ready, On-line ou Select sur l'imprimante pour qu'elle poursuive (la mienne me demande d'insérer l'enveloppe au moment où elle en a besoin, mais l'imprime automatiquement dès que je le fais).

- Une fois votre enveloppe imprimée, vérifiez que vous n'avez pas mis l'adresse du mauvais côté ou la tête en bas (ça m'arrive assez souvent). Si vous vous êtes trompé, répétez simplement les étapes précédentes.

- Si vous avez du mal à vous souvenir du mode d'alimentation de votre imprimante, faites-en un schéma assez clair, et collez-le sur le capot de l'imprimante.

Imprimer immédiatement une enveloppe

Si, pour une raison quelconque, vous avez besoin d'une enveloppe rapidement, vous pouvez demander à Word de vous l'imprimer au pied levé. Suivez ces étapes :

1. **Sélectionnez Outils/Lettres et publipostage/Enveloppes et étiquettes.**

2. **Dans la boîte de dialogue Enveloppes et étiquettes, tapez l'adresse à imprimer sur l'enveloppe.**

   Si vous voulez mettre en forme l'adresse, tapez-la d'abord dans le document, mettez-la en forme, sélectionnez-la, puis sélectionnez Outils/Lettres et publipostage/Enveloppes et étiquettes. Soyez prudent : n'oubliez pas que votre mise en forme doit tenir sur l'enveloppe.

3. **Cliquez sur le bouton Imprimer.**

   Votre imprimante peut vous demander d'insérer une enveloppe ou l'imprimer directement si elle a déjà ce qu'il lui faut.

L'étrange notion de l'enveloppe comme document

Une *enveloppe* est essentiellement une feuille de papier, bien qu'elle soit pliée et qu'on y ait ajouté un peu de colle, soi-disant comestible. Mais, en fin de compte, une enveloppe n'est rien d'autre qu'un morceau de papier spécialisé. En conséquence, il est possible de configurer Word pour lui faire imprimer une enveloppe d'un format quelconque comme n'importe quel document. Pour cela, suivez ces étapes :

1. **Ouvrez un nouveau document.**

   Le nouveau document apparaît. Vous allez maintenant transformer en enveloppe une simple feuille de papier.

2. **Assurez-vous que vous êtes en mode Page.**

   Si ce n'est pas le cas, sélectionnez Affichage/Page. On y voit plus clair en mode Page.

3. **Sélectionnez Fichier/Mise en page.**

4. **Cliquez sur l'onglet Page.**

5. **Choisissez le papier Enveloppe 132x220 mm.**

6. **Cliquez sur OK.**

   La boîte de dialogue Mise en page disparaît.

   En mode Page, vous voyez votre enveloppe flotter dans la fenêtre du document. Incontestablement, elle ressemble à une enveloppe, comme le prouve la Figure 30.2.

7. **Saisissez l'adresse de l'expéditeur.**

   Contrairement à la boîte de dialogue Enveloppes et étiquettes, vous pouvez ici appliquer une mise en forme, et même insérer une image (à condition de ne pas empiéter sur la zone adresse définie par La Poste).

8. **Créez des espaces pour saisir l'adresse du destinataire.**

   Appuyez sur la touche Entrée autant de fois que nécessaire pour vous trouver à la bonne hauteur pour taper l'adresse. Vous pouvez utiliser la règle verticale pour mesurer la position exacte ou le faire à vue d'œil.

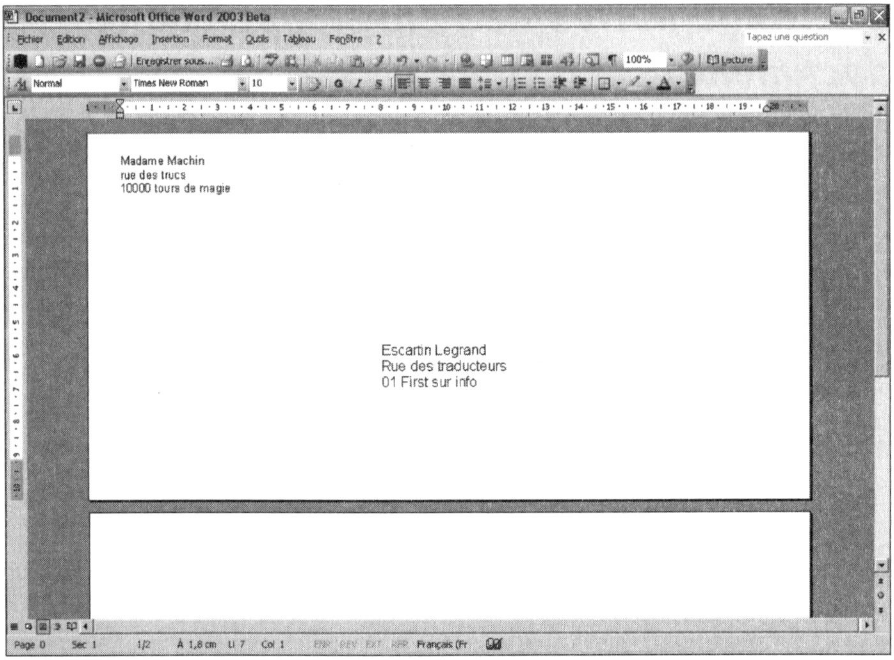

Figure 30.2 Incontestablement, c'est une enveloppe.

9. **Mettez en retrait de 9 cm la marge gauche du paragraphe.**

   Faites glisser l'index Retrait à gauche (le carré au-dessous des deux triangles opposés) jusqu'au repère voulu dans la règle.

10. **Saisissez et mettez en forme l'adresse.**

    Vous avez votre enveloppe.

Voilà ce que vous pouvez faire pour une enveloppe de format habituel. Mais il y a aussi de grandes enveloppes, ou encore divers formats. Pour chacun d'entre eux, La Poste a défini les zones réservées à l'adresse, au timbrage et à l'adresse de l'expéditeur. Si vous avez besoin d'un format particulier, renseignez-vous.

TRUC

Cette manière de créer une enveloppe en tant que document est beaucoup plus souple que ce que permet la boîte de dialogue Enveloppes et étiquettes. Vous pouvez enregistrer ce document sur le disque pour le réutiliser ou, mieux, en faire un modèle. Pour créer un modèle, reportez-vous au Chapitre 17.

Cinquième partie

Des documents auxquels on ne pense pas

"C'est un logiciel qui reflète à la perfection un environnement bureautique réel. Il est multitâche, il partage les données, et utilise à bon escient toutes les rumeurs qui circulent sur les employés du bureau."

Dans cette partie...

Parfois les choses paraissent faciles. C'est la grande force des professionnels. Ce sauteur à la perche qui efface 6 mètres, ce gymnaste qui semble voler sur ses agrès, ce cuisinier qui fait des sauces parfaites sans jamais les brûler, et qui nous fait saliver devant nos postes de télévision. Toutefois, pour en arriver là, des heures d'entraînement et de formation sont nécessaires.

Cette partie aborde des fonctions et des possibilités qui augmentent votre connaissance de Word. Vous atteignez un niveau que personne ne supposait, devenant alors, aux yeux de tous, un expert du traitement de texte. Bientôt vous donnerez des leçons à la télévision qu'un auditoire béat suivra avec la plus grande attention. Vous passez du statut de *nul* à celui de *professionnel* !

Chapitre 31

Brochures et cartes de vœux

Dans ce chapitre :

- Créer une brochure à trois volets.
- Concevoir différents titres de document.
- Utiliser la commande Lettrine.
- Ajouter une zone de texte flottante.
- Imprimer une brochure à trois volets.
- Imprimer une carte de vœux.

Si vous voulez créer avec Word un document qui impressionne les gens, vous êtes dans le bon chapitre. Les informations que vous allez y trouver ne sont en rien secrètes ni bien compliquées. Elles ont même déjà été données dans ce livre, mais je les ai réunies ici dans un *but* précis : créer une brochure à trois volets ou une carte de vœux. Amusez-vous bien !

Votre brochure à trois volets

Il y a sans doute des tâches pour lesquelles vous pensez que Word rencontre ses limites, mais qu'il peut en fait accomplir facilement. Prenez par exemple la brochure à trois volets de la Figure 31.1.

Si vous en avez déjà saisi le texte, il ne faut que quelques minutes pour réaliser une brochure à trois volets. Encore quelques minutes, et elle peut sortir de votre imprimante.

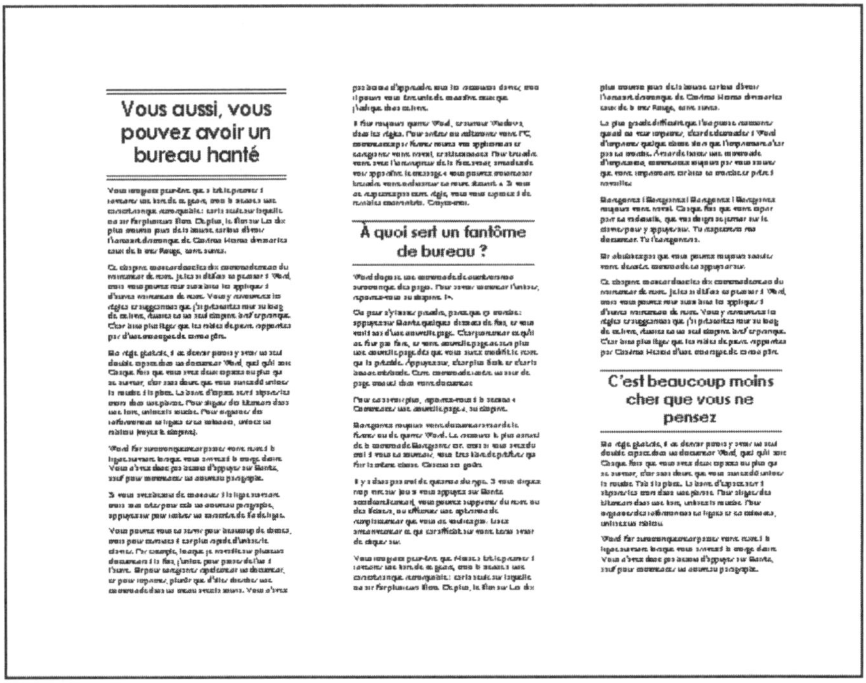

Figure 31.1 La réalisation d'une brochure à trois volets est un jeu d'enfant pour Word.

Donner sa forme à la brochure

Une *brochure à trois volets* est essentiellement une feuille de papier ordinaire, mais présentée dans l'orientation Paysage (plus large que haute), avec deux plis qui définissent les trois volets. Pour l'obtenir dans Word, il suffit de deux étapes simples, *après* avoir rédigé le texte.

TRUC

Il est toujours préférable de rédiger le texte d'abord, et de mettre en forme ensuite. En plus, Word fonctionne plus vite avec une seule colonne (en mode Normal) qu'avec plusieurs. Si vous aviez besoin de modifier votre texte par la suite, rien ne vous en empêcherait.

Pour mettre un document dans l'orientation Paysage, suivez ces étapes :

1. **Sélectionnez Fichier/Mise en page.**

   La boîte de dialogue Mise en page apparaît.

2. **Cliquez sur l'onglet Marges.**

3. **Dans la zone Orientation, sélectionnez Paysage.**

   Voyez l'aperçu : la page a tourné de 90 degrés.

4. **Dans la liste déroulante Appliquer à, sélectionnez À tout le document.**

5. **Cliquez sur OK.**

Pour mettre votre document en trois colonnes, suivez ces étapes :

1. **Sélectionnez Format/Colonnes.**

2. **Dans la zone Prédéfinir, cliquez sur l'icône Trois.**

   Cette zone est en haut de la boîte de dialogue.

3. **Dans la liste déroulante Appliquer à, sélectionnez À tout le document.**

4. **Cliquez sur OK.**

Votre document est maintenant mis en forme pour que le texte qu'il contient soit réparti en trois volets sur une seule page dans l'orientation Paysage. Pour répartir votre texte sur les deux côtés de la page, il faut quelques astuces supplémentaires, décrites dans la section "Imprimer la brochure", plus loin dans ce chapitre.

Donner un titre à votre brochure

Le meilleur moyen de créer un titre pour une brochure consiste à créer un tableau. Non seulement un tableau donne des facilités pour créer des bordures, mais il vous permet aussi d'ajouter un peu de texte à droite ou à gauche du titre, sans avoir à vous compliquer la vie avec des tabulations et des subtilités de mise en forme de paragraphe.

Pour créer le titre de votre document, utilisez les instructions de création d'un tableau de données au Chapitre 20. C'est ce que j'ai fait dans la Figure 31.1. J'ai ensuite utilisé la commande Format/Bordure et trame pour ajouter les bordures du haut et du bas. J'aurais pu également utiliser le volet Trame de fond de la boîte de dialogue Bordure et trame pour donner une couleur de fond au titre du document.

Si vous voulez faire des choses un peu plus amusantes, vous pouvez créer un titre en trois colonnes avec du texte dans la colonne de droite et dans la colonne de gauche, et le titre lui-même au milieu. Et n'oubliez pas que vous pouvez facilement insérer une image dans un tableau.

Commencer un paragraphe par une lettrine

Une *lettrine* est la première lettre d'un texte quelconque, qui apparaît dans une taille nettement supérieure et dans une police différente du reste du texte. La Figure 31.1 en montre un exemple. Voici comment ajouter une lettrine dans votre brochure (ou à tout document existant) :

1. **Placez le curseur dans le paragraphe que vous voulez faire commencer par une lettrine.**

   Par exemple, "Il était une fois...".

   Il est également préférable que le paragraphe soit aligné à gauche et ne soit pas mis en retrait, que ce soit par une tabulation ou par les procédés de mise en forme présentés dans la deuxième partie.

2. **Sélectionnez Format/Lettrine.**

   La boîte de dialogue Lettrine apparaît (Figure 31.2).

Figure 31.2 La boîte de dialogue Lettrine.

3. **Sélectionnez un style de lettrine.**

   Avec la première option, Aucune, vous n'avez pas de lettrine. Vous avez ensuite le choix entre Dans le texte et Dans la marge. Pour ma part, je préfère Dans le texte. Sélectionnez ce que vous préférez.

   Si vous le souhaitez, sélectionnez une police.

Vous pouvez aussi vous amuser avec les autres options qui permettent de préciser les dimensions et le placement de la lettrine par rapport au texte.

4. **Cliquez sur OK.**

   Si vous êtes en mode Normal, Word passe automatiquement en mode Page pour que vous puissiez voir la lettrine en action.

   La lettrine apparaît sélectionnée, dans un cadre auquel sont attachées huit petites poignées noires. Le lecteur attentif aura remarqué : comme une image que vous venez d'insérer (voyez le Chapitre 23).

   Il vous faudra peut-être faire glisser la lettrine (qui se comporte donc comme une image) pour la placer exactement où vous voulez, surtout si vous utilisez un tableau pour le titre du document, comme dans la Figure 31.1. Placez le pointeur entre deux poignées sur le cadre de la lettrine (celle-ci étant sélectionnée). Vous pouvez faire glisser lorsque le pointeur prend la forme de quatre flèches pointant dans des directions opposées.

5. **Cliquez dans le texte (pas sur la lettrine).**

   La lettrine est désélectionnée. Vous pouvez continuer à travailler sur votre texte.

TRUC

Si vous voulez annuler une lettrine, cliquez dessus pour la sélectionner, puis sélectionnez Format/Lettrine. Dans la boîte de dialogue Lettrine, double-cliquez sur l'icône Aucune, et cliquez sur OK. La lettrine disparaît.

Faire flotter une zone de texte

Il y a un autre élément amusant que vous pouvez ajouter dans une brochure : la *zone de texte flottante*. Elle fonctionne essentiellement comme une image qui flotte au-dessus de votre texte. La différence est que cette "image" est réellement une portion de texte que vous pouvez modifier et mettre en forme. Voici comment faire :

1. **Placez le curseur approximativement à l'endroit où vous voulez mettre la zone de texte flottante.**

   Comme vous pourrez la déplacer par la suite, il n'est pas nécessaire d'être précis, mais il faut bien commencer quelque part.

2. **Sélectionnez Insertion/Zone de texte.**

   Si vous êtes en mode Normal, l'affichage bascule en mode Page.

   Un texte vous invite à saisir le vôtre dans votre zone de texte. Comme vous n'en avez pas besoin :

3. **Appuyez sur la touche Suppr.**

4. **Faites glisser le pointeur pour définir les contours de votre zone de texte.**

   En maintenant enfoncé le bouton gauche de la souris, tracez un rectangle en faisant glisser du coin supérieur gauche au coin inférieur droit. Lorsque vous relâchez le bouton de la souris, vous voyez flotter votre zone de texte au-dessus de votre texte, comme le montre la Figure 31.3.

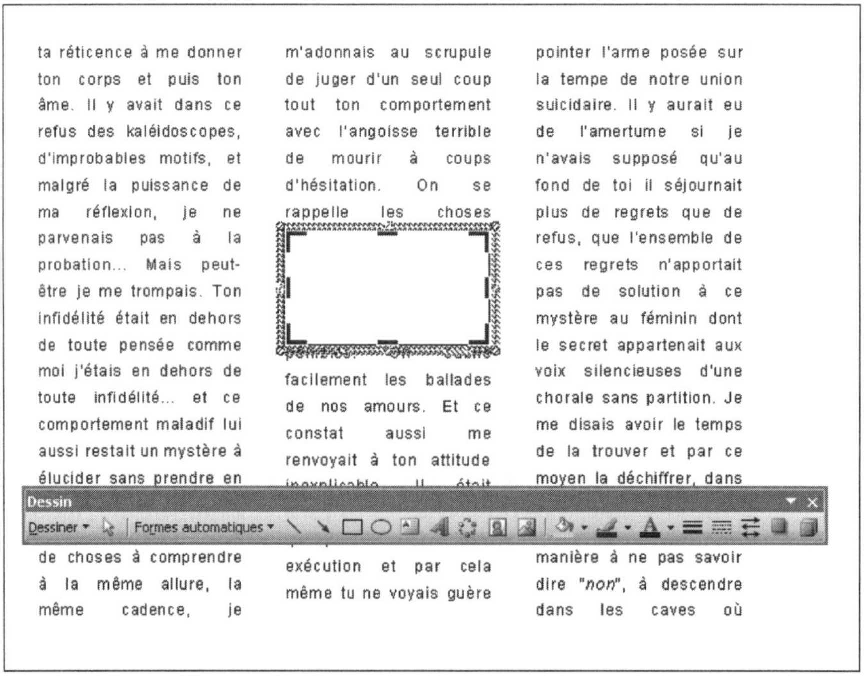

Figure 31.3 Tracer une zone de texte dans votre document.

5. **Saisissez et mettez en forme le texte de la zone de texte.**

Vous pouvez utiliser tous les procédés habituels de Word pour saisir et mettre en forme du texte dans la zone de texte, comme à n'importe quel endroit dans le document. Vous pouvez utiliser des polices, des styles, et tous les attributs de mise en forme de caractères et de paragraphe que vous voulez. Vous pouvez même faire pivoter le texte de 90 degrés.

Pour redimensionner la zone de texte, faites glisser les poignées de ses coins et de ses bords.

Pour déplacer la zone de texte, placez le pointeur sur le cadre, entre deux poignées. Lorsqu'il prend la forme de quatre flèches pointant dans des directions opposées, vous pouvez faire glisser la zone de texte.

Pour définir un style de bordure pour la zone de texte, utilisez le bouton Style de trait dans la barre d'outils Dessin. D'autres boutons de cette barre d'outils ont un effet sur la zone de texte. Ne vous privez pas de les essayer.

6. **Une fois que vous avez terminé, cliquez dans le texte de votre document.**

   La zone de texte est désélectionnée, et vous pouvez à nouveau travailler au texte de votre document. Si vous voulez masquer la barre d'outils Dessin, sélectionnez Affichage/Barres d'outils/Dessin.

Si vous voulez revenir à la zone de texte pour en modifier le contenu, il vous suffit de cliquer dedans.

Il est plus facile de travailler avec des zones de texte en mode Page. Cependant, vous pouvez également les manipuler en mode Normal.

Imprimer la brochure

Pour imprimer une brochure, le mieux est d'avoir recours aux services d'un imprimeur professionnel. Mais si votre budget est serré, vous pouvez le faire vous-même.

Commencez par imprimer un premier exemplaire pour voir exactement comment les choses se passent. Une fois que tout est bien au point, vous pouvez imprimer un lot de brochures.

Pour imprimer un premier exemplaire de la brochure, suivez ces étapes :

1. **Mettez votre imprimante en marche et en état d'imprimer.**

2. **Sélectionnez Fichier/Imprimer.**

3. **Dans la deuxième liste déroulante Imprimer, sélectionnez Pages impaires.**

   Cette liste se trouve dans la partie inférieure gauche de la boîte de dialogue. Vous allez commencer par imprimer la première face de la brochure, c'est-à-dire les pages impaires.

4. **Cliquez sur OK.**

Les pages impaires de votre brochure sont imprimées. Si vous en avez plusieurs, vous voyez apparaître les pages 1, 3, 5, et ainsi de suite.

Voici maintenant la partie délicate :

Prenez les feuilles que vous avez obtenues, et remettez-les dans le bac d'alimentation papier de votre imprimante, mais en les retournant. Le but de l'opération est évidemment d'imprimer les pages paires de l'autre côté. Il vous faudra peut-être vous y reprendre à plusieurs fois pour réaliser toute l'opération sans erreur. Il vous faut faire en sorte que les feuilles soient placées et orientées dans le bac de telle façon que les pages paires soient imprimées sur la bonne face et dans la bonne direction. Si vous n'obtenez pas du premier coup le résultat voulu, ne vous découragez pas, et notez bien l'orientation des feuilles dans le bac pour en déduire celle qui convient.

Une fois que vous avez remis les feuilles de papier dans le bac dans l'orientation voulue, suivez ces étapes pour imprimer les pages paires :

1. **Sélectionnez Fichier/Imprimer.**

2. **Dans la deuxième liste Imprimer, sélectionnez Pages paires.**

3. **Cliquez sur OK.**

Vérifiez le résultat. Éventuellement, recommencez avec la bonne orientation du papier.

Autre point à vérifier : la position de vos colonnes par rapport aux plis de la brochure. Si un ajustement est nécessaire, utilisez la boîte de dialogue Colonnes pour redéfinir la largeur et l'espacement des colonnes. Vous pouvez aussi utiliser l'onglet Marges de la boîte de dialogue Mise en page pour ajuster les marges de la page.

Une fois que vous êtes prêt à produire votre brochure en quantité, répétez les étapes précédentes en spécifiant le nombre d'exemplaires voulu dans le champ

Nombre de copies de la boîte de dialogue Imprimer (attention à la capacité du bac d'alimentation de votre imprimante).

Faites vous-même vos cartes de vœux

Une carte de vœux n'est rien d'autre qu'une variante de l'exemple de brochure que nous venons de voir, à une exception près.

Pour créer avec Word une carte de vœux à partir d'une simple feuille de papier de format standard, suivez ces étapes :

1. **Sélectionnez Fichier/Mise en page.**

2. **Cliquez sur l'onglet Marges.**

3. **Dans la zone Orientation, sélectionnez Paysage.**

4. **Dans la liste déroulante Afficher plusieurs pages, sélectionnez** `2 pages par feuille`.

   Comme vous le montre l'aperçu, chaque feuille est ainsi divisée en deux verticalement, ce qui vous donne (vous avez deviné) une carte de vœux.

5. **Cliquez sur OK.**

Votre document est maintenant convenablement mis en forme. Il ne vous reste plus qu'à taper dans votre carte le texte que vous voulez y mettre, et peut-être à y insérer quelques images. Mais il y a une manière spéciale de procéder.

Votre carte de vœux doit faire au total quatre pages : deux à l'intérieur et deux à l'extérieur (n'oubliez pas qu'il y a deux pages par feuille). Voici à quoi correspondent ces quatre pages :

- **La page 1** est la page intérieure gauche. En général, elle est laissée en blanc. Dans votre document, vous pouvez donc appuyer sur Ctrl+Entrée pour insérer un saut de page manuel sans rien mettre sur cette page.

- **La page 2** est la page intérieure droite. C'est là que vous allez écrire vos vœux, avec peut-être une image.

- **La page 3** est la page de "couverture". Elle peut rester en blanc, mais vous pouvez aussi y mettre en bas un texte en tout petits caractères pour faire croire que vous avez acheté la carte dans un magasin.

- **La page 4** est la "quatrième de couverture" de votre carte de vœux. Vous pouvez y mettre une image ou un texte, ou les deux.

Je vous assure que ça marche.

Il ne vous reste plus qu'à y ajouter le texte que vous voulez.

Pour imprimer votre carte de vœux, il faut un peu d'astuce. Suivez ces étapes :

1. **Sélectionnez Fichier/Imprimer.**

2. **Dans le champ Pages, tapez 1-2.**

   Pour votre premier essai, vous n'allez imprimer que les pages 1 et 2.

3. **Cliquez sur OK.**

   Une fois la feuille sortie de l'imprimante, remettez-la dans le bac d'alimentation, dans le sens voulu pour que la suivante soit imprimée de l'autre côté et dans la bonne orientation.

Vous pouvez maintenant imprimer l'extérieur :

1. **Sélectionnez Fichier/Imprimer.**

2. **Dans le champ Pages, tapez 3-4.**

   Cette fois-ci, vous n'imprimez que les pages 3 et 4.

3. **Cliquez sur OK.**

   Si tout s'est bien passé, vous devez pouvoir plier en deux votre feuille pour obtenir votre carte de vœux telle que vous l'avez conçue.

TRUC

Si vous voulez vous lancer dans une mise en forme élaborée de votre carte de vœux, vous pouvez utiliser des sauts de section à la place de sauts de page manuels pour en séparer les différentes parties.

ATTENTION !

Méfiez-vous des papiers épais. Ils ont tendance à produire des bourrages avec la plupart des imprimantes laser (si votre imprimante laser dispose d'une alimentation feuille à feuille, il est possible que ça marche). Ce n'est pas forcément facile non plus avec une imprimante à jet d'encre.

Chapitre 32

Créer des étiquettes

Dans ce chapitre :

- Tout sur les étiquettes.
- Imprimer une feuille d'étiquettes.
- Imprimer une feuille d'étiquettes avec une image.

L'une des fonctions les plus ésotériques de Word est l'impression d'étiquettes. Cette tâche n'est pas tellement en dehors du domaine du traitement de texte. La première fois que j'ai imprimé mes propres étiquettes, c'était avec WordPerfect 4.0, à l'époque lointaine de DOS. Contrairement à WordPerfect 4.0, toutefois, Word dispose de sa propre fonction Étiquettes, avec de nombreuses options. Ce chapitre va vous dire comment les utiliser.

Tout sur les étiquettes

Comme mon écriture est plutôt du genre illisible, j'imprime des étiquettes avec mon nom et mon adresse, et je les colle sur l'enveloppe de chaque lettre que j'envoie. Bien sûr, on peut utiliser des étiquettes pour toutes sortes d'autres raisons.

Si vous êtes curieux de savoir quels types d'étiquettes vous pouvez utiliser, vous trouverez la réponse dans toutes les bonnes papeteries. Vous y trouverez toutes sortes de formats, entre autres pour les disquettes et les CD-ROM.

Avant d'acheter des étiquettes, assurez-vous qu'elles sont compatibles avec votre imprimante. Les imprimantes laser nécessitent des étiquettes spéciales, de même que certaines imprimantes à jet d'encre. Les imprimantes à impact ont besoin d'un support à picots pour l'entraînement du papier.

TRUC

De toutes les marques d'étiquettes existantes, je recommande Avery. Ses références sont standard et reconnues par la majorité des ordinateurs. Si vous achetez la référence Avery 5160 (ou autre), votre programme et votre imprimante connaissent le type d'étiquettes que vous vous apprêtez à créer.

Imprimer une feuille d'étiquettes identiques

Voici comment procéder pour imprimer une feuille entière d'étiquettes avec Word, portant par exemple votre nom et votre adresse :

1. **Sélectionnez Outils/Lettres et publipostage/Enveloppes et étiquettes.**
2. **Cliquez sur l'onglet Étiquettes.**

   L'onglet Étiquettes apparaît (Figure 32.1).

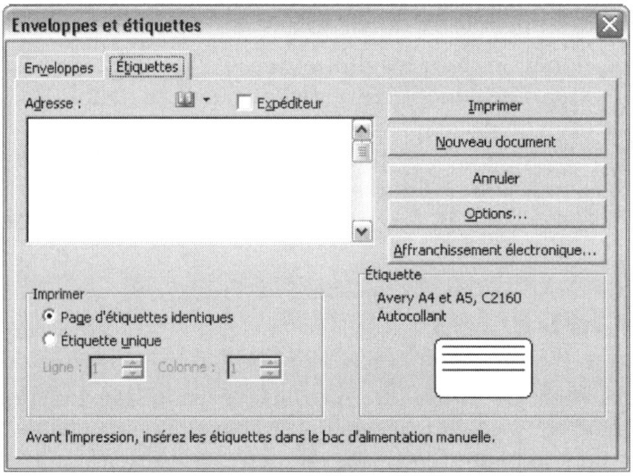

Figure 32.1 L'onglet Étiquettes de la boîte de dialogue Enveloppes et étiquettes.

3. **Sélectionnez le type d'étiquette que vous voulez imprimer.**

   Vérifiez que le modèle indiqué dans la zone Étiquette (en bas à droite) correspond bien aux étiquettes sur lesquelles vous voulez imprimer.

   Si le modèle ne correspond pas, cliquez sur le bouton Options pour afficher la boîte de dialogue Options pour les étiquettes. Dans cette boîte de dialogue, sélectionnez la marque et le modèle de vos étiquettes dans les listes déroulantes Tailles internationales et Numéro de référence, puis cliquez sur OK.

4. **Dans le champ Adresse, tapez le texte que vous voulez imprimer sur les étiquettes.**

   N'oubliez pas la largeur et la hauteur dont vous disposez pour le modèle sélectionné. Vous ne pouvez pas faire de mise en forme à cette étape, mais vous le pourrez à l'étape 6.

   Appuyez sur Entrée à la fin de chaque ligne.

   A ce niveau, vous pouvez appliquer une mise en forme simple : Gras, Italique, Souligné. Si vous cliquez dans la zone Adresse avec le bouton droit de la souris, choisissez Police ou Paragraphe dans le menu local qui apparaît.

5. **Cliquez sur le bouton Nouveau document.**

   Vous pensiez peut-être que vous pouviez déjà cliquer sur le bouton Imprimer ? Un peu de patience. Imprimer une étiquette est plus compliqué qu'il n'y paraît, et il vous reste encore quelques détails à mettre au point.

   Dans le nouveau document qui s'affiche, les étiquettes apparaissent comme un tableau. À partir de là, vous pouvez mettre en forme vos étiquettes comme dans n'importe quel tableau (pour en savoir plus sur les tableaux, reportez-vous au Chapitre 20).

   Faites attention à ne pas toucher aux dimensions des lignes et des colonnes. Elles ont été calculées pour la taille des étiquettes et leur répartition sur la feuille. Si vous changez quelque chose, vous risquez fort d'imprimer à côté.

6. **Si vous le souhaitez, mettez en forme les étiquettes.**

   Appuyez sur Ctrl+A pour sélectionner tout le document (il ne fait qu'une page), puis sélectionnez la police qui vous convient. Pour en savoir plus sur la mise en forme, reportez-vous au Chapitre 11.

   Ne touchez pas à la mise en forme des marges des paragraphes. Tout cela a été calculé pour le modèle d'étiquettes sélectionné.

   Vous pouvez modifier le contenu de chaque étiquette. Rien ne vous empêche d'avoir besoin d'étiquettes d'adresses pour différentes personnes. Faites seulement attention à ne pas modifier le format.

7. **Imprimez le document.**

Assurez-vous que votre imprimante est en marche et prête à imprimer, que vous y avez mis le bon modèle d'étiquettes, dans le bon sens, et ainsi de suite. Puis imprimez votre document comme vous le feriez normalement. Cliquez sur le bouton Imprimer dans la barre d'outils : les étiquettes sortent de votre imprimante, prêtes à être collées.

- À moins que vous n'ayez l'intention de réimprimer par la suite les mêmes étiquettes, il n'est pas nécessaire d'enregistrer le document. Appuyez sur Ctrl+W pour fermer le document, et cliquez sur Non pour ne pas enregistrer.
- Avery, l'un des fabricants d'étiquettes les plus connus, vend un programme nommé LabelPro que j'utilise pour gérer et imprimer mes étiquettes. Je vous le recommande.
- Il est également possible d'imprimer des étiquettes à partir d'une base de données d'étiquettes, en utilisant la fonction Fusion et publipostage de Word. Hélas ! c'est un processus compliqué, qui appartient au domaine des fonctions avancées de Word. Il donne les meilleurs résultats si vous avez créé une base de données ou si vous utilisez Outlook pour maintenir une liste de contacts. Même si tout ce travail est déjà fait, il reste encore beaucoup de mise en forme et d'autres aspects à mettre au point, ce qui constitue une lourde tâche plutôt qu'une facilité.

Imprimer une feuille d'étiquettes avec des images

Il est possible d'ajouter des images à une étiquette. Voici comment procéder :

1. **Créez un nouveau document.**
2. **Choisissez Affichage/Barre d'outils/Fusion et publipostage.**

   La barre d'outils du même nom apparaît.
3. **Cliquez sur le bouton Préparation du document principal.**

4. **Dans la boîte de dialogue Type de document principal, choisissez Etiquettes.**
5. **Cliquez sur OK.**

La boîte de dialogue Options pour les étiquettes apparaît.

6. **Sélectionnez un type d'étiquette dans la liste Tailles internationales. Ensuite, choisissez un numéro de référence.**

   Par exemple, choisissez la taille internationale Avery standard et la référence 5160.

7. **Cliquez sur OK.**

   Le document est alors divisé en cellules comme un tableau géant.

8. **Cliquez sur Insertion/Image/A partir du fichier.**

9. **Dans la boîte de dialogue Insérer une image, localisez celle qui va illustrer votre étiquette.**

10. **Cliquez sur le bouton Insérer.**

    Heureusement, Word est intelligent. Il redimensionne votre image pour qu'elle s'ajuste à la taille de l'étiquette.

11. **Cliquez sur l'image pour la sélectionner.**

    Huit poignées apparaissent autour de l'image. Utilisez-les pour la redimensionner.

12. **Cliquez sur la poignée située dans le coin inférieur droit, puis faites-la glisser vers le haut pour réduire la taille de l'image insérée.**

13. **Double-cliquez sur l'image.**

    La boîte de dialogue Format de l'image apparaît.

14. **Cliquez sur l'onglet Habillage.**

15. **Choisissez l'option Encadré.**

16. **Cliquez sur OK.**

17. **Utilisez la souris pour placer l'image dans l'étiquette.**

    Utilisez les poignées pour redimensionner l'image, ou utilisez la poignée verte pour la faire pivoter.

    Créez maintenant votre texte.

18. **Cliquez en dehors de l'image, mais dans la même cellule.**

19. **Saisissez le texte de votre étiquette.**

20. **Cliquez sur le bouton Propager les étiquettes de la barre d'outils Fusion et publipostage.**

    Votre étiquette est répartie sur toute la page comme le montre la Figure 32.2.

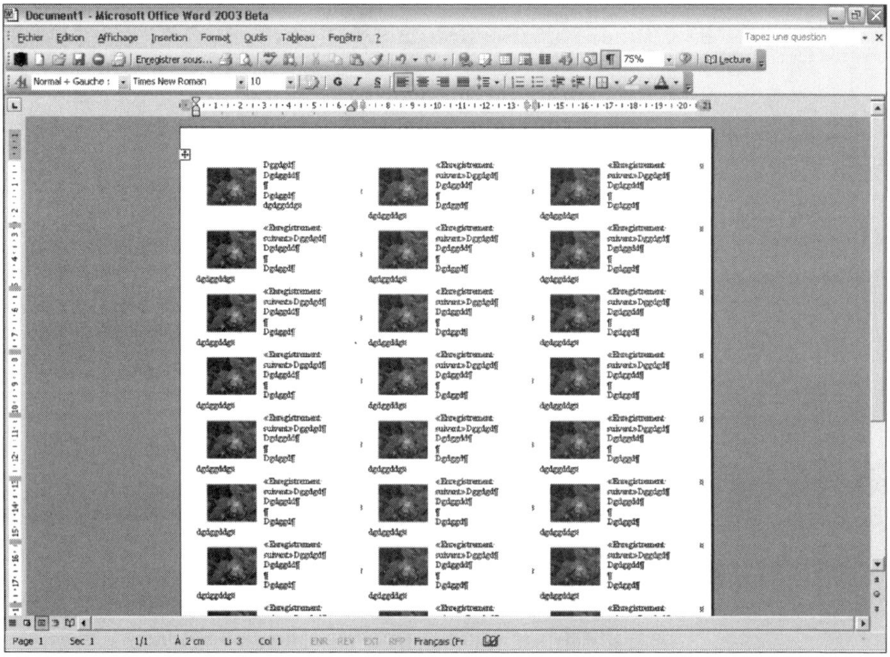

Figure 32.2 Créer des étiquettes avec des images.

21. **Sélectionnez le texte Enregistrement suivant, incluant les guillemets.**

22. **Appuyez sur Ctrl+C pour copier ce texte.**

23. **Appuyez sur Ctrl+H pour ouvrir la boîte de dialogue Rechercher et remplacer.**

24. **Cliquez dans le champ Rechercher et appuyez sur Ctrl+V pour coller le texte copié à l'étape 22.**

    Ne remplissez pas le champ Remplacer par.

25. Cliquez sur le bouton Remplacer tout.

Vos étiquettes sont prêtes pour l'impression.

- Si vous désirez imprimer une page d'étiquettes identiques, suivez les étapes de la précédente section.
- N'oubliez pas d'enregistrer votre travail ! Il est très facile d'imprimer une nouvelle page d'étiquettes si elle est déjà sauvegardée sur votre disque dur.
- Pour plus d'informations sur l'insertion des images dans Word, consultez le Chapitre 23.

Sixième partie

Les dix commandements

Dans cette partie...

Bienvenue dans la partie la plus pragmatique de ce livre ! J'y ai regroupé un certain nombre de conseils, par groupes de dix, sur des thèmes différents. Je ne peux pas vous garantir absolument que ce soient les dix plus importants, mais j'aime bien cette idée : "Dix monuments dont personne n'a jamais entendu parler" ou "Dix planètes dans la prochaine version du système solaire", ou encore "Dix groupes de rock qui veulent embaucher Margaret Thatcher". Voilà le genre de choses qui fait marcher le monde. Autrement dit, c'est à ne jamais perdre de vue.

Les quatres chapitres de cette partie contiennent donc en principe dix conseils. Vous allez-y trouver des astuces, des commentaires, des suggestions, des choses à éviter et des choses à retenir. C'est la manière traditionnelle de conclure un livre "Pour les Nuls". Et pour respecter la tradition, sachez que chaque chapitre ne contient pas nécessairement exactement dix conseils. Après tout, s'il y a un onzième groupe de rock qui veut embaucher Margaret Thatcher, pourquoi ne pas en parler aussi ?

Chapitre 33

Les dix commandements de Word

Dans ce chapitre :

- Tu ne taperas point d'espaces inutiles.
- Tu n'appuieras point sur Entrée à la fin de chaque ligne.
- Tu ne négligeras point ton clavier.
- Tu n'arrêteras ni ne redémarreras ton PC avant d'avoir quitté Word et Windows.
- Tu ne numéroteras point manuellement tes pages.
- Tu n'utiliseras point la touche Entrée pour commencer une nouvelle page.
- Tu ne fermeras point ton document sans l'enregistrer.
- Tu ne cliqueras point trop vite sur OK.
- Tu n'oublieras point de mettre en marche ton imprimante.
- Tu te souviendras d'enregistrer ton travail.

Moïse a peut-être été le premier à inventer une liste de ce genre, mais la sienne a une caractéristique remarquable : elle est la seule sur laquelle on a fait plusieurs films. De plus, le film sur *Les dix plus mauvais jours de la Bourse* est loin d'avoir l'intensité dramatique de Charlton Heston divisant les eaux de la mer Rouge, entre autres.

Ce chapitre contient donc les dix commandements du traitement de texte. Je les ai définis en pensant à Word, mais vous pouvez tout aussi bien les appliquer à d'autres traitements de texte. Vous y retrouverez les règles et suggestions que j'ai présentées tout au long de ce livre, réunies en un seul chapitre bref et pratique. C'est bien plus léger que les tables de pierre rapportées par Charlton Heston d'une montagne de carton-pâte.

Tu ne taperas point d'espaces inutiles

En règle générale, il ne devrait jamais y avoir un seul double espace dans un document Word, quel qu'il soit. Chaque fois que vous avez deux espaces ou plus qui se suivent, c'est sans doute que vous auriez dû utiliser la touche Tab à la place. La barre d'espace sert à séparer les mots dans une phrase. Pour aligner des éléments dans une liste, utilisez la touche Tab. Pour organiser des informations en lignes et en colonnes, utilisez un tableau (voyez le Chapitre 20).

Tu n'appuieras point sur Entrée à la fin de chaque ligne

Word fait automatiquement passer votre texte à la ligne suivante lorsque vous arrivez à la marge droite. Vous n'avez donc pas besoin d'appuyer sur Entrée à la fin d'une ligne, sauf pour commencer un nouveau paragraphe.

Si vous avez besoin de continuer à la ligne suivante mais sans créer pour cela un nouveau paragraphe, appuyez sur Maj+Entrée pour insérer un caractère de *fin de ligne*.

Tu ne négligeras point ton clavier

Word est une application Windows, et Windows utilise abondamment la souris. Vous pouvez vous en servir pour beaucoup de choses, mais pour certaines il est plus rapide d'utiliser le clavier. Par exemple, lorsque je travaille sur plusieurs documents à la fois, j'utilise Alt+Tab pour passer de l'un à l'autre. De même, plutôt que d'aller chercher une commande dans un menu avec la souris, je me sers de Ctrl+S pour enregistrer rapidement un document et de Ctrl+P pour imprimer. Vous n'avez pas besoin d'apprendre tous les raccourcis clavier, mais il pourra vous être utile de connaître ceux que j'indique dans ce livre.

Tu n'arrêteras ni ne redémarreras ton PC avant d'avoir quitté Word et Windows

Il faut toujours quitter Word, et surtout Windows, dans les règles. Pour arrêter ou redémarrer votre PC, commencez par fermer toutes vos applications et enregistrer votre travail, et sélectionnez Démarrer/Arrêter. Pour éteindre votre PC avec l'interrupteur de la face avant, attendez de voir apparaître le message "Vous pouvez maintenant éteindre votre ordinateur en toute sécurité". Si vous ne respectez pas cette règle, vous vous exposez à de terribles contrariétés. Croyez-moi.

Tu ne numéroteras point manuellement tes pages

Word dispose d'une commande de numérotation automatique des pages. Pour savoir comment l'utiliser, reportez-vous au Chapitre 14.

Tu n'utiliseras point la touche Entrée pour commencer une nouvelle page

On peut s'y laisser prendre, parce que ça marche : appuyez sur Entrée quelques dizaines de fois, et vous voilà dans d'une nouvelle page. C'est justement ce qu'il ne faut pas faire, et votre nouvelle page ne sera plus une nouvelle page dès que vous aurez modifié le texte qui la précède. Appuyez sur Ctrl+Entrée, c'est plus facile et c'est la bonne méthode. Cette commande insère un saut de page manuel dans votre document.

Pour en savoir plus, reportez-vous à la section "Commencer une nouvelle page", au Chapitre 14.

Tu ne fermeras point ton document sans l'enregistrer

Enregistrez toujours votre document avant de le fermer ou de quitter Word. Le raccourci le plus naturel de la commande Enregistrer est Ctrl+S, mais si vous avez du mal à vous en souvenir, vous êtes libre de préférer Maj+F12 qui fait la même chose. Chacun ses goûts.

Tu ne cliqueras point trop vite sur OK

Il y a dans Word pas mal de questions du type Oui/Non/OK. Si vous cliquez trop vite sur OK (ou si vous appuyez sur Entrée accidentellement), vous pouvez supprimer du texte ou des fichiers, ou effectuer une opération de remplacement que vous ne vouliez pas. Lisez attentivement ce qui est affiché sur votre écran avant de cliquer sur OK.

Certaines boîtes de dialogue ont un bouton Fermer au lieu d'un bouton OK. Un bouton Fermer permet de fermer une boîte de dialogue après y avoir simplement validé certaines options, mais sans aller nécessairement jusqu'au bout de son utilisation. Par exemple, vous pouvez sélectionner une imprimante dans la boîte de dialogue Imprimer, puis cliquer sur Fermer pour reprendre votre travail sans imprimer.

Et n'oubliez pas que, dans la plupart des cas, vous pouvez annuler votre dernière commande en appuyant sur Ctrl+Z.

Tu n'oublieras point de mettre en marche ton imprimante

La plus grande difficulté que l'on puisse rencontrer quand on veut imprimer, c'est de demander à Word d'imprimer quelque chose alors que l'imprimante n'est pas en marche. Avant de lancer une commande d'impression, commencez toujours par vous assurer que votre imprimante est bien en marche et prête à travailler.

Si un document ne s'imprime pas tout de suite, n'essayez pas (ou au moins, essayez de ne pas essayer) de répéter la commande d'impression. Chaque fois que vous lancez une commande d'impression, Word essaie d'imprimer le document correspondant. S'il lui faut un peu de temps pour y arriver, toutes vos commandes seront finalement exécutées, à moins que vous ne fassiez quelque chose pour les interrompre.

Tu te souviendras d'enregistrer ton travail

Enregistrez ! Enregistrez ! Enregistrez ! Enregistrez toujours votre travail. Chaque fois que votre esprit part en vadrouille, que vos doigts se jettent sur le clavier pour y appuyer sur Ctrl+S ! Tu respecteras ton document. Tu l'enregistreras.

Chapitre 34

Dix trucs vraiment bizarres

Dans ce chapitre :

- Espaces et traits d'union insécables.
- L'Explorateur de documents.
- La commande Coupure de mots.
- Word fait des calculs.
- Les macros.
- L'obtuse commande Renvoi.
- Des recherches.
- Quand Word perd les pédales.
- Ces étranges "balises actives".
- La signature électronique.

Dans ce programme, toutes les fonctions sont bizarres, mais certaines sont plus bizarres que d'autres. Voici la liste des dix que je trouve les plus bizarres. Je ne les ai pas classées dans un ordre particulier. Si vous avez du cœur au ventre, lisez.

Les insécables

Il y a deux touches curieuses sur votre clavier : la barre d'espace et la touche du trait d'union. Ce qu'elles ont de spécial, c'est que Word peut se servir de l'un ou l'autre de ces caractères pour placer la fin d'une ligne de texte. Une ligne peut se terminer par l'espace qui sépare deux mots, mais aussi par le trait d'union qui sépare les deux parties d'un mot composé.

Il arrive toutefois qu'on ne veuille pas qu'un certain espace ou un certain trait d'union corresponde à une fin de ligne. Par exemple, on ne voudra pas couper en deux un numéro de téléphone, présenté par groupe de deux ou trois chiffres séparés par des espaces. La même chose peut se produire avec un trait d'union. Pour ces situations-là, il existe un espace insécable et un trait d'union insécable.

Pour insérer un espace insécable au lieu d'un espace ordinaire, appuyez sur Ctrl+Maj+Barre d'espace.

Pour insérer un trait d'union insécable au lieu d'un trait d'union ordinaire, appuyez sur Ctrl+_ (le tiret de soulignement, sous le 8 du clavier principal).

L'Explorateur de documents

L'Explorateur de documents est là pour vous faciliter la navigation dans vos documents, à condition que vous utilisiez les styles de titre de Word. Sélectionnez Affichage/Explorateur de documents (ou cliquez sur le bouton Explorateur de documents dans la barre d'outils Standard), et un volet apparaît dans la partie gauche de la fenêtre, affichant ce qui n'est rien d'autre que le plan de votre document sur la base des styles de titre. Vous pouvez cliquer sur le signe + devant un titre pour faire apparaître les titres de niveau inférieur (comme avec le mode Plan), et si vous cliquez sur un titre, l'affichage du texte dans le volet de droite de la fenêtre passe automatiquement au titre correspondant.

Cette fonction peut être particulièrement utile. Pour moi, comme j'utilise les styles de titre, l'Explorateur de documents me donne rapidement une vue d'ensemble de la structure de mon document (comme un mode Plan en miniature, mais en permettant d'afficher et de modifier le texte en même temps). C'est une fonction superbe mais bizarre, raison pour laquelle je l'ai mise dans ce chapitre.

Pour fermer l'Explorateur de documents, faites comme pour l'ouvrir : sélectionnez Affichage/Explorateur de documents, ou cliquez sur le bouton dans la barre d'outils.

La coupure de mot

La coupure de mot est une commande qui choisit automatiquement le mot à couper à la fin d'une ligne et la manière de le couper, afin que le texte soit réparti plus harmonieusement sur la page. La plupart des gens ne l'utilisent

ATTENTION !

Une dangereuse bizarrerie à éviter à tout prix

Après bien des années d'utilisation de Word, j'ai découvert l'une des commandes les plus consternantes de toute l'histoire du traitement de texte. C'est la terrifiante commande de suppression d'élément de menu, sur laquelle vous risquez de tomber accidentellement un jour ou l'autre (je ne vous le souhaite pas).

Si vous appuyez sur Ctrl+Maj+E, le pointeur prend la forme d'un trait horizontal épais. C'est le pointeur de suppression d'élément de menu. Sélectionnez avec ce pointeur un élément de menu, et hop ! Il est parti. Disparu, supprimé, écrabouillé. Et il n'y a pas moyen de le récupérer. C'est terriblement redoutable. Gardez-vous de cette horreur.

Si vous appuyez accidentellement sur Ctrl+Maj+E, appuyez aussitôt sur la touche Échap pour sortir de ce mode. Qui a bien pu inventer un truc pareil ?

pas, car la coupure de mot à tendance à ralentir la lecture. Si vous voulez vous en servir, sélectionnez Outils/Langue/Coupure de mots. Si vous avez besoin d'aide, appuyez sur la touche F1.

Quand Word fait des calculs

Les gens qui ont fait Word ont-ils jamais réalisé que le texte et les mathématiques étaient deux choses bien distinctes ? Alors, pourquoi une fonction de calcul dans un traitement de texte ? Je ne sais pas. En fait, si vous avez des calculs à faire, il est plus facile de vous servir d'une calculatrice de poche.

Pour utiliser les facultés de calcul de Word, vous devez commencer par placer vos données dans un tableau. Placez ensuite le curseur dans la cellule où vous voulez faire apparaître le résultat du calcul. Sélectionnez Tableau/Formule. Word peut vous proposer une formule type, mais vous pouvez aussi lui dire ce que vous voulez faire avec vos données. Cliquez sur OK, et le résultat apparaît dans la cellule où se trouve le curseur.

Les macros

Selon la formule consacrée : les macros sortent du cadre de cet ouvrage.

Créer un renvoi

La commande Insertion/Référence/Renvoi vous permet d'insérer dans votre document quelque chose du genre "Reportez-vous à la section 'Créer un renvoi', au Chapitre 33". C'est une chose que vous pouvez faire manuellement si vous avez l'esprit aux normes de la notation scientifique. Heureusement, vous pouvez aussi avoir utilisé les styles de titre de Word pour identifier dans votre document ce à quoi vous voulez renvoyer. La commande Insertion/Référence/Renvoi vous permet de sélectionner le titre "Créer un renvoi" (ou celui que vous voulez) pour l'insérer directement dans votre texte au lieu d'avoir à chercher comment vous avez bien pu appeler cette section. Vous pouvez faire la même chose avec un numéro de page, un signet ou une figure, entre autres.

Les joies de la recherche

Au-delà de bien des fonctions très peu utiles, il y a l'excellent volet Rechercher. Il permet de se connecter à Internet pour trouver des ressources en ligne quand Word s'avère insuffisant.

Par exemple, si vous écrivez un document sur la Mésopotamie, appuyez sur la touche Alt. Avec l'autre main, pointez sur le mot "Mésopotamie" de votre texte. Immédiatement, vous êtes connecté à l'Internet et voyez un ensemble de références intéressantes sur ce thème. Attention ! Les informations peuvent être en anglais !

Comprendre les balises actives

Word essaie de deviner qui est qui dans votre document. Lorsqu'il pense avoir identifié quelqu'un, il souligne d'un pointillé violet le nom de la personne en question. Pour Word, cette personne est un contact, et le soulignement pointillé violet indique que Word a attaché une *balise active* à ce nom.

Si vous placez le pointeur sur la balise active, l'icône de balise active apparaît. Cliquez sur cette icône pour afficher le menu Balise active. Ça ne fonctionne que si vous avez installé Outlook (et non Outlook Express) sur votre ordinateur, et s'il est configuré et prêt à être utilisé comme base de données de contacts.

Pour désactiver les balises actives, sélectionnez Outils/Options de correction automatique, et cliquez sur l'onglet Balises actives. En bas de cet onglet, ôtez la coche de la case Afficher les boutons d'actions des balises actives, puis cliquez sur OK.

Mais qu'est-ce que c'est une "signature électronique" ?

Word 2003 permet d'associer des signatures électroniques à vos documents. Une *signature électronique* est un procédé largement accepté, permettant de garantir qu'un document électronique n'a pas été modifié depuis qu'il a été "signé" par son créateur. Il est largement utilisé pour les macros de Word (dont nous ne parlons pas dans ce livre). En associant une signature électronique à une macro, vous pouvez garantir aux personnes susceptibles de l'utiliser que c'est bien votre travail original, et que personne n'a pu le modifier sans votre autorisation.

Chapitre 35

Dix trucs sympa

Dans ce chapitre :

- Insérer des caractères spéciaux.
- Faire des fractions.
- Mettre du texte en exposant et en indice.
- Insérer des caractères spéciaux de langues étrangères.
- Faire bondir des paragraphes.
- La synthèse automatique.
- Tout sélectionner.
- Insérer la date et l'heure.
- Trier des éléments.
- Enregistrer automatiquement.

Décider de ce qui est ou pas un truc sympa est une question purement subjective. Je suis sûr que les gens qui avaient jusqu'ici l'habitude de numéroter leurs pages manuellement trouvent que la commande Numéros de page est un truc sympa. Personnellement, je trouve que la correction automatique est un truc extrêmement sympa, mais il y en a d'autres.

Ce chapitre présente certaines des fonctions les plus pratiques et les plus sympathiques de Word. Certaines sont très simples, d'autres nécessitent un peu plus d'efforts pour être comprises.

Insérer un caractère spécial

Pour insérer un caractère spécial dans un document, vous pouvez utiliser la commande Insertion/Caractères spéciaux. De nombreuses polices de caractères pour Windows contiennent des caractères spéciaux. La police Symbol et la police Wingdings (entre autres) en sont pleines. Même la police la plus utilisée, Times New Roman, en contient un certain nombre.

Pour insérer un caractère spécial (ou plusieurs), suivez ces étapes :

1. **Sélectionnez Insertion/Caractères spéciaux.**

   La boîte de dialogue Caractères spéciaux apparaît (Figure 35.1).

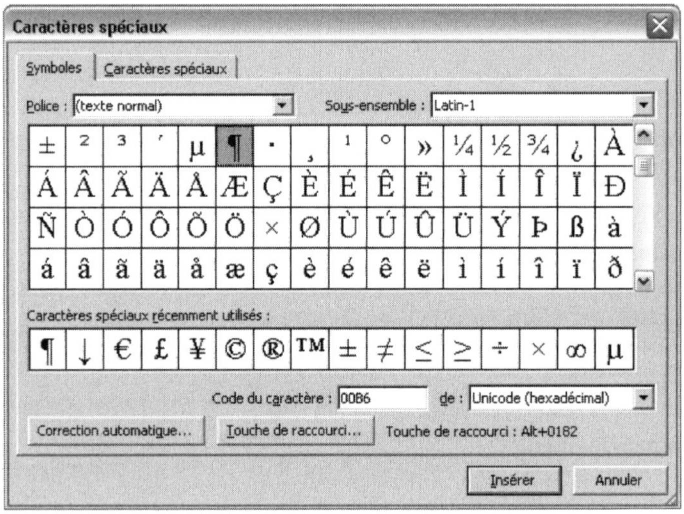

Figure 35.1 La boîte de dialogue Caractères spéciaux.

2. **Sélectionnez une police.**

   Certaines polices ne contiennent que des caractères spéciaux, comme la police Symbol (qui contient l'alphabet grec), les polices Webdings et Wingdings (qui contiennent des caractères graphiques), et bien d'autres. Sélectionnez la police que vous voulez dans la liste déroulante Police pour voir apparaître les caractères qu'elle contient.

   Pour avoir une idée de ce que sont les caractères spéciaux, sélectionnez `(texte normal)` dans la liste déroulante Police. Ces caractères sont disponibles pour tout utilisateur de Windows, indépendamment des polices installées sur sa machine. De plus, vous pouvez choisir le type de symbole "normal" dans la liste déroulante Sous-ensemble. Dans la Figure 35.1, c'est le sous-ensemble Symboles monétaires qui est sélectionné. Cette sélection fait simplement défiler la liste des symboles jusqu'au sous-ensemble choisi.

3. **Sélectionnez le caractère que vous voulez insérer.**

   Le caractère est mis en surbrillance.

4. **Cliquez sur le bouton Insérer.**

   Le caractère est inséré dans votre document à l'endroit où se trouve le curseur.

5. **Une fois que vous avez terminé, cliquez sur le bouton Annuler.**

Quelques symboles sont intéressants à connaître : le symbole de multiplication (×), que vous pouvez utiliser au lieu du *x*, et le symbole de division (÷) au lieu de la barre oblique (/). Je me sers surtout de cette commande pour insérer les flèches vers le haut, vers le bas, vers la droite et vers la gauche lorsque j'écris un livre sur le traitement de texte.

- Vous devez cliquer sur le bouton Insérer pour chaque caractère spécial que vous voulez insérer. Si, par exemple, vous voulez insérer trois caractères S (sigma) dans votre document, sélectionnez ce symbole dans la grille, puis cliquez trois fois sur le bouton Insérer.
- Notez que certains caractères spéciaux ont leur propre raccourci clavier. Celui-ci est indiqué en bas à droite dans la boîte de dialogue Caractères spéciaux, mais c'est une indication à prendre avec circonspection (ce n'est pas toujours vrai). En revanche, vous pouvez définir vos propres raccourcis clavier pour les caractères spéciaux que vous utilisez souvent. Sélectionnez le caractère dans la grille, et cliquez sur le bouton Touche de raccourci.
- En dehors de la boîte de dialogue Caractères spéciaux, de nombreux caractères de langues étrangères sont accessibles par une simple combinaison de touches. Voyez la section "Insérer des caractères comme œ, À et ñ", plus loin dans ce chapitre.
- Certains caractères, comme ?, © ou ☺, peuvent être obtenus par la fonction Insertion automatique. Voyez le Chapitre 7.
- TRUC Vous pouvez aussi insérer un caractère spécial en tapant son code ASCII tout en maintenant enfoncée la touche Alt. Par exemple, le code ASCII du symbole de l'euro (€) est 128. Tout en maintenant enfoncée la touche Alt, tapez **0128**. Le symbole € est inséré dans votre document.
- Remarquez aussi la zone Caractères spéciaux récemment utilisés dans la partie inférieure de la boîte de dialogue Caractères spéciaux. Très pratique.

Créer des fractions

La boîte de dialogue Caractères spéciaux contient de nombreux symboles représentant des fractions d'usage courant que vous pouvez insérer dans vos documents (voyez la section précédente). Et si vous avez activé la fonction Correction automatique, Word convertit automatiquement pour vous ces fractions en caractères spéciaux lorsque vous les tapez. Pour obtenir le même résultat sans les caractères spéciaux, vous devez utiliser les commandes Exposant et Indice. Voici comment procéder :

1. **Appuyez sur Ctrl+Maj+= (le signe égal).**

   C'est le raccourci clavier de la commande Exposant.

2. **Tapez le numérateur (la partie supérieure de la fraction).**

   Par exemple, **4** pour $^{4}/_{5}$.

3. **Appuyez sur Ctrl+Maj+= pour quitter le mode Exposant.**
4. **Tapez la barre oblique (/).**
5. **Appuyez sur Ctrl+= pour passer en mode Indice.**
6. **Tapez le dénominateur (la partie inférieure de la fraction).**
7. **Appuyez sur Ctrl+= pour quitter le mode Indice.**

Voilà votre fraction.

Les boutons Indice et Exposant dans la barre d'outils

Si vous avez l'intention de taper beaucoup de fractions, ou de mettre du texte en exposant ou en indice pour d'autres raisons, pourquoi ne pas placer les boutons correspondants dans la barre d'outils Mise en forme ?

Cliquez sur le triangle pointant vers le bas à l'extrémité droite de la barre d'outils. Sélectionnez Ajouter/supprimer des boutons/Mise en forme. Un long menu apparaît, en bas duquel vous voyez les commandes Exposant et Indice. Cliquez sur chacune d'elles, puis appuyez sur la touche Échap pour fermer le menu.

Les boutons Exposant (x^2) et Indice (x_2) sont maintenant dans la barre d'outils Mise en forme.

Insérer des caractères comme œ, À et ñ

Tous les caractères accentués ou spéciaux du français ne sont pas directement accessibles par le clavier français, sans parler de tous ceux des langues étrangères. Or, vous pouvez très bien raconter vos promenades en canoë sur le Marañon, ou parler de Søren Kierkegaard, ou encore, plus sobrement, de votre œuvre. C'est très facile.

Pour tous les mots français contenant le caractère "œ", il vous suffit de taper "oe" à la place. La correction automatique (si elle est activée) remplace le mot par la bonne orthographe. Si vous êtes plein de courage, vous pouvez appuyer sur Ctrl+1+O (le 1 du clavier principal) pour obtenir directement le caractère œ. Mieux : vous pouvez définir votre propre raccourci clavier en utilisant la boîte de dialogue Caractères spéciaux (Ctrl+Maj+O est disponible et très pratique). Pour le tilde (~), d'usage courant en espagnol, appuyez d'abord sur Alt Gr+~ (c'est la touche 2 du clavier principal), puis sur la lettre correspondante (a, o, ou n).

Reste en français le problème des caractères accentués et autres caractères spéciaux *en majuscule*. Pour l'accent grave, vous disposez de l'accent grave comme préfixe (comme l'accent circonflexe) par la combinaison Alt Gr+` (la touche 7 du clavier principal). L'accent aigu, en revanche, n'est pas disponible comme préfixe sur le clavier français. Il reste donc à passer par la boîte de dialogue Caractères spéciaux (voyez la section "Insérer un caractère spécial", au début de ce chapitre), pour attribuer un raccourci clavier personnel aux caractères les plus malcommodes qui sont le É, le Ç et le ?.

Pour les nombreux caractères spéciaux des nombreuses langues de la planète Terre, le mieux est encore une fois d'avoir recours à la boîte de dialogue Caractères spéciaux. Et s'il y en a que vous utilisez fréquemment, vous pouvez vous servir de cette boîte de dialogue pour leur attribuer à chacun le raccourci clavier que vous trouvez pratique.

Enfin, vous pouvez toujours obtenir n'importe quel caractère en tapant son code ASCII (avec le pavé numérique), tout en maintenant enfoncée la touche Alt (sans oublier d'ajouter un zéro au début, sinon ça ne marche pas). La boîte de dialogue Caractères spéciaux vous indique le code ASCII du caractère sélectionné dans la grille (sélectionnez `ASCII (décimal)` dans la liste déroulante que vous voyez dans le coin inférieur droit de cette boîte de dialogue).

Promener des paragraphes

Voici une astuce étonnante : placez le curseur dans un paragraphe, ou sélectionnez-le, puis appuyez sur Alt+Maj+↑. Le paragraphe se déplace juste avant le paragraphe qui le précédait. Si vous sélectionnez plusieurs paragraphes, l'ensemble du bloc est déplacé juste avant le paragraphe qui le précédait.

Avec Alt+Maj+↓, le bloc est déplacé juste après le paragraphe suivant.

Ce procédé peut être très pratique pour déplacer un bloc de texte à une distance relativement courte dans un document, mais pas au-delà des limites de ce qui est affiché à l'écran.

Créer une synthèse automatique

Dans la catégorie "Comment ont-ils bien pu faire ça ?", nous trouvons l'outil Synthèse automatique. Cet outil examine votre document pour en identifier les points importants, et les présente surlignés à l'écran (il y a aussi d'autres options). Je n'ai aucune idée de la manière dont ça fonctionne, mais ça fait son petit effet.

Sélectionnez Outils/Synthèse automatique, puis cliquez sur OK dans la boîte de dialogue qui apparaît (vous pouvez aussi sélectionner une autre option dans cette boîte de dialogue).

Quelques secondes ou quelques minutes plus tard selon la puissance de votre ordinateur, votre document réapparaît à l'écran avec les parties les plus importantes surlignées. Vous voyez aussi apparaître une palette flottante Synthèse automatique qui vous permet essentiellement d'ajuster la proportion de texte surligné.

Pour revenir au mode d'édition normal, cliquez sur le bouton Fermer dans la palette Synthèse automatique.

Tout sélectionner

Il y a bien des occasions où l'on a besoin de sélectionner tout le document, et il y a plusieurs manières de le faire. Avec la souris, vous pouvez faire un triple clic dans la marge gauche de votre document.

Vous pouvez aussi appuyer sur Ctrl+5 (le 5 du pavé numérique).

Et puis, vous pouvez aussi appuyer sur la touche F8 (celle qui fait passer en mode de sélection étendue) cinq fois de suite.

Enfin, n'oublions pas la plus simple : Ctrl+A, qui est le raccourci clavier de Édition/Sélectionner tout.

Insérer la date

Cette commande, qui s'appelle Date et heure, se trouve dans le menu Insertion. Elle fait apparaître une boîte de dialogue qui vous propose une quantité de formats de date parmi lesquels vous n'avez plus qu'à faire votre choix. Cliquez sur OK pour insérer la date ou l'heure, ou les deux.

Vous pouvez insérer rapidement un champ de date en appuyant sur Alt+Maj+D. Pour basculer de l'affichage de la date à l'affichage du code de champ, ou l'inverse, cliquez sur le champ du bouton droit, et sélectionnez Basculer les codes de champ.

Trier des éléments

Le tri est l'une des fonctions les plus sympathiques de Word. Une fois qu'on a compris comment ça marche, on cherche des occasions pour s'en servir. Vous pouvez l'utiliser pour trier des éléments par ordre alphabétique ou numérique. Vous pouvez trier des paragraphes, les lignes ou les colonnes d'un tableau, ou un tableau créé en utilisant des tabulations.

Enregistrez toujours votre document avant de trier quelque chose.

Le tri n'est pas bien difficile. Commencez par disposer les éléments à trier en paragraphes consécutifs comme :

```
Pommes
Bananes
Poires
Abricots
Ananas
Mangues
Cerises
```

Sélectionnez tous ces paragraphes, puis sélectionnez Tableau/Trier. La boîte de dialogue Trier le texte apparaît (bien que la commande Trier soit dans le menu Tableau, il n'est pas nécessaire que les éléments à trier soient dans un tableau).

Vous pouvez faire quelques choix dans cette boîte de dialogue, en particulier si vous voulez trier par ordre croissant ou par ordre décroissant. Cliquez sur OK pour trier le texte sélectionné.

Enregistrer automatiquement votre document

Lorsque l'option d'enregistrement automatique est validée, votre document est automatiquement enregistré sur le disque à intervalles réguliers, sans que vous ayez besoin pour cela d'appuyer sur Ctrl+S. En cas d'incident (plantage système, coupure secteur ou autre), même si vous n'avez pas pensé à enregistrer régulièrement votre document, vous le retrouverez dans l'état de la dernière sauvegarde automatique.

Pour activer l'enregistrement automatique, sélectionnez Outils/Options. Cliquez sur l'onglet Enregistrement. Cochez la case Enregistrer les infos de récupération automatique, puis entrez l'intervalle entre deux enregistrements automatiques dans le champ qui suit. Par exemple, **10** pour que Word enregistre votre document toutes les dix minutes. Si vous ne voulez pas risquer de perdre dix minutes de travail, choisissez un intervalle inférieur. Cliquez sur OK pour revenir à votre document.

L'enregistrement automatique n'est pas une garantie absolue contre tous les incidents, mais c'est une sécurité très appréciable.

Chapitre 36

Dix choses à retenir

Dans ce chapitre :

- Faire travailler Word.
- Ne jamais manquer des fournitures nécessaires.
- Avoir la documentation sous la main.
- Organiser vos fichiers.
- Savoir utiliser Ctrl+Z.
- Utiliser Ctrl+S.
- Travailler avec plusieurs fenêtres de document.
- Se servir de l'insertion automatique.
- Nommer ses fichiers judicieusement.
- S'amuser.

Rien ne vaut de conclure un livre par des paroles joyeuses. C'est bien utile pour donner du cœur à l'ouvrage, qu'il s'agisse d'utiliser Word ou de toute autre chose. Word peut rendre d'immenses services, mais il n'est pas toujours de tout repos. Ce chapitre a l'intention de vous montrer que vous pouvez vous amuser en utilisant Word tout en accomplissant effectivement ce que vous voulez. Pour vous aider à démarrer, voici un certain nombre de choses qu'il vaut la peine de retenir.

Faire faire le travail par Word

Bien que Word soit capable de faire énormément de choses, il y a des gens têtus qui tiennent absolument à les faire à leur manière, c'est-à-dire manuellement. Quelle erreur ! Vous avez à votre disposition une commande de Word pour à peu près n'importe quelle tâche, et vous n'arriverez jamais à vous souvenir des commandes si vous avez peur de les essayer.

Ayez à portée de main toutes les fournitures dont vous pouvez avoir besoin

Quand vous voulez acheter une ramette de papier, prenez-en plusieurs. Quand vous voulez acheter une cartouche de toner ou un ruban encreur, prenez-en deux ou trois. Ayez aussi une bonne réserve de fournitures de bureau en tout genre à portée de main.

Pour faire des sauvegardes de votre travail, utilisez des disquettes standard, des disquettes ZIP ou des disquettes Super Disk (LS-120). Ces supports de stockage amovibles vous permettent d'enregistrer des copies de vos fichiers, et vous pouvez les ranger dans un endroit sûr (moi, je range mes disquettes ZIP dans un coffre spécial qui résiste au feu). Pour copier vos fichiers sur une disquette ou sur un autre support amovible, utilisez Windows.

Ayez une bonne documentation

Word est un outil de rédaction. Pour bien rédiger, il faut connaître la grammaire et l'orthographe, et en suivre les règles. Bien que Word contienne un vérificateur d'orthographe et un dictionnaire de synonymes, je ne saurais trop vous conseiller de vous armer de bons dictionnaires, sans parler des guides de conjugaison, des manuels d'orthographe et des manuels des règles typographiques.

Organisez soigneusement vos fichiers

Créez des dossiers sur votre disque dur pour stocker vos documents en des endroits où vous pourrez les retrouver facilement. Faites en sorte de regrouper dans un même dossier les documents qui ont trait au même sujet.

N'oubliez pas Ctrl+Z !

Ctrl+Z est le raccourci de la commande Annuler. Si vous effacez quelque chose par erreur, utilisez Ctrl+Z pour annuler la commande d'effacement et faire réapparaître ce qui a disparu, et ce quelle que soit la taille du bloc de texte que vous venez d'effacer.

Enregistrez souvent votre document !

Enregistrez votre document dès que vous y avez entré un peu de texte, et par la suite aussi souvent que possible. Même si vous utilisez la fonction d'enregistrement automatique (dont nous avons parlé au Chapitre 35), conservez l'habitude d'enregistrer votre document manuellement le plus souvent possible, en appuyant sur Ctrl+S.

Tirer parti des fenêtres de document

Dans Word, chaque document apparaît à l'écran dans sa propre fenêtre. Vous pouvez en ouvrir autant que vous voulez en même temps. Quand j'écris un livre, j'ai un plan ouvert dans une fenêtre, le chapitre en cours dans une autre, et, selon les circonstances, d'autres chapitres, des références ou des annexes dans d'autres fenêtres. Pour passer d'une fenêtre à l'autre, je clique sur le bouton voulu dans la barre des tâches où j'utilise le raccourci clavier Alt+Tab.

Utiliser l'insertion automatique

Pour insérer rapidement une portion de texte que vous utilisez souvent (par exemple votre nom et votre adresse), utilisez une entrée d'insertion automatique. Tapez le texte une fois, puis définissez-le comme entrée d'insertion automatique dans la boîte de dialogue Options de correction automatique. Il vous suffira alors d'en taper les premiers caractères pour que l'insertion automatique correspondante vous soit proposée, et d'appuyer sur Entrée pour l'accepter. Pour créer une entrée d'insertion automatique, voyez la section "Ajouter une entrée d'insertion automatique", au Chapitre 7.

Utilisez des noms de fichiers descriptifs et faciles à retenir

Un fichier nommé *Lettre* est descriptif, mais que dit-il vraiment ? Un fichier nommé *Lettre à mon banquier* est évidemment plus explicite, mais il ne dit pas tout. *Lettre à mon banquier-23 avril* est mieux, mais si vous voulez faire court, *0423 Banquier* est sans doute optimal (et vous pouvez le mettre dans un dossier nommé *Lettres, année 2003*). L'idée de base est que les noms que vous donnez à vos fichiers et à vos dossiers doivent vous permettre de retrouver facilement vos documents.

Ne prenez pas les choses trop au sérieux

Les ordinateurs sont aussi des objets amusants. Bien trop de gens s'affolent beaucoup trop vite quand ils essaient de s'en servir. Ne vous y laissez pas prendre, et surtout ne réinstallez pas Word chaque fois que vous avez un problème mineur à résoudre ! Tout problème a une solution. Si vous ne la trouvez pas dans ce livre, consultez votre gourou traitant. Il doit bien y avoir quelqu'un capable de vous aider.

Index

A

B

C

Q

R

S

W

Z

" ENFIN DES LIVRES QUI VOUS RESSEMBLENT ! "

Titre	Auteur	ISBN	Code
3ds max 5 pour les Nuls	S. Mortier, phD	2-84427-454-4	653603 1
Access 2000 pour les Nuls	J. Kaufeld	2-84427-238-X	65 3077 8
Access 2002 pour les Nuls	J. Kaufeld	2-84427-969-4	65 3234 5
ASP.NET pour les Nuls	B. Hatfield	2-84427-331-9	65 3381 4
AutoCAD 2004 Pour les Nuls	M. Middlebrook	2-84427-512-5	65 3648 6
C# pour les Nuls	S. R. Davis	2-84427-259-2	65 3303 8
C++ pour les Nuls	S. R. Davis	2-84427-896-5	65 3159 4
Créer des pages Web pour les Nuls 6e éd.	B. Smith, A. Bebak	2-84427-261-4	65 3305 3
Créer un réseau sans fil pour les Nuls	Danny Briere, Walter R. Bruce III, Pat Hurley	2-84427-457-9	65 3606 4
Créer un site Web pour les Nuls 4e éd.	D. & R. Crowder	2-84427-262-2	65 3306 1
Dépanner et optimiser Windows pour les Nuls	D. Gookin	2-84427-452-8	65 3601 5
Design web pour les Nuls	L. Lopuck	2-84427-932-5	65 3168 5
Devenir Webmaster pour les Nuls	B. Kienan, D. A. Tauber	2-84427-930-9	65 3166 9
Dreamweaver MX pour les Nuls	J. Warner, P. Vachier	2-84427-334-3	65 3384 8
eCommerce pour les Nuls	G. Holden	2-84427-240-1	65 3079 4
Excel 2000 pour les Nuls	G. Harvey	2-84427-237-1	65 3076 0
Excel 2002 pour les Nuls	G. Harvey	2-84427-947-3	65 3194 1
Excel 2003 pour les Nuls	G. Harvey	2-84427-456-0	65 3605 6
Final Cut Express Pour les Nuls	H. Kobler	2-84427-507-9	65 3643 7
Fireworks 4 pour les Nuls	D. Sahlin	2-84427-888-4	65 3151 1
Flash 5 pour les Nuls	G. Leete, E. Finkelstein	2-84427-889-2	65 3152 9
Flash MX pour les Nuls	G. Leete, E. Finkelstein	2-84427-333-5	65 3383 0
FrontPage 2002 pour les Nuls	A. Dornfest	2-84427-973-2	65 3227 9
GoLive 5 pour les Nuls	B. Sanders	2-84427-885-X	65 3113 1
Gravure des CD et DVD pour les Nuls 2e éd.	M. L. Chambers	2-84427-421-8	65 3547 0
HTML 4 pour les Nuls 3e éd.	E. Tittel, N. Pitts, C. Valentine	2-84427-890-6	65 3153 7
Illustrator 9 pour les Nuls	T. Alspach, M. LeClair	2-84427-935-X	65 3184 2
iMac pour les Nuls 3e éd.	D. Pogue	2-84427-258-4	65 3302 0
Internet Explorer 5.5 pour les Nuls	D. Lowe	2-84427-244-4	65 3083 6
Internet Explorer 6 pour les Nuls	D. Lowe	2-84427-251-6	65 3295 6
Internet pour les Nuls 9e éd.	J. R. Levine, C. Baroudi, M. Levine Young	2-84427-422-6	65 3548 8
Java 2 pour les Nuls	B. Burd	2-84427-940-6	65 3192 5
JavaScript pour les Nuls	E. Van der Veer	2-84427-887-6	65 3115 6
La Photographie numérique pour les Nuls 4e éd.	J. A. King	2-84427-386-6	65 3495 2
La Vidéo numérique pour les Nuls	M. Doucette	2-84427-884-1	65 3112 3
Le Mac pour les Nuls 8e éd.	D. Pogue	2-84427-260-6	65 3304 6
Les réseaux pour les Nuls	D. Lowe	2-84427-886-8	65 3114 9
Linux pour les Nuls 4e éd.	Dee-Ann LeBlanc, M. Hoag, E. Blomquist	2-84427-426-9	65 3552 0
Mac OS/X Pour les Nuls	B. Levitus	2-84427-892-2	65 3155 2
Mac OSX v 10.2 pour les Nuls	B. Levitus	2-84427-390-4	65 3499 4
Money 2003 pour les Nuls	P. Weverka	2-84427-388-2	65 3497 8
Office 2000 pour les Nuls	W. Wang, R. C. Parker	2-84427-235-5	65 3074 5
Office 2001 Mac pour les Nuls	T.Negrino	2-84427-893-0	65 3156 0
Office v. X Mac pour les Nuls	T. Negrino	2-84427-311-4	65 3340 0
Office XP pour les Nuls	W. Wang	2-84427-967-8	65 3232 9
Outlook 2002 pour les Nuls	B. Dyszel	2-84427-974-0	65 3228 7
Office 2003 pour les Nuls	W. Wang	2-84427-505-2	65 3641 1
PC pour les Nuls 9e éd.	D. Gookin	2-84427-419-6	65 3545 4
Perl pour les Nuls	P. Offman	2-84427-894-9	65 3157 8
Photoshop 7 pour les Nuls	D. McClelland	2-84427-344-0	65 3404 4
Photoshop Elements 2 pour les Nuls	D. McClelland, G. Fott	2-84427-387-4	65 3496 0
PHP et MySQL pour les Nuls	J. Walace	2-84427-343-2	65 3403 6
PowerPoint 2002 pour les Nuls	D. Lowe	2-84427-968-6	65 3233 7

Word 2003 pour les Nuls

Mon opinion sur ce livre :

❐ Excellent ❐ Moyen

❐ Satisfaisant ❐ Insuffisant

Ce que j'aime dans ce livre :

____

____

____

____

____

____

____

____

Mes suggestions pour l'améliorer :

____

____

____

____

____

____

____

____

En informatique, je me considère comme :

❐ Débutant ❐ Expérimenté

❐ Initié ❐ Professionnel

Mon équipement :

- Matériel : ____________________
- Système d'exploitation : ____________________

J'utilise mon ordinateur :

❐ Au bureau ❐ À l'école

❐ À la maison ❐ Autre : __________

Lieu d'achat du livre :

- Pays : ____________________
- Ville : ____________________

❐ Grande librairie ❐ Petite librairie

❐ Grande surface ❐ Hypermarché

❐ Magasin spécialisé ❐ Autre : __________

Mon adresse :

Nom : ____________________

Prénom : ____________________

Adresse : ____________________

____

Code postal : ____________________

Ville : ____________________

Pays : ____________________

J'ai vraiment adoré ce livre !

Vous pouvez citer mon témoignage dans vos documents promotionnels. Voici mon numéro de téléphone en journée :

Fiche lecteur à découper ou à photocopier, et à nous retourner à :

FIRST
Interactive

27, rue Cassette
F-75006 Paris - France
Tél. : 01 45 49 60 00 – Fax : 01 45 49 60 01

Découvrez en exclusivité nos prochaines parutions sur internet :
http://www.efirst.com

Achevé d'imprimer par Corlet, Imprimeur, S.A. - 14110 Condé-sur-Noireau
N° d'Imprimeur : 73509 - Dépôt légal : octobre 2003 - *Imprimé en France*